도경 선생의 실전명리
육신과 격국 편

도경 선생의 실전명리
육신과 격국 편

개정판 1쇄 발행 2024년 11월 8일

지은이 김문식
펴낸이 장길수
펴낸곳 지식과감성#
출판등록 제2012-000081호

교정 지식과감성#
디자인 지식과감성#
편집 지식과감성#
마케팅 김윤길, 정은혜

주소 서울시 금천구 벚꽃로298 대륭포스트타워6차 1212호
전화 070-4651-3730~4
팩스 070-4325-7006
이메일 ksbookup@naver.com
홈페이지 www.knsbookup.com

ISBN 979-11-392-2224-1(93180)
값 43,000원

- 이 책의 판권은 지은이에게 있습니다.
- 이 책 내용의 전부 또는 일부를 재사용하려면 반드시 지은이의 서면 동의를 받아야 합니다.
- 잘못된 책은 구입하신 곳에서 바꾸어 드립니다.

지식과감성#
홈페이지 바로가기

개정판

도경 선생의
실전명리

육신과 격국 편

實命 戰理

度憬 김문식 지음

지혜와감성

목차

1. 사주 명리학이란 ·················· 7
2. 육신의 왕쇠강약(旺衰强弱) ·············· 29
3. 왕쇠(旺衰)와 비겁(比劫)의 작용 ········ 47
4. 六神 활용법 ···················· 71
5. 십신(十神)의 특성과 방법 ·········· 93
6. 六神의 조건 ··················· 141
7. 육신의 행동방법 ················ 167
8. 육신의 상생식 & 일간의 근(根) ······ 185
9. 六神의 상극(相剋) ··············· 197
10. 육신의 생화극제(生化剋制) ········· 223
11. 심리(心理) 보는 법 ·············· 251
12. 생화(生化)(오행, 육신) ··········· 263

13. 부부문제 [설화(泄化)와 합화(合和)] ····· 277
14. 자기관리와 조후(調候) ············ 293
15. 관살(官殺)과 일간의 통변 요소 ····· 305
16. 능력 만들기 ···················· 327
17. 일간의 기질(氣質) ··············· 343
18. 일간(日干) 정리 ················ 359
19. 음양합의 원리와 짝 찾기 ········· 379
20. 格 잡는 법(取格) ··············· 393
21. 격(格)의 구성 ················· 407
22. 십정격(十正格) 활용 방법 ········· 431

끝맺음 말 ······················ 454

1

사주 명리학이란

출생한 사주(四柱)를 연월일시(年月日時)의 천간과 지지(干支)에 대입하는 것을 사주 명리학이라 한다. 사주를 쓸 때 우리나라에서는 항상 오른쪽에서 왼쪽으로 쓰는데 대만에서는 왼쪽에서 오른쪽으로 쓴다.

時 日 月 年 (天干)
柱 柱 柱 柱 (地支)

연월일시(年月日時)로 대입하는 걸 말한다. 기둥 주(柱)라 해서 年月日時 네 기둥을 사주라 하고 干(천간) 支(지지)로 八字가 된다.

명(命): 命이란 명령 령(令) 자에서 나온 것이다.
명리(命理): 명리란 天地(하늘과 땅)의 이치란 뜻이다.
天地의 이치가 사람의 이치에 미치는 영향이 어떤지 보는 것이다.

1. 음양오행(陰陽五行)

1) 판단기준

(1) 음양(陰陽)의 이치와 오행(五行)의 이치를 보는데 상대성이라 해서 음양의 이치라 한다. 오행을 보면 오행 속에 음양이 들어가 있다. 우리는 음양의 이치와 오행의 이치를 함께 봐야 하는데, 오행 속에 음양이 들어 있기 때문에, 명리는 오행의 이치를 보는 것인데, 그렇다고 오행의 이치만 보는 건 아니다.

(2) 생(生)과 극(剋)의 관계로 음양을 본다. 관계된 것을 음양오행으로 보는 것이다.

(3) 나와 물건, 나와 타인과의 관계를 판단할 때 유용(有用)과 무용(無用)을 보는 것이다.

그럼 유용과 무용의 판단이란 나와 상대와의 관계를 통해 그것이 유용하냐 무용하냐? 즉, 잘되나 못되나를 보는 것인데, 이는 생(生)은 화(化)가 되고, 극(剋)은 제(制)가 되는데 합쳐서 생화극제(生化剋制)로 유용과 무용을 보는 것이다. 가령 癸水와 甲木의 관계는 '무슨 일이다'를 보는 것이고, 그 관계가 나에게 유용하냐, 무용하냐는 生化剋制로 보는 것이다.

명리학은 천지의 이치를 담은 것인데, 이를 판단하는 근거는 상생상극(相生相剋) 생화극제(生化剋制)로 보는 것이다. 상생상극은 관계를 보는 것이고, 그것이 유용하냐 무용하냐는 생화극제로 따지는 것이다. 명리를 공부하려면 모든 열정을 상생상극에 쏟아야 하는데, 전문가가 되려면 먼저 생화극제로 유용한지 무용한지를 따져야 한다.

(4) 명리가 있으면 운(運)이란 것이 존재하는데 合해서 명운(命運)이 된다. 運이란 10년마다 바뀌는 대운(大運)과 매년 오는 연운(年運)으로 구분한다.

① 대운이란 것은 자신의 능력을 만들어 가는 과정을 말한다. 대운에는 男女가 구분되었고, 나이가 들어가 있다. 남녀별로 大運이 다르고, 나이별로 大運 적용 방법이 다르니 각자 자기의 능력을 만들어 가는 과정이 들어 있다.

첫 번째 大運에는 부모에게 능력을 물려받는 것이고, 두 번째 大運에는 학교에서 능력을 만들어 가는 과정이고, 세 번째 대운에는 사회에서 능력을 만들어 가는 과정인데, 네 번째 대운부터는 첫 번째 대운과 같은데 내가 부모로부터 능력을 받았으니, 자식에게 능력을 만들어 주는 과정이 된다.

② 年運은 능력을 배출하여 검증을 받는 시스템으로 구성되어 있다. 그러니 사람과 사람이 만나서 능력을 어떻게 쓰는지 보는 것이다. 이때는 남녀 불문하고 나이를 따지지 않는다. 개인적 감정도 개입하지 말고 있는 그대로 年運에 맞추어서 따져야 한다.

사주 여덟 글자가 아무리 애를 써도 年運이란 두 글자를 당해내지 못할 때가 많다. 연중(年中)의 하루 한순간에 자기 인생의 운명을 좌우하는 순간이 있다. 그러나 자기가 어떤 일도 하지 않으면 10년이란 연운이 지나가도 자신과는 아무 관계가 없는 運이다. 그러니 연운에서는 능력을 활용하는 걸 보는 것이다.

　運의 구성은 하나의 시간이 존재하는데, 상담할 때는 이 시간이 갈 때, 시간 속에 하나의 시각에서 일어나는 일을 말해 주는 것이다. 하나의 시간 중에 지금 어느 시각에 있느냐를 보는 것이다. 시간을 보는 것은 전체를 보는 것이고, 시각을 보는 것은 시간 속에 하나의 지점을 보는 것이다. 시간 속에는 목적이 들어가 있고, 목표를 정해서 하나하나 이루어 가는 과정이 시각 속에 들어 있다.

어느 시각에서 무엇을 판단할 것인가?

　끝을 보는 것은 성취한 것을 보는 것이니 결과를 보는 것이고, 출발점을 보는 것은 시작하는 것을 보는 것이고, 중간을 보는 것은 과정을 보는 것이다. 과정 중에 무엇인가를 파악한다고 해도, 시작점에 중간과정을 겪지 않으면 소멸되어 버린다. 그럼 중간에서 다시 시작하는 것을 보는 것이다. 이것을 이도(異道)라 한다. 다른 것을 또 선택한다. 시작은 또 다른 것을 택하고, 또 다른 것을 택하는 행위를 반복한다. 시간 속에서 목적을 먼저 정하고, 그 목적을 향한 목표를 하나씩 이루어 가는 공부를 하지만 그런 사람을 만나기는 하늘의 별 따기만큼 어렵다. 내일은 뭐 할까, 내일은 뭐 할까, 매일 목적이 달라지는 사람이 있다. 목적이 달라지니 과정도 달라진다. 그런 것을 보는 것이 명리학이다.

四柱는 출생한 年月日時를 공부하는 것이다

명리에는 天地의 이치가 담겨 있으니 판단기준이 상생상극이고 유용하게 쓰이는 것은 생화극제다. 합해서 사주 명리학이라 한다. 또 運이란 시간이라 하는데 사람이 죽으면 운이 소멸(消滅)되니 運과 四柱를 볼 수 없는 것이다. 죽는다는 건 정(精)이란 몸과 신(神)이란 정신이 있는데, 精神 중 하나라도 죽으면 죽은 것이다. 그러면 四柱를 볼 수가 없다. 그래서 정상인이란 가정하에 四柱를 보는 것이다. 또 목숨만 살아 있다고 산 것이 아니고 생각이 멈춰진 사람도 四柱가 맞지 않는다. '난 아무것도 할 수 없어' 하면 四柱가 맞지 않는다. 이런 사람도 죽은 사람처럼 취급하면 된다. 몸이 실천하지 않으면 또 四柱가 맞지 않는다. 보나 마나다. 그러니 불평불만만 계속하고 시간에 맞추어서 실천하지 않는 사람은 四柱가 맞지 않는다. 그럼 그런 것도 四柱에 나올 것이 아니냐고 말할 수 있는데, 그건 명리학을 너무 전지전능하게 봤기 때문이다. 명리 외에는 인문학이 없는 것으로 착각했기 때문이다. 동양오술을 소개하려면 명리학 외에도 매우 많다. 그러니 반드시 유용하게 쓰려면 생화극제(生化剋制)에 대한 욕심이 있어야 한다. 무용(無用)이란 것은, 用이 없다는 의미인데 用을 쓰지 못한다는 말이다. 평범한 기준에서 쓰지 못한다는 의미로 무용이라 한다. 모든 건 다 쓸 수 있지만, 쓰지 않는 게 있는 것이다.

2) 간지(干支)

干은 天의 개념이고, 支는 땅의 개념이다. 하늘과 땅의 기운이 둘 다 있으면 사람이라 한다. 사람은 하늘과 땅의 이치를 이어받아, 하늘과 땅을 대신해서 세상에서 행위를 한다고 해서 천인감응사상(天人感應思想), 천지합일(天地合一)이라고 한다. 이를 간지라 한다.

(1) 干支의 구성

干에 甲乙이 있는데 이를 탄생하는 기운과, 낳는 기운이라 한다. 그리고 丙丁은 長하는 기운이니 키우는 기운이라 한다. 그럼 甲의 낳는 기운과 乙을 낳는 기운이 다르다. 丙의 長하는 기운과 丁의 長하는 기운이 다르다. 丙의 키우는 기운은 체(體)가 번성하고, 丁의 키우는 기운은 열매가 익어가게 한다. 丁은 열(熱)이니 무엇을 죽인다고 생각하면 안 된다.

庚金과 辛金이 있는데 이는 취(取)하는 기운이다. 거두어들이는 기운, 수렴(收斂)하는 기운이다. 庚金과 辛金의 취하는 기운도 조금은 다르다. 庚金이 甲木을 취하면 낳은 것을 취하는 것이고, 乙木을 취하는 것은 자란 것을 취하는 것이다. 만약 자라는 것 중에 丙火 구역의 것을 취하면 나무를 취한 것이니 가구를 만드는 목재(木材)를 취한 것이고, 丁火 구역의 것을 취하면 열매를 취한 것이니 음식을 만든다. 이렇게 의미가 다르다.

또 壬水와 癸水가 있다. 취했으면 저장을 해야 하니, 감춘다(藏). 축적한다. 저장은 그냥 저장이 아니라 다시 낳으려고 저장하는 것이다. 그럼 저장하고 축적하는 건 쌓기(畜) 위함이라고 생각하면 된다.

甲木은 낳을 때 직(直)으로 낳으니 직이란 貴나 신분을 상징한다. 乙木은 낳을 때 곡(曲)으로 낳으니 곡이란 재물이나 富를 상징한다.
丙丁火는 기르고 가꾼다.

庚辛金은 취한다.
壬癸水는 저장한다.
戊己土는 水火木金의 상황을 인지(認知)하는 것이다.
인식한다는 의미다. 그래서 토(吐), 함(含)이라 한다.
戊己土는 水火를 알아차린다는 것으로 설명한다.
이렇게 天干을 설명한다.

甲乙木을 낳는다. 그럼 土가 있어야 아는 것이다. 그럼 戊土가 아는 것은 외부에서 벌어지는 행위를 안다는 것이고, 己土는 자기가 한 행위를 자기가 안다는 뜻이고, 戊土는 타인들이 하는 행위는 잘 알면서 자기가 하는 짓은 인지하지 못한다. 戊己土의 성향이 이렇게 다르다.

丙丁火는 크다, 자란다. 크게 번진다는 뜻이고, 土가 있으면 자라는 것을 안다는 것이다. 그러니 丙丁火만 있다고 되는 게 아니라 戊己土도 있어야 한다. 그럼 무엇을 알아차리는가 하면, 때에 따라 변화하는 기운을 알아차린다. 시화(時化)를 알아차리는 것이다.

3) 지지(地支)

地支는 시간으로 구성되었다. 子는 冬至, 午는 夏至, 卯는 春分, 酉는 秋分의 때를 알리는 것이다. 寅은 立春이란 시간이 왔음을 알린다. 申은 立秋라는 시간을 알리고 巳는 立夏라는 시간을 알린다. 亥는 立冬이란 시간을 알린다.

(1) 子午卯酉는 계절의 변화를 알린다. 계절의 변화는 온도와 습도의 변화를 뜻하는 것이다. 子午는 온도의 변화를 뜻하고, 卯酉는 습도의 변화를 뜻한다. 앞으로 子午卯酉를 보면 子는 쥐띠나 지하수라고 하면 안 된다. 지하수는 암장에 癸水를 뜻하는 것이지 子를 지하수라 하면 안 된다.

(2) 寅申巳亥는 만물의 형체 변화를 뜻한다. 亥를 식물로 말하면 종자가 된다. 寅에서 싹이 돋고, 巳에서 이파리가 나고, 申에서 열매가 열렸다. 그래서 초목은 亥부터 시작해야 한다. 子는 온도의 변화다. 온도는 정신의 변화를 보는 것이고, 습도는 물건이 변화하는 기운이다. 이렇게 癸水 丁火는 습도를 말하고, 壬水 丙火는 온도를 말한다. 온도와 습도의 변화를 알리는 것이다. 巳月에 태어났으면 만물의 형체 변화가 보이는 것이다. 번식의 때가 왔다는 것이다.

(3) 辰戌丑未를 순서대로 하면, 丑은 추우니 눈이 오고, 辰은 우뢰(雨雷), 비가 온다. 未는 덥다. 戌은 서리가 내린다. 丑은 눈이 땅속에서 들어갔다 나온다. 寒이 땅속에 들어갔다 나오니 濕이 된다. 寒濕이 된다. 비가 들어갔다 나온다. 辰은 卯가 땅에 들어갔다 나온다. 未는 더위가 들어갔다 나온다. 辰戌丑未를 한서우상(寒署雨霜)이라 한다. 계절로 알면 된다. 이는 天地의 氣가 만나는데 하늘과 땅의 氣가 혼합되었다고 해서 잡기(雜氣)라 한다.

하늘과 땅의 기운이 합쳐져서 寅申巳亥가 나오는 것이다. 子가 丑에 들어가서 寅이 나온다. 이는 癸水가 己土에 들어가서 甲木이 나온다는 의미다. 寅申巳亥가 형체를 띠려면, 子午卯酉란 기운이 있어서, 辰戌丑未에 들어갔다 나와야 한다. 그러니 서로 짝이 된다.

子란 하늘의 기운이, 丑의 땅속에 들어가서, 寅에서 甲木이 나온다. 子는 癸水, 丑은 己土, 寅은 甲木이다. 이런 식으로 짝이다. 子丑寅, 卯辰巳, 午未申, 酉戌亥가 짝이 된다. 이런 식으로 시간이 구성되어 있다. 그럼 시기적 절하게 맞추어진 것이다. 辰戌丑未도 土는 土지만, 인식체계로 보지 말고, 계절의 시간으로만 보면 된다.

4) 사주(四柱)

時 日 月 年
四柱는　○ ○ ○ ○ 干이라 한다.
　　　　○ ○ ○ ○ 支라고 한다.

年干 年支, 月干 月支, 日干 日支, 時干 時支라 한다. 그리고 干支가 있는데 年月日時가 뜻이 있다. 年이란 하늘의 기운이 땅에 이르렀다고 해서 天時라 하는데 이를 月支라 한다. 그러니 年柱를 하늘의 기운이라 한다. 하늘의 기운이 나에게 온 걸 기준으로 하니, 명리학은 하늘의 기운이 기준이 아니라 하늘의 기운이 나에게 온 것부터 시작하니 월지가 기준이다.

그럼 나에게 온 기운은 무엇이고 나는 무엇인가? 나(我)라는 것은 신(身)이 나이다. 日干이 나이다. 나의 기운은 月支로 간 것이다. 月支는 天時라 해서 하늘의 기운이 나에게 온 것이다. 태어난 월이 나의 기운이고, 나는 日干이다. 그러므로 나와 나의 기운이 다른 것이다. 그럼 나를 알아야 하고, 내가 타고난 기운도 알아야 한다. 이 두 가지만 참작하면 된다. 日干은 나이고, 日干의 기운이 온 곳은 月支다.

잡다하게 年支의 뜻이나, 月支의 뜻이나, 日支의 뜻이나, 時支의 뜻이라 해서, 고대로부터 명리학 이전에 나온 것들이 있다. 대개 참작할 것은 택(宅)의 변화인 月支, 사람의 변화인 日支를 본다. 그래서 日支가 움직이면 사람의 변화고, 月支가 움직이면 공간의 변화다.

만약 甲午日柱가 子라는 기운이 왔다면 日支가 움직이니 사람이 변화하는 것이다. 만약 甲午月柱에 子月이 왔다면 月支이니 공간의 변화이다.

子午가 만난 것은 온도의 변화이고, 卯酉가 만난 것은 습도가 만난 것이다. 辰戌이 만나면 비와 서리가 만난 것이고, 寅申이 만났으면 형체가 만난 것이다.

午의 온도는 무엇이고 子의 온도는 무엇인가? 午의 온도는 온도가 점점 식어 가는 것이고, 子란 온도가 점점 높아져 가는 것이다. 그럼 午란 열정이 점점 식어 간다는 말이고, 子란 열정이 점점 높아 간다는 말이다. 午는 점점 실망한다는 것이고, 子는 점점 희망을 갖는다는 말이다. 子가 온도가 낮다는 것은 점점 높아진다는 개념이고, 午는 온도가 높으니 점점 낮아진다는 의미다. 그러니 午는 온도가 높다. 子는 차갑다고 하면 안 된다. 그리고 月支는 宅의 변화, 日支는 사람의 변화다. 이것이 宮을 보는 법인데, 月支와 日支만 보면 된다.

5) 相生과 相剋
(1) **生이란** 낳는다는 뜻인데 相生이란 혼자서는 낳을 수 없으니 무엇과 관계를 해야 한다는 뜻이다. 관계하지 않으면 낳을 수 없다. 그래서 相生

이라 한다. 生에 相生을 붙이는 이유는 너와 내가 만나지 않으면 낳지 않는다. 相 자는 서로 相 자가 아니라, 관계한다는 의미의 相이다. 相生은 무엇을 하기 위해 준비하는 것과 같다. 그럼 내가 무엇을 준비하면 변화해서 다른 사람으로 태어난다. 그래서 生해서 변화했다고 化라고 한다. 만약 甲木이 혼자 있으면 시간이 가도 다른 것으로 변화하지 않는다. 그러나 甲木이 癸水를 보면 뿌리가 나온다. 甲木이 丙火를 보면 싹이 올라간다. 원래 甲木이 田 자 모양으로 구성되었는데, 癸水를 보면 뿌리가 생기고, 丙火를 보면 싹이 나온다는 뜻이다. 이렇게 化가 된다는 의미가 相生이다. 자란다. 변한다. 커 간다는 의미가 相生이다.

(2) 剋이란 이룬다. 다 컸다는 의미다. 生은 자라난다. 剋은 다 커서 이루어졌다는 뜻이다. 그런데 相剋이니 '무엇에 비교하여' 이루어졌다는 뜻이다. 生化는 준비해서 자란 모습으로 변한 것이다. 相剋은 무엇과 비교하여 이룬다는 뜻이다. 制化한다는 뜻은 비교해서 이루었다는 뜻이니 경쟁으로 이룬다는 뜻이다.

生은 낳고 자란다는 뜻이고 相剋은 이룬다는 뜻이다. 무엇에 비유해서 더 크게 이룬다는 뜻이니, 相剋은 경쟁한다는 의미이다. 그런데 生만 지속되고 剋이 없으면 자라나기만 하니 준비만 하고, 生은 없고 剋만 있으면, 자라지도 않고 이루는 것이다. 그럼 빼앗는 것이다. 그래서 生과 剋은 같이 존재하는 것이다. 生은 무엇을 준비하고 자기를 만들어 가는 과정을 말하고, 剋이란 이루는 과정을 말한다. 그래서 剋은 이룬다고 해서 벨 剋 자, 칠 剋 자인데, 친다는 개념이 아니라 이룬다는 개념을 뜻한다. 合해서 生은 生長을 말한다. 相剋은 成, 이루는 것을 말한다.

① 相生은 자란다고 했으니 癸甲, 乙丙 丁己庚, 辛壬이 相生이다. 그럼 때에 맞추어 자라서 준비능력을 갖춘 사람이다. 水生木, 木生火 火生土生金, 金生水가 봄 여름 가을 겨울 네 가지의 相生이다. 相生은 시기적절하게 자기 자신을 성장시키는 것을 뜻한다.

② 相剋은 水火, 金木, 土水가 있는데 水火와 金木이 합쳐서 火金이 나오고, 金木과 土水가 합쳐서 木土가 나온다. 木土의 뜻은 개발이고, 火金은 훈련을 거친 상승작용이라 한다. 土水는 윤택이라 해서 인식작용이라 한다. 金木은 벽갑(劈甲)이라 해서 상보(相補), 실용적 작용이라 한다. 水火는 기제(旣濟)와 미제(未濟)가 있다. 癸甲, 水生木, 乙丙 木生火, 丁庚 火生土生金, 辛壬 金生水이다. 이것이 공식인데 모두 합쳐서 相生이 20개, 相剋이 20개, 모두 40개다.

癸甲과 乙丙을 합치고, 乙丙과 丁己庚을 합치고, 丁己庚과 辛壬을 합치고, 辛壬과 癸甲을 합친다. 이것이 오래가는 것이다. 金生水 水生木하면 오래가는 것이다. 그럼 오래가기도 하고 잘 가기도 해야 하니 土가 개입해야 한다. 癸水가 水生木 木生火하니 오래가고 잘 가려면 土가 있어야 한다. 오랫동안 유지하려면 金이 있어야 하고 잘 가려면 土가 있어야 한다. 단계별로 수화기제(水火旣濟)와, 토수합일(土水合一)이라 한다. 金生水 木生火인 수원(水源)과 인화(引火)는 지속성과 전문성이 된다. 결국 오행의 相生相剋은 개인적 능력을 따지는 것이다.

음양으로 정신을 만들고, 오행으로 정신에 부합되는 능력을 만들고, 정신과 능력을 만들었으면 직업능력이 생긴 것이다. 그럼 이것을 인간과 인간 사이에 활용해야 하니 이를 六神이라 한다.

2. 육신(六神)

1) 六神은 인간관계를 보는 것이다. 인간관계는 생존적 인간관계와 생활적 인간관계로 나눈다. 인간관계를 두 개로 나눈다면 가족적 인간관계와 사회적 인간관계로 나누는 것이다.

(1) 六神에서 인간관계 구성의 틀은 日干과 官星과 財星으로 구성되어 있다. 日干이란 개인인 나 자신이 능력을 만들고, 능력을 활용하는 기준이 된다. 官星은 사회적 규칙이 된다. 財星은 소유가 된다. 얼마만큼 소유했나? 官星은 사회적 규칙은 무엇이냐? 日干은 이 속에서 개인적인 능력을 만들어 가는 것이다. 이렇게 세 가지로 구성이 되어 있다. 이 세 가지를 공부해서 六神을 성취해야 한다.

日干은 개인적인 능력을 만들고 활용한다. 官星은 사회적 위치를 말하고, 財星은 소유를 말한다. 日干을 기준할 때, 財星은 日干이 相剋으로 취하는 걸 본다. 甲木이 戊土 己土를 相剋하는데 이는 취하는 것이다. 또는 재주를 부린다고 해서 재(才)라고도 한다. 그래서 소유라는 개념의 재물 財 자와 함께 재주 才 자를 쓰기도 한다. 日干이 相剋하는 것을 六神의 이름으로는 財星이고, 내용으로는 능력을 발휘해서 취하거나 재주를 부려서 취한다고 한다.

사회적 규칙은 官星이 되는데, 日干을 相剋하는 것으로 나를 취하는 것이다. 누군가가 나를 취하는 것이다. 남편이 아내를 剋했으면 취하는 것이다. 나를 相剋하는 것은 官星이니 누가 나를 쓴다는 뜻이다. 누군가 나의 재주를 쓴다. 남자가 相剋하는 걸 여자라고 하고, 여자를 相剋하는 것은 남자라고 한다. 부성(夫星)이란 뜻이다. 항상 남녀 구분할 때 相剋하는 건 남자, 相剋 당하는 건 여자, 財星이 여자이니 부인, 官星은 남자이니 남편으로 보면 된다.

日干이 정해졌으니 日干이 相剋하는 건 財星이니 소유물이다. 또 日干을 相剋하는 것은 官星이다. 내가 지켜야 할 규칙이면서, 누가 나를 인정해서 쓰는 것이기도 하다.

① 日干을 相生하는 건 印星이라 한다. 相生관계는 준비를 하는 것이다. 日干을 相生한다는 것은 배운다는 뜻이다. 도장 印, 배운다. 준비한다.

② 日干이 相生한다. 食傷 밥 食, 상처를 줄 傷, 日干이 相生을 했으니 내 능력을 쓴다. 나의 역량을 활용한다.

③ 日干과 同氣오행: 같은 오행이라 해서 比라고 한다. 癸, 癸는 比다. 庚 辛은 같은 金인데 음양이 다르니 劫이라 한다. 같이 화합한다고 해서 比, 싸운다고 해서 劫이라 한다. 갖추었다. 갖추지 않았다. 같이 뭉친다. 뭉치지 않는다. 가장 친한 사람들끼리 싸우고, 가장 먼 사람끼리 친해지고 이런 의미가 들었다. 劫이란 같이 어울리지 않아도 되는 사람과 어울리고, 比란 같이 어울려야 할 사람과 어울리는 것이다. 어울려야 할 사람과 어울리는 건 당연하지만, 어울리지 말아야 할 사람과 어울리는 건 당연한 게 아니다. 그래서 정리(正理)냐 역리(逆理)냐, 정도(正道)냐 역행을 하느냐. 同氣는 같은 오행이라 해서, 氣가 같은 오행을 말한다.

④ 日干이 剋하는 것은 財星이고 소유적 규칙이다. 日干을 剋하는 것은 官星이고, 사회적 규칙이다. 日干을 생하는 것은 印星, 배우고 준비하다. 日干이 생하는 것은 능력을 활용하다. 日干과 같은 同氣는 比劫이라 해서 싸우다, 화합하다. 比肩은 원래 같은 편이니 같은 편이고, 劫財는 같은 편이 다른 편이 되기도 한다. 이렇게 같은 편이 다른 편이 되기도 하고 다른 편이 같은 편이 되기도 하는 모습이 比劫에 있다.

財星이란 日干이 剋하다. 剋을 해서 취하니 소유다. 소유의 논리는 정(正)이 있고 편(偏)이 있다. 무엇을 취해서 가지려는 방법에는 正법이 있고 偏법이 있다는 것이다. 그것을 용어로 따지니 財星의 정법은 正財라 하고, 편법은 偏財라 한다. 그러니 財星은 목적이 된다. 가령 庚金日干이 甲木을 보면 金剋木이다. 그럼 財를 취하는데 편법을 통해서 취한다는 의미다.

⑤ 官星은 日干을 剋한다. 상대가 나의 능력을 취해 가는 것이니 임무를 맡다. 官星이 日干을 剋한다는 건 누군가 나에게 임무를 주었다는 의미다. 官도 正과 偏으로 나눈다. 官이란 건 목적이 있고 목적을 취하는 방법은 正偏이 있다. 正으로 官을 취하느냐, 偏으로 官을 취하느냐는 방법이 된다. 어떤 방법으로 소유를 할 것인지, 어떤 방법으로 세상에 적합하게 살 것인지, 편파적인 방법을 쓸 것인가, 정법을 쓸 것인가다.

日干은 이에 따르지 않고 개인적인 방법을 취하려고 한다. 나는 이렇게 하고 싶지 않다고 해서 日干은 겁재(劫財)라는 방법을 사용한다. 劫財는 日干과 동기 오행이다. 그럼 財라는 목적은 동일하나 방법은 劫 방법이다. 正偏은 사회에서 정한 법칙이고, 겁(劫)이란 日干이 정한 방법이다. 劫財가 있는 사람은 자기가 정한 룰이다. 四柱에 劫財가 있는 사람은, 자기가 劫으로 재(財)를 취하려고 행위를 한 것이다. 겁탈할 劫 자다.

日干은 官에 가서 임무를 맡는데, 官에 대한 임무는 正法과 偏法이 있는데, 개인적으로 나는 傷官을 사용해서 하겠다는 것이다. 여자로서 남편에게 사랑을 받는 방법은, 사회적으로는 正과 偏이지만, 내가 정한 방법은 傷이니 이를 傷官이라 한다. 官이란 목적을 이루는 데 傷을 방법으로 하는 것이다. 그래서 正偏은 정해진 룰이고, 傷은 日干이 행위하는 법이다.

財星은 사회적 룰로 정해진 正과 偏이 있고 개인적인 이기심으로 정한 劫財가 있다. 官星은 모두 두 가지인데, 사회적으로 정한 正偏이 있고 개인적인 이기심으로 정한 傷官이 있다.

日干은 '준비하다'가 있고 '인연을 맺다'가 있다. 능력을 갖추어야 하는데 이를 印이라 한다. 이것도 방법은 正法인 正印이 있고 편파적인 방법인 偏印이 있다. 이는 능력에 대한 특기를 맞추기 위함이다. 목적은 특기를 갖추는 것인데, 방법은 正과 偏으로 한다.

日干이 '행위하다'가 있는데 이를 食傷이라 한다. 그럼 食神이란 행위와 傷官이란 행위가 있다. 행위하는 방법은 食神에 대한 행위는 내 능력을 올바르게 배출하는 행위이고, 傷官의 행위는 상대를 이겨야 내 능력이 돋보이는 게 있다. 두 사람이 행위를 하는데, 자신의 능력이 상대보다 더 뛰어나게 행하는 것은 食神이다. 그러나 상대가 없어져야 자신의 능력이 더 돋보이는 건 傷官이라 한다. 두 가지 방법으로 한다.

傷官格은 상대를 물리쳐야 부각이 되는 것이다. 食神은 죽으라고 뛰어야 이룰 수가 있지만, 傷官은 상대를 물리쳤으니 천천히 가도 자기가 취할 수가 있다. 어떤 방법을 택하느냐의 뜻이다. 傷官은 전지전능해서 官에서 가져다가 쓴다. 상대를 소멸시키고 최고가 되는 것이다.

무엇과 무엇이 '협조를 하다가 있는데 比劫이라 한다. 劫財는 목적이 財가 되고 방법은 劫이 된다. 比肩은 肩이 목적이고 比는 방법이 된다. 比肩은 견줄 比 자, 볼 肩 자에 들어간다. 갖출 比, 어깨 肩, 볼 肩, 갖출 肩이라 한다. 나와 같은 것을 갖추었다는 의미이니, 서로 협조한다는 뜻이다.

劫이란 협조를 하지 않는 방법으로 협조하는 것이다. 협조하는 방법으로 협조하는 게 있고, 협조하지 않는 방법으로 협조하는 게 있다. 적이 쳐들어왔으면 둘이 협조해서 적을 대항한다. 원래 둘은 협조하지 않은 사이지만 적이 쳐들어왔기 때문에 서로 협조하는 것이다. 부부간에도 다투다가 도둑이 들어오면 합치게 된다. 이걸 劫財라 한다.

적을 취하러 가는 법이 있다. 내가 쳐들어가는 건 협조를 하는 것이다. 그래서 무슨 활동이 끝나고 논공행상을 할 때 건수가 달라진다. 쳐들어가기 위해서 뭉친 건 比肩이라 한다. 전리품을 수거할 때 比肩은 나누어 갖는데 싸울 수도 있다. 적이 침입해서 막았거나, 당했을 수 있는데, 만약 당했다면 네 잘못이다, 내 잘못이다 하고 싸울 수가 있다. 이런 논공행상이 벌어지는 것이다. 쳐들어갈 때 협력하는 것은 比肩, 쳐들어왔을 때 협력하는 것은 劫財이다. 둘 다 있으면 공격과 방어에 최고가 된다. 둘 다 없으면 공격력과 방어력이 없는 것이다.

日干은 여섯 개로 되어 있는데, 印星으로 준비하는 것이고, 食傷으로 준비한 걸 쓰는 것이다. 그리고 比劫은 財星과 官星을 상대로 협조하는 것으로 쓰인다. 劫財는 협조하지 않는 방법으로 협조하는 것이고, 比肩은 협조하는 방법으로 협조하는 것이다. 財星이란 日干이 剋하는 것이다. 내가 소유를 하기 위해서 취하는 것과 같다.

내가 무슨 일이 생겼는데 劫財가 있다면 협조를 받기 위해 내 마음을 숨기고 상대를 활용하려는 것이다. 比肩이 있는데 무슨 일이 생기면 이 사람과 함께 처리해야 하니 내가 보호를 받기 위해 협조하는 것이다. 그래서 比肩은 좋은 말로 병사(兵士)고 희생양이다. 이런 방법과 목적으로 나누는 것이다.

甲木日干의 甲木은 比肩이다. 그럼 比肩이니 협조를 위한 협조, 劫財는 사용 목적을 위한 협조가 된다. 그래서 劫財가 있는 사람이 결혼하면 상대를 써먹기 위해서 한다. 남자가 劫財가 있으면 부인을 써먹기 위해서 결혼을 하는 것이다. 劫財는 목적이 財이다. 돈 버는 게 목적이다. 방법은 내가 직접 하기보다 소모품을 사용하는 것이다. 그런 식으로 구성된 것이다.

日干을 剋하는 건 官星, 官星은 正과 偏이 있다. 이는 사회적 규칙이다. 또 사회적 규칙이 아닌 내가 정한 규칙이 있는데 이는 傷官이다.

모든 사회에는 풍습과 관습이란 사회정의가 우선한다는 正官,
모든 사회는 변화해야 한다는 偏官,
모든 사회는 제도가 아니라 사람이 이끌어야 한다는 傷官,
모든 사회는 제도가 이끌어야 한다는 正官,

모든 사회는 사람이 이끌어야 한다는 傷官,
모든 사회는 천재지변에 대비해야 한다는 偏官이다.

모든 사회는 사람이 이끌어야 한다는 사람 위주 사고방식인 傷官, 안정적 사고방식인 正官, 그리고 위험한 것을 방어하자는 사고방식인 偏官이다. 세 가지가 합쳐져야 한다.

正官은 지금은 편안하니 더 이상 변하지 말자. 偏官은 항상 위험에 대비해야 하니 국방비가 중요하다고 한다. 아니다. 모든 것은 사람이 만드니, 사람이 가장 중요하다. 사람이 우선이어야 한다는 것이 傷官이다.

正官은 헌법, 법, 조례 규칙이다. 偏官은 긴급조치 계엄령이다. 傷官은 명령법이다. 이를 상위법과 하위법으로 나눌 수는 없다. 正官은 평상시, 偏官은 유사시, 傷官은 긴급상황이다. 傷官이 있으면 항상 지시형, 명령형 말버릇이다. 이렇게 官이 세 개, 財가 세 개다.

正財는 열심히 일해서 봉급을 타면 된다. 偏財는 변화하는 새로운 것에 대처해서 돈을 벌어야 한다. 劫財는 직접 하지 말고 새로운 걸 하는 사람을 시키면 된다.

官星 두 개, 財星 두 개로 구성되었고, 日干은 여섯 개 육신으로 구성되었다. 比肩, 劫財, 正印, 偏印, 食神, 傷官 이렇게 여섯이다. 日干을 剋하는 것은 官星, 日干이 剋하는 것은 財星, 日干을 생하는 것은 印星, 日干이 生하는 것은 食傷이다.

六神을 암기할 때 甲木 기준으로 金剋木이면 官星이라 한다. 日干이 다르면 正, 日干이 같으면 偏 자를 붙이면 된다. 日干을 生하는 것은 印星이다. 日干이 生하는 것은 食傷, 日干을 剋하는 것은 官星, 日干과 같은 것은 比劫이라고 모두 암기해야 한다. 子中에 壬水는 甲木日干을 生하는 것이니 偏印, 丙火는 甲木日干이 생하는 것이니 食神이라 한다.

명리를 처음 접할 때, 가장 먼저 하는 것이 陽木 陰木, 陽火 陰火, 陽土 陰土, 陽金 陰金, 陽水 陰水 이런 식으로 한다. 원래는 天干이 陽이면 地支도 陽이어야 한다. 그런데 天干과 地支가 음양이 바뀔 때가 있다. 이는 亥子와 巳午는 음양이 바뀐다. 그래서 이중 인간이라 한다. 그럼 환경이 음양으로 자꾸 바뀌고, 대인관계도 자주 바뀌게 된다. 그럼 바뀌는 것이 무엇인지 알아야 한다. 그리고 六神을 구분하는데 金剋木하면 木을 기준으로 金은 官이 되고, 水生木하면 木을 기준으로 水는 印星이다. 木生火하면 木을 기준으로 火는 食傷이다. 木을 기준으로 木하면 同氣오행이니 比劫이라 한다. 地支는 모두 암장(暗藏)으로 외워야 한다.

2

육신의 왕쇠강약
(旺衰强弱)

1. 六神 정하기

六神은 처음 시작할 때 잘못되면 교정하기가 매우 어렵다. 오행은 궁리(窮理)학문이라 다시 궁리하면 되지만, 六神은 인간관계를 논하는 사회학이라, 한번 잘못되면 인식체계를 바꾸기가 어려우니 처음부터 잘 시작해야 한다.

日干은 나(身)라고 해서 주체가 된다. 즉 나는 체(體)라는 뜻이다. 용(用)이 아니라 체란 뜻이다. 몸뚱이가 아니라 그냥 있는 것이다. 이 체가 나타나서 형체를 띠려면 印星이나 食傷으로 형체를 띠는 것이다. 日干이 형(形)으로 나타나야 하니, 타 六神을 만나야 한다. 만약 동기(同氣)를 만난다면 比劫이란 형체를 띠고 나타나는 것이다. 그럼 用을 보는 것은, 相生相剋으로 나타난 것이 무엇을 하는 것으로 나타났느냐가 用이다.

印星이 日干을 生한다. 이는 日干이 旺해졌다고 한다. 日干이 食傷을 生한다. 이는 日干이 衰해졌다고 해야 한다. 日干이 財星을 剋하면 日干이 强해졌다고 한다. 日干이 剋을 당했다면 弱해졌다고 해야 한다. 日干이 同氣

를 얻었다면 旺해질 수도 있고, 强해질 수도 있다. 財星을 상극하면 强해지는 것이고, 印星처럼 행동하면 나에게 보탬이 되는 것을 얻었다고 해서 旺해질 수가 있다. 그래서 比劫을 얻으면 旺, 또는 强이다. 比肩도 있고 劫財도 있으면 財星에게는 위협적인 존재가 된다. 財星 입장에서는 자기는 화살 수도 없이 맞은 것이다. 발로 짓밟힌 것이다. 그런데 日干은 모르는 것이다. 그럼 그것을 알려면 財星이 도와달라고 食傷으로 하소연을 한다. 그럼 日干이 쇠(衰)해져야 食傷을 生해서 財星을 도와준다.

日干은 휴(休), 印星은 旺, 食傷은 衰, 財星은 强, 官殺은 弱, 比劫은 旺과 强이다.

財星, 官星, 印星처럼 별 星 자가 붙은 것은 천성으로 타고났다는 뜻이다. 그리고 食傷과 比劫처럼 星 자가 붙지 않은 것은 자기 기질로서 해결할 수 있는 것이란 뜻을 가졌다.

2. 六神개론

1) 六神에는 그 이름 자체에 목적과 방법이 포함되어 있다. 正印 = 正 + 印의 합성인데 正은 방법이고 印은 목적이 된다. 比肩은 比는 방법이고, 肩은 목적이 된다.

2) 六神의 관계는 상생상극으로 판단 근거를 삼는다.

(1) **生**: 生을 하다. 生을 받다. 두 가지가 있다.

生은 가정적으로는 혈족을 의미하니 부모 자식 관계를 의미하고, 사회적으로는 준비상태를 표시한다. 食神이 偏財를 生했다면 준비상태, 즉 능력을 말한다. 그럼 偏財가 偏印을 剋하는 것은 능력을 펼치는 것이다.

(2) **剋**: 剋을 하다. 剋을 받다. 두 가지가 있다.

가정적으로는 배우자를 말한다. 相剋은 사회적으로는 검증, 활용, 경쟁을 하는 것이다.

그러니 相生이든 相剋이든 관계가 없으면 아무것도 이루어지지 않는다. 그럼 하나의 六神이 다른 六神을 만나서 관계를 맺을 때 목적과 방법이 같을 수도 있고 다를 수도 있다. 正印이 偏을 만났다면 방법이 다를 수도 있다. 이 사람은 正으로 하자고 하고, 저 사람은 偏으로 하자고 하니 방법이 다를 수가 있다. 正官이 劫財를 만났다면, 劫財의 목적은 財星이고, 正官은 목적이 官이니, 劫은 방법을 劫을 쓰고, 正官은 방법은 正을 쓰니, 劫은 겁탈을 하고, 正은 성실 근면하자는 것이니 목적과 방법이 다른 것이다.

이렇게 목적과 방법이 다른 것이 만나야지, 서로 같은 목적과 방법이 만난다면 生의 원칙에 어긋나는 것이다. 만약 正끼리 만났다면 채소를 기르기만 하지 따 먹지를 않는다. 계속 기르는 것은 채소가 아니라 관상용 꽃이나 화초. 화초는 따 먹지 않고 기르기만 하는 것이다. 生하는 기운만 있으면 죽이는 기운이 없으므로 그것도 못 쓰는 것이다. 正과 偏이 같이 어울려 있고, 다른 육신들도 같이 만나야 한다.

(3) **합(合)**: 合은 두 가지가 있다.

① 관계를 유지하기 위해서 교환으로서 이어 가는 것이다. 食神과 正官이 合이 되니, 관계를 유지하려면 무언가를 교환해야 한다.

② 合은 혼잡을 해결하는 방법이다. 하나는 남기고 하나는 숨기기 위한 것이다. 살(殺)을 합거(合去)하면 官이 남는데, 殺을 없앤 것이 아니라 숨긴 것이니, 언제든지 다시 나타날 수 있다. 정신을 바짝 차리지 않으면 드러난다. 그럼 술 먹으면 정신을 놓게 되고, 성질이 나면 놓게 된다. 그러니 희로애락(喜怒哀樂)에 의해 자기도 모르게 정신 줄을 놓게 된다. 너무 기쁘거나, 너무 슬프면, 자기도 모르게 한도를 넘게 되니 숨어있던 殺이 드러나게 된다.

(4) 육신은 제(制)와 극(剋)을 통해 자기 뜻을 관철시킨다. 制로서 관철시키는 건 바른 행동과 바른길로 관철시키는 것이고, 剋으로 자기 뜻을 관철시키는 것은, 이도(異道)나 역리(逆理), 역천(逆天), 즉 바른길이 아닌 방법으로 자기 뜻을 관철시키는 것이다.

편관이 비견을 상극한다. 상관이 정관을 상극하고, 겁재가 정재를 상극하고, 편인이 식신을 상극하는 것들이다.

그러나 식신이 편관을 상극한다는 말은 쓰지 않는다. 제화(制化)한다고 한다. 이렇게 자기 의지를 관철시켜서 성취하는 것이 있다. 인간관계에서 투명하든 불투명하든 正과 偏으로 나누는 것이다. 어느 것이 더 옳다는 걸 의미하는 건 아니다. 흉신과 길신을 다루는 방법을 알아내는 것이 六神의 간단한 개론이다.

日干은 아직 형체가 없는 것이다. 자기가 활동할 수 있도록 正印으로 旺해졌다면 正印으로 형체를 띠고 나타나는 것이고, 偏印으로 왕하면 偏印으로 형체를 띠고 나타나는 것이지, 日干이 甲木이니 성격이 어떻다고 하면 안 된다. 日干이 甲이라면 癸水란 正印의 형체를 띠고 나타난 것이니, 학습하는 사람으로서 공부하는 사람으로 나타난다. 日干이 甲木인데 偏印이란 壬水를 띠고 나타났다면 생각하는 사람이라 한다. 공부하는 사람과 생각하는 사람이 다르다.

食神으로 나타났다면 능력을 발휘하는 사람, 傷官으로 나타나면 남의 능력을 역이용하는 사람으로 형체를 띠고 나타난 것이다. 比肩으로 나타났다면 내 일을 같이 도모함에 필요한 사람이다. 만약 日干이 약하면 남의 일을 도모할 때 내가 필요한 사람이 된다. 劫財로 나타났다면 내 일을 도모할 때 타인의 힘이 필요한 것이다. 比肩은 나와 같은 사람을 의미하며, 劫財는 나와 다른 사람인데 필요한 사람을 뜻한다.

만약 오징어가 살기 위해 오징어와 힘을 합치는 게 필요할까, 철갑상어가 필요할까? 상어가 필요하면 劫財가 필요한 것이다. 협조자가 필요하면 比肩, 적이 필요하면 劫財다. 열심히 살기 위해서는 적이 필요하다. 무언가 일을 성취하기 위해, 힘겹게 올라가려면 劫財가 필요한 것이다. 옆에 劫財가 있는 사람이 있다면 일을 만들어 오는 것이다. 이런 식으로 六神의 특성도 공부해야 한다.

(5) 왕쇠강약(旺衰强弱)
傷官이 月令이면 旺衰 중에 衰이다. 偏印이 月令이면 旺衰 중에 旺이 된다. 比劫이 月令이면 旺인지 強인지 아직 모른다. 強이 될지 旺이 될지 알 수가 없다. 月令이 比肩이면 弱은 아니다. 官殺이 아무리 와도 弱해지지 않는다. 比肩은 日干과 같은 특성이 있으니 가족적 특성, 친구적 특성 등이 있지만 왕쇠강약을 알아야 한다. 또 傷官月令이면 衰한데, 食神으로 衰한 것과 傷官으로 衰한 것의 특성이 다른 거지, 어느 것이 더 좋고 나쁜 것은 없다. 기본 규칙이 다르니 공부를 해야 한다.

3) 세상의 규칙

日干인 자기가 옳다고 옳은 것이 아니라, 세상이 정한 규칙에 맞추어야 옳은 것이다.

(1) 日干이 왕하고 財가 더 약한 것을 신왕재약(身旺財弱)이라 한다. 官이 日干보다 더 왕하고 日干이 官보다 더 약한 것을 관왕신약(官旺身弱)이라 한다. 세상의 규칙에 맞추려면 日干이 官旺身弱해야 한다. 官星은 日干을 弱하게 만든다. 그럼 官이 旺해야 한다. 日干은 항상 財星을 相剋해야 하니 財星보다 身旺해야 한다. 신강재약(身強財弱)해야 하고, 관왕신약(官旺身弱)해야 하는 것이 규칙이다.

4) 세상의 규칙을 지키지 않는 경우

(1) 신약재왕(身弱財旺)이 되거나, 신왕재왕(身旺財旺)이 된다. 身弱財旺이란 日干보다 財星이 더 왕한 것을 말하고, 身旺財旺이란 日干과 財星의 크기가 서로 비슷한 것을 말한다.

(2) 관약신왕(官弱身旺)이 되거나, 관왕신왕(官旺身旺)이 된다. 官弱身旺이란 日干보다 官이 더 약한 것이고 官旺身旺이란 官과 日干의 크기가 서로 비슷한 것을 말하는데 이는 비정상적인 것이다.

己 庚 癸 甲 坤 卯 申 酉 辰	丙 乙 庚 戊 乾 子 未 申 寅
신왕재약 사주	관왕신약 사주

丙 癸 壬 乙 坤 辰 未 午 丑	壬 戊 戊 庚 乾 戌 辰 寅 戌
신약재왕 사주	신왕관약 사주

日干과 財星 중에는 항상 日干이 旺해야 하고 財星이 약해야 하고, 官과 日干 중에는 官이 항상 旺해야 하고, 日干이 약해야 하는데 거꾸로 된 경우가 있는데 이는 官을 능멸하는 것이다. 그런데 관왕신왕이나 신왕재왕처럼 똑같은 경우도 대립하는 경우이니 안 된다. 이렇게 여섯 가지 경우의 수가 각기 다르게 나타날 수 있다.

① 日干의 구조가 관왕신약이면 사회제도에 적응력이 높다.
② 관약신왕하면 관에 대한 적응력 부재로 독립적 기질이다.
③ 관왕신왕하면 적응도 하고 독립도 하는 스타일을 말하니 독립지사장을 의미한다. 조직에 들어가도 독립적이니 지사장이나 별정직 선거 선출직 등을 의미한다. 애널리스트, 딜러, 보험설계사 등 조직에 있는 프리랜서들이다. 조직이 있어도 자영업적 성향이 강하다.

④ 신왕재약은 스스로 창업적인 요소가 있다.
⑤ 신약재왕하면 부인이 가장(家長) 역할을 한다.
⑥ 신왕재왕하면 스스로 창업하는 경우와 부인이 가장 역할을 해야 할 경우가 상황에 따라 바뀐다.

5) 인아식(印我食), 인비식(印比食), 인겁상(印劫傷)

인아(印我)는 준비, 아식(我食)은 활용이라 한다. 인아식의 불균형을 비겁이 조화를 맞춘다. 인성이 너무 많으면 비겁이 가서 식상을 생하고, 식상이 너무 많으면 비겁이 가서 인성을 끌어다가 식상에 넣는다. 식상이 너무 많고 인성이 적으면 준비하지 않고 갔으니 비겁이 꾸준히 준비하는 것이다. 인성이 너무 많으면 일간이 활용하려 하지 않으니 비겁이 가서 대신 활용을 해준다. 식상이 너무 많으면 일간이 배우지 않고 계속 활용만 하니 비겁이 대신 배워서 준비한다. 식상과 인성을 비교하여 조화를 맞추는 것이다. 식상이 너무 많고 인성이 너무 적다고 관살이 인성을 생하는 게 아니다. 인아식에서 비겁의 역할이다. 식상이 왕하고 인성이 적으면 인성을 생해야 하는데 식상에 맞추어서 생해야 하니 비겁이 인성을 대신해 준다.

비겁이 없으면 인성과 식상의 균형이 비뚤어져도 고치지를 못한다. 食傷이 많고 印星이 작고 比劫이 없으면 대신해 주는 사람이 없으니 어쩔 수 없이 官星으로 임무를 맡아야 한다. 그러니 공부를 하지 않고 임무를 맡는 것이다. 우리가 하는 공부도 스스로 연구해서 하는 게 아니고, 사업도 스스로 하기보다는 누군가를 두고 해야 하니 모두가 협조해야 하는데 협조를 부끄러워하거나, 협조를 싫어하는 사람은 원형이정(元亨利貞)이 잘못된 것이고, 인의예지신(仁義禮智信)이 잘못된 것이다.

그 인성(人性)이란 성품을 찾아내는 작업을 해야 한다. 사주의 구조가 있다고 해도 성품이 잘못된 것이 있다. 품성이 잘못되었거나 이를 원형이정(元亨利貞)이란 사정(四定)이 잘못되었거나, 인의예지신이란 오상(五常)이 잘못된 것이다. 만약 元이란 시간적으로 부모 밑에 크거나 학창 시절이 잘못되면 나머지 亨利貞이 없어져 버리는 것이다.

六神에서 삶의 형태와 능력은 별개이다. 合이란 삶의 형태이니 인생의 전부가 아니라 사는 모습, 즉 삶의 형태이다. 능력은 인아식(印我食)에서 비겁의 형태를 보는 것이다. 비겁이 없고 식상이 旺하면 기술직이나 현장직이다.

① 관왕신약(官旺身弱)과 신왕재약(身旺財弱)은 세상이 정한 규칙이다.
② 인아식(印我食)은 자기 운영방식이다.

食傷은 세상에 나가서 활용하는 것이다. 세상에 나가 실력을 활용하기 위해서 자신을 어떻게 운영할 것인가? 그러니 신왕신약(身旺身弱)은 경쟁에 참여하는 모습을 보는 것이다. 官으로 가느냐, 財로 가느냐를 보는 것이다. 日干을 財에 맞추는가, 官에게 맞추는가 보는 것이다.

③ 官에 맞춘다면 관왕신약(官旺身弱)해야 하고
④ 財에 맞춘다면 신왕재약(身旺財弱)해야 한다.

만약 食神格이라면 출발이 食神이다. 그럼 印을 찾아야 한다. 正印이 있고 偏印이 있다. 日干을 生하는 것이 印인데 日干이 生하는 것이 食神이다.

日干을 생하는 것은 印星이니 능력 만들기, 日干이 생하는 것은 食神이니 능력 발휘하기다. 시작이 食神이면 능력을 발휘하는 것이 우선이다. 만일 食神 월령에 태어났지만 印星이 더 旺다면, 능력을 쓰기보다는 만들기에 더 치중한다. 발휘하기보다 만들기에 더 열중하니 잘못된 것이다. 그럼 조화를 맞추어야 하니 天干에 比劫이 필요하다. 比劫은 능력을 만드는 것이 부족하면 누가 능력을 만들어 주는 사람이 있고, 능력을 발휘하는 것이 부족하면 누가 능력을 발휘해 주는 사람이 있다는 뜻이다. 그럼 유용하게 쓸 주변 인물이 있는 것이다.

그리고 日干이 根이 있다는 것은 스스로 해야 한다는 뜻이다. 그럼 누가 해주는 것보다 스스로가 더 중요하니 比劫은 무시할 수 있다. 比劫도 있고 根도 있다면 주변에 유용한 사람이 있지만 잘 쓰지 못하고 자기가 根이 있으니 比肩을 무시하는 것과 같다. 사주에 財官을 따질 때, 반드시 日干을 살펴야 하는데, 日干이 신약하면 관왕신약, 신왕재약으로 맞춘다. 관약신왕하고, 신왕재약하면 창업형이다. 만약 관왕신약한 사람이 독립했는데, 신약재왕하면 스스로 창업할 수가 없다.

그리고 運에서 인다(印多)하면 제2, 제3의 능력이나 브랜드를 준비할 때가 왔다고 하면 된다. 印이 왔다면 印과 身을 연결시켜 관왕신약, 신왕재약을 만들어 내야 한다. 印이 오면 官이 洩된다. 그럼 官은 쇠왕(衰旺)이 된다. 그럼 이런저런 것을 여러 개 준비했으나 세상에서 통하지 않는 것이 왔다고 하면 된다. 食보다 印이 더 旺하면 능력 활용이 잘 안 된다. 그러니 항상 印보다 食이 더 旺해야 활동성이 좋다.

6) 日干의 根이 旺하면 통변할 때는

(1) 官에 맞추기, (2) 財에 맞추기를 해야 한다.

官에다 맞추는 것은, 日干을 剋하는 것이 있다. 그리고 日干과 官을 맞추어야 한다. 그럼 관왕신약이 된다. 그럼 조직에 근무해야 한다. 만약 신왕재약하면 사업을 하지만, 신왕재왕하다면, 사업이 아닌 사업을 하는 것이다. 그럼 일하지 않는 사업이니 주로 임대업이라 한다.

그리고 반드시 日干을 生하는 것이 더 크냐, 日干이 生하는 것이 더 크냐를 알아야 하는데, 日干을 生하는 것은 능력을 준비하는 것이고, 日干이 생하는 것은 능력을 활용하는 것인데 어느 것이 더 크냐이다. 그럼 그 균형은 比劫이 조율한다. 比劫이 어떻게 조율을 하느냐가 특기개발의 원천이 된다.

日干의 신왕신약은 사회생활을 보는 것이다. 그리고 比劫으로 배운 것을 인지하는 것은 남이 해 주는 것이다. 그것으로 日干은 쓰기만 하면 된다. 比劫이니 사람인 것이고, 官이나 財는 조직이 된다. 근왕이냐 근약이냐에 따라 내가 사람을 쓰느냐 내가 쓰임을 당하느냐이다.

근왕의 순서는 月支에 있으면 1번 근왕이고, 時支에 있으면 2번이다. 年이나 日에 있으면 3번 根旺이다. 月이란 天時를 얻은 것이나 時는 天時를 얻은 것이 아니다. 年이나 日은 득세(得勢) 정도이지, 得支란 말은 하지 못한다. 月은 득령(得令), 時는 득지(得支), 日과 年의 根은 세 번째로 쓰는 것이니 根旺이라 말하기는 어렵다. 그럼 쓰임을 당하는 것이다. 그러나 根旺한 運이 올 때마다 독립의 기운이 다시 오게 되니, 그것이 身旺이다 身弱이다, 딱 잘라서 분명한 사람은 없다. 인간관계가 분명한 사람은 없다.

比劫의 조화를 맞추는 방법도 배워야 한다. 조화란 것은 淸나라까지는 서대승 선생의 병약(病藥)론의 법칙을 따르고, 淸나라 이후는 서락오의 억부(抑扶)론의 법칙을 따른 것이다.

사람의 삶이 운명대로 가지 않고 우려하는 대로 흘러간다면 명리학자(命理學者)가 해야 할 일은 없을 것이다. 운명대로 산다는 건 하늘이 부여한 임무를 예지해 주는 것이다. 자기가 하고 싶은 일이 아닌, 즉 자기가 하고 싶은 것은 命主인 日干이 하는 말이지, 명리학자가 할 말은 아니다. 비록 그가 그 길로 가지 않을지언정, 우리는 하늘이 부여해 준 命을 이야기해 주어야 한다. 그러나 사람들은 대다수 자기의 기질대로 살려고 한다.

사주가 신왕관약으로 타고났다면 그대로 살게 두면 안 된다. 관왕신약을 이루어야 귀인이 된다고, 안 맞지만 계속 말해 주어야 한다. 그런데 신왕관약하면 신왕을 살려야 하니 신왕재약으로 가게 되어 있다.

인성이 旺하고 식상이 없으면 배우기만 하고 활용은 하지 않는 것이다. 그러나 비겁이 있으면 비겁이 식상을 도와주니 돈벌이는 비겁을 시키는 것이다. 天干에 비겁이 있으면 食이 旺해질수록, 印이 旺해지고, 인성이 지나치게 旺해질수록, 食도 旺해지는 것이다.

비견은 편인을 설화(洩化)해서 식신을 생하려 하고, 겁재는 정인을 洩化해서 상관을 생하려고 한다. 地支에 있는 根은 식상과 인성을 설화하거나 생화를 하는데, 비견의 根은 편인을 洩化해서 식신을 生化하려고 하고, 겁재의 根은 정인을 洩化해서 상관을 生하려고 한다. 이런 것에 대한 어긋나는 절차도 인지하면 작은 틈도 놓치지 않고 활용할 수가 있는 것이다. 비견은 편인을 설화하여 식신을 生한다. 그럼 남을 겨냥해서 경쟁하는 것이 아니라 자기 능력을 발휘하려는 특징을 가지고 있다. 또한 日干의 根이 겁재에 있다면, 정인을 泄化해서 상관을 生하려고 한다. 그럼 비견은 편인을 泄化해서 식신을 生하려 하고 日干은 정인을 泄化하여 상관을 생하려 하니 서로 생각이 다르다. 그러니 동업을 하면 활용 방법 때문에 다툼이 발생한다. 이렇게 아주 세세하게 나와야 한다.

마치 같이 여행을 하는데 준비할 때는 마음이 서로 맞지만, 여행을 가서 比肩은 食神을 生하려고 하고, 日干은 傷官을 생하려고 하니 준비와 활용하는 법이 어긋나는 법도 세세하게 알아야 한다.

오행은 각자 거동이 다른데, 火는 타오르려 하고, 水는 넘쳐흐르려고 하니, 火는 木이 있어야 타오르게 되고, 水는 土가 있어야 넘쳐흐르는 것이다. 土가 없으면 흐르는 것이지, 넘쳐흐르는 것이 아니다. 흐르는 것과 넘쳐흐르는 것이 차이가 있다. 또 木은 나누어서 행하려고 하고, 金은 합쳐서 행하려고 한다. 木은 나누어지는 것이고, 金은 응결해서 합치려고 한다. 그러니 木은 火가 있어야 나누어지고, 金은 水가 있어야 합쳐지는 것이다. 土는 모두를 포함하니 있는 것을 쓸 뿐이다. 사주에 있는 것은 쓰고 없는 것은 쓰지 않는 것이다.

이런 것이 모두 日干별로 다르다. 木日干은 나누어서 쓰려고 하는데 火가 있어야 나누어지고 火가 없으면 나누어지지 않는 것이다. 그럼 여러 각도로 생각하지는 못하는 것이다. 木은 다각도로 생각해 본 후에 판단하니 영악하다. 金은 모두 합해서 쓰니 이득이 되는 것만 쓰고, 이익이 되지 않으면 버리는 것이다. 金은 모두 모아서 채(採)에 넣고 걸러서 흐르는 것은 버리고, 남은 것만 쓰는 것이다.

日干을 생하는 것은 능력을 만드는 것이고, 日干이 생하는 것은 능력을 활용하는 것이다. 이것이 불균형할 때는 比劫이 조율을 하는 것이다. 그러니 印星이 旺해도 比劫이 있으면 食神이 旺해지는 것이다. 食神이 旺해졌어도 比劫이 있으면 印星이 왕한 것이다. 이런 불균형에 대한 조화를 맞추는 것은 서대승 선생의 병약론과 서락오 선생의 억부론이 있다.

그런데 오행을 이렇게 맞추면 안 된다. 六神에서만 이렇게 맞추어야 한다. 사람 사는 이치를 말하는 것이다. 오행에서 水가 印星이면, 火가 食傷인데, 印星이 弱한데 比劫이 있다고 水가 旺하다고 하면 안 된다. 印星이 旺해지면 旺해 질수록 比肩은 食傷을 생하는 것이다. 이는 六神에서만 통용이 되는 말이다.

日干을 生하느냐, 日干이 生하느냐, 그리고 比劫은 조율을 담당한다. 比肩이 조율하면 食神으로 가고, 劫財가 조율하면 傷官으로 가는 것이다. 比肩이 조율한다는 것은 내 능력을 만들어서 하는 것이고, 劫財가 조율하는 것은 상대의 능력을 이용하는 것이다. 이것을 인정해야 한다.

결국은 食傷과 印星을 조율하는 天干에 比肩 劫財가 없는 사람은 만드는 것과 쓰는 것을 조율할 의사가 없는 사람이다. 比肩이 두 개가 있으면, 능력을 만드는 것과 능력을 파는 것에 가서 조율할 의사가 있다는 것이다.

劫財가 아니라 比肩이니 내 능력을 쓰는 것이고, 능력을 발휘하는 것도 내 능력이다. 比肩을 시켜서 능력을 만들게 하고, 比肩을 시켜서 능력을 팔게 한다는 것이다.

比肩도 있고 劫財가 있으면, 조율할 의사가 있다는 뜻이다. 天干에 比劫이 하나도 없으면 이런 말을 듣지 않는다. 劫財가 있으면 능력을 만들거나 능력을 쓰는 것에 의해서 조율할 의사가 있다는 것이다. 쓸데없이 쓰지도 않을 능력을 만들 필요도 없고, 만든 능력을 묵혀 놓고 쓰지 않을 필요도 없는 것이다. 그런 의사가 있는 사람인데 比肩이 아니라 劫財라면 무작정 능력을 만들거나 발휘하는 것이 아니라 상대를 생각하는 것이다. 저 사람이 나보다 능력이 더 좋으면, 저 사람이 나보다 능력을 더 발휘하면, 하는 생각이 들어가 있으니 이는 일종의 두려움일 수도 있다. 반대로 比肩이 너무 많으면 일종의 자만심이 있을 수도 있는 것이다. 이렇게 比劫이 조화를 맞추는 것인데 결국은 比劫이 印星을 泄化해서 쓰는 것인지, 食傷을 生化해서 쓰는 것인지 관해서 말한 것이다.

印星과 食傷이 불균형해서 劫財가 맞추게 되면 자기보다 남이 먼저 보이니 나보다 더 나은 사람을 이기고자 하는 것이 보인다. 이것이 잘되면 성공을 하지만 못되면 오기만 발동한다. 그럼 印星과 食傷이 불균형하면 좋은 결과가 나오지만, 印星과 食傷의 균형이 맞으면 오기에 불과한 것이다. 아집에 불과한 것이고 텃세에 불과한 것이고, 남에게 불쾌감을 주는 데 불과한 것이다. 比劫이 하는 일이 없기 때문이다. 그러니 比劫은 균형이 맞지 않을 때 쓰는 것이다.

天干에 比劫이 없는 사주는 비겁을 쓰지 못한다. 地支에 아무리 比劫이 많아도 天干에 있는 것이 우선이다. 旺衰로 따지는 게 아니라 쓰임으로 따지는 것이기 때문이다. 旺衰라는 많다 적다로 따지는 게 아니라 쓰는 용도로 따지는 것이다. 天干에 比劫이 없으면, 쓰다 보니 더 배워야겠다는 욕망이 없는 것이다. 比劫이 없으면 印星을 洩化하지 않는다. 그러니 배운 걸 쓰는 게 아니라 안 배운 것도 쓰는 환경을 만나는 것이다.

比劫이 있으면, 방향 전환을 빨리해서 조절하려고 한다. 比劫이 없으면 印星을 洩해야 하는데 하지 않는다. 印星을 洩化하는 것은 배운 것을 꺼내서 세상에 쓰겠다는 뜻이다. 比劫이 印星을 洩化하거나, 食傷으로 배운 것을 쓰는 것이다. 食傷 運이 오면 취직하는 기간이다. 그럼 比劫 運에 경쟁력을 갖추고, 食傷 運에 쓰는 것이다. 그러나 比劫이 없으면, 배운 것만 올곧게 쓰는 것이 아니라 안 배운 것을 쓰는 환경을 만나게 되니 쓸 수가 없는 것이다.

인왕식약(印旺食弱)한 사주라면 비겁이 있으면 식상을 生하는 것이다. 그럼 환경에서 요구하는 것을 食傷이 준비가 안 되었으면 比劫이 빨리 캐치해서 쓰는 것이다. 만약 식왕인약(食旺印弱)한 사주라면, 비겁이 더 배워와야 하는데, 이때 日干이 根弱하다면 내가 더 배우는 게 아니라, 남이 배운 것을 차용해서 쓰게 된다. 根弱하면 배운 것을 차용하는 比劫이 있고, 활용하는 것을 차용해서 쓰는 比劫이 있다. 활용하는 것을 차용하는 것은 대리경영이나 매니저가 되고, 배운 것을 차용하는 것은 특허나 브랜드가 된다. 상표차용이 있고, 매니저차용이 있다. 이것이 의미가 다른 것이다. 比劫은 이렇게 소중하게 쓰이는 것이지, 나쁜 것이 아니다.

재격(財格)이라면 財를 기준으로 해야 한다. 그럼 日干이 훼하는 것이니 신왕재약해야 한다. 그럼 '스스로 창업하다'라고 써놓고 연습해야 한다. 比劫이 있으면 이 사람들을 사용해야 한다. 그런데 왜 比劫에게 시달린다고 말하는가? 印星이 없고 食傷이 旺하면 능력을 발휘하려고 태어났고 배우려고 태어나지 않은 것이다. 比劫이 있으면 배운 사람을 채용해서 쓰는 것이다. 比劫이 없으면 食傷을 쓰려고만 하지 배우는 것과는 아무 관계가 없으니 배운 것이 없는 사람들만 채용해서 쓰면 된다. 단순 노무자 고용 사주가 된다. 比劫이 없으면 배운 사람을 이용하지도 않는 것이다. 똑똑한 사람은 절대 쓰지 않는다.

신왕재약은 스스로 창업하다. 그런데 관왕신왕이면 남의 공간에 가서 사업을 한다. 자기 공간을 만들지 않는다. 남의 사업장에 가서 자기 사업을 하는 것이다. 자격 문제는 合으로 되어 있고, 공간의 문제는 旺衰로 되어 있어야 한다. 관왕신왕하면 남의 공간에 가서 사업을 한다.

무인성(無印星) 사주가 비겁이 없으면 배운 지식이 필요하지 않다. 그럼 식상으로 일을 하는데, 사주에 편관이 있으면 노역이라 한다. 살(殺)이 旺하면 살(殺)을 연구한 사람이 일을 주니 용역이라 한다. 인성이 없으면 무자료 거래자이고, 비겁이 없으니 자료를 챙겨 줄 사람이 없는 것이다.

3

왕쇠(旺衰)와 비겁(比劫)의 작용

1. 일간의 왕쇠

日干을 生하는 것은 旺, 日干이 生하는 것을 쇠(衰)라고 하는데, 이 旺衰가 이지러져서 균형이 안 맞을 때는 비겁(比劫)이 조율한다. 인성(印星)이 식상(食傷)보다 弱하면 인성을 도와주는 것이 비겁이다. 상부(相扶)해 준다. 생조(生助)해 준다.

日干을 剋하는 관살(官殺)을 보면 日干을 약(弱)이라 하고, 日干이 剋하는 재성(財星)에게는 日干을 강(强)이라 한다. 그것이 불균형할 때는 식상(食傷)이 조율한다. 食傷과 印星이 조율하는 것이다. 그 또한 比劫이 조율한다.

1) 관왕신약(官旺身弱)은 인성이 조율한다. 이것이 정상적인 것이다. 관약신왕(官弱身旺)은 식상이 조율한다. 이것은 異道라 한다. 관왕신왕(官旺身旺)은 조율할 필요가 없이 그냥 두면 된다. 권한은 있으나 통치하지는 않는다. 관왕하니 인성도 조율하고, 신왕하니 식상도 조율한다. 마치 주주와 같이 권한은 갖지만 통치는 하지 않는다.

신왕재약(身旺財弱)은 식상이 조율하는 것이다. 이것은 正道라 한다. 신약재왕(身弱財旺)은 印星이 조율하는 것이다. 그러니 異道로 가는 것이다. 신왕재왕(身旺財旺)은 食傷도 쓰고 印星도 쓰는 것이다. 마치 임대업 주인처럼 사업을 하는데, 하지 않는 것과 같다. 사업적인 행위는 해도, 사업적인 행동은 하지 않는다.

신왕재약이라면 食傷을 쓰는 것이다. 食傷이 없을 때 比劫을 쓴다. 신왕관약하면 食傷으로 身旺의 기운을 빼야 한다. 그런데 異道를 하면 조직에 가담하지 않는다. 身旺하니 창업을 하는 데 比劫이 필요하지 않지만, 食傷이 없으면 比劫이 대신해 준다. 이처럼 왕쇠강약의 이치와 日干의 태도를 먼저 알고 있어야 한다.

印星과 食傷을 조율하는 것이 比劫이다. 日干의 根이 없는 사람은 比劫으로 인해서 도움을 받는데, 주체가 比劫이 되고, 日干은 객체가 되니 부림을 당한다고 할 것이다. 日干이 根이 있는 사람은 比劫에게 도움을 주겠지만 대개 빼앗겼다는 감정을 갖게 된다. 사주를 볼 때 사람들 대부분이 자기는 인복이 없다고 생각한다. '당신이 사람들에게 베푸는 것에 비하면 인복이 없습니다' 하면 백발백중이다. '주변에서 당신의 진심을 알아주지 않는군요' 하면 모두 옳다고 손뼉 친다. '당신에게 서운하다는 사람들만 득실거립니다' 하면 오백 명이면 오백 명이 다 그렇다고 한다.

2) 比劫이 있을 때
(1) 官殺로 根旺을 자제를 시키고, 天干은 比劫을 방어한다.
자제는 官殺을 얻기 위함이고, 방어는 財星을 지키기 위함이다.

(2) 印星을 洩化하여 능력을 공유해서 활용하니 그 혜택이 주위 사람에게 골고루 미친다.

① 根旺하지 못하면 자신이 이룬 실적을 빼앗기는 것과 같으니, 그 功을 인정받지 못한다.

② 또한 무지한 사람을 여럿이 두어 印星을 洩氣하면 불법에 가담하는 사람이 된다. 印星에 대한 세 가지다.

③ 比劫은 食傷을 生化하여 벌이 활동을 하거나 官殺에 대항하는 조직과 같다. 자신이 타인에게 쓰이는 경우는 根旺하지 못하기 때문이고, 자신이 타인을 사용하는 것은 根旺하기 때문이다.

印星에게 比劫은 능력을 같이 나누어 쓰는 사람이고, 食傷에게 比劫은 같이 일을 하는 사람이다. 比劫은 방신유정(幇身有情)으로, 자신과 생각이 같은 사람으로 자신의 모든 것을 돕는다는 뜻의 방신유정이다. 比劫이 있어서 손해를 끼친다는 말이 명리 서적에는 한 군데도 나오지 않았다. 比劫이 없어서 협조를 받을 사람이 없다는 말은 있어도, 比劫이 있다고 주변에 나쁜 사람이 있다고 하면 안 된다. 오히려 도움이 되는 사람만 만나게 된다. 용도는 印星을 洩化해서 쓰고, 食傷을 生化해서 쓰는 것이다. 그리고 官殺로 比劫을 제압해서 官도 쓰고 財로도 쓰는 것이다. 比劫이 없는 사람은 자신을 해코지하는 자를 자주 만난다.

만약 比劫이 印星을 洩氣했다면 자신보다 능력 있는 사람이 옆에 많다는 뜻이다. 比劫이 印星을 洩化했을 때, 根旺하면 자신의 능력을 比劫이 사가는 것이고, 根弱하면 다른 사람의 능력을 자신이 차용해서 쓰게 된다.

根旺한데 印星을 泄化하면 자신은 많은 比劫들을 도와준다고 생각하지만, 사실 이는 그릇된 생각인데 이런 잘못된 생각을 하는 자들을 위해서 명리학 공부를 하는 게 아니다. 그 사람들의 생각을 기준으로 명리를 공부하면 안 된다. 모든 잘못들을 타인에게 돌리려는 의도가 있기 때문이다. 일이 힘들거나 잘못되는 경우, 자기 탓이 아니라 다른 사람 때문이라고 남 탓으로 돌리는 건 자기 발전을 이룰 수 없는 잘못된 생각이다. 사주에 比劫이 없어서 인덕이 없다는 건 이해가 가지만, 比劫이 있는데 인덕이 없다는 것은 옳지 않은 말이다. 이는 논리적으로도 맞지 않고 책에도 나오지 않는 내용이다.

(3) 土日干의 根은 旺衰强弱으로 따지지 않는다. 실제 쓰이는 것만 따지는 것이다. 土는 木을 보거나 金을 보는 것이 최고이다. 실제 쓰이기 때문이다. 그런데 자기가 욕심을 내어서, 쓰이지 않으려는 사람이 있는데 火를 보았거나 水를 보면 자기가 품질이 좋아지려고 한다. 金을 보고 木을 봐서 땅이 파헤쳐져야 쓰이는 것이다. 쓰이는 것도 어떤 생각으로 쓰이느냐인데, 마치 자기가 아이를 낳았는데, 아이에게 내 배를 아프게 한 놈이라 할 것인가? 모두 불평불만을 갖기로 하면 할 일이 하나도 없는 것이다.

甲寅月 甲子日이면 日干이 根旺하다. 그럼 六神으로는 官殺이 필요하다. 오행으로는 三陽이니 초목이 서서히 올라와서 자라나야, 甲木을 이루게 된다. 이는 배워서 쓴다는 뜻이니 辛金이 필요하다. 官이 필요하다고 한다. 丙火가 필요한데, 食神이 필요하다고 하면 안 된다. 습관적으로 잘못 말하는 경우가 흔하다. 오행은 六神으로 말하지 말고, 오행으로만 말해야 한다. 丙火로 火剋金하면 신분이 상승된다. 하지만 比肩이 향(向)했으니 건록

(建祿)을 쓰지 못하고 食傷을 써야 하니, 녹(祿)을 버리고 참담한 세상을 선택할 것이라고 예상을 하는 것이다. 벼슬길을 버리고 사업으로 간다고 예상을 하는 것이다. 이에 印星이란 환경이 그렇게 하지 못하도록 자꾸 대학원을 가라고 食傷을 制化하여 학위를 받도록 도우면 시간만 낭비한다.

根이 있으면 日干이 강하고 根이 없으면 比劫이 강한 것이다. 寅月이니 남풍이 불기 前, 동풍이 부는 시절에 태어나서 한기(寒氣)를 더욱 부추기니 貴한 댁의 자손이 아니다. 때가 되어도 벼슬을 할 사람이 아니다. 다행히 초시를 보는 시절에 寅卯辰巳 남풍을 만나니 향리의 벼슬로 등과는 할 수 있다고 쓰여 있다.

甲木이니 乙木이니 이런 말을 하지 않고, 바람이 어디에서 어디로 분다는 식으로 말하니 품위가 좀 있어 보인다. 얼마나 정직하고 인품이 있어 보이는 말이냐? 혹여 前에 金 건록(建祿)을 보았다면 즉, 나라에 벼슬을 한 부모를 만났다면, 출사를 장담하는데, 癸 壬 辛을 보아야 하니 부모가 벼슬을 한 것이 아니라 할아버지가 벼슬을 한 것이다. 이 자는 金을 만나지 못했다. 40년 전에 金을 만난 것은 만난 것이 아니다. 아버지가 벼슬을 하지 못했다는 말이다. 金이 20년 전이어야 아버지가 벼슬을 한 것이다. 이런 식으로 보는 것이다.

2. 日干의 희용(喜用)

日干의 희용을 공부하는 이유는 日干이 안전한 삶을 살기 위해서이다. 日干의 능력과 활용, 그리고 안전성을 보기 위함이다. 희(喜)란 좋다. 그리고 쓸 만하다. 안전하고 쓸 만하다. 일간을 공부할 때는 陰干부터 공부를 해야 한다. 그 이유는 음간은 보호를 받아야 하기 때문이다. 그러니 음간의 보호받을 걸 먼저 공부하면, 陽干은 무조건 음간을 보호하는 것이 할 일이 된다.

1) 乙木日干
(1) 乙木이 번식하기 위해서는 丙火인 보호자가 필요하다. 사회활동에 필요한 능력을 크게 만들어 가다. 대항력을 크게 가지려니 성장을 해야 한다. 乙木이 丙火가 필요한 이유는 보호자가 있어야 하는데, 庚辛金이란 위험한 것으로부터 보호받기 위함이다. 특히 자신의 자유로운 활동을 방해하는 辛金을 막기 위함이다. 그리고 사회적 활동에 필요한 성장을 해야 한다. 성장 결과는 庚金으로 나타난다.

乙木은 번식을 해야 하니 丙火가 필요하다. 甲木이 乙木을 통해서, 자신과 닮은 자식을 낳아야 하니 그것이 庚金이다. 또 위험한 것으로부터 보호해야 하는데 그 위험은 辛金이 된다. 그래서 辛金을 본 乙木을 丙火가 보호해 주는 것이다. 자식을 낳았으면 그 자식이 庚金이다. 그러니 乙木日干은 丙火와 庚金을 갖추어야 한다.

(2) 乙木이 丙火를 보지 못하여 火氣가 弱하고 陰氣가 旺하면, 乙木이 스스로 살아갈 수 없으니 甲木이 필요하다. 그럼 협동해서 살아가는 것이다. 乙木을 가장 많이 도와주는 것은 丙火인데 도움을 받았으면 어떤 성과를 내야 한다. 보호를 받아야 하니 乙木은 특별해야 한다. 무언가 특별하지 않으면 보호해 주지 않는다. 그러니 丙火로 사회활동을 해야 한다. 陽氣가 부족하고 陰氣가 많을 때는 甲木에게 의지하고 때를 기다려야 한다. 그런데 자칫하면 능력이 시원찮은 甲木에게 의지할 수가 있는데, 겉은 멀쩡한데, 실제 알맹이가 없는 사람이 있다. 그러니 반드시 음기(陰氣)가 있는 사람을 따라가야 한다. 甲木의 음기(陰氣)란 癸水를 뜻하고, 양기(陽氣)란 丙火를 뜻하는데 둘 다 골고루 있으면 최고다. 癸水가 없는 부실한 甲木을 따라가서 의지하러 갔다가 오히려 혹사당할 우려가 있다. 癸水가 있는 甲木은 재산도 넉넉하고 언행에서 풍기는 인품도 후덕하다.

乙木의 첫 번째 喜는 丙火, 만약 陽氣가 없고 陰氣만 있으면 甲木이다. 甲木이 乙木을 보호하는 데 癸水가 없으면 오히려 乙木이 대가를 호되게 치러야 할 수도 있다. 그리고 丙火를 볼 때는 庚金이나 辛金이 없는 丙火를 보게 되면 보호받지 못하는 결과가 올 것이다. 그러니 결혼하거나 甲木을 따라 사업을 할 때 癸水가 없으면, 3년 이내 가정이나 사업이 거덜 날 수 있다. 그러니 그런 것을 잘 봐야 한다.

甲木에게 가장 알맞은 癸水는 子中 癸水와 丑中 癸水인데 辰中의 癸水도 괜찮다. 丙火의 火氣가 있으면 甲木은 구태여 필요하지 않다. 乙木의 남편은 丙火가 1번이기 때문이다. 이때 庚辛金은 天干에 있기보다 地支에 있는 것이 더 좋다. 庚辛金이 天干에 있어야 할 경우는 水源 역할을 할 때만 천간에 있으라고 했다. 암장에 있는 것은 다 쓸 수 있지만, 天干에 있는 것은 80% 정도는 쓰지 못할 수 있다. 그러니 암장에 있는 것이 가장 현명하고 좋은 방법이다. 陽氣가 부족하다는 것은 陰氣가 많다는 뜻이고, 陰氣가 부족하면 陽氣가 많다는 뜻이다. 음양이 둘 다 없다는 말은 없다. 지금은 日干 이야기를 하는 중이다.

2) 辛金日干
辛金日干도 乙木日干처럼 똑같이 보면 된다.
(1) 辛金일간은 壬水가 필요하다. 乙木일간은 丙火가 필요하다.
(2) 壬水가 너무 많으면 庚金이 필요하다. 甲木에게 癸水가 필요하듯, 庚金에게는 丁火가 필요하다. 甲木은 시작이니 반드시 癸水가 필요하지만, 庚金은 여러 번의 경험이 있으니 구태여 丁火가 없어도 된다.

辛金은 壬水가 보호자이고 丙火가 침입해야 보호자로서 功을 세우는 것이다. 그리고 辛金은 壬水에 의해서 사회적 활동을 할 수 있게 성장을 거듭하지만 丁火가 있어야 그 功이 큰 것이다. 乙木의 辛金과 같은 역할이다.

辛金日干은 壬水를 통해 자기를 보호하고 능력을 만들어야 한다. 능력을 만들었으면 丙火를 보거나 丁火를 만나야 보호를 받는 것이다. 만약 壬水만 있으면 위험한 일도 없는데 보호를 받는 격이 되니, 반드시 丙丁火가 있어서 壬水의 보호를 받아야 능력이 더 생기는 것이다. 壬水를 보지 못하면 庚金에게 의지해야 한다. 그럼 폐기처분을 하는 것이니 앞으로 가는 것을 막는 것이다. 뒤로 돌아가는 것이니 자기의 목적을 포기하고 다른 사람으로 남아야 한다.

辛金이 壬水가 있으면 방어력이 있어서 항상 丙丁火를 미리미리 대비하는 것인데 丙火를 대비하는 것은 위험한 경쟁으로부터 자기를 보호하니 功이 최고이고, 丁火가 올 때를 대비하는 건 능력을 내놓기 위함이다.

大運이 거꾸로 가서 丁火를 먼저 보게 되면, 공격이 최선의 방어라는 걸 배우게 된다. 그러니 보호받으려는 성향이 아니라 능력을 내놓으라는 곳으로 갔다. 누가 공격을 해 오니 방어함으로 성공하고자 하는 것이 아니라, 전체적으로 공격을 해서 성공하는 것으로 간다. 그것은 大運이 무엇을 먼저 배워야 하는지를 가르쳐 주는 것이다. 庚金이 있으면 항상 뒤로 돌아가서 처음부터 다시 시작한다. 반복 연습을 한다는 것이다. 甲乙관계나 庚辛관계는 동거동락(同居同樂)이란 의미가 있다. 甲乙이나 庚辛은 공동관계이고, 辛壬이나 乙丙은 능력을 발휘하거나 보호받기 위한 것이다.

3) 己土日干

戊土로 보호를 받아야, 壬水의 홍수로부터 전원(田園)이 보호된다. 만약 壬水는 없이 戊土만 있으면 보호받지 못하는 것이다. 乙木에게 甲木에 대한 중요성과, 辛金에게 庚金이 있어야 하듯, 己土도 戊土가 있어서 壬水를 막아야 전원(田園)이 보호된다. 그러나 戊土가 있는데 壬水가 없으면 보호받지 못할 뿐만 아니라, 산그늘만 생기고 음지만 되고 마는 것이다. 壬水가 반드시 있어서 전원에 물이 차는 것을 막아 주어야 한다. 그럼 전원이 크게 쓰이고 윤택하게 쓰이려면 癸水가 있어야 한다. 그래야 윤택하게 쓰이는 것이다. 윤택한 자질을 갖추는 것이다.

(1) 己土가 癸水만 있고 戊土가 없으면, 윤택한 자질은 풍부하나 항상 위기에서는 벗어나지 못한다. 30살까지 열심히 공부시켜서 성공시켜 놓았더니 사고가 나서 죽으면 안 된다. 더 심각한 것은 30살까지 공부시켜 놓았더니, 어떤 놈이 가로채서 나이 50이 넘도록 집에 한 번 오지도 않는다. 둘 중 어떤 홍수가 더 억울한지 모르겠다. 己癸에 戊土가 없으면 자질은 있는데 보호자가 없으니 홍수가 나서 자질을 드러내지 못한다.

(2) 己 戊 壬이 있어야 戊土로 보호받으며 살고, 귀부인도 되고 회장 사모님도 되는 것이다. 己 戊 壬은 보호자가 있으니 스스로 자기 자질을 쓸 필요가 없는 것이다.

(3) 己 戊 癸만 있으면, 보호자 아래서 자기 자질을 드러내야 한다. 이렇게 세 가지로 己土를 보는 것이다.

논밭은 먼저 보호를 받아야 하니 戊土가 필요하다. 戊土가 없으면 논밭에 홍수가 나서 자질을 써먹지 못하게 된다.

(4) 己壬만 있거나 己戊만 있는 사주가 허다하니 비교를 해 보기 바란다.

4) 癸水日干
癸水는 끊어지지 않고 계속 흘러야 한다.
(1) 그러려면 庚金으로 흐르게 해야 한다. 그럼 水源을 가졌으니 己土가 있어야 沃土를 이룬다.

(2) 己土가 있어야 옥토를 이루어 좋은 논밭에 자양분이 되는 것이다. 만약 癸水일간이 庚金이 없으면 오래 살지 못한다. 庚金이 있으면 오래 사는데, 己土까지 있으면 쓸 만하게, 유용하게 오래 사는 것이다. 己土가 없으면 쓸 만하지 않게 오래 사는 것이고, 庚金이 없으면 오래 살지 못한다.

5) 丁火日干
(1) 丁火는 불은 꺼지지 않고 타올라야 하니 甲木이 있어야 한다. 그래야 기회가 오면 功을 세우는 것이다.

(2) 丁火는 己土가 있어야 윤택(潤澤)한 홍로(紅爐)가 된다. 癸水는 생명이고, 丁火는 생명이 움직이는 육체다. 그러니 甲木이 있으면 육체가 튼튼한 것이다. 己土가 있으면 쓸 만하게 튼튼한 것이다.

癸水와 丁火는 둘 다 실력인데, 庚金이나 甲木이 있으면 실력을 갖췄다. 己土가 있으면 쓸 만한 실력이 있는 것이다.
癸丁 = 실력, 庚甲 = 실력이 있다. 己土는 쓸 만한 실력이 있는 것이다.
乙木: (1) 丙火 (2) 甲木
辛金: (1) 壬水 (2) 庚金
己土: (1) 戊土 (2) 壬水 (3) 자기계발을 하려면 癸水
癸水: (1) 庚金 (2) 己土
丁火: (1) 甲木 (2) 己土

陰干은 陽干에게 보호받아야 하고, 陽干은 陰干을 보호해야 한다.

1) 甲木日干

(1) 丁火를 보호해야 한다.

(2) 乙木을 보호해야 한다.

亥月 甲木이면 丁火를 보호해야 한다. 辰月 甲木이면 봄이 왔으니 乙木을 보호해야 한다. 그럼 자기가 도울 자격이 있으려면 癸水가 있어야 한다. 그리고 도움을 주면 상대가 잘되어야 하니, 甲木이 丁火를 돕는 것은 庚金, 乙木을 돕는 것은 丙火가 있어야 한다. 그럼 甲木이 丁火를 돕는 것은 기술적인 것을 돕는 것이고, 乙木을 돕는 것은 인문적인 것을 돕는 것이다. 甲木日干이 丁火가 있으면 庚金이 있어야 효과를 볼 수 있다. 만약 효과를 파기(破棄)하려면 辛金이 있어야 한다. 그럼 효과를 보는 것이 아니라, 아예 못된 짓을 일삼는 것이다. 만약 사주에 庚金이 없으면 丁火를 기술적으로 도와도 혜택을 보지 못한다. 丙火가 있어서 乙木을 돕는다면 인문학적으로 돕는 것이다. 그럼 효과가 있는 만큼 내가 대가를 받는 것이다.

2) 丙火日干

(1) 丙火日干은 庚辛金으로부터 乙木을 도와야 한다. 乙木이 旺하면 庚辛金으로부터 많은 사람을 보호해야 한다. 그럼 그 보호받는 사람들이 크게 성취를 하는 것이다. 그런데 丙火도 삼재(三災) 중에 하나이니 뜨거우면 炎上해서 온갖 초목을 다 말라 죽일 우려가 있다.

(2) 그러니 戊土가 있어야 산다. 丙火의 염상(炎上)에도 戊土의 덕으로 사는 것이 己土, 乙木, 辛金이다. 그럼 乙木이 사는 것은 사람이 사는 것이니 돈도 따라온다는 뜻이다. 辛金은 물건 따라 사람이 오고, 乙木은 사람 따라 돈이 오는 것이다.

3) 戊土 日干

(1) 己土를 보호해야 한다. 그럼 壬水를 막는 것이냐, 己土를 보호하는 것이냐? 戊土는 己土를 보호하는 게 아니라 壬水란 나쁜 일을 막아 주어야 한다.

(2) 그러니 효과가 있으려면 壬水가 있는 己土를 막아 주어야 효과가 있다. 그럼 戊土日干은 壬水를 막아서 己土를 보호한 큰 대가를 부여받는다. 戊土가 壬水가 없으면 누구를 보호할 필요가 없다. 여자는 그렇게 태어나야 하지만, 남자는 보호해야 할 사람이 보호하지 않았다. 戊土日干이 壬水가 없으면 보호할 필요가 없는 것이다.

이에 따라 乙木과 辛金, 己土는 떠내려갈 수가 있다. 그럼 壬水를 막아서 己土를 구했나 乙木을 구했나 辛金을 구했나? 乙木을 구했으면 사람을 구하는 공을 세우게 되고, 壬水가 없으면 辛金과 乙木이 떠내려가는 것을 구하는 사람이 아니다. 의무를 다하지 않는 것이다. 만약 남자라면 그러면 안 되지만, 여자는 그래도 괜찮다. 대개 구해 줄 마음이 없고, 구해 줄 의무도 없는 사람들은 대부분 불평불만 환자들이다. 그러므로 戊土는 壬水를 막아야 한다. 그리고 己土를 구해야 한다.

己土에게 있는 辛金도 乙木도 시달리며 사는 것이다. 그러니 戊土가 함께 구해야 한다. 하나를 구할 때마다 큰 공을 세우는 것이다. 壬水가 와서 己土가 떠내려가는 상황이 발생했다. 그럼 乙木과 辛金이 떠내려간다. 戊土가 구하는 조건을 갖추려면 먼저 己土가 반드시 있어야 한다. 辛金이 있으면 만석지기를 구한 것이고, 乙木이 있으면 사회적인 영웅을 구한 것과 같다. 己土가 없으면 집 잃은 사람을 구해 주는 격이니 구하긴 해도 사회적 평가는 크지 않다.

4) 庚金日干

庚金도 마찬가지로 癸水를 도와야 하니, 甲木이 있어야 상대를 도와준 혜택을 보는 것이다. 辛金을 도우면 壬水가 있어야 도운 보람이 있다. 庚金과 辛金日干은 劫財 관계인데, 壬水가 있어야 庚金 劫財가 辛金을 돕는 것이다.

(1) 癸水가 있어서 사람들의 지혜와 마음을 도와주어야 한다. 庚金은 癸水의 마음에 중심이 되어 준다고 생각하면 된다. 癸水는 마음이니 庚金이 그 중심을 잡아 주는 것이다. 心이란 중심을 말하는 것이니 정체성이 되고, 正道가 되는 것이다. 庚金은 癸水를 도와서 마음의 중심을 만들어 주는 것이다.

(2) 辛金은 壬水에게 떠내려가니 辛金을 붙잡아 주어야 한다.

庚金은 辛金이 壬水에게 얼지 않도록 도움을 주는 사람이란 뜻이다. 庚金이 癸水를 도우려면 甲木이 있어야 하고, 辛金을 도우려면 壬水가 있어야 효과를 본다.

5) 壬水日干

壬水日干은 辛金을 丙丁火로부터 도와주어야 한다. 壬水는 잘못하면 모든 것을 휩쓸어 버릴 수 있으니 三災 중에 하나다.

(1) 그러니 항상 戊土가 있어야 한다. [삼재(三災)=火災, 水災, 風災] 위에서 여러 번 언급했듯이 戊土의 덕으로 사는 건 己土, 乙木, 辛金이다. 그러나 壬水가 旺할 때만 戊土로 막아야지, 壬水日干 하나뿐인데 戊土가 막으면 안 된다.

(2) 大運에서 오는 것은 써먹을 수 있다. 대개 50이 넘으면 써먹는데, 戊土가 앞에 오고 己土가 뒤에 와야지, 己土가 먼저 오고 戊土가 오면 효과가 작다. 辛金은 壬水의 보호를 받는데, 丙丁火가 있어야 보호도 받고, 효과도 있는 것이다. 戊土는 당연히 壬水를 막아서 己土가 보호되어야 한다. 그럼 己土에 따라서 辛金과 乙木이 나온다. 丙火는 乙木, 壬水는 辛金이다. 그런데 壬水가 왔는데 己土와 辛金은 없고 乙木만 있다면 효과가 없다. 봉황인 줄 알고 잡았는데 황새다. 그러니 壬水는 사람보다 물건이 먼저다. 물건 따라 사람이 오고, 사람 따라 물건이 오는 법이다.

임상할 때는 日干을 보는 것이니 주로 인간관계를 보는 것이다. 辛金이 亥子月에 출생하면 壬水란 보호자가 있다. 그런데 辛金을 보호할 때 화기(火氣)가 없다면 위기도 없는데 보호한다고 하니, 보호가 아니라 가두는 것이다. 火가 오면 보호자가 공을 세울 때가 온 것이다.

辛金의 제2의 보호자인 庚金은 辛金이 위험에 빠졌을 때 대신할 사람이다. 壬水가 너무 많을 때 위험에 빠지는데, 壬水가 많지도 않는데 구해 주는 경우가 있다. 마치 개울에서 가재를 잡는데 홍수가 난다고 하니, 보호하는 게 아니라 하는 일을 못 하게 막는 것이다.

戊土는 壬水月令에게 하는 일이고, 辛金日干에게는 壬水가 보호자이고, 庚金은 壬水가 많을 때 辛金日干을 보호하는 것이다. 亥子月의 壬水는 흘러야 한다. 흐르지 못할 때는 막아야 한다. 흐르지 못할 때란 己土를 무너트릴 때만 戊土로 壬水를 막는 것이다. 戊土는 壬水로부터 己土를 보호한다. 그런데 己土도 없는데 壬水를 막으면 쓸데없는 일이 된다. 陽干들은 습관적으로, 자기가 희생하고 도왔다고 말한다. 陰干들은 습관적으로 한 번도 도움받은 적이 없다고 한다. 陽干은 도움을 받은 사람이 없어도 주었다고 한다. 평생 봉사만 했지 덕은 조금도 본 적이 없다고 한다.

丁火 陰干은 甲木이 있어야 타오른다. 도움을 받았으면 功을 세워야 한다. 庚金이 地支에 있어도 功을 세울 수는 있다. 암장(暗藏) 申金을 제련(製鍊)했다면 남에게 도움 주는 건 아니지만, 자기가 먹고 사는 능력은 얼마든지 된다. 가령 丁火일간이 功을 세우려면 庚金이 와야 한다. 庚金이 지지로 오면 功을 세울 환경이 온 것이고, 庚金이 천간으로 오면 功을 세워서 성과를 인정받는다고 한다. 地支는 환경이 들어온 것이고, 天干은 스스로 노력하여 인정을 받는 것이다.

壬水가 왔는데 己土가 戊土 때문에 홍수가 안 난다고 하면 안 된다. 홍수가 났는데 막아 준다고 해야 한다. 戊土가 하는 일은 己土를 보호해야 한다. 己土가 있고 壬水도 있다면 己土가 홍수 나는 것을 戊土로 보호해야 한다. 그럼 己土가 배우자가 되니 홍수로부터 보호해야 한다. 그리고 살아난 것이 무엇인가 봐야 한다. 乙木과 辛金이 없으면 보호는 했지만 성과는 나지 않은 것이다. 未中 乙木이라도 있으면 사람을 보호했다고 하면 된다. 그러나 사람은 보호할 수가 있는데 재산은 보호하지 못한다.

戊土日干이면 己土를 보호해야 하고, 성과를 거두어야 한다. 己土가 있으면 보호자인데, 壬水가 없으면 위험하지도 않은데 보호한다고 하니 일은 벌어지지도 않았는데 일 벌어졌다고 하는 사람이다. 걱정이 너무 많은 사람이다. 壬水도 없는데 己土에 있는 乙木과 辛金 둘 다 걱정하는 것이다.

재산 날아간다고 걱정, 돈이 없다는 걱정을 하고, 乙木이 있으면 저 사람이 잘못된다고 걱정을 하니, 안전한 辛金과 乙木을 걱정해서 쓸데없는 낭비를 일삼는다. 辛金이 天干에 있으면 노후대책이 필요한지 보아야 한다. 생명보험이나 여러 가지 보험을 넣게 되는데 壬水가 없으니 병은 없게 생겼다. 그러나 2022년인 壬寅年은 戊土로 막을 수 있으니 功 세우는 運이다. 戊土일간이 壬水가 없는데 壬水가 들어오면 갑작스럽게 놀랄 일이 생긴다. 그럼 몰랐는데 조상이 남겨놓은 땅이 나타났다거나 생각지도 않았던 유산 받을 일이 생기거나 하는 놀랄 일이 생긴다.

무엇이든 짝이 있는데 甲乙이나 乙丙, 戊己, 辛壬 등, 짝이 있는 사람은 항상 대비할 줄 아는 사람이다. 노후대책을 항상 잘할 수 있는 사람이다. 그러니 乙丙, 辛壬, 己戊, 癸庚 丁甲, 반대로 庚癸, 戊己 壬辛 丙乙, 이렇게 항상 짝이 이루어져야 한다. 짝이 없는 사람은 대책을 세우지 않는다. 그럼 자신이 세울 수가 없으니 배우자에게 세우라고 해야 한다. 대개 짝이 없는 자들이 대책을 세운다고 더 난리들이다.

짝은 반드시 있게 되어 있다. 甲木日干이면 짝이 丁火가 1번이고 다음이 乙木이다. 丁火가 있으면 짝이 있으니 노후대책을 철저히 하는 사람이다. 짝이 없으면 내일 할 일을 오늘 하지 않는다. 짝이 너무 잘 맞으면 내일과 모레 할 일까지 오늘 다 하는 사람이다. 쓸데없는 준비를 더 많이 하는 사람이다. 짝이 없으면 미래대책을 세우지 않는 사람이다. 그러니 짝이 항상 있어야 한다.

辛金日干에게 壬水가 1번 짝이다. 庚金이 2번 짝이다. 그것도 없으면 세 번째 丙丁火로 해야 한다. 미리미리 방어해야 하니 庚金에게 의존해야 하는데, 庚金이 없으면 위험한 일이 닥쳐야 하니, 丙丁火를 만나서 한번 당하고 나서 '아 이렇게 하는 것이로구나' 하고 '위기를 당해 보니 알겠다'이다. 이것도 짝이다. 地支에 있어도 괜찮다.

그럼 乙木을 돕는 것은 丙火, 乙木을 방해하는 것도 丙火다. 辛金을 돕는 것은 壬水이고, 辛金을 힘들게 하는 것은 丙丁火다. 乙木을 돕는 것은 丙火, 乙木을 힘들게 하는 것은 丙丁火다. 그래서 돕는 것이 많으면 힘들게 하지만, 돕는 것이 없으면 相剋하는 것이 힘들게 하는 것이다.

丁火는 甲木이 生하고 癸水는 庚金이 生해서 성과를 얻으면 되는데, 癸水를 힘들게 하는 것은 木이 너무 많으면 일이 너무 많으니 힘들다. 癸水가 木이 없으면 힘들지 않으니 庚金이 필요하지 않다. 나쁜 것이 없으면 사주를 쓸 수가 없다. 흐르는 癸水가 끊어지지 않도록 庚金이 필요하지만, 木이 먹지 않으면 庚金이 크게 필요하지 않다. 도움이 간절하지 않은 것이다. 喜用으로 둘러싸여서 나쁜 일이 벌어지지 않는 건 나쁜 것이다. 인간은 태어나면서 고통이고, 고통은 자기 성숙이다. 그러니 고통을 당하지 않으면 성숙해지지 못한다. 힘든 것이 없는 사주는 성공할 수가 없다. 어려움에 봉착해 봐야 한다.

乙木에게 丙火가 너무 많으면 고초가 되어 나를 돕는 보호자가 나를 더 힘들게 한다. 丙火가 乙木을 말려 죽이니 戊土가 있어야 한다. 日干의 방어력은 어려움에서 자신을 보호하는 게 아니라, 자신을 보호해야 할 같은 편이 나를 힘들게 하면 도망갈 땅이 필요한 것이다. 몸이 부서지도록 성공을 위해 일하는 사람이 있다. 乙木의 보호자인 丙火는 나의 배우자와 나의 소속이다. 그럼 성과를 올려야 하니, 庚辛金이 있어야 하지만, 만약 丙丁火에 비해서 金이 미비하다면 성과가 미비하다고 한다. 炎上할 때 복구를 하려면 戊土가 필요하니 이사를 하면 좋다. 항상 土가 필요하면 이사를 하든지 이직을 하면 된다.

甲木日干이면 누군가를 도와야 하니 丁火가 있어야 한다. 丁火가 없으면 나에게 도움받을 사람이 없다. 그럼 나에게 도움받은 사람들이 도움을 받았다고 하지 않는다. 甲木은 자신이 위험한 것이 위험한 게 아니라 乙木이 위험해지면 자신이 위험한 것이다. 金이 없으면 내가 보호해야 할 乙木이 위험하지 않으니 위험에서 구한 것이 아니다.

庚辛金이 있는 乙木을 보호하는 것은 丙火다. 丙火가 많아야 甲木이 乙木을 보호한다고 했다. 甲木이 丙火로부터 도망을 가야 하기 때문이다. 庚辛金이 없으면 乙木이 크지 않고, 丙火가 많지 않으면, 甲木은 乙木이 크게 필요하지 않다. 乙木도 甲木이 조금의 도움은 되겠지만 큰 효용 가치는 없는 것이다. 만약 丙火가 많아서 甲木이 乙木을 도우면 그 도운 대가를 80% 이상 받을 수 있지만, 丙火가 없으면 도움의 대가를 10%도 받지 못할 수도 있다.

그러니 도움이 '된다, 안 된다' 하지 말고, '적다 많다'로 구분해야 한다. 도움은 물질적 도움과 정신적 도움이 있는데, 판단기준은 乙木이 丙火에 의해서 크는 것을 甲木이 도우면 정신적 도움이지만, 丙火가 乙木을 金으로부터 구해 주는 것은 물질적인 도움이다. 오행 이야기를 하는데, 사람들이 계획적으로 산다고 생각하지 마라. 사람은 계획적으로 사는 것처럼 말은 하지만, 사실은 본능적으로, 타고난 대로, 하늘이 지어준 대로 길을 가고 있을 뿐이다.

배신과 배반이란 책상과 의자가 갈라서듯, 배합의 정반대가 배반이다. 배합이란 天干으로 甲乙, 丙丁, 戊己, 庚辛, 壬癸가 1번 짝이다. 그런데 癸水는 壬水와 짝이 아니다. 乙木은 丙火와 짝이고, 癸水는 甲木과 짝이다. 己土는 戊土와 짝이고, 戊土는 己土와 짝이니 돌아설 수가 없고 나누어질 수 없다.

土는 나눌 수가 없고, 水도 나누어 봐야 언젠가는 다시 합쳐지니 나누어질 수가 없다. 辛金은 壬水와 짝이고, 癸水는 甲木과 짝이고, 乙木은 丙火와 짝이다. 甲木으로 태어났으면 乙木이 짝이다. 그럼 배반이 안 되는데 乙木과 丙火가 짝이지만 丙火가 없으면, 乙木도 甲木을 배반할 수가 없다. 乙木은 丙火가 없으면 집으로 돌아가니 甲木으로 돌아간다.

그럼 불협(不協)이란 무엇인가? 위협이란 무엇인가?
甲木은 丁火를 통해 庚辛金을 물리치고, 乙木은 丙火로 하여금 庚辛金을 물리치는데, 丙丁火가 아무것도 없으면 甲乙木은 둘 다 적이 없는 사람이다. 그럼 참 멍청하고 순진하고 다정하다. 적을 적이라 생각하지 않기 때문이다.

적을 맞이하는 방법도 다르다. 甲木은 丁火를 통해 庚辛金을 물리치고, 乙木은 丙火로 하여금 적을 물리치는 것이니, 庚辛金을 맞이하는 방법이 다르다. 丙火는 庚辛金을 만나서 乙木을 구하는 것이고, 丁火는 庚辛金을 만나서 甲木을 구하는 것이다. 이렇게 계속 日干의 행로를 말하는 것이다.

戊土는 壬水를 막아서 己土를 구하고, 己土는 乙木과 辛金을 껴안고 있으니 전 가족을 다 구하는 것이다.

그럼 庚金과 甲木은 왜 구한다고 하지 않느냐 하면, 庚金은 주인이 아직 없다. 홍수가 나서 庚金이 떠내려가면 주인이 없다. 庚金은 집도 아니고 택(宅)도 아니고, 소중하게 쓰일 재물도 아니니 상(傷)했다고 말하지 않는 것이고, 甲木은 떠내려갔는데 왜 구하지 않느냐 하면, 모두가 다 주인이니 여기에서 산들, 저기에서 산들, 누구나 주인이고, 누구나 가질 수 있으니 상(傷)했다고 말하지 않는다.

戊土는 壬水를 막아서 己土를 구한다. 그런데 壬水를 막지 못해서 己土를 구하지 못했으면, 왜 유독 辛金과 乙木만 이야기하고, 甲木과 庚金은 말하지 않느냐 하면, 더 깊이 들어가면 戊土가 壬水를 막아서 己土를 구하면 왜 탁수(濁水)로 여기지 않고, 己土가 壬水를 만나면 탁수(濁水)로 여기는데, 이와 같다면 마땅히 戊土가 壬水를 막아서 己土를 구하고, 癸水가 있으면 癸水의 탁수(濁水)는 왜 논하지 않고 그냥 지나가느냐. 그건 癸水가 탁수(濁水)인 것을 마땅히 옳게 여기기 때문이다. 陽은 淸하여 군자가 갖출 일이고, 陰은 탁(濁)하여 백성이 할 일인데, 백성은 처첩이라 하였으니 논밭에 먼저 나가 일하는 것이니, 당연히 탁(濁)한 자가 첩이 되는 것이다. 궁녀나 하녀를 첩이나 일하는 사람이라 했다. 그러나 壬水인 군자가 탁(濁)해서는 안 되는 것이다. 그러니 己壬이란 정신이 濁한 것이니 안 된다는 것이고, 己壬에서 나온 己癸는 논밭이 탁(濁)한 것이니 이는 너무나 당연한 것인데 만물이 나오는 곳이기 때문이다.

오행에는 옳은 뜻이 있고, 六神은 바른 행동이 있다고 한다. 오행은 하늘의 옳은 뜻과 이치가 바르게 구성된 것이니 한(限)이 없고 끝이 없다. 만약 명리만을 고집하지 않고 온갖 상식을 天干 10개와 地支 12개에 자연을 넣어서 상식을 얻고자 하면 알아낼 수 있는 정보들이 매우 많다. 이건 도리가 어떻고, 정의가 어떻고, 인자하지 않은 이 행동은 어떻게 해야 하고, 이 어리숙한 행동은 어떻게 할 것인가? 명리학을 공부하면 이런 것이 매우 도움이 되는데, 명리학을 하는 사람은 '그래서 어떻게 되었는데' 하니 공부가 늘지 않는 것이다.

— 4 —

六神 활용법

1. 正官

1) 印星: 身旺(印星으로 生旺)
2) 正印: 傷官佩印
3) 財生官: 劫財制化

2. 殺

1) 身旺: 根으로 身旺
2) 食神: 食神制殺
3) 合殺: (1) 陽刃合殺 (2) 傷官合殺 (3) 劫財合殺
4) 印化: (1) 正印 → 食神制殺 (2) 偏印 → 傷官合殺

3. 用神 (예: 子丑月令)

1) 月令用神: 癸水
2) 司令用神: 癸辛己
3) 忌神: 月令用神: 癸水-丁火,

司令用神: 癸水 - 丁火, 辛金 - 乙木, 己土 - 戊土
  ※ 司令 用神과 반대되는 五行은 忌神이다.
  예) 癸水가 사령용신이면 丁火는 忌神에 해당한다.
4) 喜神: 癸(甲) - 乙, (辛)癸 - 庚, 甲(丙) - 丁, (己)癸 - 戊
  ※ 괄호 안은 喜神이고 喜神과 陰陽이 다른 건 忌神이다.

세상을 살면서 가져야 할 것과 물리칠 것이 있는데, 먼저 가져가야 할 것이 무엇인지 보는 것이다. 日干을 보면 주어진 걸 갖추어야 하는 사주가 있고, 물리쳐야만 가지는 것이 있다. 日干이 印星으로 身旺하면 주어진 것을 갖추는 구조이고(正官), 日干이 根으로 旺하면 물리쳐야 갖추는 것이다(殺). 이것을 먼저 인식해야 한다.

4. 日干의 旺衰强弱 판단

그럼 日干의 신왕신약(身旺身弱) 판단을 먼저 해야 한다.

1) 日干이 印星으로 旺했나, 根으로 旺했나, 또는 이것과 관계없이 比劫으로 旺했느냐. 比劫으로 旺하다는 것은 印星으로 旺했으나, 경험이 필요한 것인가, 根으로 旺했으나 경험이 필요한 것인가를 따지는 것이다.

우리가 사는 환경은 나를 이롭게 해 주려는 것이 있고, 나를 불리하게 하는 것이 있다. 나를 이롭게 하는 것을 만나는 팔자는 身旺인데 印으로 身旺이고, 나를 불리하게 하는 것을 물리치는 것은 根旺인 것이다.

그러니 먼저 日干을 볼 때 印旺이냐 根旺이냐? 印旺이면 나를 이롭게 해 주는 것을 받아들이는 팔자고, 根旺하게 태어났으면 나를 불리하게 하는 것을 물리쳐야 할 팔자로 타고난 것이다. 比劫으로 타고난 것은 이런 것과 관계없이 印旺으로 比劫이 있고, 根旺으로 比劫이 있다. 경험이 쌓여야 한다는 것이다. 그럼 경험이 쌓이는 동안 고통이 많다. 반대로 比劫이 없는 사람은 고통이 없다. 왜냐하면 누구나가 다 고통이 있지만, 고통을 고통이라 생각하는 사람이 있고 고통을 경험이라 생각하는 사람이 있다. 그러니 比劫이 없으면 고통을 고통이라 여기고, 比劫이 있으면 고통을 경험이라 생각하는 것이다.

그러니 먼저 따져야 하는 것은 官이 있나 없나를 따질 것이 아니라 日干이 官을 어떻게 생각하느냐를 먼저 따지는 것이다. '나는 官이니 印星으로 가는 거 아니야?' 하고 따지지 마라. 먼저 印旺이냐 根旺이냐를 따져야 한다. 그럼 日干이 正印으로 身旺했으면 官을 가질 수 있다. 그럼 크게 가지려면 패인(佩印)을 하라. 傷官을 制하는 것을 佩印이라 한다. 財生官을 하는 것은 劫財를 制化하기 위한 것이다. 그래서 正官은 正印과 財生官 두 가지만 있으면 되는 것이다. 正印이 없어 역할을 하지 않으면 傷官이 있는 것이고, 財生官이 없는 건 劫財가 있는 것이다. 그럼 傷官과 劫財는 官을 취하려는 게 아니라 殺을 취하려 한다. 劫財合殺이나 傷官合殺을 하려고 한다.

2) 殺을 취할 때는 日干이 根으로 旺해야 한다. 그래야 制殺을 할 수 있다. 合殺도 해야 하는데 合殺을 하는 건 세 가지나 된다. 그리고 印으로 化하는 것은 正印으로 할 때와, 偏印으로 할 때가 다른데, 正印으로 하면 食神制殺을 할 수 있고, 偏印으로 하면 傷官合殺로 할 수가 있는 것이다. 그러니 殺을 상대하는 방법이 일곱 가지가 있고, 官을 상대하는 방법이 두 가지 방법이 있다.

官을 보면 正印의 官印相生과 財生官이 되지 않으면 忌神이 다섯 가지가 나오는 것이다. 그럼 官印相生과 財生官이 없으면 즉시 殺로 바꾸면 된다. '내 사주에 殺도 없는데' 이런 말 하지 마라. 산다는 것 자체가 殺이다. '나는 사주에 官도 없는데' 이런 말 하지 마라. 사는 자체가 官이다. 네가 타고난 대로 사는 것이다. 그러니 日干의 旺衰强弱 판단을 먼저 해라.

먼저 印旺인지 根旺인지 보고, 比劫은 별도로 보는 것이다. 比劫은 旺衰强弱과 관계없이 경험이 있어야 한다는 것이다. '저는 根이 약해서 身弱인데요' 하지 말고 무엇으로 旺했는지를 따져야 한다. 그다음에 印과 食傷 중에 어느 것이 더 큰지 日干의 유형을 따지는 것이다. 日干의 유형이 食傷보다 印星이 더 크면 준비 철저 형이고, 食傷이 印星보다 더 크면 활용 철저 형이다. 준비만 많이 하고 활용을 하지 못하는 형이냐, 준비보다는 활용을 많이 하는 형이냐 따지는 것이다.

평가할 때 만약 명리학을 한다면 열심히 공부해서 박사가 되어야 하나, 열심히 활용하고 잘 써서 돈을 벌어야 하나? 우리의 환경에 두 가지 물건이 있는데, 쓸 만한 물건이 있고, 쓸 만한 사람이 있다. 이 사람을 잘 쓰는 것이 명리학이다. 그럼 印星과 食傷 중에 어느 것이 왕한 것이 더 좋은가? 食傷이 왕한 것이 더 좋은 사주다. 그러나 아이들에게는 印星이 더 旺해야 한다고 생각한다. 공부를 열심히 해야 잘 산다고 하는데 거짓말이다. 우리는 실용 명리를 하는 중이지 도학(道學)을 하는 게 아니다. 그러니 나중에 印星이 食傷보다 더 왕한 것을 가상관(假傷官)이라 하고, 印星보다 食傷이 더 旺하면 진상관(眞傷官)이라 한다. 가짜 傷官과 진짜 傷官으로 나누게 된다.

3) 마음이 어디로 향하는지를 보는 향심(向心)이 있다.
① 官은 旺해야 하고, 日干은 官보다 身弱해야 한다.
(官旺身弱) 이것은 向心이 官으로 간 것이다.
② 身旺하면 財弱인데(身旺財弱) 이는 向心이 財로 간 것이다.
이것이 向心을 보는 법이다.

4) 만약 財官에 대한 向心이 안 되면(천간에 財官이 없으면) 印과 食傷만 봐야 한다. 印我食, 印比食, 印劫傷을 보는 것이다. 그러니 印旺하냐 根旺하냐 부터 숙달해야 한다.

그럼 세상을 살아가는 데 자신에게 유리하게 작용하는 官은 吉한 것이니 적합하게 대해야 하고, 殺이란 凶한 것이니 물리쳐야 한다. 그럼 殺에게 적합하게 행동하는 건 印旺한 것이고, 殺을 물리치는 건 根旺한 것이다. 그럼 '나는 印旺도 하고 根旺도 한데 어떻게 해야 해요?' 한다. 그럼 중심이동에 시달리게 된다. 官이 나에게 좋은 건지, 나쁜 건지 자꾸 헷갈리기 시작한다. 그러니 日干이 根旺인지 印旺인지 정확히 알아야 올바른 판단을 할 수 있다.

그리고 日干이 旺했나 弱했나를 두 번째로 따지는 것은 관왕신약(官旺身弱)과 신왕재약(身旺財弱)으로 따지는 것이다. 日干이 印星으로 旺했나, 根으로 旺했나를 보는 것은, 正官과 殺을 어떻게 선택하느냐를 보려는 것뿐이다. 根이 身旺이냐 身弱이냐를 따지는 방법이 있는데 이는 身旺하면 官旺身弱이다. 그러니까 官보다 旺하냐, 財보다 旺하냐를 견주는 것이다. 그러니 사주를 身旺이냐 身弱이냐를 왜 따지냐 하면 官과 견주어 보고, 財와 견주어 보기 위함이다. 그리고 財官을 볼 때, 財官을 合해도 日干이 더 旺하다고 하면 印我食이나 印比食, 印劫傷으로 가는 것이다.

이것을 통과하면 格이란 용어를 달게 된다.

먼저 用神을 배웠다. 子丑月을 기준하면, 子丑月의 月令用神은 癸水다. 흔히 當令이라 한다. 子丑月의 司令用神은 암장(暗藏)에 세 가지가 있다. 冬至를 지나서 45일씩 따지니, 子中 癸水, 丑中 癸水와 辛金이 있다. 月令用神은 '환경'이 된다. 司令用神은 이 환경에서 해야 할 '임무'가 된다.

또 用神에 대한 忌神이 있는데, 月令用神에 대한 忌神이 있고, 司令用神에 대한 忌神이 있다. 그러니 月令用神에 忌神이 있으면 환경이 바뀌는 것이다. 가령 月令用神인 癸水가 丁火로 바뀌면, 내가 바뀌는 것이 아니라 남편이 바뀌는 것이다. 환경이 바뀌는 것이다. 그리고 司令用神인 癸水의 丁火, 辛金의 乙木, 己土의 戊土가 되면 내 임무가 바뀌는 것이다.

月令用神은 환경, 司令用神은 임무, 喜神이란 '임무를 수행하는 방법'이다. 3박자로 딱 떨어져야 한다. 癸水가 用神이니 모두 다 이 用神에 맞추어야 한다. 내 임무에 맞추는 것이 아니라 환경에 맞추는 것이다.

春節 癸水用神에 甲木이 제1喜神이다. 배합이니 가장 중요하다.
뜻은 인성을 기반으로 지식을 개발하다(癸甲). 제2喜神이 辛金이고, 제3 喜神은 丙火이다. 자질을 계발하다(癸甲). 그러기 위해서는 먼저 자기 자질을 알아차린 후에 계발하다(辛癸), 그리고 계발한 능력을 쓰다(甲丙), 土(己)는 항상 있어야 하는데, 실제 그러하냐? 실제 그렇게 했느냐(己)이다. 이것이 중요한 내용이다.

癸甲, 辛癸, 甲丙 열심히 설명했는데 土가 없어서 '실제로는 안 했네?' 하니 감정이 분노로 들어가 있다. 왜냐하면 癸水가 인성(人性)이니 감정은 분노로 가는 것이고, 만약 寅卯月令의 甲木이 실제화가 되지 않으면 노동으로 가는 것이다. 그럼 공부를 하지 못하면 손발이 고생하고 성질이 안 좋으면 감정만 생기게 된다.

그리고 乙木분야 卯辰月로 가면 실제(戊土)가 안 들어가면 적합한 인물이 되지 못하니 남을 헐뜯는 사람이 되는 것이다. 나중에 '계발이 되지 않았거나, 실제화가 되지 않았을 때 나타나는 현상은 무엇입니까?' 하고 질문할 때가 생긴다.

5) 다음 用神 癸水의 金生水를 天干에서 하면, 水源으로 이름이 바뀐다. 그럼 계발한 지식이 오래가는 것이다. 나중에 火剋金을 하기 위한 引火와 製鍊이 나온다. 여기까지는 항상 외워 두어야 한다.

총체적인 연습: 예) 庚子年+辛丑年은 庚辛金 運

사주에 庚金이 있는 사람: 庚子年 辛丑年이 모두 庚金 運

사주에 辛金이 있는 사람: 庚子 辛丑年이 모두 辛金 運

庚金 따로 辛金 따로 보는 게 아니다.

運은 10년에 한 번씩 오는데, 다섯 가지 종류의 運이 있다.

甲乙, 丙丁, 戊己, 庚辛, 壬癸가 하나의 운으로 다섯 가지 운이지 甲년, 乙년, 丙년, 丁년 등 따로따로 논하지 않는다.

진로 적성 연구를 할 때도 자신이 사회생활(六神)에서 인간관계가 적합하지 않으면 쓸 수 없다. 用神과 喜忌神으로 공부하는 것은 자신의 능력을 만드는 것이고, 六神으로 공부하는 것은 자신의 능력을 사회생활이나 환경에 배출하는 것이다. 六神에서 하나하나의 글자마다 인간관계가 들어가 있고, 用神과 喜忌神 하나하나의 글자마다 자신의 능력이 무엇인지가 들어가 있다.

이것은 格局을 공부하기 이전에 알고 가야 할 내용이다.

(1) 日干의 旺衰强弱 중 日干이 무엇으로 旺한가?
印星으로 旺한지, 根으로 旺한지, 하나를 선택하라.
(2) 日干이 官보다 旺한지 財보다 旺한지 구분하라.
(3) 官보다 旺하고 財보다도 旺하다면 印我食으로 넘어가게 된다. 그럼 印星이 食傷보다 旺한지, 食傷이 印星보다 旺한지 구분해야 한다.

이것이 잘 맞을 수밖에 없는 것은 사람들의 의식은 쉽게 혁신되지 않기 때문이다. 다시 말하면, 자기가 생존에 매달려 사는 사람이 아니고 삶 자체를 즐기기 위해서 사는 사람이란 생각을 하지 않기 때문에 아직은 이 논리가 잘 맞는 것이다.

임상순서

日干이란 身이 무엇으로 구성되었느냐?
(1) 印旺으로 되어 있어서 官印相生을 주도하느냐,
(2) 日干이 根으로 되어 있어서 制殺 또는 合殺을 주도하느냐.

이것이 끝나면 다음 단계로
(1) 官旺身弱 또는 身旺財弱이냐를 맞추어야 한다. 官旺身弱이면 소속형이고, 身旺財弱하면 독립형이다. 그러니 마음이 소속으로 가려고 하는지, 독립으로 가려고 하는지를 보아야 한다.
(2) 日干이 지나치면 印我食으로 간다. 지나치다는 것은, 日干이 지나치게 旺해서 財와 官에 맞추지 않으면, 즉 財生官이 안 되면 財와 官은 절대 약자다. 財生官이 되면 比劫으로부터 財가 보호되기 때문에 旺한 것이다. 財生官이 되면 官이 왕한 것이 아니라 財가 旺한 것이다. 日干이 지나치면 印我食으로 가야 한다.

다시 정리하면
身旺이 되는 이유는 印旺과 根旺이다.
身弱이 되는 이유는 食傷과 財官이면 身弱이다.
印星으로 身旺하면 官印의 혜택이 있지만,
財星 때문에 身弱한 것은 財를 다스리지 못한다는 손해가 있다.

身旺한 이유는 印과 根 둘이 있는데, 印星으로 身旺하면 官印相生의 혜택이 있고, 根으로 身旺하면 殺을 물리칠 수 있는 혜택이 있다. 身弱한 이유는 官 때문에, 財 때문에, 食傷 때문이다. 食傷 때문에 身弱한 것은 체력낭비가 되니 보충은 根으로 해야 한다. 財 때문에 日干이 身弱한 것은 財를 다스릴 수 없으니 官이 用이다. 그러니 官이란 조직에게 대신 다스려 달라고 하는 것이다.

이때는 日干이 더 身弱해진다고 하면 안 된다. 官으로 身弱한 것은 印星으로 보강하거나 根으로 보강하면 된다. 殺로 身弱하면 根으로, 官으로 身弱하면 印星으로 보강하면 된다.

身旺 중 印星으로 출발하면 官印相生의 유리함이 있으니 환경이 나에게 유리하게 작용하고, 불리한 것은 食傷을 자제해서 내 능력을 내 맘대로 쓰지 못하는 것이다. 根으로 身旺하면 殺을 방어할 능력이 있으니 나쁜 것을 방어할 능력이 있고, 食傷을 生해서 내 맘대로 할 수 있는 것이다.

身弱한 이유는 다른 육신 때문이니 食傷이나 財官 때문이다. 그럼 食傷 때문에 身弱한 것은 쓸데없는 짓을 너무 많이 해서 체력을 낭비하고 힘을 낭비하니 根으로 힘을 비축하거나, 根으로 능력을 만들어야 한다. 財星으로 身弱하면, 財를 다스릴 수 없고 조직을 다스릴 수 없으니 자기가 조직에 가담해야 하니 官을 用하는 것이다. 직장에 들어가라는 것이다.

官으로 身弱하면 조직의 임무를 수행할 수가 없으니 印星으로 조직의 임무를 수행해야 한다. 食傷으로 日干이 身弱하면 체력이나 힘을 낭비하고 능력을 낭비한다. 食傷이 方合으로 되었으면 체력을 낭비한다. 그럼 根으로 비축한다는 것은 체력을 비축하는 것이다. 食傷이 三合으로 되어 있으면 능력을 낭비하는 것이다. 그럼 根으로 비축을 한다면 능력을 쌓는 것이다.

官殺이 旺해서 日干이 弱하면 印星으로 해야 한다.
그럼 印星이 三合으로 되었으면, 능력으로 官殺에 대항해야 하고, 方合이면 相生능력이라 해서, 甲木이 寅卯辰이면 丙火를 生하고 甲木이 亥卯未로 되어 있으면 丁火를 생한다고 했다. 三合과 方合의 활용 방법을 六神으로 대입하는 중이다.

다시 官殺이 旺하고 日干이 弱해야 한다. 이때 印星이 三合으로 되었으면 능력으로 적합해야 한다. 方合으로 되었으면 官殺의 혜택으로 적합해야 한다. 여자가 사랑을 받으려면 方合을 얻어야 한다. 여자가 능력이 있으려면 三合으로 되어야 한다. 여자가 남편을 위하는 것을 財生官이라 하는데, 여자가 財星이 方合이면 부인 노릇으로 남편을 위하는 것이고, 여자가 財星이 三合이면 돈을 벌어 와야 한다. 이런 의미이다.

日干이 印旺하면 官印相生이 된다. 財生官이 안 되면 印我食이 된다. 印旺하면 官이 有用之神이니 官印相生이 된다.
그리고 財生官이 안 되면 印이 食傷으로 가는 것이다.
根旺하면 殺을 막는 것이다. 殺印相生이 된다.
食傷이 조금이라도 있으면 食傷을 生해서 制殺을 하니 똑같이 殺印相生이 된다. 그다음 財生殺이 안 되면 印我食이 된다.

日干이 食傷으로 衰해지면 根으로 대항한다. 체력과 실력 낭비가 된다. 체력으로 악습을 행하고, 실력으로 악습을 행한다. 財星으로 身弱하면 日干은 官殺로 대항해야 한다. 조직의 수장이 되지 못하니 수장 밑에 들어가는 財生官 참모가 되어야 한다. 身弱을 인정하니 이를 종법(從法)이라 한다. 인정하면 이렇게 좋은 것이다. 만약 재성(財星)으로 신약한데 官이 없으면 食傷으로 살아야 한다. 그럼 안 되는 것을 된다고 우기면서 살면 된다. 그럼 자기를 더욱 弱하게 만드니 병도 난다. 낭비된 인생을 살게 된다.

官殺이 旺해서 日干이 弱하면 印星으로 대항한다. 그럼 환경에 필요한 적합한 걸 배우고 익혀서 적응력을 발휘해야 한다. 이런 용법을 쓸 때 相生능력을 대입하는 것이다. 사주가 똑같이 官印相生으로 되었어도, 어떤 사람은 벼슬한 남편을 만나서 살림을 하고, 어떤 사람은 자기가 일을 하고, 사주가 각기 다른 것이다. 여기에 三合에 根을 얻었느냐, 方合에 根을 얻었느냐에 따라 다른데 이걸 하지 못하게 하려고, 기후의 조화를 얻었느냐, 有用을 얻었느냐 하는 것이다.

日干의 기운이 方合이 아니라 三合에 根을 했다면, 조상의 튼튼한 체력을 물려받지 못해 건강한 체력은 아니지만, 능력은 튼튼하게 타고났다. 金日干의 食傷은 亥子로 되었으니 체력을 낭비하는 스타일이다. 밤에 잠을 자지 않고 무언가 체력을 낭비하는 짓을 하는 것이다. 그럼 체력을 보강하려면 方合으로 보충해야 한다. 그럼 申酉戌이 있어야 보충하는데, 戌은 체력이 조금만 보충되지, 제대로 보충하는 것이 아니다. 그럼 申酉戌년이 오면 낭비된 체력을 보충하는 해가 된다. 그럼 보약을 먹는 해가 되고, 낭비된 체력을 보충해야 하는 해가 되는 것이다.

만약 火가 官인데 寅午戌로 되지 않고 巳午未로 되었으면, 生과 旺支를 먼저 봐야 하니 묘지(墓支)보다 生支가 우선이다. 그럼 능력을 위주로 하는 환경이 아니라, 단합되고 친목적인 환경을 원하는 것이다. 그런데 日干의 根이 三合으로 되었다면 그렇지가 않다. 日干은 능력을 우선하려는 성향이니 日干과 官은 서로 밸런스가 맞지 않는 삶을 사는 것이다. 그럼 官을 포기해야 한다.

土를 볼 때는 三合이나 方合으로 보는 게 아니다. 무엇을 알았느냐, 무엇을 인지했느냐를 보는 것이다. 가령 亥月 金日干이면 印星이 土이니 시장조사를 하는 것이 印星이다. 그럼 시장성 있는 것으로 해라. 시장성이 없는 짓은 하지 않는 것이 특징이다. 金日干의 印星의 특징이 그렇다. 火日干의 食傷이나 金日干의 印星은 모두 土이니 특징이 그렇다. 무엇을 껴안았느냐이다. 대개 모든 사람은 계절이 맞지 않아도 동시다발적으로 쓰는 것이다.

甲木이 염천지절(炎天之節)인 화왕절(火旺節)에 출생하였다면 가장 먼저 기후를 봐야 한다. 만약 水가 없으면 토조(土燥)와 목분(木焚), 금소(金銷) 등을 봐야 한다. 그중 가장 시급하게 보호해야 할 것이 무엇인지 봐야 한다. 未月 丁火로 旺하다면 끓는 용광로가 金銷를 하니 己土를 다 태운다. 그리고 金을 다 태운다. 그럼 시급하게 필요한 것이 壬水다. 이때는 水도 필요하고 열(熱)을 식히는 寒氣도 필요하니 壬水다. 壬水가 偏印이라면 개인적인 특기를 배우면 되는 것이다. 여하튼 炎天之節에 己土를 말려서, 土燥하게 하고, 金銷케 하니 偏印으로 해결할 걸 가져와야 한다. 火旺節에 火 多하면 수갈(水渴), 土燥, 木焚, 金銷 등인데 乙木이 아닌 甲木에게는 木焚이란 용어를 쓰지 않는다. 戊土도 土燥가 되지 않는다.

癸水 乙木 己土는 수갈(水渴)이 된다. 乙木도 癸水가 있으면 水渴이 되고, 己土도 水渴이 된다. 己土에도 癸水가 들었다. 濕木과 濕土는 사주에 水가 없다고 水가 없는 게 아니고 丁火가 있어야 水가 없는 것이다. 사주에 官이 없어서 官이 없다고 하면 안 된다. 印이 없어서 官이 없는 것이지, 印이 없고 官이 있으면 官이 없는 것이다. 官은 없고 印이 있으면 官은 분명히 있는 것이다. 연료는 없고 불이 없으면 불이 있는 것이다. 불이 있는데 연료가 없으면 불이 없는 것이다. 눈 깜짝할 사이에 불은 사라지는 것이다. 印이 있으면 官이 있는 것이고, 食이 있으면 財가 있는 것인데 財는 있고 食이 없으면 財가 없는 것이다.

사주에 없는 것을 끌어와서 쓰는 건 無와 不의 차이는 분명히 다르다. 만약 水가 있으면 수갈(水渴)까지 되어서 더 힘들어진다. 그런데 사주에 水가 없다면, 없는 것은 없다고 하지 마라. 그런데 甲木은 水가 없으니 丁火를 봐도 마르지 않는다. 마른 것에게 마른다고 하면 말이 안 된다. 戊土는 水가 없는데 말랐다고 하면 말이 안 된다. 마른 것에게 말랐다고 하면 말이 안 맞는다. 癸水가 甲木을 水生木했으니 水가 있다고 하면 안 된다. 癸水는 물이 아니라 濕이다. 辛金이 아니라 庚金이 있으면 金鎔되었다는 말을 쓰지 않고, 戊土에게 土燥되었다는 말을 하지 않고, 甲木에게 木焚이란 용어를 쓰지 않는다.

이때 土燥는 건강이고, 辛金은 재산이다. 그럼 망하는 방법을 아는 것이니, 사람들이 사업하다가 망할 것 아니, 망하는 사람들의 재산을 취하는 사업을 해야 한다. 그래서 NPL을 배울 것이다. 부실채권을 말한다. 그럼 金鎔를 보면 직업을 위해 부동산 중개사 같은 자격증을 따야 하고, 土燥를 보면 한약사나 침, 뜸 이런 것을 해야 한다.

그럼 무슨 운에 이런 일이 일어나느냐고 할 수가 있는데 대개 나이가 45세에서 55세 사이에서 생기는 거지 어떤 運이 온다고 무슨 일이 생기는 게 아니다. 무슨 運에 좋다는 건 부질없는 말이다. 나이별로 해야 할 일이 있다는 걸 생각하지 않고 어떤 運이 와야 된다는 사고방식을 가져서는 안 된다.

누구나 누구네 집 딸에서 누구의 여자, 누구의 부인, 누구의 엄마, 누구의 학부형, 누구의 조모, 누구의 조상으로 살게 된다. 누구의 여자이고 누구의 부인이고, 누구의 엄마이지 나 자신이라는 건 존재하지 않는다. 개인적인 나(我)라는 건 존재하지 않는다. 누구의 무엇이란 관계가 설정되었지, 대상이 없는 생명체는 존재하지 않는다. 혼자서 산다는 건 존재하지 않는다. 그럼 이 모두가 상황에 따라 누구를 만나느냐에 따라 자기 자신이 財가 되기도 하고 官이 되기도 한다. 누구도 반박할 수 없는 사실인데 명리를 배운 사람만 이것을 오해한다. 運이란 걸 오해한 것이다.

그리고 오행의 청탁론과 육신의 청탁론이 있는데, 六神의 청탁(淸濁)이란 官과 殺, 둘 중 하나를 해결해야 한다는 것이다. 官에 殺이 있는 것은 濁한 것이니 淸하게 해주어야 한다. 그럼 殺을 제거해야 하는데, 그 殺을 제거하는 방법이 세 가지가 있다.

오행으로 탁(濁)이 있는데 壬水가 己土나, 辛金에 의해서 濁된 것과 癸水가 자신에 의해서 濁된 이 모두를 해결하는 것은 庚金이다. 壬水가 辛金이 많아서 濁된 것을 금다수탁(金多水濁)이라 한다. 이것도 庚金이 약(藥)이다. 壬水가 己土에 의해서 탁(濁)된 것은 甲木이 해결한다. 기임탁수(己壬濁水) 갑목생동(甲木生動), 金多水濁은 庚金, 己壬濁水는 甲木, 癸水가 濁한 것은 庚金이다.

官殺이 혼잡되었을 때는 합거(合去)로 해결한다. 合法을 사용한다. 탁(濁)을 청(淸)으로 한다는 것은 불편함, 어려움을 해소하는 것이다. 六神으로 濁은 官에 殺이 있는 것이 濁이지, 殺에 官이 있는 것은 濁이 아니다. ① 官에 殺이 있는 것, ② 己壬濁水, ③ 金多水濁, ④ 癸水가 둘 이상 있으면 과습(過濕)이다. 地支에 두 개가 있어도 마찬가지로 過濕이다. 단 癸水의 過濕은 丙火가 없으면 過濕이 생겨나지 않는다. 過濕하였으나 생겨나지 않는다. 過濕하나 過濕이 발생하지 않는다. 불포화 원칙과 포화원칙이다. 열(熱)이 발생해야 濕氣가 나오지 熱이 天干에 없으면 발생하지 않는다. 그럼 발생하지 않으면 속으로 병들고 있다는 것이다. 속으로 병이 드니 말을 하지 못한다는 것이다.

天干에 둘이 있건, 地支에 둘이 있건, 干支에 따로 있건 濕은 濕이다. 그런데 丙火가 天干에 있어야 濕氣가 포화(飽和)되어 나온다. 그럼 정신적 힘겨움을 겪게 된다. 이때 庚金으로 해결하면 심리학자가 된다. 庚金으로 해결하지 않으면 심리 상담을 받아야 할 지경까지 가는데 丙火가 없으면 나타나지 않으니 속으로 간다. 아무도 그의 일기장을 훔쳐보지 않는 이상 우울증인 줄 모른다.

기임탁수(己壬濁水)는 갑목생동(甲木生動)이란 자기의 잔재주를 시장에 내서 이익을 추구한다. 그러니 탁(濁)한 재주다. 濁한 재주는 사람들이 좋아하고, 청(淸)한 재주는 꼰대라고 싫어한다. 淸한 사주인 戊壬甲하면 졸린다. 己壬甲하면 귀가 솔깃해한다. 그래서 己壬濁水 甲木生動하면 최고다. 己壬濁水는 매점매석하는 자들이 하는 짓이다. 멀리서 온 것 같지만 사실은 옆에서 온 것이다. 인간의 심리작용을 조사해서 꼭 필요한 물건보다는 필요하지 않더라도 인간의 호기심이나 재미를 주는 자극적인 물건을 더 좋아하는 심리를 이용한다. 이상한 것을 좋아하는 사람, 재미있어하는 사람은 모두가 己壬濁水 甲木生動이다. 맞는 이야기를 하는 사람에게는 반응이 싸늘하다. 만약 진실을 말하고 있다면 당장 상처를 당하고 아프다. 거짓을 말하고 있다면 박수를 받고 칭찬을 듣는 것이 현실이니 어쩔 수 없다. '기임탁수 갑목생동'과 戊壬甲은 다른 것이다. 이것을 청탁(淸濁)이라 한다.

六神의 淸濁은 관살혼잡(官殺混雜)이다. 해결책은 상관합살(傷官合殺), 양인합살(陽刃合殺), 겁재합살(劫財合殺)이다. 合殺로 해결하는 3대 논리인데, 正官과 偏官을 공부하고 이들이 혼잡(混雜)되었을 때 어떻게 해야 하는 건지 철저하게 아는 것이 六神을 떼는 것이다. 그래서 日干이 根旺하면 殺을 상대한다. 印旺하면 官을 상대한다. 官殺을 상대하지 못하는 처지에 있으면, 財生官이나 財生殺이 안 되면 못 하니 印我食으로 간다. 이렇게 三法만 알면 된다.

用神은 월령용신(月令用神), 사령용신(司令用神), 月令用神의 기신(忌神), 司令用神의 忌神, 喜神은 1喜神, 2喜神, 3喜神, 4喜神이 있다. 가령 戌月에 丙火가 떴으면 상통(上通)이다. 그럼 格으로 喜忌神을 봐야 한다. 상통은 1번이 月令이고 時支가 2번이다.

官과 殺은 우리가 사는 세상이다. 그 세상을 살기 위해서 어떤 모습을 갖추고 있는가? 日干이 모습을 갖추지 않고 있다는 건 日干이 身太旺한 것이다. 財生官이 안 되었다고, '너 때문에 내가 身太旺한 거야' 하면 안 된다. 자기 사주인 것이다.

또 오행의 有用之神을 알아야 한다. 身弱인지 身旺인지 알기 위해 태과불급(太過不及)을 해야 한다. 水나 火 그리고 土의 태과불급(太過不及)을 봐야 한다. 水가 잘못되면 머릿속에 반란이 일어난 것이다. 火가 잘못되면 행동이 잘못된 것이다. 土의 태과불급은 판단에 대한 잘못이다. 이 세 가지의 태과불급을 봐야 하는데, 문제는 火가 잘못된 것은 이미 행동을 한 것이니 되돌릴 수 있는 데는 한계가 있다. 土가 잘못되면 판단이 잘못되었으니 무언가 행동을 다시 되돌리기에는 문제가 있다. 水가 잘못되면 행동을 하지 않았다. 그만큼 시간이 그냥 흘러간 것이다. 이것도 되돌려 담기에는 문제가 있다. 火나 土가 잘못되면 손해배상을 해야 한다. 水가 잘못된 것은 움직이지 않으니 시간 초과에 대한 손해가 발생한다. 그냥 해결되지 않는다. 生化剋制가 되었다고 된 것이 아니라, 거기까지 가는 동안의 잘못된 것에 대한 손해가 발생한다.

火가 잘못되면 행동에 대한 책임을 져야 한다. 책임을 지지 않으면 아무도 이 사람을 믿지 않는다. 또 土가 막지를 않았으면 火를 자제시키지 않았으니, 土가 잘못한 것은 인식에 대한 잘못이니 그에 대한 책임을 져야 한다. 그러니 火나 土가 잘못된 것은 손해가 발생한 것이고, 水의 잘못은 아무것도 하지 않았으니 시간적 손실을 입은 것이다.

생化剋制를 할 때 正印이 있다고 傷官 運은 못 들어온다고 생각하면 안 된다. 傷官은 왔다가 가는 것이다. 傷官이 들어오지 않게 하려면, 日干이 根旺하면 傷官이 오거나 偏官이 와도 별일 없이 지나간다. 그러나 근약하면 食神이 있더라도 偏官이 들어온다. 日干이 根旺해서 偏官이 들어왔다가 그냥 지나가도록 담담한 마음을 가져야지, 日干이 根旺하지 않으니, 偏官 運에 미리 감당하지 못 할 일을 만들어 망하는 것이다. 미리미리 잘못된 일을 자신이 만드는 것이다. 홍수가 나면 홍수가 두려워서 미리 홍수에 뛰어든다. 코브라가 입을 벌리고 있으면 원숭이가 코브라 입으로 걸어가지, 절대 코브라가 원숭이에게 가지 않는다.

바로 다섯 개의 殺이 있으면, 偏官 偏印 劫財 陽刃 傷官이 있으면 그런 일을 만들어 가고 있다. 殺로 알아서 들어가는 것이다. 日干이 根旺하면 그저 殺은 그냥 지나간다. 흔적을 남기고 그냥 지나간다. 그랬다는 거지, 그래서 어떻게 되었다는 건 아니다. 코로나가 왔다는 거지, 코로나에 걸렸다는 건 아니다. 악마가 왔다는 거지, 그래서 어떻게 되었다는 건 아니다. 根旺을 보는 이유가 殺을 해결하기 위해서이다.

殺은 다섯 개가 있는데 이들을 해결하기 위해서 根旺을 보는 것이다. 殺의 위험이나 凶神이 시키는 것을 하지 않으려고, 홍수를 대비해서 열심히 준비했는데 홍수 속으로 왜 뛰어드나? 불안이 만든 가상현실 속으로 뛰어든다. 그걸 根旺으로 해결하는 것이다. 그럼 좋은 일이 생기기보다 나쁜 일이 더 많이 생긴다. 그럼 좋은 일이 생기는 것을 다 가지는 것은 印旺이고, 나쁜 일이 생기면 다 가지는 것이 根弱이다.

나쁜 일이 생겨도 根旺하면 별 영향이 가지 않도록 생긴다. 그러니 세상을 살면서 좋은 일보다 나쁜 일이 많이 생긴다면 根旺해야 한다. 그럼 모두 피해 간다. 내가 아는 척을 안 하는데 왜 피해 가나? 왔다가 갔는지도 모른다. 내가 아는 체를 하지 않으니 왔는지도 모른다. 왔다가 뭘 하고 갔는지는 모른다. 그냥 왔다가 간 것이지 무엇을 하고 간 건 없다. 그러니 根旺해라. 印旺해라. 둘 다 하든 하나만 하든, 제발 財生官이 될 때 해라. 財生官을 할 때 根旺하고 印旺해라. 財生官도 아닌데, 根旺하고 印旺하면 印我食으로 가는 것이다.

5

십신(十神)의 특성과 방법

1. 육신의 의미

1) 육신(六神)이란 3 + 3이 만났다는 의미이다. 남녀를 말하는 것이다. 암수, 이것과 저것이 만났다, 이 사람과 저 사람이 만났다는 의미다. 합해서 6명이 되었다는 의미다. 사람과 사람이 만났다. 六神이란 의미는 인간관계를 뜻한다.

2) 六神에는 앞 글자와 뒤 글자가 있는데, 正官이라면 대개 목적과 목적을 행하는 방법으로 구성되어 있다. 官의 목적이 있고, 官을 행하는 방법은 正으로 되어 있다. (正=방법, 官=목적)

3) 六神은 內的인 문제와 外的으로 발생하는 문제를 따지는 것인데 內的으로 준비하는 것과, 外的으로 갖추는 것과, 그리고 실행하는 것으로 구성되었다. 준비를 인(印)이라 하고, 갖추는 것을 비겁(比劫)이라 하고, 실행을 식상(食傷)이라 한다.

외부에서 벌어지는 문제는 소유의 문제와 권한의 문제다.

소유의 문제를 재(財)라고 하고, 권한의 문제를 관(官)이라 한다. 이렇게 內外가 구분되어 있다.

印星은 日干을 生하는 것이고, 食傷은 日干이 生하는 것인데 내부의 문제는 자신의 문제인데, 자신을 갖추는 건 比劫에 있다. 만약 印星을 갖추지 못하면 比劫이 대신 갖춰 주고, 食傷을 갖추지 못하면 比劫이 대신 갖추어 주고, 財를 갖추지 못하면 比劫이 대신 갖추어 주고, 官을 갖추지 못하면 比劫이 대신 갖추어 준다. 외부의 문제는 財官인데, 소유의 문제는 財, 권한의 문제는 官이다.

印이 없으면 比劫이 대신하는데, 이는 매니저를 대신 보내는 것과 같다. 比劫이 없으면 하지 않으면 된다. 官이 없으면 比劫이 官을 대신하는 것이다. 比劫도 없고, 印도 없고, 官만 있으면 내 것이 아니다. 마치 경기관람을 하는 것과 같다. 자신이 직접 참여하는 관계가 아니다. 比劫은 방신(幇身)인데, 피해를 주고 빼앗아 간다고 생각하면 안 된다. 공부나 연구도 比劫이 대신해 줄 수가 있는 것이다.

2. 십신(十神)의 특성과 활용에 관하여

1) 특성에 따른 활용
(1) 상생(相生)
(2) 상극(相剋)
(3) 상화(相和)
(4) 설기(洩氣), 닳아 없어지다. 다시 시작하다.
설화(洩化)는 최고의 경지에 도달한 것을 말한다.

六神의 특성마다 순서가 있는데, 相生부터 하는 것도 있고 相剋부터 하는 것도 있다. 洩化부터 하지는 않는다. 농부가 거름을 내는 것도 순서가 있듯이, 흙을 파는데 삽을 가져다주면 바로 쓰면 되지만, 쇠를 가져다주면 먼저 녹여서 삽을 만들어야 하니, 이렇게 순서가 있는 법이다.

오행에서 불을 먼저 가져다주면 꺼트리면 안 되니 나무부터 넣어야 한다. 인화(引火)부터 하느냐, 제련(製鍊)부터 하느냐 이런 의미다. 그러나 壬水가 있다고 불을 팔 수는 없다. 그러나 팔 수 있는 것도 있는데, 金이 없으니 물건은 팔 수는 없지만, 물건을 만드는 제작과정에 대한 이미지를 팔수는 있는 것이다. 이렇게 목적에 따라 과정이 모두 다 다르게 나타난다. 오행도 목적에 따라서 과정이 나오듯이, 六神에도 선후가 있는 법이다.

그런데 오행을 공부할 때도 과정이 있고 선후가 있다. 물론 동시에 같이 시작하는 사람도 있지만, 六神의 순서부터 정해야 한다. 최종목적이 있고, 다음에 목표를 밟아 나가야 하는데, 목적은 빼고 무작정 시작하는 사람,

목적이 뭔데, 뭘 해야 하는데, '행복하게 살아야 하는데' 하고 아무것도 하지 않는 사람이 있다. 목적을 정했으면 목적에 맞추어 열심히 정진해야 한다.

2) 六神의 특성(성품)

(1) 印星 - 正印과 偏印, 正은 멈출 正, 멈출 止 + 한 一 자다.
(2) 食傷 - 食神과 傷官, 食은 기를 養, 傷은 상처당할 傷이다.
(3) 比劫 - 比肩과 劫財, 재는 재주 才, 劫은 부지런할 劫이다.
(4) 官星 - 正官과 偏官, 편은 자격이 있는 큰 인물 偏 자다.
(5) 財星 - 正財와 偏財, 正財는 재물 財, 偏財는 재주 才 자로 바뀌었다. 劫財가 正財를 상극하는 이유는, 네가 돈을 못 벌면 재주라도 배우라는 뜻과 같다.

① 상(傷)은 못난 사람으로 취급받으니 서럽고 힘들다. 남존여비 사상, 반상의 법도와 같은 차별과 서러움을 받는 사람들은 계속 그렇게 살아야 한다는 지정학적 사고방식이 傷官에게 상처를 준다는 뜻이다. 印星이 이들을 무시하고 상처를 준 것이다. 그래서 傷 자는 사람이 화살을 맞아서 변화하지 못한다는 의미다. 변화되었다. 크지 못하다. 큰 인물이 되었다. 화살을 맞았으면 극복하고 큰 인물이 되어야 하느냐, 크지 못하느냐를 따져 묻는 것이다. 이렇게 음양적인 사고방식을 가져야 한다.

② 겁(劫) 자는 부지런하다. 먼저 차지하다. 차지할 겁(劫), 힘과 재주를 앞세울 劫이다. 새벽에 일어나서 남보다 일찍 출근해서 일한다거나, 저축을 열심히 해서 남보다 먼저 집을 산다거나, 正財가 보기에는 따라갈 수 없을 만큼 부지런하고 악착같은 사람이다. 正財는 하늘을 쳐다보고 감이

언제 떨어지나 기다리고 있는데, 劫財는 기다리지 않고 나무에 올라가서 감을 따거나, 아예 돈을 주고 감나무를 산다. 正財가 볼 때는 미운 짓만 골라 하는 것이다.

자기가 마치 正財나 正官처럼 偏印 傷官을 부정적으로 여기고, 正財인양 하면서 劫財와 偏印을 부정적으로 여기는 사람이 있다. 正財는 옳게 소유하고, 正官은 옳게 생활하는데 왜 저 모양이냐? 하면서 자기는 무얼 한 번도 해 본 적이 없는 것이다. 자기가 正財인 양, 자기가 正官인 양, 부지런한 사람을 나쁘게 생각하는 것이다.

印星, 官星, 財星은 별 星 자를 쓴다. 사람은 가장 존귀하다고 해서 별 星 자를 쓴다. 比劫에서 比란 나를 위해서 갖추는 것이고, 劫은 상대에 맞추어서 갖추는 것이다. 내가 맞추어야 할 것과, 상대에게 맞추어서 갖추는 것을 比劫이라 한다. 劫財가 없는 사람은 무슨 일이 생기면 배반당했다고 한다. 상대가 어떻게 살지 미리 준비하지 않고 배반했다고 한다. 꼭 무슨 핑계를 대거나 남 탓을 한다. 그러니 比劫은 별(星)이 되지 못한다.

食傷의 食은 보호하고 키워야 할 것들, 傷은 상처 당한 것들이다. 버려야 할 것들, 내려놓고 포기해야 할 것들, 절반은 상처를 당하고, 절반만 보호해야지 모두 보호할 수는 없다. 자식이 네 명 있으면 둘은 버려야 한다. 지켜야 할 것과, 지키지 말아야 할 것이 있다. 食傷이다. 길러야 할 것과 버려야 할 것이 食傷이다.

食神의 食은 기를 것을 먼저 가려내면 버려야 할 것이 남고, 傷官의 傷은 버려야 할 것들을 먼저 가려내면, 길러야 할 것들이 남는다. 傷官格은 버려야 할 것을 먼저 찾으면, 버리지 않을 것이 남는다. 그러니 傷官이 버려야 할 것을 안 버리고 남겨두면 안 된다. 그래서 傷官은 버려야 하니, 正印을 만나서 버려야 한다. 버리고 나면 食神이 남는다. 그렇다고 傷官이 正印을 보면 食神으로 변한다고 하면 절대 안 된다. 그런 의미가 아니다.

食은 神이 목적이고, 傷은 官이 목적이다. 食神은 마음이 행복하려고 기르는 것이다. 나무에 물을 주는 것은 행복하기 때문이다. 나무에 물을 주니 잘 크니 행복하다. 이런 뜻이다.

比肩은 어깨 肩, 견주다. 나를 견줄 만한 사람으로 키운다는 뜻이다.
옆에 있는 사람과 같은 등급으로 나를 만들어 간다는 의미다.

어려움을 대항하기 위해서, 劫財가 필요하다.
正財의 횡포로부터 正印을 보호하고, 偏官의 횡포로부터 比肩을 보호한다. 正印과 比肩을 보호했으니 劫財 하나만 있으면, 가족 모두를 지켜내는 사람이 되었으니 劫財가 있는 사람은 대개 군인 경찰이 많이 된다. 모든 사람의 권리를 보호했다. 正財로부터 正印을 보호한다. 七殺로부터 比肩을 보호한다. 正印과 比肩에 대한 보호는 劫財가 한다.

財星은 正財와 偏財로 나눈다. 偏財의 才는 재주 才 자다. 큰 인물, 재목감이 된 인물, 재주가 좋은 인물이란 뜻이다. 正財는 소유란 뜻이다. 그러니 正財는 소유물의 경계고, 偏財는 인물됨의 경계가 된다. 많이 가진 사람, 적게 가진 사람이다.

官星은 正과 偏이 있다. 正官은 높낮이를 말하는 것이 아니라 민권이냐 관권이냐를 나누는 것이다. 君民이란 의미만 있다. 正官은 군민을 아우르게 하는 것이고, 偏官이란 君民 중에 누구 편을 드는 것이 偏官이다. 正官은 편이 없고, 偏官은 이 제도 저 제도이고, 傷官은 이 사람 편이냐, 저 사람 편이냐 이다. 正官은 나라와 백성이 하나로 뭉치는 것이고, 偏官은 나라나 백성 중에 둘 중 하나의 편을 드는 것이고, 傷官은 이 사람 편이냐, 저 사람 편이냐 하니 사람을 이야기하는 것이다.

그러니 傷官은 계속 사람 이야기를 하는 것이다. 큰 인물 傷 자이다. 傷官은 사람을 원해서 사람을 멀리한다. 자기가 원하는 사람을 얻기 위해서는, 원하는 사람을 평생 얻을 수 없으니 사람을 계속 이별하는 것이 傷官이 하는 짓이다.

偏官은 이편도 들고, 저편도 들어야 하니, 파벌이 계속 생긴다. 偏官은 계보 중심적이고, 傷官은 인물 중심적, 正官은 중도 중심적이다. 偏官은 제도가 좋아서 저쪽으로 가게 되면, 傷官이 하는 말은 네가 저쪽에 좋아하는 사람이 있어서 간다고 한다. 그래서 財도 삼파전, 官도 삼파전이다. 偏官은 권력이 들어가 있고, 힘의 논리가 들어가 있다.

모든 조직의 리더급 사주에는 偏財가 들어가야 한다. 偏財는 호걸남아다. 벼슬을 하려면 偏財가 있어야 한다. 財星은 권력을 만들고, 官星은 재물을 지킨다. 官星은 둘 다 재물을 지키러 갔다.

食傷 중에 食神은 키울 것과 보호할 것을 고르는 것이고, 傷은 버릴 것, 상처 당한 것을 고르는 것이다. 傷官이 없으면 버릴 것과 남길 것을 구분하지 못하는 사람이다. 버리면 남는다는 것을 알아야 한다. 傷官이 가장 잘 버리는 건 남편이다.

傷官이 正印을 보고, 자신을 버리면 남편만 남고, 남편을 버리면, 상관인 자신만 남는다. 그걸 이별이라고 말하는데 자기 행위를 숨기기 위해서 이별이란 용어를 쓴 것이다. 모든 六神은 자기의 나쁜 행위를 숨기기 위해서, 의도적으로 만들어진 것들이 많다. 사실과는 왜곡된 내용들이 많다.

正印 偏印 중 正印은 고유한 인연, 즉 고정된 것을 뜻한다. 멈추어 있는 것을 받는다는 뜻이다. 내가 무슨 행위를 하면 안 되고 시키는 행위만 하면 된다는 의미가 들어 있다.

偏印은 내가 무슨 행위를 해야 하고, 내 능력을 자꾸 만들어야 한다. 偏印이 발전하는 이유가 바로 그것이다. 偏印이 발전하지 못하는 이유는, 멈추어져 있는 것을 알아야 한다.

偏은 正을 알고 偏을 행해야지, 偏을 알고 正을 행할 수는 없다. 正이 있고 偏이 있는 것이다. 正을 행하지 않고 偏이란 없다. 기준은 正이 먼저이고, 偏은 그다음이다. 멈추어져 있는, 고유한 해야 할 일이 있는데, 남들이 원하는 것을, 내가 해야 하는데 그게 正이다. 거기서 내가 할 일이 나오는 것이다.

食이 없는데 어떻게 傷이 있고, 比가 없이 어떻게 劫이 있을 수 있나? 食이란 보호하고 지켜야 할 것이 없이, 어떻게 傷이란 버릴 것이 있나? 食

이 먼저이고, 傷이 다음이다. 그러니 모든 식물은 버릴 것이, 보호할 것을 감싸고 있다. 대부분 食傷을 먹을 것으로 여기는데, 식물은 버릴 것이 보호할 것을 감싸고 있다. 껍질은 버리고 알맹이는 가지니까, 버릴 것과 가질 것은 항상 같이 있는 것이다. 그래서 食이 있고 傷이 있는 법이다.

比가 있고 劫이 있는 것이다. 자기를 대항력 있게 만들어 놓지 못하고, 무기만 만들어 놓으면 안 된다. 칼만 갈아 놓고 운동은 하지 않으면 나중에, 적이 나타나면 무거워서 칼을 못 드니 멍청한 머저리와 같다. 그러니 나를 위해 필요한 능력도 준비하지 않고, 어떻게 상대에게 맞춘 능력을 준비할 수 있나?

比肩의 특성

자기 발전에 필요한 것들을 선의적인 마음으로 타인과 비교하여 부족한 부분을 준비해 가는 걸 말한다. 타인이란 天干에 있으면 사회적 용도로 쓰고자 함이고, 지장간(地藏干)에 있으면 개인과 가정적 용도로 쓰인다. 比肩이란 사주에 없는 육신이나 부족한 육신들, 즉 日干의 강약(强弱)관계인 財官과, 日干의 왕쇠(旺衰)관계인 印星과 食傷의 부족한 부분을 채워 가는 것이다. 六神은 인문학도 아니고, 과학이나 통상학적인 것도 아니며 사회학에 속하니 사회학적으로 이야기해야 한다.

劫財의 특성

악의적(惡意的)으로 또는 경쟁에서 유리하기 위해 필요한 것을 갖추는 특성이 있다. 比肩의 선의(善意)적이란 남들과 비슷한 것을 말하고, 劫財의 악의적인 마음이란 상대를 넘기 위함이다. 比란 같이 어울려 살고자 하는 것과, 劫이란 비교우위를 점하고자 하는 것과 차이다. 그러니 반드시 악의적이라기보다 비교 우위적이라 해야 한다. 比肩은 남보다 처지지 않기 위해서, 劫財는 남보다 낫기 위해서이다. 天干에 劫財가 없는 사람은 天干에 劫財가 있는 사람에게 뒤처지게 되어 있다. 그럼 내가 비교 우월하니, 좋은 건지, 책임을 져야 하는 건지인데 둘 다이다.

만약 劫財가 연간(年干)에 있다면 문중이나 조직 자체를 책임져야 하고 月干에 있다면 가정을 책임져야 하고 시간에 있다면 형제 정도는 책임을 져야 할 것이다. 이런 것이 기술적으로 더 들어가야 한다. 이건 특성이 아니라 역할이 되는 것이다.

比肩과 劫財를 비교하면, 比肩은 견주고자 하는 거라면, 劫財는 상대보다 우월한 재주를 지니고자 한다. 比肩은 어깨 견(肩)이니 견주고자 하는 정도이다. 그러니 사주에 比肩 劫財가 없다면 무엇을 갖추었다고 하겠는가? 갖춘 게 없는 것이다. 즉 외부나 내부에서 벌어지는 것을 갖추지 않는 것이다. 比肩이 없으면 내부에서 벌어지는 욕망을 갖추지 않은 것이고, 劫財가 없으면 외부에서 작용하는 걸 막기 위해 갖춘 것이 없다는 말이다. 갖추긴 했지만, 내부에서 끓어오르는 욕망이나, 외부에서 오는 대항력을 갖추지 않았다는 말이다.

사람이 늘 말하기를, 比肩이 있는 자는 남보다 못하지 않다고 하고, 劫財가 있는 자는 남보다 낫다고 하더라. 비꼬는 성품이거나, 부정적인 의견을 피력하는 사람 중에는 더러 '나는 劫財가 있는데 남보다 못한데' 하고 말할 것이고, 比肩이 있는 자도 '남보다 못한데' 그럴 것이다. 그럼 남이란 자가 누구이고, 목적이 무엇인가에 따라 다르다.

劫財는 비교 우월하니 경쟁자를 불러오고, 比肩은 같은 급이니 여러 동료를 불러온다. 이는 거기에 따른 작용이다. 특성이 불러온 작용과 반작용이다. 이런 선입감을 생각하지 말고 그냥 있는 그대로 바라봐야 한다. 劫財는 항상 나보다 우월한 사람이 있게 되어 있다. 그러니 세상에서 가장 억울한 게 劫財다. 한 사람을 이기고 나면 또 강한 사람이 오고, 강한 사람을 이기고 나면 또 다른 경쟁자가 나타나니 신기록 경쟁과 같다.

印星과 官星과 財星은 혼잡이 있어도, 比肩 劫財나 食傷은 혼잡이라 하면 안 되고, 이 방법 저 방법이라 해야 한다.

격(格)은 比肩 劫財를 외격(外格)인 양인격(陽刃格)과 건록격(建祿格)으로 구분하였다. 比肩이 건록이 되고, 劫財가 양인이 되어 문무의 큰 축을 이룬다고 하였다.

가령 甲木이 寅月이면 건록이 되고, 乙木은 卯月이면 건록이다. 이를 문(文)으로 하니 문창성(文昌星)의 궁궐은 官이라 해서 庚金이 된다. 그런데 甲木이 卯月이면 양인이니 庚金인 偏官을 쓴다. 그래서 무관이 되니 무곡성(武曲星)을 쓰는 것이다. 늑대의 별을 썼다는 뜻이다. 甲木 양인에 庚金이

들어가 있고, 乙木 건록에도 庚金이 들어 있는데 문관이라 한다. 똑같은 庚金을 놓고 하나는 무관으로, 하나는 문관으로 썼다. 陽干은 무관으로 하고, 陰干을 문관으로 설정하여 설명하고 있다.

그런데 乙木이 寅月이면, 陽이 양인을 못 이루고, 陰이 건록을 못 이루고 양인이 된 것에 대한 명확한 답이 없으니 애매한 부분이다. 무관이 문관이 되고, 문관이 무관이 되니 이들을 도필(刀筆)가라 칭한다. 도필(刀筆)이란 요즘 말로 예술이나 언론, 출판 등을 말한다.

또한 月令의 比劫이 天干으로 투간(透干)되었을 경우 食傷으로 化한다고 하니 이건 직업적인 이도(異道)를 말하는 것이다.

하지만 간여지동(干如支同)과 전지(轉止)는 별도로 논하지 않았다. 간여지동은 일주(日柱)를 말하고, 전지(轉止)는 가지도 않고 헛바퀴가 돈다는 뜻인데 시주(時柱)를 말한다. 干如支同이 月에서 올라갔으면 직업적 異道이다. 甲寅 乙卯 丙午 丁巳 이런 것들인데, 일주(日柱)의 간여지동은 가정이 異道가 되니 부부이별이란 말이다. 時에 干如支同도 어느 六神인지 따지지 않고 그런 것이다. 이는 개인적인 야망이나 욕망이 이루어지지 않고 자꾸 헛돌기만 한다는 의미인데, 개인적인 일이 그런 것이다. 日柱가 干如支同도 比劫이고, 時柱도 比劫이다. 이들이 한 기둥을 가지고 있는 것을 논하지 않았다. 추측으로 논한 것들이 많다. 時柱가 간여지동은 전지살(轉止殺)인데 개인적인 욕망을 말하는 것이고, 日柱의 干與支同은 부부를 말하는 것이고, 月이 천간에 올라가면 異道를 말하는 것이니 직업적인 것을 말하는 것이다. 전지살은 六神으로 무슨 욕망이라고 해도 된다. 이런 식으로 열 개의

六神을 정리해야 한다.

比劫의 相生과 相剋, 相合의 문제는 관계에 따라 내면과 외면이 다르게 작용할 수 있으나, 比肩은 보호와 유지를 위해서 생극(生剋)에 가담하고, 劫財는 검증과 경쟁을 통해서 제압을 목적으로 생극에 가담한다. 比肩의 목적은 보호하기 위함이고, 劫財의 목적은 검증과 경쟁을 통한 제압이니 劫財의 확장논리와, 比肩의 지키는 논리가 다른 것이다.

比肩이 돈이 들어간다면 보호 비용이 되고, 劫財는 확장과 개척을 위한 투자를 하는 것이다. 교육비는 보호비 명목에 들어가니 比肩이다. '이거 한번 시작해 봐' 하는 것은 劫財이다.

양인격이 比劫이 투간(透干)되면 공적인 삶에서 사적인 삶으로 이도를 하게 된다. 印星이 旺하면 나중에 食傷으로 化하는 것을 막을 수 있다. 그럼 권력 지향적이지 않고 실력 지향적인 곳에서 公人이 된다. 교수를 한다고 했다. 권력을 버리고 능력만을 지향하게 된다.

六神은 특성을 공부하고 비교도 해 봐야 하고, 격에서 역할도 보고, 투간되어서 어떻게 하나, 간여지동과 상생상극을 어떤 방식으로 할지 의도도 알아야 한다. 이런 의도를 모르면 계속 틀리게 된다.

명리학에서 선의란 착한 의미가 아니라, 자연 그대로 한다는 뜻이다. 자기 기질대로 하고 싶은 대로 하는 걸 악의(惡意)라 한다. 외부의 환경에 따라서 달라지게 행동하는 것을 악의라 한다. 법학에 나오는 선악의 기준이 아니다. 명리학에서는 악의(惡意)란 용어는 없고, 선의란 용어를 써놓고 그 대칭어인 악의란 말을 사용하지 않았을 뿐이니 추측해서 악의란 용어를 쓰는 것뿐이다.

食傷

食傷은 日干의 능력을 펼치는 것으로 財를 취하기 위한 행동과, 官殺을 방어하기 위한 행동으로 나눈다. 또한 배우고 터득한 印星을 발휘하는 행동만으로도 활용할 수 있다. 그러니 食傷은 財와 官, 印星 이렇게 세 가지로 쓰고 있는 것이다.

그중 식신의 특성은 일간과 비견의 능력을 활용하는 것을 말한다. 관살을 막아서 일간과 비견을 구하고, 재(財)를 취하려고 하는 것이다. 먹고 살기 위함이다. 상관은 식신의 터득한 능력을 발휘하는 것과는 다르게, 경쟁자나 시대적 변화에 따라 행동이 다르게 나타난다. 식신은 자기 자신을 본다면, 상관은 환경이나 남을 보는 것이다. 식신과 상관의 활용력은 자기 능력을 활용하는 식신과, 상대를 이용하거나, 역이용하는 것으로 나누는 이유가 이것에 있다. 서비스업에 근무하는 사람은 식신보다 상관이 좋지만, 기술이나 일반적인 노동을 하는 사람은 상관보다 식신이 더 좋다.

식신과 상관의 격은 내격(內格)으로 분류하는데 식신격은 편재로 상신을 삼아 격을 보호하라 하고, 상관격은 정인으로 상신을 삼아 격을 제복(制伏)하라 하였다. 구응(救應)이 이처럼 다르니 이는 성패를 위해서일 것이다. 성과에 따라서 구응을 쓰는 것이지, 반드시 그렇게 하라는 것은 아니다.

성패가 어떻게 나타나느냐에 따라 구응법이 다른 것이다. 상관은 꼭 정인으로 제복할 필요가 없다. 내가 원하는 것이 관이 아닐 때는 그럴 필요가 없다는 것이다.

여러 서책에서 그 자리를 논할 때 상관은 천간에 드러나면 속을 썩이니, 천간에 드러나지 말라고 했고, 식신은 암장이 수월하다 하였다. 천간에 드러나면 수월하게 살지 못하기 때문이다. 이는 마땅한 이론이고, 논리에 타당하다고 생각한다.

상관이 천간에 드러나서 제복(制伏)을 받으면 법의 제지를 받는 것이지 괜찮다는 말은 아니다. 드러나지 않으면 제화(制化)를 하면서 살아가지만, 상관이 교화를 받는 것은 법의 제지를 받아 구금(拘禁)되는 것이다. 정관격이나 정인격이 교화(教化)를 하면 좋은 것이지만, 상관격은 교화를 받는 것이다. 정관이나 정인격은 교화를 하는 것이고 상관격은 교화를 받는 것이니 벌을 받는 것이다.

식신 상관의 생극(生剋)과 상합(相合)을 살필 때는 식신은 상대를 보호하고자 경제활동을 하고, 상관은 자신의 욕망을 위해 경제활동을 하는 것이다. 자신이 상관인데 경제활동을 나가면 가족을 보호하려는 게 아니라 자신의 성취를 위한 것이다. 상관이 경찰서장을 하는 것은 자기 가족을 보호하기 위함이 아니라, 자신이 지위를 갖기 위해 하는 것이니 보호 논리가 아니다.

식신이 식정관(食正官) 합을 하면 관을 보호하려고 하는 것이지만, 상관이 상관편관으로 합을 하면 자신의 욕심을 위해 하는 것이다. 식신이 식정관으로 여인을 만났다면 그 여인을 보호하려고 하지만, 상관이 합살(合殺)로 여인을 만났다면 그 여인을 갖기 위함이다. 같은 말을 하지만 목적이 다른 것이 있다. 이처럼 같으나 다른 것이 한두 개가 아니다. 자신이 食正官으로 예쁜 여인의 사진을 찍었다면 인화해서 그 여인에게 주려고 찍은 것이지만, 상관편관이 사진을 찍은 것은 자신이 두고 보기 위함이다.

지장간의 식정관이나 상관편관 합은 소통을 잘한다고 하면 된다. 대인관계가 원활하고 좋은데, 어느 날 천간(天干)으로 드러나면 그런 대인관계로 인하여 직업적으로 연결되니 매우 큰 발전이다. 단, 식정관이나 상관편관을 남녀관계로 연결하지 마라. 다른 방법으로 보는 법이 많다.

남녀는 책임감으로 만난 것이 아니다. 남녀를 보는 데 합이란 정식이론이 아니다. 식신의 성립요건은 신왕(身旺)이다. 다음은 비견이다. 다음에 성립요건이 편재이다. 다음에 해야 할 일은 제살(制殺)이다. 다음에 할 일은 생재(生財)를 해야 한다. 편재를 생하는 것이다. 식신이 식정관으로 합을 하면, 제살을 하면서 합을 하면, 생재를 하면서 합을 하면? 하고 변화되는 내용들이 삽입되어 들어가야 한다. 그러나 정해진 절차는 없다. 식신이 정관과 합하면, 식신이 정인과 합하면 무슨 일이란 것이 들어가 주어야 한다.

애정은 어떻게 보느냐 하면, '받다'를 해야 하니 인성이 '받다' 이다. 관성이 인성을 생해 주어야 '받다'가 된다. 그럼 '못 받다'는 인성이 관을 설(泄)하면 못 받을 짓을 하는 것이다. 이 외에 다른 건 없다. 그리고 사랑을 주는 사람이 잘못되는 경우가 있는데, 상관견관(傷官見官)이다. 사랑을 받는 사람이 잘못되는 건 재극인(財剋印)이다. 남자가 잘못되는 것은 상관견관,

여자가 잘못되는 것은 재극인이다.

　남편이 사랑을 안 주는 걸 주도록 해야 할 필요가 있다. 사랑을 유도할 수도 있고, 잘못된 것은 고칠 필요가 있다. 직장에서도 사장이 자신을 싫어한다면 그냥 있어야 하는 게 아니라 관계 개선을 해야 한다. 그럼 식신을 들이대면 그런 행위를 한 것이니, 그 행위에 감동해서 잘하게 되는 것이다. 그러니 식신이 인성을 대신 한 것이다.

　또 아무리 관(官)이 가서 사랑해도 인성(印星)이 감동을 못 받는 경우가 있는데, 받는 마음으로 만족해야 하니 식신으로 합을 하면 된다. 애정에 맞는 칼이 식신이다.

　그런데 편인격에 식신은 없는 것이다. 사랑을 주지 않으면 사랑을 받기 위해 사랑받을 언행(言行)을 해야 하는데 하지 않는 것이다. 그리고 그런 행동을 하는 사람들에게 요부(妖婦)라고 놀린다. 자기들의 행위를 정당화 하기 위해서, 그들을 비웃는 것이다. 여자를 만날 때 식신이 없는 사람을 만나면, 남자의 감정을 이해하지 않으니 조심해야 한다.

　또 정상적인 부부가 아닌, 비정상적인 애정도 있는데 3대 요건이 있다. 남녀를 막론하고 식신이나 상관이, 관살이나 인성을 합해 오니 인성을 합하면 나를 다스리고, 관을 합하면 외부를 다스리니 소통의 신(神)이다. 그러니 식상(食傷)이 있어야 소통되는 것이다. 식상이 없으므로 남편에게 절대 맞추지를 못하는 것이다. 이해하지 못하겠다고 한다. 상관도 마찬가지이다. 식신과 상관은 소통의 신인 것이다. '어휴 그만하면 됐지, 내가 이해해야지.' 이런 생각을 하는 사람은 식상과 인성이 합한 것이다. '저 사람이 저걸 원하니, 내가 저 사람을 기쁘게 해 줘야지' 하면 식상과 관살이 합한 것이다.

여자 사주가 일간이 근왕한 식신이면 남편을 업고 다닐 정도이니, 남편을 먹여 살릴 힘이 있는 것이다. 근(根)이 약하면 조금만 하면 된다. 인성이 왕강(旺强)하면, 식정관을 쓰지 않는다. 그런데 쓰기는 쓴다. 그럼 쓰지 않고 쓴 것이니, 마음으로만 쓴 것이다. '저 양반이 들어오면 편안하게 잘 해 주어야지' 하고 마음으로 했으니 한 것이다. 자기는 했다고 한다.

인성이 왕해서 식상과 관살의 합을 방해하는 자들이 가장 잘 쓰는 말이 '당신은 내가 사는 이유'라고 한다. 너무나 사랑한다고 한다. 아무 말도 안 하고, 자기 혼자 상상으로만 해놓고 자기는 최선을 다했다고 한다. 구구절절 다했다고 한다. 한마디도 안 하고 했다고 한다. 그러니 김장김치 담아서 땅에 묻어 놓고, 절대 안 꺼내 주는 사람이다. 그러니 안 주고 했다는 여자다. 인성이 왕한 여자는 절대 사랑한다고 말하지 않는 사람들이다. 그러면서 정말 사랑을 한다고 한다.

인성이 왕하면 관설(官洩)이니 안타깝다. 인성이 너무 왕하면 재성도 공격을 하지 못한다. 상관도 꼼짝하지 못한다. 관설하면 '살긴 사는데, 살지 않는 것이' 관설 인성 왕이다. 그러니 인성이 왕하면 백해무익해서 쓸모가 없는 것이다. 부부는 대개 인성으로 살지만, 나이가 들면 인성만으로 사는 게 아니라, 칭찬이나 행동이 필요하니 식상으로 사는 것이다. 반드시 식정관이나 상관편관 합을 해서, 세월이 오래 가더라도 예쁜 짓을 하면 남자가 여자를 잊어 먹지 않는다. 그것이 식상이다. 이것을 부정적으로 말을 하니 이상한 쪽으로만 생각하는 것이다.

印星의 특성

比肩은 자기 발전에 필요한 것들이고, 타인과의 선의의 경쟁을 위해 준비한 것이고, 食神 속에 있는 比肩은 활용을 위해 필요한 것들이니 자기 발전에 필요한 것들도 있고, 타인과 경쟁을 하기 위해 만든 능력도 있으니, 食神이 없는 比肩은 준비만 하는 것으로, 자기 발전으로만 사용하는 것이다. 경쟁에 필요한 직업적 능력은 아니다. 比肩이 경쟁력이 되려면 食神이 있어야 한다.

傷官은 경쟁자나 시대적인 환경변화에 따라 능력으로 발현되는 것이다. 그럼 환경의 변화를 알아야 하는데 이는 劫財가 환경의 변화를 알려주는 것이다. 劫財가 傷官을 生하니 傷官 안에는 劫財가 들어가 있다. 그럼 타인의 기질대로 경쟁의 우위를 점하기 위해 행동하는 것이다.

傷官이 없는 劫財는 환경에서 벌어지는 일들을 인지하지 못한다. 아니, 환경의 변화를 인지했다고 하더라도 거기에 맞추어서 행위는 하지 못한다.

(1) 比肩의 특성, 劫財의 특성, 食神의 특성, 傷官의 특성을 함께 뭉쳐서 행동해야 한다. 傷官의 특성은, 劫財가 가지고 있는 환경관찰 능력을 활용하는 것이다. 比肩도 있고 劫財도 있고, 食神도 있고 傷官도 있으면 모두 다 쓰는 것이다.

(2) 比肩+食神, 劫財+傷官의 특성을 알아야 한다.
(3) 傷官을 보지 못한 劫財는, 劫財를 보지 못한 傷官은, 比肩을 보지 못한 食神은, 食神을 보지 못한 比肩을 구분해서 특성을 만들어야 한다.

比劫은 준비하는 것이고, 가져다 쓰는 것은 食傷인데, 比肩은 나를 준비하고, 劫財는 상대를 준비하는 것이니 이것을 알아야 쓸 수가 있다.

傷官이 없는 劫財의 특성도 알아야 하고, 劫財를 보지 못한 傷官의 특성도 정리해야 한다. 食神이 없는 比肩의 특성도 알아야 하고, 比肩을 보지 못한 食神의 특성도 정리해서 짝을 맞추어야 한다.

比肩은 자기 발전에 필요한 것들, 타인과 비교하여서 자기 발전에 필요한 것들 두 가지가 食神으로 갔다. 그럼 그것이 활용되는 것이다. 만약 比肩이 食神을 보지 못하면 자기 발전에 필요한 것들을 활용하지 못하는 것이고, 食神이 比肩을 만나지 못하면 준비되지 않은 것을 활용하는 것이다. 그럼 대항력이 없어지게 되고 탈진되는 것이다.

탈진(脫盡)이란 기반(基盤)이 설기(泄氣)되었다. 기반이 泄氣되니 물이 차서 깊이 가라앉았다. 그래서 모든 준비를 하지 않으면 설기태심(泄氣太甚)으로 인해 능력이 전혀 없게 되는 것이다. 이렇게 比劫이 중요하다. 劫財의 특성은 자기 기질대로 경쟁의 유리함을 얻기 위해 필요한 능력을 준비한다. 比肩처럼 그냥 쓰기 위해서가 아니라 경쟁자보다 우위를 차지하기 위함이니 上下를 만들려 한다.

傷官의 특징은 경쟁자가 시대적 변화에 따라 행동이 다르게 나타나는 것인데, 이것을 관찰하는 것이 劫財이다. 劫財의 특징에는 기질대로 경쟁 우위를 점하기 위해 필요한 것을 준비해야 하니, 이런 이유로 인하여 경쟁자를 상세히 관찰하는 특징을 포함하고 있다. 이걸 傷官이 가져다 쓴다.

그럼 劫財가 없는 傷官은 경쟁자의 장단점을 파악하지 않고 쓰게 되니 항상 지게 되어 있다. 傷官이 없는 劫財는 자기 준비뿐만 아니라 경쟁자에 맞추어서 준비했지만 쓸 일이 없다. 오더를 따 오려고 몇 억을 들였으나, 傷官이 없는 劫財는 준비만 했으니 낭비를 많이 했다. 옷을 많이 사놓고 입지 않는 것과 같다. 준비성 없는 준비만 하는 傷官이 된다. 쓸데없는 것만 준비한 것이다. 이는 관찰을 하지 않았기 때문이다.

正印의 특성과 偏印의 특성

正印의 특성: 환경에 맞게 준비하다.
현실에 적합한 실용적 준비 능력이 있음을 보여 준다.

偏印의 특성: 자기 자신에 맞게 준비하다.
正印의 실용적 준비에 비해, 偏印은 특기나 자기 기호에 맞게 준비하지만, 환경에는 맞지 않을 수가 있다. 食神은 환경과는 관계없이 比肩과 日干이 준비한 능력을 쓰는 것이다. 그러나 傷官은 환경에 맞게 능력을 쓰니 正印과 같다. 이런 준비는 현실 환경에 맞춘 실용적인 준비와 같다. 偏印은 자기 자신에게 맞도록 준비하니 현실적으로 옳지 않다고 말할 수는 없다. 물론 잘 맞을 수도 있겠지만 현실 환경에 부적합할 수도 있는 것이다.

위의 正 偏印의 환경 중 正印의 환경이 되는 正官은 고유함 가운데 항상 존재하는 것이니 마땅한 환경을 만나지만, 偏印의 환경이 되는 偏官은 동적(動的)인 가운데 변화가 극심하니 적합성 능력이 늘 유보적이다.

正印에게 正官,
偏官에게 偏印

正官을 못 본 正印과 正印을 못 본 正官의 특성을 이해해야 한다. 偏官을 못 본 偏印, 그리고 偏印을 못 본 偏官의 특성을 알아야 한다.
正印의 특성은 正官에 의해서 활용된다.

正印의 특징은 현실 환경에 맞게 준비하는 것이고, 正官은 언제나 고유하니, 현실 환경이 항상 변하지 않게 있는 것이다.
이것을 합치면 된다.

그럼 正印을 못 본 正官의 특성은 환경은 있는데 환경에 맞게 준비를 하지 않은 것이다. 그러니 임무는 있는데 준비하지 않았으니 활용 능력이 없는 것이다. 正官은 항상 우리 환경의 할 일이다. 고유한 할 일이다. 학교를 다니고 직장을 다니는 것인데 正印이 없으니 준비를 하지 않은 것이다. 할 일은 있는데, 할 일에 대한 준비를 하지 않은 것이다. 그럼 正印은 있는데 正官이 없으면, 환경에 적합하게 자기 능력을 만들었는데, 그 환경이 자꾸 변하는 것이다.

偏官은 있는데 偏印이 없다면, 偏官이란 불특정한 변화된 환경이다. 偏印은 변화된 환경에 맞춘 준비를 해야 하는데 변하지 않는 환경만 준비한 것이다. 고정된 환경만 염두에 두고 맞춘 것이다. 그러니 偏印이 없다는 건 正印이 되었다는 것이고, 正印이 없다는 건 偏印이 되었다는 것이다. 그럼 偏印만 있고 偏官이 없으면, 변화하는 환경에 맞추어 준비는 했는데 고지식하게 환경에서 변화를 거부하는 것이다.

比劫의 특성이 있고 난 후 食傷을 만나러 가는 것이고, 印星의 특성이 있고 난 다음 官殺을 만나러 가야지 官殺의 특성만 별도로 하면 안 된다. 比劫이 있고, 食傷이 있는 것이다.

이후에 食傷이 財를 만나러 가는 것과 財星이 官星을 만나러 가는 것이 있다. 위에 내용만 숙지하면 六神은 다 한 것과 마찬가지다.

正印은 가장 먼저 正官을 만나는 것이다. 다음에 正官을 못 만났으면 偏官을 만나는 것이다. 만약 偏官도 만나지 못하면 正印이 傷官을 만나러 간다. 傷官을 만나러 가기 전에 劫財를 먼저 거친다. 劫財를 먼저 만난 다음 傷官을 만나러 가는 것이다.

이것이 숙달되면 육신이 눈에 보인다.

正을 못 만나면 偏과 같다.
있으면서 만나는 것과 없으면서 만나는 것이 다르다.

正印은 변화하지 않는 고유한 현실이 있다. 행정, 교육, 삼권분립, 헌법 등은 변하지 않는다. 가족제도, 남편에 대한 고정관념 등은 변하지 않는다. 그러니 합당한 것을 만나는 것이다.

偏印은 변화된 환경을 만나는 것이다.
그런데 偏官을 못 만나면 正官을 만나는 것이다.

劫財는 경쟁우위를 점하기 위해서 경쟁자보다 먼저 준비하는 것이다. 그러니 正印이 劫財처럼 하는 것이다. 겁재가 傷官을 생한다는 건 경쟁 환경에 대한 시대적인 차이나 경쟁자를 겨냥한 활용이다. 이걸 따로따로 공부해서 합쳐야 한다. 이것이 공부하는 방법이다.

正印이 正官이나 偏官을 만나지 못하면 劫財로 간다. 경쟁의 우위를 점하기 위함이다. 그럼 食傷으로 가니 食傷生財로 가는 것이니 의미가 다르다. 따로따로 해서 나중에 합치면 된다. 여기서 오행으로 相生을 잘하고 못하고는 따지면 안 된다.

偏印은 환경이 변할 것을 대비한 것이다. 변화가 빈번한 것을 대비한 것이다. 그럼 偏官을 만나야 합당한 것이다. 왜 자꾸 변하냐고 하면 안 된다. 그것을 준비했기 때문이다. 남편이 왜 자꾸 변하느냐고 하면 안 된다. 편인은 자꾸 변해야 한다. 正印처럼 초지일관하면 안 된다. 그러니 偏印이 正印보다 더 똑똑하다. 그러나 지레짐작을 많이 하니 상대를 불쾌하게 할 수 있는 무례한 성품이기도 하다.

偏印이 偏官이 없으면 正官을 본다. 그럼 偏印은 변화를 원하는데 正官은 초지일관하고 있으니, 偏印은 正官을 변화하게 만든다. 正官을 자기한테 맞추려 한다. 법을 새로 만든다.

食神이 比肩이 없으면 食神은 日干을 설기(泄氣)한다.
偏印은 正官을 설기(泄氣)해서 언제까지 죽지 않고 버티는지 반복해서 건드려 보는 것이다. 그러니 比肩이 없는 食神은 일간인 자신을 죽이고, 偏印은 상대방을 죽이는 것이다. 어디까지 견디나 계속 반복해서 건드려서 진(盡)을 빼는 것이니 설기태심이라 한다.

食神은 몸을 건드려서 힘들게 하고, 偏印은 마음을 건드려서 힘들게 해서 상대가 언제쯤 힘이 빠지나 보는 심사가 있다. 그러니 偏印은 正官을 변하게 만든다. 比肩이 없는 食神은 日干을 변하게 만든다. 그러니 比肩이 없으면 食神은 쓸모가 없으니 쓸모없는 食神은 日干을 쓸모없는 사람으로 만든다. 偏印도 偏官이 없으면 正官을 쓸모없는 사람으로 만든다. 偏印은 상대를 쓸모없는 사람으로 만들고, 食神은 자기 자신을 쓸모없는 사람으로 만든다.

正印에 偏官은 변화된 환경을 만나는 것이고, 偏印은 正官을 변화하게 만드는 것이다. 正印에 偏官은 환경이 변화된 것이고, 正印은 시키는 대로 해야 하지만, 偏印은 자기가 규칙을 만들려고 한다.

일반 타락한 사람들의 삶도 봐야 하니, 日干을 중심으로 보는 것이다. 官이란 사회 환경, 財란 소유 환경에 맞추어서, 印星과 比劫 食傷을 움직여야 하는데, 오히려 財官에게 자신의 능력에 맞추라 하는 것이다. 내가 이것을 준비했으니 왜 가을이 안 오느냐고 계절을 탓할 수도 있다. 이런 것에 대해서도 연구할 필요가 있는 것이다. 환경에 맞추지 않고 개인적인 특기나 개별적 역량을 많이 발휘할 수도 있다는 의미다. 매년마다 올라가는 호봉제보다 능력을 우선하는 사회가 나타났다.

正印이 正官을 만나면 시험공부를 한 것이 시험문제에 나오는 것이다. 공부한 것만 나오는 것이다. 正印이 正官을 만나지 못하면 변화된 환경이 생긴 것이니 준비하지 않은 것만 시험에 나오는 것이다. 그러니 남보다 더 많이 해야 한다. 다양한 용도로 다재다능한 재주를 필요로 하는 환경을 만난다. 偏官을 만난 것과 같다. 이것도 못 만나면 劫財로 가는 것이다.

偏印의 특성은 자신에게 맞추는데, 주변의 현실 환경이란 것이 있는데 자기는 이렇게 맞추고 열심히 했음에도 환경은 그것을 원하지 않는 것이다. 환경은 크게 두 가지가 있는데, 직업 환경과 사람 환경이다. 가정이란 가족 개념과 직장이란 직업개념이 있다. 이는 환경의 잘못이 아니라 자기 잘못인 것이다. 홍수가 나서 피해가 나면 홍수 잘못이라 할 수 없다. 偏印이 자기에게 맞게 준비했으면, 자기에게 맞는 것을 채용해 주는 偏官을 만나야 한다. 偏官이 없으면 자기가 준비한 원하는 환경을 만나지 못했으니 偏印은 正官으로 변해야 한다.

正印은 正官을 못 만났으면 偏官으로 변한다. 그래서 正印이 正官을 만나면 일반적이라 하고, 正印이 偏官을 만나면 다양성이라 한다. 변화된 환경이 왔으니 거기에 맞추어 다양하게 준비해야 한다. 偏印은 환경을 바꾸는 것이다. 正官의 환경을 바꾸어서 偏官화시키는 것이다. 그럼 중립적이고 안성맞춤인 正官이 편협되게 바뀌는 것이다. 이것을 설기태심(泄氣太甚)이라 한다. 마찬가지로 食神이 比肩을 바꾸지 못하니 日干이 설기태심이라 한다. 偏印을 만난 正官과, 食神을 만난 日干 둘 다 설기태심이다.

食神은 자기를 그릇되게 만들고, 偏印은 상대를 그릇되게 만든다. 그러니 食神에게는 자기가 도망을 가야 하고, 자기 속에서 자기가 빠져나와 새로운 자기 자신을 만들어야 한다. 偏印에게는 남편이 빨리 도망가지 않으면 泄氣를 당하여 시름시름 앓거나 죽음에 이를 수 있다. 그러나 食神은 比肩이 없으니, 나중에 劫財적인 환경으로 변하니 결국은 세상이 무섭게 변해서 못 산 것이라 한다. 偏印은 正官에게 왜 내 편이 안 되어 주었느냐고 한다. 왜 다른 사람 편을 들었느냐고 한다. 偏印은 항상 正官을 바라볼 때 내 편을 안 들고 다른 편을 드는 것이 보인다. 食神은 또 환경이 劫財로 변했으니 항상 내 편을 안 들고 나를 위협하는 행동만 한다고 생각한다.

食神格은 偏印이 正官을 빼먹으니 세금도 안 내고 무자료거래이다. 나중에 들통 나서 다 물어내는 것이다. 偏財格의 경우는 偏印이 있으면 아주 좋다. 정보를 뺏어 간다. 六神 공부를 할 때 格이란 생각을 가지고 봐야 한다. 偏印格, 正印格, 陽刃格, 建祿格, 食神格, 傷官格이란 생각을 하고 六神을 봐야지 일반화시킨다고 생각하면 안 된다.

가령 傷官格이 출발이면 능력을 만들기보다 활용하는 것부터 출발이다. 거기에 경쟁자에 맞추어서 능력을 활용하는 것에서부터 출발했고, 그다음 劫財로 관찰한다. 劫財가 없으면 傷官은 正印에게 빌려와야 한다. 그럼 正官을 관찰하는 것이지, 偏官이나 偏財를 관찰하는 게 아니다. 正印은 正官

에게 적합하니 傷官 속에는 正官이 들어가 있는 것이다.

　金水 食神格이면 자기 능력을 활용해야 하니, 자신에게 맞는 능력이 무엇인지 생각해야 한다. 그럼 比肩이 있어야 한다. 그 比肩이 나에게 맞는 능력을 준비하는 것이다. 그럼 그 능력을 쓰면 되는 것이다. 그런데 食神이 比肩이 없으면 능력을 偏印에게 빌려와야 한다. 偏印에게 빌려오는 순간, 食神은 원래 자기 능력만 쓰면 되는데, 偏印은 偏官을 쓰려고 하니 자꾸 환경이 변화하게 된다. 자기 능력만 쓰면 되는데, 자꾸 환경이 변화하게 되니 偏印의 능력을 빌려오면 偏官을 쓰게 되는 것이다. 그러니 변화된 환경에 적응하느라 정신이 없게 된다.

　偏印은 내 기질에 맞게 준비하는 것이니, 偏官이 있으면 기질에 맞게 준비해서, 변화에 맞게 쓰게 되지만 正官이 있으면 환경이 변화하지 않으니, 그 환경에 맞추어서 偏印이 正印으로 변화해야 하는데, 변화에 적응할 수가 없다. 食神은 변하지 않고, 偏印도 변하지 않는다. 변한다는 것은 傷官과 正印이란 뜻이다. 傷官은 환경에 따라서 맞추고, 正印도 환경에 따라 맞추는 것이다. 그러니 환경의 변화에 맞추는 것은 傷官과 正印이 된다.

　偏印과 食神은 변하지 않는다. 그러니 환경을 변하게 한다. 그럼 환경이 잘못되어야, 자기의 것이 되니 偏印은 마침내 남편을 환자로 만드는 것이다. 그래서 偏印은 자기가 남편을 환자로 만들었으니 가장 역할을 해야 한다. 偏印이 旺하면 남편을 먹여 살려야 하니 모계혈통이라 한다. 그 집의 가장을 죽인다고 해서 모계혈통이라 한다.

食神은 日干을 설기태심(泄氣太甚)하게 하니, 자기가 보기에는 열심히 했는데 比肩이 없으니 준비하지 않는 것만 쓰는 것이다. 가령 부동산 중개를 한다면, 손님을 설득해서 물건을 팔아야 하는데, 물건 준비도 하지 않고 팔려고 하니 안 팔리는 것이다. 물건은 많은데 팔리지 않는 물건만 있는 것이다. 그러니 지쳐서 돌아오는 것이다. 偏印의 상대를 망치는 것과, 食神의 나를 망치는 방법이다.

正印은 正官이 없으면 偏官으로 바뀌는데 '환경에 적합하게 굴다'가 正印인데, 偏官으로 바꿔서 쓰는 것이다. 傷官은 환경에 맞춘다고 했으니 比肩으로 바꾸는 것이다. 偏印은 偏官도 아니고 正官도 아니면, 比肩을 生한다. 比肩을 生하니 자기 능력에 맞추어서 食神을 生하는 것이다. 부귀로 나누는 것인데 富로 가는 것이다. 그럼 偏官에서 正官으로 갈 때 내키지 않으니 갈등하게 되고, 食神으로 갈 때 또 갈등하게 된다.

正印이 正官이나 偏官을 못 보고 劫財로 돌아서니 갓 쓴 선비가 시장을 나간 격이다. 이때 시장에 나가기까지 마음을 바꾸는 데 대략 20년쯤 걸리니 결코 쉬운 일이 아니다. 빨리 바꾸면 바꿀수록 貴에서 富로 전환되는 것이다. 正印은 正官이나 偏官을 봐야 하는데, 어릴 때 목적이 지워였는데 천대받지 않는 그 마음을 버리는 데 평생 걸릴 수도 있다. 평생 바꾸지 못하는 사람이 거의 대다수이다. 쉽게 바꾸는 사람이 있기는 한데, 이는 寒暖燥濕의 조화가 맞아서 스스로 인정하는 것이다.

偏印은 내가 누군데, 내가 누구냐? 라는 생각이다. 偏印이니 내 능력으로 사람을 부리고 호령을 했는데, 사람 밑에 사람이 없다고 했는데, 나보다 더 높은 인격을 지닌 자가 없는 것이 偏印이고, 正印은 나보다 높은 사람을 모시는 것이다. 그러니 적응을 한다고 한다. 偏印은 나보다 높은 사람이 없는 것이니, 모두 다 '아랫것들' 사상이다. 偏印의 가장 정확한 단어가 아랫것들로 보기이다. 偏印이 보기에 다들 같잖은 짓을 하는 것이다. 그렇게 태어나서 偏官을 만나 합당하게 노력해서 권력을 만들거나, 正官이란 사람을 매질해서 병신을 만들거나, 偏印이 正官을 泄하는 것을 고문이라 한다. 물에 넣었다 뺐다 해서 죽었나 안 죽었나 보는 것은 比肩이 없는 食神이 하는 짓이고, 偏印은 사람을 물에 넣었다 뺐다 해서, 자신에게 돌아왔나 돌아오지 않았나 보는 것이다.

食神은 몸을 죽이니 바로 확인이 되지만 偏印은 마음의 변화를 보는 것이니 사람의 몸은 죽어도, 마음은 평생 알 수가 없는 것이다. 그것을 확인하는 것이다. 그것이라도 해야 하는데 그것도 하지 못하니, 比肩으로 내 능력이나 열심히 준비해라 하는 것이다. 그런데 그것이 안 된다. 자기가 하찮게 여기던 사람들처럼 살아야 하는데, 그것이 잘 안 된다. 아주 하찮은 인간처럼 사는 것이 쉬운 일이 아니다. 그러나 한난조습의 균형이 맞으면 때를 알고, 때에 따라 변화하지만, 한난조습의 조화가 맞지 않으면 평생 변화되지 않는 것이다.

거미가 때를 모르니 서리가 와도 집을 짓지 않는다. 그러니 눈이 오기 전에 다른 짐승이 자기 뱃속에 들어와서 집을 짓는 것이다. 그러니 자기가 죽는 줄 모르고 앉아서 죽는 것이다. 때를 모르기 때문에 그렇다. 그러니 食神이 설기태심(泄氣太甚)하면 이익을 얻는 것은 영양제 장사뿐이고, 偏印이 正官을 泄氣해서 이익을 얻는 것은 정신병원 원장과 점집뿐이다.

명리를 배워서 돈을 버는 부류가 두 종류인데, 比肩이 없는 食神格이면 돈이 벌린다. 偏印格이 正官을 洩하니 돈이 벌린다. 偏印格에게 가장 약효 있는 부적은 남편 마음 돌아서는 부적이다. 왜냐하면 남편이 나에게 마음이 돌아오지 않았다는 생각 때문에 약효가 있는 것이다. 매일 오면 매일 부적을 쓸 수가 있다. 무당집 가면 신도의 99%가 偏印格이다. 대개 40~50대가 오면 '남편이 어디가 아프십니다', 40~50대가 안 되었으면 '지적질로 인해서 남편이 탈진되시겠습니다', 젊은 사람들은 의처·의부증, 편집증이다.

偏印格이 正官을 만났을 때, 偏印 運이 왔거나 偏印이 있으면 팥으로 메주를 담는다고 해도, 偏印格에게는 그렇다고 해야 한다. 진실을 숨겨야 한다. 食神格에게는 '이렇게 하는 것이 맞죠?' 그러면 '그렇게 하면 맞아' 하고 실제로는 따라 하지만 않으면 된다. 偏印格과 食神格을 똑같이 생각하면 된다.

傷官格은 환경에 따라 변한다고 했으니 상대의 말을 들을 준비가 되어 있고, 경청하는 것이다. 正印도 들을 준비가 되었고 경청을 하는 것이다. 食神과 偏印은 주장할 준비가 되어 있다. 正印과 傷官이 경청을 해 주어야 한다. 그러니 食神과 偏印에게 맞지 않는 것을 맞다고 해 주어야, 집안이 편하고 세상이 편한 것이다.

그러나 正印은 도장을 찍고 마무리했으면 일이 끝난 것이고, 傷官은 돈 계산하고 일을 마무리했으면 그걸로 끝난 것이다. 그러나 食神과 偏印은 그렇지 않다. 이튿날 또 똑같은 주제를 가지고 맞다 안 맞다 하는 것이다.

이건 偏印 正印부터 공부하면 안 되고, 食神 傷官부터 공부해야 한다. 比劫과 食傷부터 공부해서 행동강령에 맞추고 나서 印星에 대한 이미지를 구성해야 한다. 동양철학 중에 정신이나 준비보다 행동이 더 중요한 명리학을 하는 것이니, 食傷과 比劫이 더 중요하다. 印星의 준비는 결과가 官星이고, 食傷의 준비는 比劫이 한다. 比劫은 준비하고 食傷이 행동하니 결과는 財星이다. 소유를 위한 財에 접근하기 위해서는 행동을 하는 食傷이 있는 것이다. 이렇게 3단계로 되는 것이다.

이것에 대한 준비는 比劫, 食傷의 행동, 財는 소유란 결과이다. 또 임무란 것이 있는데, 소유만이 임무의 전부가 아니라 사회적 규칙이란 偏官과 正官도 임무가 된다. 관을 지키기 위해서도 준비를 해야 하는데, 준비는 印星으로 하는 것이다. 그럼 행동은 食傷으로 가서 하면 되는 것이다. 그러니 순서대로 알면 된다. 사람마다 이 다섯 가지 중에 반드시 하나로 태어날 것이다. 이렇게 태어나지 않은 사람은 없다.

正印으로 태어났다면 환경에 맞추는 준비를 하는 사람이다. 그럼 고정적인 환경이니, 변하면 변하는 대로 잘 맞추는 것이다. 그래서 正印은 인내심이 많다고 해야 한다. 그럼 환경에 맞게 준비해야 하는데, 正官을 보지 못했다면, 내가 준비하고 공부한 환경을 만나지 못한 것이다. 그럼 변화되는 偏官의 환경을 만나야 하겠지만, 또 偏官조차 만나지 못했다면 다음으로 劫財를 만나야 한다. 그래야 소유인 사업 환경으로 돌아서는 것이다.

그런데 또 劫財조차 못 만났다면, 正印은 다시 변화된 환경을 만나야 하는데 劫財 대신 比肩을 만났다면 안 맞아 들어가는 것이다. 그러니 환경을 보고 劫財라는 대안을 가지고 사업을 해야 하는데, 比肩은 능력을 준비하라고 한다. 그래서 능력을 만들어야 하는데 正官 偏官 劫財를 못 만나고 比肩을 만났으니 능력을 준비해야 하는 전문가가 되어야 하니 正官 偏官 劫財를 오가는 사이에 전문가가 되지 못했으니, 자기는 전문가가 되지 못하고, 옆에 전문가를 두었다고 보아야 한다. 이렇게 순서대로 생각해야 한다.

그럼 比肩이니 食神으로 열심히 노력해야 한다. 원래 正印은 傷官으로 해야 하는데, 食神이니 열심히 해야 한다. 그런데 正印이니 傷官으로 특허도 내고 실용신안도 내고 상표등록도 해야 하는데, 그것이 환경에 맞았다 안 맞았다 하는 것이다. 그러니 正印은 환경에 맞추어야 한다. 환경에 맞추려면 고정 환경은 사라지고, 변화된 환경인데 변화된 환경으로 가려고 하니, 劫財가 되어서 환경에 누가 무엇을 하나 관찰하려고 하지만, 比肩이니 관찰할 능력이 없는 것이다. 그러면 성실 근면해야 한다. 그러니 항상 괴로운 것이 많으니 네 가지를 다 순서대로 해나가야 한다.

한 가지만 하면 다섯 시에 퇴근하면 되지만, 두 가지를 하려면 월말이면 야근을 해야 한다. 세 가지를 하면 출장까지 다녀야 한다. 네 가지를 다하려면 연구까지 해야 하니 다 해야 한다. 올해 운세가 食神 運에 왔다면, 그럼 환경에 맞추기보다 내 주장을 펴야 할 운이다. 그럼 比肩을 써야 하니 네 번째 것을 써야 한다. 그러니 처음에 왔을 때 바로 네 번째 것을 이야기할 게 아니라 첫 번째 正印부터 이야기해서 맞추려고 노력해야 한다. 주어진 환경에 맞추려고 노력한다고 믿을 수가 없는 것이다. 이렇게 순서대로 하다가 보면 늘어나는 것이다.

傷官으로 태어났으면 소유에 대한 행동이다. 그럼 주변 환경보다 경쟁력을 생각한 행동을 해야 한다. 그럼 劫財를 만나서 환경조사를 해야 한다. 그런 다음 正財를 만나서 결과를 얻어야 한다. 그럼 大運에서 正財를 만났으면 10년쯤 걸려서 결과를 얻을 수가 있는 것이다. 와이셔츠를 빠는 데도 하루가 걸리는데 大運이 들어온다고 바로 되는 게 아니다.

偏官이 출발이면 자꾸만 변화하는 환경이니 적응하기 위해서 변화하는 것을 배워야 하는데, 偏印이 없고 正印이 있다면 正印으로 맞추려니 힘든 것이다. 매사에 어렵고 힘든 것은 너무나 당연한 것이다.

正官 月에 태어나면 항상 초지일관이지만, 正官에 태어나서 꼭 偏印밖에 없는 사람이 많다. 그러니 초지일관이 너무 싫은 것이다. 늘 변화를 추구하는 것이 偏印이 하는 짓이다.

偏官에 태어나서 환경이 자꾸 바뀌는데, 正印밖에 없으면 힘이 들다. 그것도 天干에 있으면 괜찮은데 지장간에 있으면 환경이 바뀌는 게 아니라 사람이 바뀐다. 偏印이 天干에 正官이 있으면, 직업을 자기 마음대로 바꾸게 된다. 偏印이 암장에 正官이 있으면 남편을 자기 마음대로 바꾼다. 그러니 고정된 사람들을 위한 준비를 한 것인데 환경이 자주 바뀌게 된다. 그러니 환경이 편한 날이 없으니 변하지 않는 세상을 만나는 것이 소원이다. 변하지 않는 환경과 변하지 않는 사람을 만나는 것이다. 그런데 타고나기를 변화하는 환경인 편관을 만났으니, 正印이지만 다양성에 맞추어 준비해야 한다. 변하는 세상에 맞추어서 준비해야 한다.

正官月令에 태어났으면 변하지 않는 환경이다. 그런데 偏印으로 준비를 한다면, 正官의 변하지 않는 환경에 正印의 변하지 않는 공부를 해서 맞추어야 하는데, 正官에 맞추지 않고 자기에게 맞추는 偏印을 공부한 것이다. 正官 月에 출생해서 偏印 밖에 없다. 그럼 고유한 것에 맞추어야 하니, 외부환경에 맞추거나 조직에 맞추어야 하는데 모든 것을 자기에게만 갖추는 것이다. 그러니 늘 규율을 어기는 것이다.

또 잘못도 없는데 책잡히는 것이 正官月令에 偏印이 하는 짓이다. 正官月令에 偏印이니 사실은 내 마음을 偏印이 도둑질하는 것이다. 그러니 직장에만 가면 지적을 하는 것은 윗사람이다. 正官月令 偏印이 있으면 직장에만 가면 기가 다 뺏기고 온다. 왜냐하면 지적을 당하기 때문이다. 만약 偏官月令에 偏印을 보면 아무리 힘들어도 즉시 보충된다.

比肩食神, 劫財傷官, 偏印偏官, 正印正官 이것이 거꾸로 만났을 때 어떤 현상이 벌어지는지 확실하게 알아야 한다. 능력을 준비하고 활용하는 것에 대한 문제이다.

이렇게 개인적인 성품이 직업적으로 드러나지 않으려면 寒暖燥濕의 균형이 잘 맞아야 한다.

깊을 심(深) 자는 마음을 깊게 하니 없어지는 것인데 食神을 만난 日干이 깊다는 뜻은 몸이 없어진다는 의미다. 죽는다는 뜻이다. 偏印이 官泄을 하면 남편이 죽고, 食神이 日干을 泄氣하면 자기가 죽는 것이다. 정신적 고혈을 빨아먹는 것은 偏印, 육체적 고혈을 빨아먹는 것이 食神이다.

만약 재다신약(財多身弱) 격이 일간을 설기했다는 것은 食神만 日干을 빼먹은 것이 아니라, 財까지 日干을 빼먹었으니 땅뙈기 하나 남기지 않았으니 죽어도 묻힐 곳이 없는 것이다. 바늘 하나 꽂을 땅이 없는 것을 의미한다. 食神格이 財가 많아서 身弱한 경우를 의미한다.

이때 가난한 것의 기준은 그의 지위적 위치에 맞추어서 평가해야 한다. 이를 재다신약(財多身弱)이라 한다.

그러니 무엇이 있고 없고에 대한 비교란 절대평가는 없다. 상대평가다. 물론 '있다, 없다'는 절대평가를 하는 게 있는데, 이는 나만 보는 절대평가다. 재산에 대하여 '나 있어, 가진 게 있어' 하는 것은 正印과 食神만이 할 수 있다. 남과 비교하지 않기 때문이다. 그러나 偏印은 없는 것이다. 傷官도 없는 것이다. 남과 비교를 했기 때문이다. 백억이 있어도 옆에 이백억을 가진 사람과 비교하니 자신은 없는 것이다. 소유에 대한 것을 말한다. 偏印과 傷官은 소유에 대해서 한 번도 행복한 적이 없는 것이다.

食神은 절대적인 소유감이다. 내가 무엇이 있으면 있는 것이다. 슬프지 않다. 비교하지 않기 때문이다. 正印이란 알맞은 주거환경, 食神이란 알맞은 쓰임새이다. 이것이 자신에게 알맞다고 생각한다. 偏印은 자신에게 어울리지 않는 주거환경이다. 비교했기 때문이다. 그럼 나보다 못한 사람과 비교하지 않고, 늘 더 나은 사람과 비교를 하기 때문이다. 食神은 알맞은 쓰임새지만, 傷官은 남과 같은 쓰임새를 비교해서, 잘 못 쓰니 없는 것이다.

소유에 관한 논리는 正印과 傷官, 偏印과 食神으로 비교를 한다. 官은 소유에 대한 것이 없다. 소유는 印星과 食傷이다. 소유는 物이다. 소유는 사람을 소유하고 물건을 소유한다. 소유는 주관적인 감정이지, 상대평가는 할 수 없는 것이다. 財가 官을 봐야 상대평가가 이루어지는 것이다. 소유에 대해서 正印은 만족의 범위를 남에게 맞추지 않고 자기의 필요함에 맞추는 것이다. 인아식(印我食)은 나에 대한 것이고, 財官은 남과 비교하는 것이다. 正印의 소유는 나와 마음이 맞는 사람과 넓은 집에 산다. 왜냐하면 소유에 대한 욕심이 크게 없기 때문이다. 내가 머무를 공간만 있으면 되고, 내가 원하는 사람만 있으면 되기 때문에 그렇게 사는 것이다. 正印이 왜 넓은 집에 사느냐 하면, 남들이 오면 머무를 공간이 필요하기 때문에 넓은 집을 만들어 놓는 것이다.

偏印의 소유 관념은, 내 사람이 아닌 자와 산다고 생각하고, 내가 원하는 것보다, 적게 가졌다고 생각한다. 그래서 내 사람을 내 것이 아니라고 말해서 내 것이 아닌 사람으로 만들어 버리고, 내가 처한 재산의 정도가 작다고 생각해서 자꾸 크게 하려다가 작아지고 한다.

正印은 '이만하면 되었으니 여기에 만족하고 살자'고 했으니 재산을 더 모을 것도 없고, 씀씀이를 더 늘릴 것도 없으니 행복하다. 그럼 점점 늘어나게 되는 것이다. 이런 논리는 사실 논리인데 추상적이나 철학적으로 생각할 수가 있다.

偏印은 남편이 내 것이 아니란 생각을 한다. 그리고 나와 같이 사는 사람이 부족하다고 생각하니 버리려고 한다. 내 것이 아닌데, 내 것이 되라고 하고, 내 것인데 내 것이 아니라 하니 남편은 떠나고 재산도 떠나는 것이다. 이것은 사실이니 추상적이거나 철학적이 아니다.

正印은 원하는 것이 없으니, 원하는 것이 있는 사람이 놓고 가는 것이 많은 것이다. 偏印은 원하는 것이 있으니 놓고 가게 된다. 무엇을 원해서 자꾸 하다가 망하니, 놓고 가는 것이다. 점점 줄어드는 것이다. 씀씀이도 남다르다. 偏印은 食神을 剋하니 食神처럼 쓸 수 없으니 傷官처럼 써야 하고, 正印은 傷官처럼 쓸 수 없으니 食神처럼 쓰는 것이다. 그래서 偏印은 불필요한 것이 90이라면, 필요한 것이 10개다. 자기가 그렇게 만드는 것이다. 正印은 傷官을 극했으니 食神밖에 없는 것이다. 食神은 근검절약의 표상이다.

食神은 씀씀이를 말한다. 食傷은 버는 행위이지만 버는 것이 쓰는 행위이다. 食神은 '기를 養'이라고 해서 양식을 구하는 것이지만 傷官은 남에게 맞추어서 쓰는 것이다. 그런데 항상 우위를 점해야 하니 항상 더 써야 한다.

그런데 偏印은 마음대로 써 본 적이 없는 것이다. 마음대로 써 놓고, 마음대로 써 본 적이 없는 것이다. 이는 더 많이 쓰는 사람이 있기 때문이다. 偏印은 많이 가져 본 적이 없는 것이다. 왜냐하면 더 많이 가진 자가 있기 때문이다. 그보다 더 못한 사람을 겨냥하지 않는 것이다. 소유에 대해서는 그런 것이다.

偏印은 두 가지를 소유하러 가는데,
(1) 배우자를 소유하러 간다. 이미 소유를 했는데, 소유하지 않았다고 해서 떠나게 하는 역할을 한다. 그것을 탈선, 탈진이라 한다. 진을 빼 먹는 것이다.

(2) 偏印은 재산을 떠나가게 하는 것이다. 벌 필요가 없는데 버는 것이

니 재산을 떠나게 하는 것이다. 이미 食神을 剋해서 傷官을 살려 놓았으니, 씀씀이나 떠나가는 행위를 傷官으로 하면서, 벌이는 偏印으로 하는 것이다.

正印은 正官을 보고 거기에 맞추어서 행동한다. 그러니 正印은 환경을 보는 것이 아니라, 자신을 보는 것이다. 正印은 환경에 맞추는 것이다. 맞추려면 자기 처지를 알아야 한다. 正印은 자신을 보는 게 아니라, 환경을 보는 것이다. 이것을 행위와 행동으로 나누면, 움직이는 행동은 자신을 보는 것이다. 행동이 나오기 이전에는 행위가 있다. 正印은 正官이 무엇을 원하는지를 알아내는 것이다. 그때까지는 아직 행동으로 나오지 않았으니 행위가 된다. 그럼 환경을 보는 것이니, 행동은 자신에게 맞추는 것이니 자신을 봐야 한다. 그러니 正印은 자신의 능력을 보고, 자신의 처지만 보고, 자신만 바라보는 것이다.

偏印은 나를 먼저 보는 것이다. 내 기질을 보고 자기 능력을 보는 것이다. 그리고 偏官을 설득해야 한다. 그러니 행동은 환경을 계속 설득해야 한다. 내가 이러니까, 네가 이렇게 하라고 설득을 한다. 그러니 偏印은 환경만 보고 자기를 돌아볼 틈이 없고, 正印은 자기만 보고 환경을 돌아볼 틈이 없는 것이다. 행동이 이렇게 나타나는 것이다.

正印은 자신을 보니, 正官에 잘 맞출 수 있는 것이다. 무슨 일이 잘못되면 내가 잘못되었다고 생각하니, 자기를 고쳐 나가지만, 偏印은 무슨 일이 벌어지면, 官殺의 잘못이니 상대를 고치려 한다. 正印은 회사에서 문제가 생기면 자기 잘못이니 고칠 수가 있지만, 偏印은 무슨 문제가 생기면 회사 잘못이라 생각한다. 이것은 사실과는 아무 관계가 없는 것이다. 사실이란 세상에 존재하지 않는다. 성향이 그렇다는 것이다.

六神에서 무의식이란 없고 모두 의식적이고, 오행에서는 무의식을 인정하는데, 무의식세계는 子丑月令 중 전반인 子月令 冬至 시작점부터 15일과, 후반은 午月 夏至를 지나서 15일, 일 년에 딱 30일을 무의식으로 인정한다. 그런데 무의식이라고 주장하는 것이 있는데, 神이 들렸으면서 무의식이라 우기는 사람이 있는데, 子 月令의 기운은 壬水가 조정해서 癸水로 바꾸는 것이고, 午 月令은 丙火가 조정해서 丁火로 바꾸는 것인데, 天干에 壬水와 丙火가 있어서, 그것으로 영향을 받은 것을 무의식이라 주장할 수가 있다. 무의식으로 세상을 다 볼 수 있는데, 그 月令에 출생하지 않았는데 무의식을 주장할 수가 있다. 음양을 조율한다는 의미다. 음양적 사고방식을 가지면 오행이 다 보이는 것이다. 그러니 그 月令에 출생하지 않았으면서 壬丙이 떠 있으면 무의식을 주장할 수 있는데 이는 미친 것이다. 외부에서 나에게 파급만 미친 것이니 내 것이 아니다. 외부에 온 것에 대해서 말하는 것이다. 무의식은 외부에서 오는 것이 아니라, 내 안에서 오는 것이다. 六神은 관계에 대해서 말하니, 모두가 의식적인 행위인 것이다.

食神은 나의 능력을 보는 것이다. 食神의 능력을 만들기는 日干과 比肩이 만들고, 食神은 행동을 했다. 그러니 능력을 만들어서, 食神의 행동은 남을 보는 것이다. 나를 봤으면 남을 봐야 한다. 음양에 대한 철학이 있어야 이런 이해가 된다. 食神은 나의 이기적인 심상에서 나를 만드는 것이다. 日干과 比肩이 이렇게 만드는 것이다. 그럼 행동을 해야 하니 나를 만들었으면 남을 봐야 한다. 그래서 食神은 도울 食, 볼 神이다. 남의 마음을 본다. 남의 정신을 본다. 그래서 도움을 주는 것이다.

傷官은 劫財의 외부에 대한 경쟁자를 관찰하는 것으로 능력을 만드는 것이다. 그래서 傷官이 경쟁에 대항하는 것이다. 그럼 傷官은 자신이 경쟁자보다 더 못하다는 것이 보이니, 자기 자신을 보는 것이다. 그러므로 행위가 아닌 행동으로 나타나면 傷官은 자신이 불쌍하다고 생각한다. 偏印도 자기가 불쌍하다고 생각하는 것이다. 偏印과 傷官은 자기가 피해자라고 생각하는데 그 대상은 傷官은 正財다. 傷官은 正財로부터 피해를 받는 것이다. 正財는 편안하게 안락하게 사는 사람이다. 傷官은 자기가 죽으라고 고생을 하는데 남들은 편안하게 산다고 생각하는 것이다. 그런데 아무리 봐도 남들보다 고생하지는 않는다. 자기가 고생한다고 생각해서 그런 것이다.

正印과 食神이 행동할 때는 타인이 보인다. 생각할 때와 행동할 때는 다르다. 傷官은 생각할 때는 남을 보는데, 행동할 때는 자신을 보는 것이다. 偏印은 생각할 때는 자신을 봐야 한다. 행동할 때는 남을 보는 것이다. 正印이 환경에 적합하게 맞출 때, 환경에 맞춘 다음, 행동은 자신을 보기 때문에 맞추는 것이다.

偏印은 환경보다는 내 능력이 무엇인가를 보는데, 그것을 행동으로 옮기면 偏官에게 맞추어야 하니 남을 보는 것이다. 그럼 偏印은 正印, 食神과 傷官 중에 행동할 때는 남을 봐야 잘못을 잡아낼 수 있으니 흠잡을 것만 찾으러 다닌다. 이것이 偏印의 행동이다.

偏印이 偏官을 만나면 형사를 하지만, 偏印이 正官을 만나면 범죄자가 된다. 偏印은 남을 보는 것이니 감시 감찰을 하는 것인데 正官을 만나면 타인을 보는 시각이 법적으로 옳지 않은 방법으로 보이니 범죄인 것이다.

남의 것을 훔쳐보는 것이다. '허가를 맡고 할래? 불법으로 할래'가 正官을 본 偏印이다.

食神은 남을 보는 것이다. 남의 아픔을 보는 것이 아니라, 잘한 것을 보는 것이다. 偏印인 형사는 남의 단점을 보는 것이지만 正官을 만나면 형사가 잡으러 다니는 범죄자가 된다. 食神은 장학재단 이사장처럼 잘한 사람을 찾아서 베풀어야 하니 偏財를 만나야 한다.

잘한 것을 잘했다고 해서 상을 주는 건 食神 偏財인데, 正財를 만났다면, 이와 정반대이니 잘한 것에 대해서 흠을 잡는 것이다. 偏印이 正官을 만나면 약점을 이용해서 상대방을 죽이는 짓을 하는 것이다. 食神이 正財를 만나면 잘한 것을 이용해서 상대방을 공략해서 죽이는 것을 말한다. 누가 자기보다 잘하면 얄미우니 공격을 당해야 한다. 이게 현실이다.

正印은 환경에 맞추기 위해서 나를 보는 건데, 正官을 만나면 환경에서 원하는 것과 내가 준비한 것이 같은 맥락이니 일이 된 것이다. 도움이 된 것이다. 그러니 나는 안 보고 환경만 본다는 것은 말이 안 되니, 나를 봐야 한다. 살(殺)을 보면 환경이 자주 변하니 나를 볼 여유가 없다. 그럼 偏印처럼 남을 봐야 한다. 그런데 偏印은 正官을 보면 신경전에 선수가 된다. 사람 속을 긁어서 말려 죽이는 것인데, 正印은 그 짓을 하지 못한다. 偏印은 正官을 보면 야금야금 공격해서 갉아먹으니 빈껍데기를 만든다. 마음을 상하게 하고 속을 긁고 더 나쁘게 해서 지쳐 죽도록 한다. 그리고 죽으면 무덤에 가서 침을 뱉고 온다. 죽어서도 잘못을 인정하지 않는다고 한다.

正印은 正官을 보면 일통(一統)을 했는데, 偏官을 보면 일통이 안 되었다. 그럼 과중 과로나 이중고에 시달린다. 그러니 正印이 과로로 죽는 것이다. 나만 보지 못하고 남도 봐야 하니 과로로 죽는 것이다. 偏印이 正官을 보면 正官이 죽는 것이고, 正印이 偏官을 보면 주경야독도 해야 하니, 正印이 과로로 죽는 것이다. 내가 죽나, 남을 죽이나가 이런 것에서 판가름이 난다는 것이다.

傷官은 劫財를 통해서 남을 관찰하고, 남보다 자신의 부족함을 안다. 그러니 傷官은 행동으로는 항상 자기를 보는 것이다. 그러므로 밖을 보고 자신을 보는 것이다. 傷官이 행동하면 자신을 보는 것이다.

傷官은 자신을 보는 것이니 正財를 生해서 자기의 재산을 갖는 것이다. 食神이 偏財를 보고 남을 보니, 남의 재산을 자기 것으로 갖는다. 傷官은 正財로 자신의 재산을 갖는 것이다.

傷官이 正財를 보지 않고 偏財를 봤다면, 남의 재산을 갖는 것이다. 이는 탈법이라 한다. 행동으로 드러나면 正印은 자신을 보고, 偏印은 항상 남을 본다. 偏印은 무슨 일이 생기면 저 사람 때문이라 한다. 正印은 '나 때문에', 偏印은 '너 때문에'이다.

偏印이 正官을 보면 배우자는 늘 나쁜 사람으로 매도당해야 한다. 배고프면 배고프다고 야단이고, 배부르면 배가 부르다고 난리를 친다. 財星이 없으면 이것을 감당하고 살 수가 없다. 설기(泄氣)를 보충할 힘이 없으니 시름시름 앓아눕게 된다.

이때 그 배우자에게 財星이 있어야지, 偏印에게 財星이 있으라는 말이 아니다. 배우자가 偏印格에 正官 스타일이면 배우자는 財星이 있으면 자기가 보충을 하면 되지만, 偏印은 財星이 없으면 병원에 가봐야 한다. 偏印格 배우자를 두고 正官으로 泄氣한 배우자는 간단하다. 나도 점점 누군가를 미워하고 있는 사람으로 변해 가고 있는가 테스트해 봐야 한다.

偏印격과 같은 것이 食神이다. 남편이 食神格인데 偏財를 生하지 않고 正財를 生한다면, 食神은 잘하는 것만 찾아내지만, 正財를 生하면 잘하는 것을 이용해서 내가 갖는 것이다. 그러니 잘하는 것만 공격한다. 사람마다 단점이 있는 법이다. 집에서 그러면 배우자 죽이기 작업이다. 食神이 正財를 生하면 잘하는 사람만 공격하니 특출한 사람만 죽인다.

요즘 누가 사회적으로 인기도 얻고 잘나간다고 하면 즉시 단점을 찾아내서 SNS에 올린다. 그 사람 신상을 탈탈 턴다. 이것이 食神 正財다. 만약 배우자가 食神인데 正財를 生했다면, 부인이 부장 진급을 했다면 남편이 시름시름 마르는 것이다. 마누라가 진급하면 두통이 생기고, 사촌이 땅을 사면 배부터 아픈 것이다. 그래서 상대가 잘되는 것이 너무 힘든 것이다. 그러니 상대가 잘되는 것을 잘못되도록 하려고 노력하는 것이다. 이것은 부부지간에 가장 흔하게 나타난다.

偏印의 正官, 食神의 正財는, 食神과 偏印이 正 자를 봤을 때 나타나는 현상이다. 부인도 남편이 진급하면 그것 때문에 스트레스받는 사람이 많다. 남편이 진급하고 잘나가면 '나를 왜 그렇게 무시하세요?' 한다. 남편이 올라가면 상대적으로 소외감을 느끼게 된다. 남편이나 부인이 잘되었을 때 열등감과 소외감이 매우 크다. 食神 正財가 가장 심하다. 그러나 한난조습이 조화를 이루면 이런 것과는 아무 연관이 없다. 근본적으로 본능적인 사고방식인 것이다. 본능이기 때문에 자기가 그래도 그렇지 않다고 할 수 있는 것이 사람이다. 사람만이 할 수가 있다. 본능적으로 행하면서, 이성적으로 행했다고 하기 때문이다. 사실은 본능적으로 행한 것이다.

食神이 偏財를 生하는데 正印과 合을 하면 작용과 반작용을 어떻게 하는지 알아야 한다. 食神이 偏財와 正財를 안 만나고 즉시 官을 만나는 경우가 있다. 그럼 食神이 正官과 合을 하면, 正印이 正官에게 적합하게 굴어야 하는데, 食神이 正官에게 적합하게 군다는 것이 무엇을 뜻하는지 알아야 한다. 偏印이 偏官에게 적합하게 굴어야 하는데, 傷官이 偏官과 合했으니, 傷官이 偏印을 대신해서 偏官에게 하는 건 무엇인가?

偏印인데 正官을 만났으면 正官을 어떻게든지 신경전을 사용해서 죽여야 하니 이 사람은 남편이 죽는 것이 꿈이다. 이것을 偏印이 하지 않고 食神이 대신 할 수 있는 것이다. 偏印이 하면 신경전이지만, 食神이 하면 독약을 타는 것이다. 食神은 먹는 것으로 죽이는 것이다. 잘 먹여서 죽이는 것이다.

사업으로 설명을 하면 偏印이 正官을 泄氣하면, 偏印 대신 食正官으로 하면 먹여서 죽이는 것과, 먹여서 죽이는 것을 사업으로 하면 향정신성, 술집 등이다. 偏印을 대신해서 하는 것이다. 그러나 偏印이 正官을 泄氣하는 것만큼 단수가 높지 않다. 偏印은 음독자살을 시키는 것이다. 법적으로 아무 잘못이 없는데, 상대방이 지쳐서 죽는 것이다. 偏印이 正官을 죽이는 것이 최고의 기술이다.

食神이 가서 官을 合하는 것은 먹여서 죽이는 것이다. 둘 다 있으면 가장 좋지만, 食正官만 있으면 추적을 당하게 된다. 偏印은 추적을 당하지 않고 양심만 있을 뿐이다. 양심법은 법이 없다.

偏印과 食神은 食神正財, 偏印正官이 무엇을 하는데 이것을 직업적으로 연결하면 기가 막힌 논리의 경영철학이 생긴다. 偏印의 심흑(深黑)은 마음을 숨긴 것이다. 食神의 면박(面薄)은 매우 솔직하다. 그러나 다 숨어져 있는 것이다. 심흑(深黑)과 면박(面薄)법이 최고의 경영이다. 직업적으로 어떻게 활용을 하느냐의 뜻이다. 이것을 가정이나 가족에게 활용해서는 안 된다. 偏印이 正官을 泄하면 최근에 망한 재산은 무엇이 있고, 사람들의 단점은 무엇이 있고, 조사해서 돈을 버는데 배우자의 뒷조사를 하면 안 된다.

食神이 正財를 生하면 뭐가 잘나가고 뭐가 유행이고, 이런 것을 조사하는 것인데, 배우자가 잘나가는 걸 조사해서 왜 돈 나가게 하느냐. 그럼 이것이 어디에 있으면 가정으로 가고, 어디에 있으면 사회로 가느냐. 암장에 있으면 가정에서 남편이나 부인의 내력을 고갈시키는 역할을 한다. 天干에 있으면 경영전략이다. 食神과 偏印이 이렇게 올가미를 수평으로 숨겨 놓았으니 반드시 잡히는 것이다. 食神은 올가미를 수직으로 걸어 놓고 먹음직스러운 미끼를 걸어 놓는다. 그럼 올가미에 걸린다. 그러니 偏印이 더 우세하다. 食神은 꼭 물건을 사용하니 100번 중에 10번만 걸리니 효과가 偏印만 못하다. 이것이 地支에 있으면 가정에 사용하고, 직업적으로 사용하지 못한다. 이 나라에서 가장 수재는 모두 偏印이다.

사회지도자에서 종교지도자는 모두 天干 偏印이다. 그리고 모든 사람을 위로하고 입히고 먹이는 나이팅게일 같은 사람은 거의 대다수가 食神이다.

어떻게 사용하느냐, 어디에 있느냐에 따라 다르다. 이런 것을 연구해야 한다.

이런 극단적인 것을 공부한 다음에 서서히 순화되어야 한다. 극단적이고 편협된 것으로 공부를 해서 점점 순화시켜 가야 한다. 食神의 나쁜 행위, 傷官의 나쁜 행위, 偏印의 나쁜 행위, 正印의 나쁜 행위를 알아야 한다. 正印은 劫財를 생하니, 하는 짓이 正印이 正官을 수호해야 하는데 劫財를 생해서 正官만을 공격하니 자기 주인만 골라서 공격하는 것이다.

偏印이 자기 주인을 공격하는 것은 신경전으로 그 사람 심장을 도려내는 것이니, 그냥 죽어 버리지만 正印이 劫財를 생해서 자기 주인이나 남편을 죽이는 방법은 겁재로 했으니 자기가 죽인 것이 아니라 청부를 한 것이다. 그러니 직접 가해를 한 것이다. 그 사람의 조직을 찾아내서 통째로 말아먹는 것이다.

그럼 偏印 남편과 살려면 심장만 튼튼하면 산다. 그러나 正印 남편과 살려면 심장이 튼튼하다고 되는 게 아니다. 완전히 正財를 차단시키고 가족을 납치하는 것이다. 극단적인 방법을 생각하며 그런 극단적인 방법론이 사업적으로 어떻게 효과를 가지고 있나를 보는 것이다.

正印이 劫財를 生하고 正財를 剋했다면 그 사람의 자식이나 부인을 납치하는 방법이다. 그럼 그 사람을 따라가는 것이다. 가령 책장사를 한다면 책은 아이의 엄마가 사는 것이니 먼저 아이를 꾀어내어 엄마가 어쩔 수 없이 사도록 만드는 것이다. 아이의 심장을 납치하는 것이다. 그런 작전 방법이 있는 것이다.

6

六神의 조건

1. 육신의 조건 1

官殺은 나에게 시키는 일이고, 財星은 세상의 모든 재화 중에 자신이 소유해야 할 것들이다. 印星은 財星과 官을 취하기 위한 지적 능력이고, 食傷은 財星과 官을 취하기 위한 행동 능력, 현장 능력, 기술 능력과 같고, 比劫은 이들을 모두 경험한 후천적 경력과 같다. 日干의 根은 자기 자신의 주도력과 실천력, 즉 자기 능력이 내포되어 있다. 日干의 根이 없으면, 아무리 능력이 있으나 주도력이 없으니 표현해 낼 수 없다. 그러나 日干의 根은 타인과 협의하지 않고 일방적으로 행하는 특징이 있다. 日干의 根이 있으면 부모가 '저놈이 내 말을 듣나? 자기 맘대로 하지' 한다. 그러니 日干의 根을 절대 좋게 여기지 못한다. 그러나 무일푼으로 객지에 나가 성공을 하려면 日干의 根이 있어야 한다. 印星으로 身旺하면 부모에게 의지하려는 마음이 크다. 그러므로 가장 부모에게 불평불만이 많은 사람이 印星으로 身旺한 자이다. 이는 독립심이 없기 때문이다. 日干의 根은 독보적인 자기 주도력도 좋지만 상의하는 것이 없다. 天干의 比劫이 透干된 것과 日干의 根과는 차원이 다르다.

2. 육신의 조건 2

1) 凶神이란

凶神이란 자기 생활을 사회성에 맞게 다시 개량해야 하는 것을 말한다. 만약 개량이 된다면 吉神보다 더 우월하게 된다.

(1) 凶神이 相剋을 받으면 역량을 인정받는다. (자격 조건 구비)

(2) 凶神이 相剋을 받지 않으면 환경에서 인정받지 못하는 행위를 한다. 불법이나 편법을 쓰게 된다. 물의를 빚거나 불법으로 취하는 행위를 하게 되니 잘못된 행위에 속한다.

예) 傷官

① 凶神의 制化: 傷官은 正印의 制化를 받아야 검증을 거친 것이다(佩印). 국가나 주변 환경으로부터 허가를 득한 것이다.

② 凶神이 制化를 받지 않으면: 傷官이 正印의 制化를 받지 못하면 正官을 相剋한다. 법을 어기는 행위를 한다. 자격 조건이 안 되는 인물을 의미한다.

2) 吉神이란

吉神이란 자신의 생활에 순응하며 유지하는 것이다. 그럼 유지하기 위해서 吉神은 보호를 해야 하니 相生을 받거나 相生을 해야 한다. 相生을 받으면 더 크게 발전이 되고, 相生을 하면 보호를 받는다.

(1) 吉神의 처리방법은 相生받다: 능력이 향상된다.

(2) 吉神이 相生하다: 보호를 받다.

예) 食神
① 食神이 相生받다: 比肩의 협조를 받아서, 食神이 比肩의 相生을 받거나, 根旺한 日干에게 스스로 相生을 받으면 능력이 생긴다.
② 吉神이 相生하다 → 食神이 偏財를 相生하면 偏財가 偏印을 制해 주어 食神이 보호받게 된다.

이렇듯 吉神은 相生을 먼저 적용해야 하고, 凶神은 相剋을 먼저 적용해야 한다.

3) 凶神은 먼저 制化를 해야 한다. 相剋을 받아야 한다. 그래야 능력을 인정받고 자격 조건이 구비되는 것이다. 만약 相剋을 받지 않으면, '相剋하다가 되는데, 이는 환경에서 인정받지 못하는 행위로 불법이나 편법으로 취했거나, 사회적 물의를 빚고 취하는 행위를 한 것에 들어가니 잘못된 행위가 된다. 그러니 凶神은 먼저 相剋을 받아야 하는데, 이를 制化라 하며, 자격조건을 구비한 것에 들어간다.

고유한 의미의 凶神의 조건
(1) 傷官(반항): 傷官은 개인행동에 속한다. 무엇을 만나느냐에 따라 용어가 바뀌기 시작한다. 개인행동을 하는 이유는 우월한 자기 능력을 갖추었기 때문에 그런 것이다. 그러나 아무리 우월한 개인적 능력을 갖추었다 하더라도 반드시 조직의 검증을 받아야 한다. 공동생활에서는 특출한 것이 반드시 좋은 것만은 아니다. 외부에서 볼 때 傷官은 심각하게 단체를 훼손하는 행위가 된다. 잘했건 못했건 어울리지 못하는 행위에 속하니 이런 것을 단체에서 볼 때는 항명이 되고 반항이 되니 마땅히 正印의 制化를 받아서 자격화되고, 공정한 사람이 되어야 한다.

만약 正印의 制化를 받지 못하면 正官의 균형을 침범한 사람이 된다. 上下를 침범한 것이다. 이는 傷官을 기준하면 개혁이지만, 正官을 기준하면 항명(抗命)이다. 그러니 正印의 검증과정을 거쳐야 한다. 傷官의 개혁은 正印이란 공정한 회의기구에서 정책적 검증이 이루어져야 한다. 傷官은 개혁을 요구하고, 正官은 기득권을 갖고 싶어 하니, 正印이 正官과 傷官의 중간에서 서로 상호 견제를 해야 한다.

(2) 偏官(침입): 偏官은 인간에게 닥친 외부의 악재(세 가지 악재: 天災, 地災, 風災)를 말한다. 즉 각종 천재지변이나 질병, 사람 간의 다툼 등을 말한다. 偏官의 악재는 적응해야 할 대상이기도 하고, 극복의 대상이기도 한데 이런 악재는 食神으로 눌러야 한다. 악재가 우리에게 오는 이유는 강해지고 변화하라고 오는 것이다. 우성인자가 아닌 열성인자는 죽여야 하는가 보호해야 하는가? 밀림의 사자는 우수한 종자를 낳기 위해서 약한 것을 물리치고 죽여야 한다. 이건 물갈이나, 구조조정과 같은 것이다. 이는 변화에 대처하는 우수한 인력을 만들기 위함이다. 偏官은 자기가 만들어낸 위험이지만, 인간에게는 두려운 존재다. 이를 침입이라 하니 制化를 해야 어려움을 이겨낸 사람이 된다. 食神의 천재지변 연구, 질병 연구, 전쟁이나 가난, 기아(饑餓) 등 여러 악재로부터 생명을 보호해야 한다.

偏官의 악재를 물리치려면 食神의 연구력이 필요하다. 연구 중에 악재로 인해 지칠 수도 있고 죽을 수도 있다. 만약 食神이 偏官을 制化하지 못하면 比肩을 위험에 빠뜨린다. 食神으로 偏官을 막아야 比肩을 구한다. 比肩은 상부상조하는, 같이 하는 사람이다. 偏官이 있고 食神이 없는 사람과 같이하면 보호받지 못하고 내가 대신 죽는 것이다. 같이하는 사람이 위험해진다. 결국 偏官이 있고 食神이 없으면 위험에 빠진 식구들이 많으니 먹여 살려야 한다. "가장이 되셨네요"라고 통변한다(연대책임). 日干이 弱할 때는 偏官을 막아주는 것이 比肩이고 日干이 根旺하면 食神으로 偏官을 막는다. 食神이 偏官을 制하면 比肩이 살아나서, 내가 영웅(messiah)이 되고 마니아(mania)가 생긴다. 그러니 根旺한 日干은 메시아가 될 수가 있다. 옛날에는 日干이 根旺한 食神을 가지면 악마의 종자라고 했다. 比肩이 볼 때는 食神의 창조적 개념, 사람들을 선점, 선동하는 개념이다.

(3) 劫財(잃다): 재산을 약탈하는 것이다. 그럼 劫財를 막지 않으면 생명과 재물을 잃어버리니 劫財로부터 모든 것을 보호해야 한다. 개인행동으로부터 전체를 보호해야 하고, 온갖 악재로부터 인간의 생명을 구해야 하고, 약탈자로부터 재산을 보호해야 한다. 자칫 집도 절도 다 잃을 수가 있다. 正官으로 劫財를 制化하면 인명과 재산을 지켜내는 제도가 되어 준다. 劫財는 한발 앞선 부지런한 능력으로 正財를 겁탈하고 빼앗는 것인데, 劫財가 正官의 制化를 받으면 한발 앞선 능력을 제도화시켜서 타인과 공유한다. 한발 앞선 전략과 모략을 같이 한다는 의미다.

(4) 偏印(횡령자): 항상 오리무중에 빠지게 하는 偏印이 있는데, 이런 것 같기도 하고, 저런 것 같기도 하니 凶神일 수도 있고, 凶神이 아닐 수도 있다. 아침에는 착했다가 저녁에는 나쁠 수가 있는 것이 偏印이다.

偏印은, 이성이란 가운데에 서서 감성이 될 수도 있고 감정이 될 수도 있는 편리한 마음을 가졌으나 밖에서 보면 이상주의적인 마음을 지닌 것이다. 이들은 온갖 만행을 일삼는데 기만술의 대가이다. 그래서 사람을 속이는 역할(스파이, 간첩)을 할 수가 있다. 이를 횡령자들이라 한다. 이들도 마땅히 制化를 해서 살려내야 한다. 이들을 그냥 두면 온갖 기만(欺瞞)을 행할 수 있다. 특히 장애인이나 약자, 어리숙한 사람들을 이용해서 편취한다. 물론 그렇지 않을 수도 있다. 偏印은 사람들을 神으로 인도하는 거룩한 일을 할 수도 있고, 사기를 칠 수도 있는 것이다. 영화를 보면, 그것 때문에 사람이 망가지는 것 같은가? 영화로 인해 스트레스가 풀려서 활력소가 생기는 것 같은가? 좋게 말하면 가상세계를 만들어서 좋게 만들기도 하고, 어떻게 생각하면 어리숙한 사람들에게 희망 고문을 만들어서 금방 무엇이 될 것처럼 들뜨게도 한다.

偏印은 偏財로 制化해야 한다. 그러면 뛰어난 창의력을 발휘하여 중생을 구제한다. 전략 전술 등을 사용해서 사람을 구한다. 만약 偏財가 없으면 偏印이 食神을 剋하는데, 이는 노약자인 사회적 약자들을 상대로 편취를 하는 것이다. 그러나 生化剋制를 할 때, 偏印이 殺印相生을 하는 경우 制化를 하지 말아야 할 것이 있고, 偏財로 制化를 해야 할 경우도 있는 것이다.

4) 吉神
(5) 食神: 의식주와 같고 생명과도 같은 존재다. 食神은 자비, 아량, 돕는다는 뜻이 있다. 다만 나중에 食神은 세상에서 가장 강력한 偏官을 만나서 악재를 해결하니 食神이 나약하지 않다. 食神의 이름은 풍족, 명랑, 밝음이다. 食正官 合이면 붙임성이라는 용어가 붙고, 食神制殺이나 殺을 만나면 생명이란 용어가 되니 연구를 해야 하고, 食神과 偏財를 합하면 풍족이란 용어가 붙고, 比劫이나 根旺한 日干의 生을 받으면 명랑, 쾌활이란 용어가 붙는다. 다른 무엇인가를 만날 때마다 달라지는 용어들이다. 食神이 어떤 六神을 만나느냐에 따라 의미가 달라지니 하나의 고정관념을 가져서는 안 된다.

食神이 흉신인 偏印을 만나면, 偏印의 기만술(희망고문)에 의해 강탈당한다. 食神이 偏官을 制化하지 못하면 比肩을 잃는다. 比肩을 잃으면 자기의 능력향상을 잃으니 타인보다 능력이 떨어진다. 같이 하는 사람을 잃고, 또 뒤처진 능력에 의해 조직에서 이탈된다.

(6) 正官: 正官은 공정한 것이고 동반관계인데, 上下나 君民의 관계로 되어있다. 하지만 이 평등은 상하적 평등이다. 그리고 남편 부인 등으로 구분된 공정한 것이다. 그러나 正官이 傷官을 만나는 순간 개인적 이득에 대한 민감한 행동이 들어온다.

만약 正官이 劫財를 제압하면 약탈자들로부터 재산을 지키는 사람이 된다(예: 은행장). 正官이 劫財를 制化한다는 것은, 강한 자들만이 소유하는 것을 누르고 공정한 이권에 대한 제도를 마련하는 것이다. 독과점을 방지해서 공정한 사회를 만든다. 만약 劫財를 制化하지 못하면 正財(소유권, 금전)를 잃게 된다.

(7) 正印: 正印은 정책, 허가, 검열, 교화, 지적 능력 등의 의미가 있다. 正印은 傷官을 制하고 正官을 보호한다. 正印이 傷官을 制化한다는 건, 뛰어난 능력을 개인적으로 쓰지 않고 公的으로 쓰도록 유도하는 걸 말한다. 제도적 잘못으로 인해 개인의 행위가 남발되는 것을 막고자 하는 것이다. 傷官을 制化하지 못하면 正官을 잃게 되므로 체제가 전복된다. 혁명이나 항명이 일어난다. 정책적 잘못, 제도적 잘못에 의한 개인의 행위가 남발되는 것을 막고자 하는 것이 正印이다.

(8) 偏財: 偏財는 경영적 논리다. 돈을 버는 것을 좋아하는 게 아니라 운영과 경영하는 것을 좋아한다. 偏財가 偏印을 制化할지 말지는 상황에 따라 다르다. 자기 자식은 품 안에 넣을 수 있지만 남의 자식은 물어 죽일 수가 있고 남의 자식은 품 안에 넣을 수가 있지만 자기 새끼는 물어 죽일 수도 있다. 偏財가 食神의 生을 받지 않았다면 財生殺로 갈 것이니, 偏印을 制化할 필요가 없다.

偏財가 偏印을 누르면 자의적 해석을 객관적 해석으로 전환시켜 주는 역할을 한다. 偏財가 偏印을 누르지 않으면 偏印이 食神을 剋한다. 그러면 사람을 위하는 것이 아니라 弱者의 것을 편취(騙取)하게 된다. 偏財를 만나면 약자를 돕는 것이다. 어디서 출발했느냐에 따라 달라진다. 이렇게 凶神과 吉神을 나누어서 흉신은 제화하고 길신은 상생하라는 의미가 된다.

(9) 正財: 正財는 경제의 논리다. 즉 돈 버는 것을 좋아한다. 偏財와 正財는 吉神과 凶神으로 나누지 않는다. 이윤이나 돈에 대한 것을 吉神과 凶神으로 나눌 수는 없는 것이다. 더러운 것도 돈이지만 필요한 것도 돈이니 吉神인데, 필요에 따라 惡이 될 수도 있다. 財星은 吉神이지만 필요에 의한 惡을 행하니 흉신도 될 수도 있다. 財星이 없으면 필요악이 없는 사람이다.

(10) 比肩: 항상 같이하는 사람, 약탈이 아니라 함께 나누다. 분배하다.

3. 六神의 조건 3

정확한 논리는 없지만 吉神은 天干에 있어야 하고 凶神은 지장간(地藏干)에 있어야 한다고 생각하는 경우가 있다.

1) 財星이 天干에 있는 경우

권장하는 것은 항상 財星은 地藏干에 있어야 보호받는다. 또한 財星이 天干에 있으면 금전 만능주의로 바뀌는데, 이를 자제하기 위함이기도 하다. 만약 財星이 地藏干에 있으면 財生官 능력이 있다고 평가한다. 財生官은 관을 돕는다는 의미이니, 財星은 경영과 경제이니 자기의 소유영역을 제도로부터 보호받는 행위를 하는 것이다.

(1) 爭財: 天干에 財星이 드러나면 爭財하는데, 이는 나보다 뛰어난 사람에게 자기의 경영권이나 재산권을 빼앗긴다는 뜻이다. 偏財는 경영권이고 正財는 재산권이다. 경영권 양도라 한다.

(2) 財剋印: 印星은 기획, 작전, 지적능력, 정책이고, 공정함을 지키는 것이다. 財星이 天干에 드러나서 印星을 剋하면, 탐재괴인(貪財壞印)이라 해서 자기의 소유영역을 늘리고 경영권을 지키기 위해 편법을 행한다. 고부갈등이란 시어머니를 끌어내려서 자기의 권한을 확대하기 위한 행위이다. 財剋印은 자중지란(自中之亂)을 말한다. 또한 財星이 天干에 드러나면 밖에서는 친절하지만, 집에서는 집안 식구와 자주 다투게 된다(自中之亂). 財星이 투간된 자는 대체로 상대를 不信(財剋印)한다. 이들은 상대가 믿지 못하도록 행동했기 때문에 자신도 믿지 못한다고 말한다.

2) 傷官이 天干에 드러나는 경우

天干은 윗사람이라는 의미가 있고, 地藏干은 윗사람을 받든다는 개념이 있는데, 傷官이 天干에 드러나면 윗사람을 끌어내리고 아랫사람이 위로 가겠다는 의미가 있다. 傷官은 남편, 부모, 상사를 무시한다. 가진 자나 윗사람이 나를 무시한다고 생각하고, 上下관계를 절대적으로 싫어한다. 아니라고 우겨도 소용없다. 傷官은 正官을 공격하는 것이니 上下를 인정할 수 없고, 균형이란 상하가 존재하는 것인데 상하를 인정할 수 없고 교란을 하는 것이니 반항이다. 그러므로 傷官은 天干에 드러나면 안 된다.

傷官이 天干에 드러나면 正印의 制化를 우습게 여기고 破官을 한다. 남편을 잡아먹는 두 부류의 여자가 있다면 장시간 동안 질리게 해서 남편을 잡아먹는 여자는 偏印인데, 잘못을 저지르지 않고 잘해 줘서 죽이는 것이다. 밥도 잘 챙겨주고 조금 불편하게 했을 뿐이니 표시가 나지 않는다.

잘못을 낱낱이 나열해서 고발하는 여자는 傷官이다. 傷官은 正官을 직접 가해한다. 傷官은 偏印보다 머리가 좋지 않아서 흔적이 남는다. 그러나 요즘은 傷官이 씩씩해서 최고다. 偏印도 지금은 과학기술의 발전에 의해서 다 드러나게 된다. 傷官이 天干에 드러나면 天干에 正印이 있건 없건 正印의 말을 잘 듣지 않는다. 설령 말을 들었다고 해도 속으로는 앙심을 품는다고 보면 된다. 傷官이 天干에 透干되면 공경심이 없다. 자기가 공경하지 않았으면서 상대가 나를 멸시했다고 말할 것이다.

3) 劫財가 天干에 있는 경우

劫財가 天干에 드러나면 항상 경쟁자, 견제자, 갈등자가 있다. "그대는 어찌 병든 사람을 옆에 두어서 같은 사람 취급을 받는가." 劫財가 天干에 있으면 타인들에게 끝없이 피해를 주는 사람을 옆에 두어서 같은 사람으로 취급받는다. 남의 재산을 담보로 하거나, 돈 빌리고 안 갚는 사람이 옆에 있다거나 正印을 설화해서 남의 상표를 쓰는 사람이 옆에 있다. 즉 남의 재산과 능력을 자기 맘대로 쓰는 사람이 옆에 있다는 뜻이다. 그러니 같은 사람으로 취급받는다.

天干에 劫財가 있으면 온갖 방법으로 신용불량자가 된 사람들이 옆에 있다. 正印을 겁탈해서 남의 상표를 쓰는 사람이 있다. 변호사법 위반, 가짜, 상표권 위반을 하는 사람들이 옆에 있다. 배임 횡령이라 하기도 한다. 원래 偏印이 正官을 泄하는 것이 배임 횡령인데, 요즘은 劫財도 이쪽으로 가고 있다. 상표법 위반을 했으면 세 번까지는 괜찮지만 세 번 걸리면 구속이 된다. 그러면서 민사소송까지 걸리게 된다. 劫財가 天干에 透干되면 곳간 문을 열어 놓은 자다. 이 사람은 자기가 단속을 안 해 놓고 빼앗겼다고 말할 것이다. 이런 뜻이 담겨 있다.

4. 六神의 조건 4

凶神은 凶神끼리 吉神은 吉神끼리 合으로 단합된 힘을 보여 준다.

天干의 다섯 가지 合

(1) 凶 + 凶 (傷官 + 偏官): 비밀이 있다(비공개). 자신이 선점했지만, 자신이 한 건 특별한 것이고 남이 한 것은 편법적 요소가 있고 지저분하고 비열한 짓이라 생각한다. 合이니 선점을 한 것이고, 비공개이니 투명하지 못한 방법으로 한 것이다. 상하관계든, 대외관계든, 거래관계든, 본사와 대리점 관계든, 남녀관계든, 공개와 비공개, 공식과 비공식적인 것에 들어간다.

傷官 + 偏官은 자기가 선점을 했지만, 비열한 짓을 하는 사람들을 조사해서 잡아들이는 사람이 있고, 비열한 짓을 해서 잡혀가는 사람이 있으니 구분해야 한다.

(2) 吉 + 吉(食神 + 正官): 투명성이 있다(공개). 이들은 자기가 선점한 것에 대해서 미안하게 생각한다.

5. 六神의 편중

편중에는 어느 하나는 있고, 어느 하나는 없다는 의미다.

1) 日干의 身太旺

日干이 財生官보다 旺한 것을 身太旺이라 한다. 日干이 身太旺하면 조직보다는 개인적인 역량을 우선한다. 사회적 조직이란 직업조직과 가정조직보다 제도권 밖에 개인이 정한 제도를 구축하려는 의도가 있다. 이 사람들은 말할 때마다 '나는'이란 말을 자주 쓴다. 이 '나는'이란 단어 속에는 내가 들어가는 것이지, 부모 형제나 조직에 동반관계가 들어가진 않는 것이다. 그러니 언제나 조직을 벗어나려고 하는 이탈적 사고방식을 가졌다. 그런데 자기는 독립이라고 하지, 절대 이탈이라고 하지 않는다. 身太旺은 자기 역량이 아까워서 홀로서야 된다는 압박감이 있다.

2) 官殺의 太旺

개인의 역량보다 조직의 역량을 우선한다. 日干은 신경(身經)이 되니 시키는 일에 대한 중압감, 압력 등을 느낀다. 즉 시키는 일이 힘들어서 조직에서 벗어나려고 하는 특징이 있다. 日干이 身太旺하거나 官殺이 太旺하면, 독립을 꿈꾸는 직장인이다.

3) 財多身弱

財星이 旺해서 日干의 氣가 泄氣된 것을 말한다. 財는 경제적, 경영적 효과를 말하는데 내가 운영하고 경영하기에는 日干이 위엄이 안 선다. 日干이 根이 없으면 氣가 약하고, 印星이 없으면 실력이 없고, 比劫이 없으면 경험이 부족하다. 그러니 남에게 경영을 대행시킨다(셔터맨). 여자는 일하고 남자는 논다. 남자가 財多身弱이면 아버지 보호 아래 있으며 부인의 보호 아래 있는 것이니 복권에 당첨된 것과 같다. 여자는 일하고 남자는 논다. 여자가 財多身弱이면 아버지와 남편을 먹여 살려야 하니 가장 노릇을 해야 한다. 財多身弱이 格이면 官星이 用法이다.

4) 食傷의 태왕

食傷이 旺해서 日干이 泄氣되는 것이니 氣를 쏙 빼가는 것이다. 잡기가 실생활보다 더 많다. 체력을 소모하는 잡기, 술, 주색잡기(향정신성인 것)를 행한다.

5) 印星의 過多

印星이 과다한 것은 印星이 食傷보다 旺해서 食傷을 상진(傷盡)하거나 도식(倒食)을 행하는 경우를 말한다. 이것은 잡기가 실생활보다 많다는 의미다. 고강한 정신으로 잡기를 행한다. 인생에 대한 명분이 없어 보인다. 즉 다른 사람들이 모두 하찮아 보여서 어울릴 필요가 없다고 생각한다.

6. 없는 육신(六神)

없다는 것은, 필요한 것인데 없는 걸 말한다. 필요 없는 것이 없는 건 괜찮다. 가령 傷官이 있는데 正財가 없다거나 格에 맞춰 봤을 때 중요한 것이 없는 경우를 말한다. 예를 들어 傷官格이 正印이 없으면 필요한 것이 없는 것이다. 傷官이 있는데 偏印이 없는 것은 필요한 것이 없다고 말할 이유가 없다. 食神이 있는데 正印이 없다면 없다고 할 필요가 없는 것이다. 있어서 좋을 게 없기 때문이다.

예) 食神格이면

食神을 구해 주는 財星이 있어야 한다. 이때 財星이 없으면 食神이란 능력을 보호해 주는 영역이 없는 것이다. 그러니 내 능력을 갉아먹는 偏印이 온다. 이런 경우에는 없는 것이라 해야 하는데, 그 格에 맞추어서 불필요한 것은 없다고 하면 안 된다. 그런데 사주에 木이 없으면 '배우자가 없네'하면 안 된다. 없다는 것은 자기가 필요한 것이 없을 때 없다고 해야 한다.

食神格이 無財하면 능력을 통해서 영역을 확장해 나가야 하는데 偏印이 능력을 쓰지 말라고 오니, 능력을 쓰지 않겠다는 것이다. 財星이 없으니 영역을 확장하는 것으로 능력을 쓰지 않겠다는 것이다. 그럼 영역을 계속 축소하는 것이다. 앞으로 가지 않고 뒤로 가는 것이다. 그러니 없는 것은 다른 방법을 찾는 것을 말한다.

예) 傷官格

傷官格이 正印이 없으면 偏印으로 대체하든지(영역을 축소하면 된다) 傷官生財를 하면 된다. 필요한 것이 없다는 것은 다른 방법을 찾아야 함을 말한다(異道한다). 傷官格이 正印이 있으면 개인적인 능력을 자신을 위해 쓰지 않고, 공적으로 사용하겠다는 것이다. 만약 正印이 없고 財星이 있으면 傷官生財로 자신의 능력을 자신을 위해서 쓰겠다는 것이다. 傷官格이 正印이 없으면 傷官의 능력을 개인적으로 쓰겠다는 말이다. 즉 개인행동을 통해서 항명과 반항이란 편법을 통해서 살겠다는 뜻이다.

사회적 행위를 하는 사람과, 사회적 행위를 하지 않는 사람 중에 누가 더 돈이 많을 것인가? 사회적 행위를 하지 않는 사람이 더 돈이 많은 경우가 많을 것이다. 財星이 없어서 食神이 倒食이 되었다면, 사회생활을 열심히 하는 것이 더 돈을 많이 벌까? 집 안에 가만히 앉아 있으면 더 많이 돈을 벌까? 없다는 것은 필요한 것이 없다는 뜻이다.

7. 五行으로 중요한 것이 있고,
六神으로 중요한 것이 있다

1) 五行으로 중요한 것이 없는 경우
(1) 水源과 引火는 자기 능력에 대한 지속적인 효과다. 水源과 引火가 안 되면 지속성이 없으니 나이가 들면 타인에게 의지해야 한다. 나머지 벽갑(劈甲)이나 제련(製鍊)은 자신에게 없어도 된다. 타인이 하면 된다. 자기는 능력이 없으니 타인이 자신을 먹여 살려야 한다. 그러니 이들은 불만이 많다. 대개 먹여 살리는 사람은 불만이 없지만, 혜택을 받는 사람은 불만이 많은 법이다. 항상 혜택을 보는 사람이 힘이 든 것이다. 사랑도 주는 사람은 불만이 없지만 받는 사람이 불평을 많이 한다. 산 위의 우물에서 산 아랫마을에 물을 댈 때, 산 아랫마을은 땅이 파인다. 그럼 은혜를 받은 것을 생각하기보다는 땅이 파인 것을 더 생각한다. 그러니 받는다는 건 마음이 파인 것이다.

(2) 陰干은 보호자(乙-丙, 丁-甲, 辛-壬, 己-戊, 癸-庚) 부재로 인한 힘겨움이 있다. 陰干은 보호자가 있어야 한다. 자기에게 없는 것은 옆에 사람에게 있는 것이다.

2) 중요한 六神이 없는 경우

(1) 救神이 없을 때(抑扶 用神이 없을 때)

凶神의 공격을 받았을 때 구해 주고, 갈등을 해결해 주는 것이 救神이다. 그런데 救神이 없으면 어려움에 처했을 때 구해 줄 사람이 없는 것이다. 食神이 도식(倒食)당하면 구하거나, 傷官이 見官하는데 구하는 것을 말한다. 凶神에게 공격을 당할 때 구해야 하는 것이 救神이다.

예) 偏印이 倒食했을 때 偏財가 없거나, 偏印이 官洩했을 때 正財가 없다면, 문제가 생겼을 때 해결하지 못한다. 그러나 凶神이 없을 때는 救神이 필요하지 않다. 문제가 없는데 해결할 필요가 없는 것이다. 凶神이 없거나 아무 일도 하지 않으면 어려움이 생기지 않으니 救神이 필요하지 않다. 相神은 없어도 된다. 좋은 일을 할 때 도와주는 사람이 없는 것과 나쁜 일이 생겼을 때 도와주는 사람이 없는 것과 차이는 엄청나다.

(2) 無食傷: 행위부재자다. 독립을 하지 못한다.

자기 역량을 스스로 쓰지 못한다. 자기가 알아서 하는 행위가 안 된다. 이들은 불평불만이 많고 항상 "난 뭐 하면 좋아요?"라고 물어본다. 자기가 하는 행위에 대해 자기가 불신(不信)한다. 無食傷이면 행위를 하지 말고 남을 시키면 된다. 가게가 생기면 자기가 행위를 하지 말고, 임대 놓고 월세나 받아라. 자기 능력을 만들지 말고 주인을 하면 된다. 행위를 안 해서 굶어 죽는다고 생각하지 마라, 사장님을 하면 된다. 根旺하고 無食傷은 食神을 쓸 수 있지만, 충분히 쓸 수는 없는 것이다.

(3) 살중신경(殺重身輕)의 無根: 殺은 旺하고 日干이 無根한 경우다. 食傷이 있든 印星이 있든 관계없이 殺이 旺한 사람인데 미래 불안증 환자다. 사는 게 무섭고 내일 당장 지구의 종말이 올까 두렵다. 공포심 때문에 불안하다. 이건 해결이 안 되는 것이다. 이 나라에는 김정은이 핵폭탄 쏠까 두려워서 살 수가 없다. 그러니 자기를 자꾸 불안으로 몰아가는 것이다.

六神의 특성은 凶神과 吉神을 구분해야 하고 六神의 편중(偏重)과 없는 六神에 관하여 구분해야 한다. 救神이 없으면 자기 실수를 인정하면 된다. 죄를 달게 받으면 된다. 無食傷은 행위를 하지 말고 남을 시켜라. 다른 사람을 시켜라. 행위를 안 하는 것이 아니라, 행위를 하지 않아야 한다. 그런데 행위를 하게 되니 문제다. 모두가 전문가를 하면 누가 주인을 하나? 모두가 전문가가 되면 리더가 없어진다. 하지 않으면 리더가 될 수 있다. 자기 능력을 만드느라 애를 쓰면 주인은 할 수 없다. 無食傷은 풍류를 즐기고 능력을 만들지 마라. 재미 삼아 살아라. 능력 만들려고 계속 자기 투자를 하면 무엇을 할 수 없는 사람이 된다. 陰陽이니 이쪽이 없으면 저쪽이 있는 것이다. 없다고 없는 것만 쳐다보지 마라. 殺重身輕은 아무 일도 발생하지 않는다. 사는 것이 무서운 것이다. 미래 불안증이다. 내일 핵전쟁이 일어날 것 같다. 매일 악몽을 꾼다. 연말만 되면 내년이 오기 전에 자식이 죽을 것이란 생각이 들고 안 좋은 상상을 계속 만들어 낸다. 無根하면 살중신경(殺重身輕)만 위험하지, 殺이 없으면 根이 없어도 된다.

命理學을 공부하는 이유가 中和를 맞추기 위해서인데 五行이 다 있어야 한다고 생각하지 마라. 노동하는 사람은 노동만 하면 되지, 왜 노동법규까지 알아야 하나? 없으면 다른 것이 있는 법이다. 食傷이 없으면 官이 발달

된다. 財星이 없으면 印星이 발달된다. 食傷이 없으면 官이 旺한 사람이다. 그러니 없는 五行은 水源과 引火만 찾고, 六神에서는 救神만 찾고 無財, 無食傷 이런 것을 찾지도 마라. 필요가 없는 것이다.

相剋과 相合 相生 중 相生이 제일 어렵다. 왜냐하면 官印相生이면 正官正印만 官印相生이 아니라 傷官佩印도 官印相生이다. 이런 것을 생각할 줄 알아야 한다. 財生官이면 財官이 있다고 財生官이 아니라, 官이 劫財를 제압하면 財星이 旺해진다. 財星이 없어도 괜찮다. 있는 것만 가지고 먹고 사는 게 아니라 없는 것으로도 먹고 산다. 그러니 없는 것도 있는 것이다. 이런 공부를 하기 위해서 존재와 비존재에 대한 차이점을 공부해야 한다. 존재란 것이 어디까지가 존재냐, 아버지가 돌아가셨는데 마음속에 아버지가 항상 존재하고 있다면 아버지가 있는 것이다.

相生은 눈에 보이는 것만 相生으로 생각하면 안 된다. 傷官佩印하면 官印相生한다는 것을 이해해야 한다. 相生相剋 生化剋制의 논리에 어긋나는 것이 많다. 官이 없다고 官印相生이 안 된다고 하면 안 된다. 기부하고 봉사하는 것도 官이다. 꼭 벼슬을 해야 官이 아니다. 官印相生이란 것은 '자기의 능력을 사회에 쓰다'이다.

凶神의 相剋과 制化, 吉神의 相剋과 制化 정도만 알면 된다. 六神의 구성은 食神은 根旺해야 하고, 正官은 財生官으로 旺해야 한다. 日干에서 나가는 것은 食神이니 根旺해야 하고, 正官은 밖에서 자신에게 들어오는 것이니 財生官으로 旺해야 한다. 그래야 上下가 공정한 官이 된다. 財生官을 하는 사람들은 잘살기는 하는데, 日干이 根이 없으면 잘 사는 안정된 그 상황이 불만이다. '나 이걸 평생 하다 죽어요?' 한다. 누구나가 다 평생 안정된 일을 하다가 죽는 것이 소원인데, 이 사람은 그게 싫은 것이다. 그래서 불평불만이 많다. 이 말을 거꾸로 해석하면 '난 절대 안정이 싫어요, 너무 불행하게 살고 싶어요'가 된다.

財生官은 日干이 根旺해야 한다. 이때 官은 印旺해야 한다. 이런 것들에 대한 상호 六神과의 관계가 맞을 때, 日干이 어떤 모양을 하고 있어야 한다는 것을 기초로 공부를 한 것이다. 偏官에게는 根旺하라고 했고, 正官에게는 印旺하라 했다. 正財 偏財는 根旺한 효과와 印旺한 효과가 다르다고 했다. 傷官은 印旺해야 하고, 食神은 根旺해야 하고, 正印은 印旺해야 하고, 偏印은 根旺도 해야 한다. 倒食을 방어해야 하기 때문이다.

다재다능(多才多能)하단 말이 있는데 官印相生 傷官見官은 官印相生으로 지위도 가져야 하고, 傷官見官으로 기술도 뛰어나야 한다는 의미다. 이론적으로나 기술적으로 뛰어나야 한다고 하면 된다. 그런데 官印相生에 傷官見官이 있으니 '반항자네' 이런 말을 하는 사람이 있다. 官印相生이면 傷官을 제압했으니 기술능력이다. 印星은 지적능력이고, 食傷은 기술능력이다. 六神이든 五行이든 첫 번째 배운 단어들은 설령 잘못된 이론이라 하더라도 진가(眞假)를 판단할 능력이 없는 상황에서 사실로 알고 믿는 것이 무서운 것이다. 六神은 한번 들으면 고쳐지지 않는다. 요즘처럼 유튜브를 보고 배우는 경우 특히 잘못된 이론을 많이 접하게 된다.

財生官의 혜택은 財格이나 官格, 陽刃, 建祿格도 官을 쓰니 태어날 때 財生官이나 財生殺을 하고 있다면, 그럼 부모가 자식이 평생 살아갈 직업적 자리를 마련해 놓은 것이다. 財生官이나 財生殺은 부모가 자식을 생각하는 거룩한 마련이다. 그것을 인정하든 인정하지 않든 그건 그대의 마음이다. 印星格이나 食傷格은 도저히 가능하지 않다. 대신 財格, 官殺格, 建祿格 陽刃格은 파재(破財)한 집안의 후손이 될 확률이 높다. 이것도 부모가 마련해 준 것이냐고, 부모의 행위를 무시할 수도 있지만, 망한 집에 출생하면 최소한 2대 정도가 죽으라고 고생을 해야 한다. 日干이 根弱하여 살중신경 (殺重身輕)이 되면, 부모를 책임을 져야 할지 모른다는 불안감을 가진다.

六神을 통변할 때 주의해야 할 점이 세 가지가 있는데
① 六神은 통변성이니 五行을 六神화시켜서 설명할 줄 알아야 한다. 그런데 五行을 六神으로 설명하려면 실수할 확률이 99%다. 연결하지 못할 수가 있으니 말을 조심해야 한다. 甲木의 丁火는 傷官인데 丁火는 잊어 먹고 傷官만 이야기하게 되면 사실이 확 달라진다. 그래서 五行을 六神화시키지 말라는 것이다.

② 그리고 地支를 六神화시키지 마라. 地支는 시간이지 六神이 아니다. 亥와 寅이 만난 것은 六合이지만, 壬水와 甲木이 만난 것을 六合이라 하면 안 된다. 地支는 六神과 아무 관계가 없다.

③ 그리고 大運을 보지 마라. 볼 줄 모르기 때문이다. 사주를 타고나서 大運은 살아가면서 나이별로 능력을 보충해 가는 과정인데, 다른 것으로 보기 때문이다. 大運에서 달라지는 것은 없다. 그리고 五行을 六神으로 넣어서 설명해야 하는데 따로 해라. 그러나 분명히 五行을 六神으로 넣어서 설명해야 하는데 그 오차 때문에 아주 능숙하게 숙달될 때까지는 하지 말

라고 한다. 六神은 五行과 달라서 상호관계 성립이 마치 설익은 달걀처럼 쉽게 톡 깨지는 것이다. 食正官 合이 偏印으로 깨지는 것이 아니라 그 관계 자체로도 쉽게 깨진다. 이론대로 되지 않는다.

食正官 合이 되면 '부부간에 사이가 안 좋으시네', 合이 되었으니 그렇다. 傷官見官 되면 '부부간에 사이가 너무 좋으시네', 왜냐하면 자기 맘대로 살기 때문이다. 그러니 아무리 배워 봐야 그 예민성에 관해서 다 이해가 되는 건 아니다. 傷官이 있고 官이 있어 傷官見官하는 게 아니라, 根旺하면 傷官見官한다. 인간의 욕심은 끝이 없다. 재물과 권력, 그리고 사람에 대한 욕심은 끝이 없다. 사람들은 무엇인가 설명을 듣고 싶어 하고, 해명을 듣고 싶어 한다. 해명을 듣고 싶어 하는 욕구, 내가 그런 사람이 아니라고 꼭 설명해야 하는 이 욕구는 끝없이 계속 나오기 때문에, 답변해 주고 설명을 해 주어야 한다. 이런 끝없는 욕구는 어떻게 할 수 없는 것들이다.

인간의 본능적인 것을 꿰뚫어 보기 전에는 六神 통변을 할 수가 없는데 財란 것은 財剋印 되면 어떻고, 하지만 사실과는 다르다. 財剋印은 좋은 것이다. 인간은 누구나 갈등할 권리가 있고, 자기를 비참해할 권리도 있는 것이다. 인간에게는 그 아픔을 극복할 힘이 있다. 나이가 들면 이해를 해야 할 의무가 있다. 새로운 세상은 자꾸 오고 나이는 먹고 財剋印으로 거기를 거쳐서 가야 한다. 財剋印을 겪지 않으려 하지 말고 財剋印을 겪어야 하고 아파야 한다.

그리고 새로운 세상에 적응해야 한다. 그걸 너무 나쁘게 생각하면 안 된다. 그리고 현대사회에서는 몸이 아픈 것은 병원에서 다 고친다. 마음이 아픈 것은 자기를 위해서나 남을 위해서나 빨리 죽는 것이 낫다는 생각까지 들게 된다. 삶 자체가 남을 눈치 보게 하고, 남을 미안하게 하니 빨리 죽고 싶은 심정이다. 마음이 아픈 이유는 천성적으로 寒暖燥濕 때문에 그런 것인데 사람 관계를 의심해서 그런 것이고, 사람을 믿지 못해서 그런 것이다. 우리나라 속담 중에 쓰지 못할 것이 두 개가 있는데 사촌이 땅을 사면 배가 아프다는 것과, 머리 검은 짐승은 믿지 말라는 것인데 그럼 안 된다. 자기 자신이나 가족들을 괴롭히지 말아야 한다. 그런데 그것이 안 되니 힘이 든 것이다. 마음이 아픈 것이 財剋印이다. 못 고친다. 財剋印을 고치는 방법은 나도 갈등할 권리가 있고 나도 갈등할 자유가 있다. 갈등해 봐야 철이 든다고 생각하면 되는데, 내 인생이 왜 이런가? 내가 이 세상에 더 머물 까닭이 없다. 자기를 평생 엮어서 이렇게 못살게 군다. 이것이 財剋印이다.

正財가 正印을 財剋印하면 傷官이라도 생기고, 偏財가 偏印을 財剋印하면 食神이라도 생기는데, 偏財가 偏印을 財剋印 하지 않고 正印을 財剋印하고, 正財가 正印을 財剋印하지 않고 偏印을 財剋印하니 食傷이 생기지 않는다. 그러니 고민에 대한 결론이 나지 않는 것이다. 그럼 해결하는 것은 아주 간단하다. 食傷格이나 財格의 財剋印은 食傷이나 財에게 맞추면 되고, 官格이나 印格의 財剋印은 官이나 印에 맞추면 된다. 偏印이 있고 正財가 있는데, 官格이나 印格이면 偏印에 맞추면, 正財가 했건 偏財가 했건 食神이 살아난다. 그리고 正財格이나 食傷格이 正財가 있고 偏印이 있는데 財剋印하면 正財格이니 傷官이 살아난다. 이렇게 통변하면 된다.

우리가 문을 열고 외출할 때 의복을 갖추고 정신을 청결케 하고 마음을 깨끗이 닦은 연후에 出 행랑 하여, 집을 떠나 세상을 떠돌아다닐 짐 보따리를 메고 밖으로 나간다. 의관을 깨끗이 하는 이유는 남들에게 내가 누군지 알려야 하고, 정신을 평정케 하는 건 내가 밖에서 무엇을 할지 내가 알아야 하기 때문이다. 六神을 배우는 것은 엄정(嚴正)하게 의관하고 내가 사람들을 만나러 간다. 정신을 청개(淸介)한 연후에 내가 누군지를 알아야 한다. 밖으로 나갔는데 왜 나갔는지 모르는 사람이 있다.

傷官은 차별 많은 신분을 타파하러 가는 것이다. 偏官은 내가 겪어 보니 세상에 악재가 너무 많으니 그것을 이기기 위해 마음의 수련을 해야 한다. 그러니 강인한 정신으로 수련을 시켜 준다. 劫財는 나보다 부지런한 사람이 있으니 부지런한 것을 본받으려고 가는 것이다. 내가 저 사람보다는 부지런해야겠다는 것이다. 劫財가 있으면 옆에 부지런한 사람이 있으니 나도 따라 부지런해지는 것이다. 偏印은 오리무중이다. 온갖 삶의 방법을 활용하니 전략과 전술이다. 살아가는 방법은 법 말고도 다른 법을 제정할 수가 있다. 자기만의 믿음, 자기만의 神, 자기만의 철학, 자기만의 가치관을 만들어서 행복하게 사는 것이다.

— 7 —

육신의 행동방법

1. 육신은 혼자 스스로 행동하는 게 아니라 타 육신을 만남으로 관계가 형성되는 것이다. 그러므로 하나의 육신이 독립적으로 행동을 할 수는 없는 것이다.

1) 고정된 육신이 아닌 움직이는 六神으로 판단한다.
2) 相生, 相剋으로 움직임을 본다.

六神을 연구하는 목적은 인간관계의 중심을 파악하여, 가령 印星을 기준으로 偏官을 보는 것과, 偏官을 기준으로 印星을 보는 것이 다르다. 남편에게 하는 행동과 애인에게 하는 행동이 다르다. 상호 간에 협동과 경쟁에 필요한 관계개선 방법을 찾아서 사람은 협동하지 않으면 경쟁을 하고, 경쟁하지 않으면 협동한다는 원칙을 가지고 있다. 이런 서로 간에 관계에 대한 개선 방법을 찾아서 보완하기 위해서이다.

불필요한 배려는 유정(有情)에 휘말리고, 필요 이상의 경쟁은 승벽 기질에 의해서 관계 악화를 만들어 낼 수 있다. 불필요한 배려는 너무 간격이

좁아졌다는 것이고, 필요 이상의 경쟁은 상대를 너무 상하로만 구분했기 때문이다. 승벽 기질에 의한 관계 악화를 만들어 내게 된다.

이와 같은 내용을 알기 위해서는,
(1) 십신(十神)의 인간관계로 나타나는 행위와 행동,
즉 六神 사이에 나타나는 행위와 행동의 특성을 연구한다.
(2) 이런 특성은 十神 사이에 생화(生化)와 극제(剋制)로 만나면 어떤 방법으로 협력을 하거나 경쟁에 참여하는지 파악하는 것이다. 그러니 相生相剋을 해야 한다. 협조하거나 경쟁에 참여한다는 건 길흉으로 연결되니 매우 중요한 부분을 다루게 된다.

2. 十神의 특성

日干의 행위와 행동으로 표출되어 나타나는 印星과 食傷, 그리고 比劫은 자신의 삶에 필요한 內的 요건이 된다.

이런 세 가지 특성에서 ① 印星은 삶에 필요한 역량을 준비하는 행위와 같고, ② 食傷은 준비된 역량을 발휘하는 행동과 같다. ③ 比劫은 후천적으로 살아가며 印星의 행위와 食傷의 행동을 부조(扶助)하기 위한 보완책을 갖추는 것과 같다. 그러므로 比劫은 후천적인 학습과 경험을 통해서 얻은 대비책과 같은 것이다. 여기까지가 日干의 행위와 행동이다.

밤에 잠을 자는 것은 印星으로 준비하는 것이고, 낮에는 행동하니 食傷과 같은 것이다. 이러한 比劫의 갖춤은 日干의 능력에 따라, 스스로 할 수도 있고 타인의 협조를 통해서 이루어질 수도 있다.

比劫의 부조작용에서도 官과 日干의 강약(强弱)에서 관왕신약(官旺身弱)했을 경우, 比劫은 스스로 갖춘 능력이 되고, 이 외의 유형은 타인과 협조를 통해 갖추게 된다. 대신 누군가가 경쟁해 주어야 한다는 의미다.[이 외의 유형: 관약신왕(官弱身旺), 관왕신왕(官旺身旺)]

또한 財星과 日干의 강약(强弱)에서 신왕재약(身旺財弱)의 경우는 스스로 갖추는 것이 되고, 이 외의 유형은 타인의 협조로 갖추는 것이 된다.[이 외의 유형: 신약재왕(身弱財旺), 신왕재왕(身旺財旺)]

그리고 印星과 食傷의 왕쇠(旺衰)에서의 比劫은, 日干이 통근(通根)을 얻으면 그 比劫은 자기가 스스로 갖춘 것이 되고, 日干이 通根하지 못하면, 상대가 갖춘 사람을 만나게 되는 것이다. 통근해서 억울하다고 하지 마라. 통근하지 못한 것이 억울할 수도 있다. 남이 갖춘 것에 내가 들어가기 때문이다. 직업능력이나 주도권을 갖춘 것이 나냐, 타인이냐를 보는 기준이다. 財官과의 强弱은 경쟁 참여에 대해서 내가 아니고 다른 사람이 대신해 주는 것을 의미한다.

또한 日干의 외적(外的)작용이 되는 官星과 財星의 특성에서 官星은 사회적 규칙이나, 내가 참여한 조직과 같은 것으로 자신에게는 임무를 부여하는 곳이 된다. 임무는 印星이나 食傷이다. 官은 자신에게 임무를 부여하는 곳이 된다. 그리고 財星은 개인이나 조직의 쓰임에 따라 취하는 소유가 된다. 이런 官과 財의 外的작용은, 日干이 준비된 능력을 발현해서 얻은 결과가 되는 것으로서 부귀빈천의 척도가 되기도 한다.

각자 운명마다 官과 財의 필요함이 다르게 나타남은 日干의 내적(內的) 조건에 따라 달라지기 때문이다. '무엇을 원하느냐, 무엇을 가지고 싶은가'는 日干의 인아식(印我食)의 요건에 따라 달라지는 것이다. 그러니 천차만별로 세상을 보게 되는 것이다. 日干은 내적요건으로 자신의 경쟁력을 만들고 외적작용력에 의하여 협력과 경쟁을 통하여 성취해 나가는 것이다. 이것이 우리들의 삶이 된다.

그럼 十神의 행위나 행동을 공부하기 전에 먼저 인간관계에서 나타나는 대략적인 특성을 설명한다. 이 외에 잠재된 특성과 왕쇠강약(旺衰强弱)이 이지러졌을 때 나타나는 이상적인 특성에 관해서는 더욱 궁리해야 한다. 관계적 특성 외에 잠재된 고유한 특성과, 왕쇠강약이 이지러졌을 때 나타나는 이상한 특징은 다시 연구해야 한다.

比肩의 특성은 日干과 같은 입장에서 같은 생각을 하는 경향이 있다. 하지만 劫財의 특성은 재주를 겨룬다는 뜻인데 日干과는 같은 입장이나, 다른 생각을 하는 것으로, 자신의 우월한 능력과 결과에서 나타나는 이익에 따라 부조(扶助)를 결정하는 경향이 있다.

食神의 특성은 자신이 쌓은 능력을 최대한 발휘하여 경쟁에 참여하는 경향이 있다. 하지만 傷官의 특성은 견인과 같은 것으로 상대의 능력을 끌어오는 것과 같다. 傷官에게는 강도라는 용어를 쓰기도 하는데 남의 것을 내 것처럼 쓰기 때문이다. 경쟁자의 능력을 감안하여 실력을 발휘하거나 역(逆)이용하는 경향이 있다.

正印의 특성은 현실 환경에 적응하기 위해 적합한 실력을 준비하는 경향이 있다. 하지만 偏印의 특성은 이상(理想)과 같은 것으로 독특하고 다른 모양을 의미한다. 자신의 실력을 전문화시켜, 변화하는 환경에 적합하게 발휘하고자 하는 경향이 있다.

正官의 특성은 고유하게 자리 잡아 온 것으로 미래에도 변화가 발생하지 않는 사회적인 기능이다. 고유함이란 지금이나 미래에나, 변하지 않는 특유함이 있는 것을 말한다. 하지만 偏官의 특성은 七殺과 같은 것으로, 위험 요소 등에 따라 사회적 기능이 변화된다는 뜻이다. 사회적 기능의 변화에 따라 목적이 달라지므로 이에 대한 대처방안으로 내세운 새로운 사회적 기능을 뜻한다.

正財의 특성은 의식주 생활에 필요한 소유물을 취하기 위한 사회적 기능이다. 하지만 偏財의 특성은 劫財와 같은 것으로, 偏財는 소유경쟁과 같고, 劫財는 인물경쟁과 같다. 그러니 개인적 능력이 뛰어난 것은 劫財, 운영 능력이 뛰어난 것은 偏財이다. 자신의 능력에 따라 廣域(영역을 넓힘)과 大小(크고 작음)를 소유하기 위한 사회적 기능이다. 의식주에 알맞은 것이 아니라 크고 작으냐, 많으냐 적으냐로 자기의 기능을 설명하는 것이다. 그러니 偏財는 비교우위를 점하고자 하다가 그 비교로 인해 낮아질 우려가 많다.

비교하는 기운인 劫財, 傷官, 偏財가 셋이 다 있으면 스트레스로 죽는다. 비교만 하다가 죽는다. 여기까지가 十神의 특성이다.

1) 十神의 행위와 행동

사회적 기능들은 相生과 相剋에 의해 나타나는 삶의 방법이 된다. 相生과 相剋이란 방법으로 행동을 개시한다. 그럼 먼저 相生에 관한 행동 방법을 논해 보기로 한다. 相生은 生化과 泄化로 구분하여, 삶의 방법을 모색하는 것이고 相剋은 制化와 制剋으로 구분하여 경쟁에 참여한다.

가령 正印이 劫財를 生化하면, 劫財가 傷官을 生化하여 준비된 능력을 행동으로 옮기거나, 劫財가 正財를 相剋하여 경쟁에 참여하는 것을 말한다. 이를 生化剋制라 한다.

또한 예를 들면 比肩이 食神을 生化하면, 食神은 새롭게 갖추어진 능력을 偏財로 生化하여 소유 활동을 하거나, 偏官을 制化하여 경쟁에 참여하게 되는데, 이것이 生剋制化의 전형적인 형태인데, 比肩이 傷官을 泄化하면, 正財를 生化하여 행동으로 옮기거나, 生化가 아니라 泄化를 하였으니, 偏官과 合和하여 和合으로 간다. 泄化는 合으로 가고, 生化는 制化로 간다. 서로 화합하고 협력하여 경쟁에 참여한다는 것이다.

傷官偏官만 있으면 '같이 화합한다'는 의미가 아니다. 같이 해서 화합한다는 말은 傷官偏官이 合殺을 하는데, 運에서 比肩이 들어오면 같이 和合하는 것이다. 이는 같이 합화(合化)를 하다가 화합을 하는 것이다.

이와 같은 구분은 인간관계에서 그대로 투영되어 나타나니 매우 중요한 六神연구의 방편이 될 수 있다. 항상 그 기준은 相生과 相剋에서 출발점을 정하기 바란다. 이것이 相生의 행동방법이니 행위와 행동방법에 대한 이야기다.

2) 相生의 순서

比肩의 相生은 比肩의 후천적 경험을 통해 얻은 새롭게 갖춘 행위가 食神을 生化하여 능력을 발휘하는 행동을 한다. 이에 외적(外的)작용인 偏財를 취하여 경제영역을 확장해 나가는 것이다.

만약 偏財의 외적 효과를 얻지 못한 比肩은, 偏印의 生化를 받는 異道를 택하게 된다. 偏財를 얻지 못하면 偏印이 살아난다. 이는 새롭게 갖춘 능력을 통해, 소유 활동을 하는 사람들을 지원하는 지적재산권을 보유하는 방향으로 전환하는 것이다. 새롭게 갖춘 능력으로 소유 활동을 하는 것이 아니라, 소유 활동을 하는 사람들을 지원하는 지적재산권을 보유하는 방법을 택하니 이를 이도(異道)라 한다.

즉 比肩의 새롭게 갖춘 능력을 통해 食神生財라는 행동으로 수익 활동을 하는 것과, 偏財를 얻지 못할 경우에, 偏印으로 진로를 수정하여 지적재산권을 보유하고자 하는 것을 뜻한다. 이런 방식으로 十神의 相生을 공부한다. 十神의 相剋에는 제화(制化)와 제극(制剋)이 있고 합화가 있다.

相生과 相剋이 있는데, 相生을 ① 生化, ② 洩化로 나눈다. 相剋은 ① 制化, ② 制剋, ③ 합거가 있는데, 이는 합화(合和)라 한다. 합거(合去)란 말은 사용하지 않고 합화(合和)라 한다. 合去란 偏官과 正官이 혼잡되어 있을 때,

偏官을 제거하고 正官을 살리는 것을 合去라 한다. 여기서는 合去가 아니라 合和에 대한 이야기다.

예를 들어 比肩이 食神을 生하는 걸 生化라 한다. 內的 요건이 된다. 그럼 食神이 偏財를 生하는 것도 生化라 한다. 이는 外的 요건이 된다. 다시 食神이 偏官을 制하는 것을 制化라 한다. 그런데 比肩이 食神을 生化하지 않고, 傷官이 泄化를 해 갈 수가 있다. 이는 比肩이 生化를 한 것이 아니라, 傷官이 泄化를 한 것이다. 그러니 比肩의 새롭게 갖춘 주변의 능력을 傷官이 가져온 것이다. 이를 泄化라 한다. 泄化를 했으니 傷官은 制化가 아니라 合和를 하러 가는 것이다. 偏官을 만나서 合和를 해야 한다. 이를 合和의 화동(和同)이라 한다. 화동(和同)이란 의견이 맞아서 협동한다는 의미다.

여기서 제극(制剋)이 빠졌는데, 제극은 제화와 같은 말인데 劫財가 傷官을 生化해서, 傷官이 正官을 制剋한다. 이는 剋된 행위이니 순리가 아니라 역리(逆理)된 행위이다. 그러니 制化한 행위와 제극(制剋)된 행위를 구분해야 한다. 制化한 행위는 공적 행위에 들어가고, 사회적으로 지탄받지 않지만, 制剋의 행위는 이득에 민감하다 보니 도리를 어긴 행위가 들어가 있다. 그러나 이런 말을 하지 말고 작전을 짰다, 전략, 전술에 의한다는 의미, 은밀한 행위가 될 수 있다고 설명한다.

相生 相剋 合和라는 세 가지 방법으로 접근한다. 比肩이 食神을 生化하는데, 偏財를 만나지 못했을 때 偏印으로 돌아가서, 행동하지 않고, 행동하는 사람들을 보좌해 주니 브랜드 차용을 한다고 해석하면 된다. 기준은 格이 된다. 司令은 오행을 할 때 하는 것이다. 기준이 달라지면 모든 것이 달라

진다. 시작점이 다른 것이다.

合和는 泄化를 해야 合和가 되고, 生化가 되면 制化를 하거나 制剋을 한다. 泄化에 의해서 合和가 안 되는 경우에는, 生財를 한다. 傷官이 財를 生하는 것은 正財를 生한다. 이는 그냥 生化일 뿐이다. 相生에는 生化와 泄化가 있다. 泄化가 되면 合和를 한다. 相剋에는 制化와 制剋과 合和가 있다.

正印格이라면 먼저 환경을 살펴보고, 환경에 적합하게 맞추어서 능력을 준비한다. 그럼 사주에 正官이 있으면 官印相生이 되는 것이다. 그리고 **强弱**을 봐야 하는데, 관왕신약(官旺身弱)하면 순종하며 계속 따라가지만, 신왕관약(身旺官弱)하게 되면 자기 기질대로 살아가는 것이다.

이때 劫財가 투간(透干)되면, 日干이 官보다 더 旺해진다. 그럼 財生官으로 日干의 旺함을 막아야 하는데, 日干이 根이 많아서 傷官을 生한다면 財生官을 못 하게 하니, 日干이 官보다 더 왕한 것이다. 日干이 劫財에 의해 旺해지면, 劫財가 살아가면서 새로운 능력을 또 갖추게 되는데, 日干이 根旺하니 자기가 주관자가 되지만, 관약신강(官弱身强)하면 남이 주관자가 될 수도 있는 것이다. 그럼 동등한 입장에서 劫財가 준비를 갖추는 것이다.

만약 正官格이 劫財의 새로운 능력으로 준비를 갖추었다면 이도(異道)를 실천한다. 사주에 劫財가 있고 관왕신약(官旺身弱)이면, 劫財를 正印에 맞추는 것이지만, 신왕(身旺)하다면 劫財를 傷官에 맞춘다. 그럼 劫財를 傷官에 맞추니 生化라 한다. 그러나 출발이 正官이니 傷官生財가 아니라, 傷官見官을 하는 것이다.

正官格은 正官부터 출발하기 때문에, 傷官生財로 먼저 가지 않는다. 傷官이 正官을 보는 것을 制剋이라 한다. 食神이 殺을 보는 것은 制化라 한다. 傷官이 正官을 剋하는 것은 역리(逆理)적이고 정당한 행위가 아니라, 무언가 편법적인 일이기 때문에, 制化란 용어를 달지 않고 제극(制剋)이라 한다.

또는 正官이 正印을 生하는데, 劫財가 자꾸 正官의 生함을 방해하는 경우가 있는데, 이건 正印이 劫財를 生하는 경우이니, 異道가 되는 것이다. 그럼 正印이 劫財를 生했으면, 劫財가 傷官을 生하느냐, 아니면 劫財가 財를 剋하느냐의 문제가 나온다. 만약 財를 剋했으면 制剋이 되고, 傷官을 生했으면 生化가 된다. 이것을 먼저 봐야 한다.

그럼 正印이 劫財를 生하고, 劫財가 傷官을 生하면, 正印 劫財 傷官으로 生生이 된다. 그럼 여기까지가 끝이다. 傷官은 制가 없고 행위 자체를 보니, 인겁상(印劫傷)으로 가는 것이다. 아니면 劫財가 가서 財를 制剋해서 印星을 살려서 브랜드를 차용하느냐 선택해야 한다.

그리고 正官格이 正印을 갖추고 나서 見官을 하느냐, 傷官이 劫財를 가지고 가서 見官을 하느냐이다.

만약 대기업이나 상부기관에 납품을 하거나 오더를 따야 하는데, 내 실력을 만들어서 하느냐, 다른 사람의 실력을 이용해서 하느냐의 문제다. 劫財이니 다른 사람을 시켜서 할 수도 있다. 正印은 官을 泄하는 것이 아니라, 官과 협동해서 하는 것이다.

그리고 官印相生에서 劫財傷官으로 바뀌는 데 몇 십 년이 걸리는지 어떻게 알겠는가? 사주를 볼 때 제일 먼저 알아야 할 것은 우리는 생명체를 다루는 직업이니, 생명체가 가장 민감하게 작용하는 것은 한난조습이다. 한난의 중화와 조습의 중화가 맞으면 때에 맞춰서 자기 준비를 하는 사람이다. 한난조습이 맞지 않으면 조금만 기울어도, 자신의 문제를 크게 생각한다. 그럼 그런 문제에 부닥치면 해결하지 않고 피해 가게 된다.

사주를 물어보는 사람의 한난조습이 맞지 않으면 사주를 볼 자격이 없는 것이다. 한난조습이 안 맞으면 물으러 온 것이 아니라 주문을 하러 온 것인데 내 의견을 들으러 온 것이 아니라, 자기 의견에 맞추어 달라고 온 것이다. 한난이 잘못되면 성정을 고치지 않고는, 상담으로 답해 줄 내용이 없다. 조습이 잘못되면 그 행동이 철저하지 않다. 한난은 氣를 움직이고, 조습은 質을 만들어 내니 행동으로 나타나는 것이다. 조습이 잘못되면 행동이 고르지 않은데 상담해 주어도 안 된다. 그런데 한난조습이 맞는 사람이 별로 없다.

寒暖이 안 맞으면 燥濕은 말하지 않아야 한다. 정신이 안 맞는데 행동은 오죽하겠나? 燥濕을 보지 않고 寒暖부터 보아야 한다. 寒暖이 안 맞으면 정신이 비뚤어졌으니 행동은 하나 마나이다. 직장생활에 잘 맞추려고 하나, 사업을 하는데 잘 맞추려고 하나? 사업을 하는 사람은 결근하면 자기가 손해이니 규칙은 칼같이 잘 지킨다. 寒暖이 안 맞으면 燥濕은 보나 마나이다.

官이 없으면 財官에게 맞출 필요가 없는 것이다. 官이 없으면 세상의 규칙에 맞출 필요가 없으니, 규칙제정은 자기가 하는 것이고, 財가 없으면 영업조정도 자기가 하는 것이다. 그러나 財官이 있으면 지탄받아 마땅하다. 나에게 요구하는 사람이 있기 때문이다. 사주에 財官이 없으면 요구하는 사람이 없다. 그래서 집시 팔자라 한다. 그래서 財官이 없는 사람을 잘못 건들면 안 된다. 맞출 사람이 없기 때문이다.

官이 있으면 사회에서 맞추라는 요구가 온다. 財가 있으면 자신의 용도에 맞게 나를 가져가야 한다는 것이다. 官이라면 이 용도에 맞게 네가 행동을 해야 한다는 것이다. 그런데 財官이 없으면 용도에 맞게 준비하지 않고 상대의 요구를 거부하는 것이다.

正官이 있으면 正印을 준비하고 있어야 한다. 正財가 있으면 傷官을 준비하고 있어야 한다. 세상에 맞추라는데 싫다고 하면 굶어 죽어야 한다. 다만 印星格과 食傷格 네 가지는 자기가 준비하고 자기가 쓰는 것이니, 선택권이 있다. 선택권이 있는데 그 선택을 잘해야 한다.

正印格으로 출발했으면 正官이 있으니 官印相生으로 가지만, 안 되면 傷官인 異道를 하는데 劫財를 통해서 正印이 간다. 劫財를 통하지 않고 그냥 傷官으로 가면 傷官과는 아무런 관계가 없는 사람이 된다. 그냥 傷官으로 가는데 劫財가 없으면 경력을 인정받지 못한다. 한 군데서 30년을 일해도 그 경력과 경험을 하나도 살리지 않는다. 참으로 한심한 일이다.

또 偏印으로 태어났다면 偏官을 봐야 하는데, 偏官을 못 보면 比肩을 통해서 食神으로 가야 한다. 偏印은 偏官을 못 봤으면 正官을 泄氣해야 한다. 그럼 잘못되게 산 내력이 이 속에 들어갔다. 正印으로 출발했으면 正官을 못 보고, 偏官을 봤으면 안 겪어도 될 경험을 겪고 가는 것이니 특수성이라 한다. 다양성은 일반성이라, 다양성이라 하면 안 된다. 이때 比劫이 없으면 다양하고 특수하게 겪은 경험을 사장(死藏)시키고 넘어간다. 그러니 比肩劫財가 이렇게 중요하다.

또 사주를 보는데 주의할 것은 음양이 오행을 낳지 않았는데, 오행을 논해서는 안 되고, 사주에 木과 金이 제아무리 있다고 해도, 水火가 조절을 하지 않은 것은 쓸모가 없으니 논해서는 안 된다. 머릿속에 水火가 조화를 안 맞추었는데 木이 있다면 머릿속에 자갈만 잔뜩 있는 것이고, 水火가 조절을 안 했는데 金이 많다면 몸속에 탁기만 가득한 것이다. 음양의 조화가 맞지 않는데 오행을 본다는 것은 이치에 안 맞는 것이다.

또 사회생활을 하지 않는 사람은 六神으로 보면 안 된다. 대인관계가 없는데 六神으로 논할 수가 없는 것이다.

3) 相生의 행동방법

十神의 행위와 행동, 그리고 사회적 기능들은 相生과 相剋으로 나타나서 삶의 방법이 된다. 이에 相生에 관한 행동 방법을 연구한다. 相生은 生化와 泄化로 구분하여 삶의 방법을 모색하고 相剋은 制化와 制剋으로 구분하여 경쟁에 참여하게 된다. 相剋이 훨씬 더 좋은 것이 실패율도 높고 성공률도 높은 것이다. 가령 正印이 劫財를 生化하면 다시 劫財는 傷官을 生化하여 준비된 능력을 행동으로 옮기는 것이다. 하지만 劫財가 傷官을 生하지 않고 正財를 制剋하여 경쟁에 참여할 수도 있다. 이는 사주를 보고 결정을 하는 것이다.

다시 比肩이 食神을 生하면 比肩의 새로이 갖추어진 능력을 偏財에 生化하여 행동으로 옮기거나, 偏官을 制化하여 경쟁에 참여하게 되는데, 比肩이 食神을 生化하지 않고, 傷官이 比肩을 洩化하면 음양이 교체된 것이다. 그럼 傷官이 좋아하는 正財를 生化하여 행동을 옮기는 것이지, 食神이 좋아하는 데로 偏財를 生하는 게 아니다. 比肩은 설기가 되는 것이다. 설화(洩化)란 것은 설기(洩氣)를 미화시킨 말인데, 아버지 돈, 형제 돈, 남편 돈을 몰래 빼다가 쓰는 것과 같다. 설기라고 해서 상대의 氣를 빼먹는 것이다. 正財를 生化하여 행동으로 옮기거나, 偏官과 合和하여 협력으로 합동으로 경쟁에 참여하게 된다. 이와 같은 구분은 인간관계에서 그대로 투영되어 나타나니 六神연구에 매우 중요한 방법이 될 수 있다. 이와 같이 구분된 인간의 행동은 매우 중요한 六神연구의 방법이 될 수 있다.

항상 그 기준은 格으로부터 相生과 相剋의 출발점을 정하기 바란다. 출발은 항상 月劫과 月比 月令은 官殺부터 시작한다. 官殺에서 출발해서 印星으로 갔다가, 印星에서 食傷으로 가는 절차를 무시하면 안 된다. 官殺에서 출발했는데 官殺이 무력하면 印星으로 다시 출발하는 것이고, 印星도 무력하면 劫財부터 가는 것이다.

부모 교육과 학교 교육의 성장 배경은 正印과 偏印이다. 正印格은 긍정적인 것을 찾아내고, 偏印格은 부정적인 것을 찾아낸다. 그러니 성장 과정에서 偏印格은 누군가를 미워하는 사람을 만들어 놓지 않으면 밥을 먹어도 배가 부르지 않다. 偏印格은 오만함 뒤에 숨겨진 승냥이와 같은 면이다. 正印格은 偏印格보다 덜 영리한 편이다. 학교생활이나 가정생활에서 긍정적인 것 하나를 마련해서 그 긍정 하나에 평생 속고 사는 것이다. 그럼

正印格이든 偏印格이든 잘못된 걸 발견해서 사람을 믿지 않으면 사기를 당하진 않지만 할 일이 없어지는 것이다. 그럼 이 둘이 평화롭게 살아야 하는데 正印格은 긍정 속에 위험을 계산해 오고, 偏印格은 부정 속에 긍정을 헤아리니 중화를 맞추는 것이다.

그 중화를 맞추는 것이 官印相生 殺印相生을 하는 것이다. 偏印格은 부정 속에서 부정을 보는 것이니 감시감찰과 같은 것이다. 이들이 없으면 모든 국민은 방어력이 없어지는 것이다.

正印格은 긍정을 보는 눈이 있어야 正官의 相生을 받아서 장점을 찾아낼 수 있다. 장단점을 찾아내는 것이 正 偏印이 하는 것인데 官殺을 만나지 못해 그 속에서 그냥 사는 것이다. 官殺을 만나면 장단점을 살려내는 것이다. 그런데 官殺이 있어서 이런 것을 발견해도, 日干이 比劫이 없거나 日干이 根이 없으면 그에 대한 스트레스를 받아서 죽는다. 잘한 건 하나도 못 보고, 자동으로 나쁜 것만 보게 된다.

日干이 根旺하거나 天干에 比劫이 있으면 '다음 기회에 또 보지 뭐' 하지만, 日干이 根이 없거나 比劫이 없으면 그 즉시 실망으로 직업병이 걸리게 된다. 그러니 日干의 중요성은 적을 바라보는 나의 관념이다. 印星이 官殺의 相生을 받음으로 옳고 그름을 규명해 내는 것이다. 正印格은 옳은 것을 찾고, 偏印格은 그른 것을 찾아내는 것이다. 그런데 官殺의 相生을 받지 못하면 正印格은 옳은 것도 그른 것으로 보는 것이다. 偏印格은 그른 것을 옳은 것으로 보는 것이니 똑같이 반대로 파악하게 된다.

偏印格과 正印格인데 官殺이 없는 사람을 일본에 통신사로 보내고, 官殺이 있는 자를 통신사를 보냈는데, 일본의 정황을 똑바로 봤으니 왕에게 보고했는데, 누구의 말이 맞았을까? 그러니 바른 사람은 나에게 안 오는 것이다. 偏印格이 正官을 본 사람과, 正印格이 偏官을 본 사람을 통신사로 보냈더니, 모두 다 반대로 말한다. 그럼 상대를 힘들게 하려고 일부러 반대로 보고를 했냐, 아니면 보기를 반대로 보았느냐이다. 이런 것은 영원한 숙제다. 반대로 봤기 때문에 반대로 한 것이냐, 똑바로 보고 반대로 말한 것이냐이다. 이것이 숙제이다. 싸움은 이것부터 시작이다. 傷官이 正財를 안 보고 偏財를 보거나, 食神이 正財를 보면 컵을 컵으로 보지 않고 반대로 보는 것이다. 물건은 용도가 있는데 용도에 맞는 방법을 취해야 내 것이 되는데 사람이든 물건이든 용도에 맞지 않는 방법으로 취하려 하니 꼼짝 않는 것이다. 모두가 다 똑같은 방법이다. 사람을 취하든 물건을 취하든, 그대로 보느냐 그대로 보지 않느냐이다.

8

육신의 상생식 & 일간의 근(根)

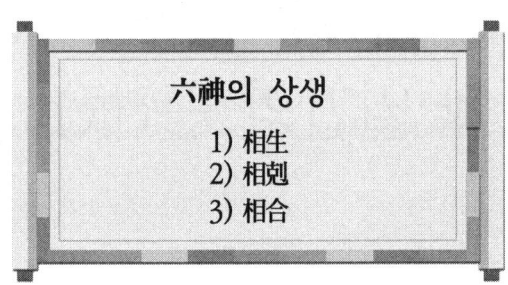

1. 六神의 相生

六神의 相生을 공부하려면 먼저 六神의 특성을 알아야 相生을 한다. 相生을 하려면 반드시 알아들어야 할 문제가 있다.

1) 상생식(相生式)

(1) 관인상생(官印相生), 살인상생(殺印相生),
식신생재(食神生財), 상관생재(傷官生財)로 식을 성립시켜야 한다. 이 상생식을 성립시키는 방법을 모르면 안 된다.

그럼 相生을 하기 전에 상생식에 대해 설명하면
日干이 官과 財를 만나러 간다.
官: 관인상생, 살인상생
財: 상관생재, 식신생재
이것이 상생식이다.

官印相生과 傷官生財 중에 官과 財를 잘못 만날 수가 있는데, 官印相生 중에 正印이 正官을 잘못 만나거나, 傷官生財 중에 傷官이 正財를 잘못 만나게 되면 印星으로 가게 되는데 印星 劫財 傷官으로 간다.

殺印相生에서 偏印이 殺을 잘못 만나거나, 食神生財에서 食神이 偏財를 잘못 만나면, 印比食으로 가는 것이다.

官印相生 → 印劫傷 → 傷官生財
殺印相生 → 印比食 → 食神生財가 연결되어 있다.

또 食神生財에서 偏財가 食神을 얻지 못하거나, 殺印相生에서 偏官이 印星을 얻지 못하면, 財生官이나 財生殺로 간다.

또 음양이 달라서 순환이 안 되는 사람이 있다.
正官이 偏印을 만났거나, 偏官이 正印을 만나게 되면
合으로 이루어지는 것이다. 이것이 相生相剋 式이다.

가령 偏印格이면 먼저 偏官을 얻어야 한다.
그럼 살인상생으로 시작을 하는 것이다.
만약 偏官을 얻지 못하면 偏印만 남으니 印比食으로 가는 것이다.
그럼 경력과 경험을 통해서 스스로 프리랜서로 가는 것이다.

만약 偏官格인데 偏印을 얻지 못하면 財星으로 가야 하니 財生殺로 가는 것이다. 만약 傷官으로 태어났는데 正財를 얻지 못해서, 印星을 얻으러 가면 正印을 얻으러 가니 印劫傷이 되는 것이다.

이때 印星이 출발해서 食傷을 얻는다면 공부해서 활용하는 것이지만, 食傷이 출발이면 활용을 위해서 준비하는 것이니, 쓸 것만 준비하는 것이다. 쓰겠다고 준비하는 것과, 준비해 보고 쓰는 것과는 의미가 다른 것이다.

偏印格이 偏官을 얻지 못하면 印比食으로 가야 한다. 比肩이 있으면 살다 보니 경험을 통하게 된다. 처음에는 살인상생으로 살지만 10년을 넘기지 못한다. 아무리 오래 간다고 해도 15년을 넘기지 못하고, 인비식으로 가는 것이다. 偏印格이면 먼저 배우는 것이다. 쓰다가 보니, 여기에 쓰면 안 된다는 것을 느끼게 된다.

正印格이면 官印相生을 먼저 해야 한다. 官을 얻지 못했으면 印劫傷을 해야 한다. 그러면서 正印格이 正官을 만나지 못해 인겁상을 하거나, 正官格이 正印을 만나지 못해서 財生官을 하는데, 만약 日干이 根旺하지 못하면 자기 주도가 안 된다. 그럼 남이 주도하는 것에 소속되어야 한다. 이것으로 1차 진로가 나오게 되어있다.

官印相生은 이 틀을 유지하기 위해서
財生官까지 되고, 傷官佩印까지 되는 것이다.

食神生財도 이 틀을 유지하기 위해서 食神制殺까지 되고 偏印까지 제압하는 것이다. 그러니 이 式이 똑바로 유지가 되느냐, 이도(異道)로 가느냐를 구분해야 한다.

똑바로 유지되면 어느 정도 유지를 하느냐,
관인상생이 이도(異道)로 가려면, 官이 없으면 인비식으로 가고, 印이 없으면 財生官으로 가는 것이다.

관인상생이 유지되려면 상관패인을 해야 하고, 살인상생이 유지되려면 도식(倒食)을 해야 한다. 만약 살인상생에 偏印이 도식을 하지 않으면, 개인적인 사고방식에 빠지게 되니 公的이지 못하다.

2. 일간의 근(根)

일간이 신왕(身旺)하다는 것은 근왕(根旺)하면 신왕한 것이고, 비겁이 투간되었으면 재관(財官)과 비교해서 신왕하다는 것이다. 그럼 財官이 財生官을 갖추고 있으면 比劫이 힘을 쓰지 못하니 財官이 더 旺한 것이다. 그럼 결론은 官에 비해서 日干이 더 身旺하려면 官을 剋해야 하니 食傷이 있어야 하고, 그리고 財에 비해서 日干이 旺하려면 印星이 있어야 한다. 그래서

印星으로 生旺하면 항상 財를 다스릴 수 있는 것이다. 身旺하다는 것은 根旺이 身旺이다.

  1) 根은 세 종류가 있는데, 財官을 다룰 정도로 身旺하려면 생지(生支)와 왕지(旺支)(寅申巳亥 子午卯酉)를 얻어야 한다. 寅申巳亥는 건(建)이고 子午卯酉는 왕(旺)이라 한다. 그럼 辰戌丑未를 얻었다는 것은 착근(着根)이라 해서 旺하게 보지 않는다.

  2) 그리고 財官과 비교해서 身旺하려면 比劫을 얻어야 한다. 比劫은 財官과 비교하는 것이다. 比劫은 日干의 身旺을 다루는 것이 아니라 財와 官을 공격하거나 대신하려고 하는 것이다. 그런데 比劫으로 身旺한 것은 선천적으로 나오는 것이 아니라, 살아가면서 후천적으로 나오는 것이다. 후천적으로 성격이나 성향이 바뀌는 것이다. 그러나 財官을 상응하지 않고 比劫이 있는 사람은 성격이 나쁘게 바뀐다. 사주에 財가 없으면 財 부분에 대해서는 성격이 나쁘게 바뀌게 되고, 官이 弱하게 있으면 官 부분에 대해서는 좋게 바뀌는 것이다.

  3) 財官과 日干이 누가 더 旺한지 결론이 안 났으면, 이때 日干이 食傷을 얻으면, 官을 공격할 수 있으니 財生官을 하지 못할 수가 있다. 그럼 比劫이 日干과 살아 숨을 쉬니 身旺을 차지하는 것이고, 日干이 財星을 상대할 때 印星을 얻으면 財星을 꼼짝하지 못하게 할 수 있다. 印星이 食傷으로 하여금 財星을 生하지 못하게 하기 때문이다. 財星의 보급로를 차단해 버리는 것이다. 모든 것은 음양이 있는 것이고, 항상 財官을 상대하는

것이다. 하나당 두 개씩 있는 것이니, 항상 변화하는 것이다. 릴레이 하듯이 변화하는 것을 봐야 한다. 관인상생과 상관생재, 살인상생과 식신생재가 있다.

日干의 旺을 보려면 항상 財官과 비교해서 봐야 한다. 身旺이란 日干이 旺하다는 것인데, 比劫으로 旺하면 財官을 견딜 수 있는 능력이 있다는 뜻이다. 그럼 財官이 財生官으로 버티면 食傷으로 밀어붙이든지 印星으로 밀어붙이는 것이다. 日干이 印星으로 身旺하면, 財星보다 旺한 것이고, 日干이 食傷을 生하면 官보다 旺한 것이다. 그러니까 印星도 튼튼하고, 食傷도 튼튼하면 財官보다 영원히 旺해서 절대로 흐트러지지 않는 것이다. 財官은 財生官만 완벽하게 되면 日干보다 항상 旺한 것이다.

이런 身旺에 필요한 조건들을 신살론에서는 간여지동(日柱)이나 전지살(時柱)로 부르고, 외격 분야로 포함시켜 양인격이나 건록격이라 부른다.(月支) 이와 같이 명리에서는 根이라고 하거나 比劫이라 한다.

외격 분야에는 甲木이 月支에 寅으로 根旺하면 건(建)이라 한다. 劫財인 卯가 月支에 있으면 旺이라 한다. 이를 陽刃이라 한다. 이들은 外格이니 특수 분야에 종사하는 팔자로 태어났다고 했다. 그리고 日柱로 된 것은 干과 支가 같다고 해서 간여지동(干如支同)이라 한다.
이 干如支同을 신살(神殺)에서는 '부부생사 이별살'이란 이름이 들어가 있다. 그러니 부부관계나 남녀사이의 인간관계를 말한다. 인간관계에서 자기주장이 강하여 대인관계가 이지러진다는 뜻이다. 그래서 干如支同을 부부 이별 殺이라 한다.

또 時柱의 전지살(轉止殺) 종류는 두 가지가 있는데 戊戌이나 甲寅, 乙卯처럼 干如支同으로 된 것을 전지살(轉止殺)이라 한다. 돌 轉 자 멈출 止 자다. 이것은 멈추어서 발전이 안 된다는 뜻이다. 日干이 여기 轉止殺에 根을 하고 있으면 자기가 발전되지 않는다는 뜻이고, 時柱가 戊戌이나 庚申처럼 干如支同이 되어있으면 환경이 발전되지 않는다는 것이다. 자기가 발전이 안 되는 것도 좋지 않지만, 환경이 발전이 안 되는 것도 문제이다. 그러니 환경적인 문제냐, 자기의 문제냐인데, 모든 건 자기가 문제라고 생각해야 한다.

월주(月柱)에 日干의 건왕(建旺)을 두면 양인(陽刃) 건록(建祿)이라 해서 직업적 독립성을 말한다. 陽刃 建祿은 외격(外格)이라, 집안 살림보다는 바깥일에 치중한다는 뜻이다. 일이 있어서 밖으로 나간 것이다.

日柱의 干如支同은 남녀이별, 부부이별, 대인관계의 원만하지 못함을 뜻한다. 時柱의 干如支同은 轉止殺이라 한다. 時柱에 根을 하면 자기 발전이 안 되고 다람쥐 쳇바퀴 돌리듯 하는 것이다. 時柱에 干如支同이 있으면 괜히 몸이 피곤하고 무기력증과 같은 현상이 온다. 자기가 자기를 발전시키지 않는 것을 말하는 것이다. 그냥 干如支同이 있으면 환경이 발전하지 않는 것이다. 내가 아니라 환경이 발전하지 않는 것이다. 이처럼 根도 어디에 있느냐에 따라 다르다.

干如支同이 심하면 財生官 財生殺로 막아야 한다. 財生殺이나 財生官이 정확하게 안 되면, 도리어 이들이 財官을 공격한다. 그래서 구몰(俱沒)에 빠뜨리는데, 항상 같이 죽자는 것이다. 남편과 같이 죽자. 애인과 같이 죽

자. 돈과 직업을 같이 죽자고 하는 것이다. 단체로 자살을 하거나, 상대를 물고 늘어져서 같이 망하자고 물귀신 작전을 쓰는 자들이다. 함께 죽자. 함께 俱, 서산에 해질 沒이다. 구몰(俱沒)은 財生官이나 財生殺이 되었을 때만 나타난다.

財生官이 안 되었는데, 運에서 財生官 運이 오면 떠나는 것이다. 財生官이나 財生殺이 안 되면, 財星이 官을 위할 마음이 없다는 뜻이다. 比劫을 막을 마음이 없다는 것이니, 爭財를 하면 떠나면 그만이다. 원래 상대를 위할 마음에 없었기 때문이다. 財官이 연결되지 않았으면, 아무리 爭財를 해도 망신당할 일이 없다. 傷官見官이나 爭財를 한다고 해도 달라질 게 없다. 무언가 가지고 있는 게 있어야 문제가 되는 것이다.

만약 財生官이나 財生殺이 안 된 사람을 爭財나 傷官見官으로 잘못 건드리면 진상을 부린다. 명예나 재물, 가진 게 없는 사람 잘못 건드리면 그런 것이다. 하루 종일 쫓아다니면서 망신을 주면 답이 없는 것이다.

그리고 지지의 年月日時 여러 곳에 根을 한 사람이 있다. 그런 사람은 항상 根이 걸려 있다. 寅申巳亥나 子午卯酉에 걸린 것이 아니라, 辰戌丑未에 걸려 있으면 왕하지 않은 곳에 걸려 있는 것이다. 이것은 전지살도 큰 달이 있고 적은 달이 있다는 뜻이다. 멈추었다 갔다가를 반복한다. 이별을 하더라도 辛酉나 庚申으로 해야 확실한 이별이 되는데 辛巳나 辛丑 등으로 전지(轉止)가 되면 주말 부부형이라 한다. 어떻게 根을 했느냐에 따라 다른 것이다. 건왕(建旺)으로 根을 하지 않고, 쇠(衰)에 根을 하면, 잊어먹을 만하면 나타나서 난리를 친다. 辰戌丑未에 根을 하면 잊어먹지를 않는 것이니 더 무서운 것이다.

생왕묘(生旺墓)라 해도 되고, 건왕쇠(建旺衰)라 해도 되는데,
三合으로는 생왕묘(生旺墓)라 하고, 方合으로는 건왕쇠(建旺衰)라 한다. 寅卯辰 建旺衰, 寅午戌 生旺墓다.

만약 日干이 年에 根을 하면, 官이 거할 자리를 일간이 차지하고 있으니 자기가 제일 어른인 것처럼 행세하고 있다는 뜻이다. 그러니 日干이 年支에 根을 한다는 것은, 官이 앉아 있어야 하는데 자기가 官으로 앉아 있는 것과 같은 것이다. 그러니 벼슬을 하지 못한다는 의미이고, 자기보다 높은 사람은 없다는 의미이다. 그래서 年支에는 원래 官이 거해야 할 자리인 것이다.

만약 乙木 日干인데 未年에 根을 하면 巳午未로 火 食傷이 앉아 있으니 官의 정반대가 앉아있는 것이다. 그리고 日干의 根도 앉아 있으니 건방진 것이다. 年支에 根을 한 사람은 진급해도 진급을 알리지 않고 벼슬을 해도 벼슬을 알리지 않는다. 왜냐하면 아직 다 간 게 아니기 때문이다. 과거에는 박사학위만 따도 동네가 시끄러웠는데 年支에 根을 한 사람은 최고에 갈 때까지는 잔치가 없는 것이다. 辰戌丑未 年에 根을 했으니 겸손을 가장한 건방짐이다. 예의 바른 것 같은데 왠지 모르게 거북한 사람이 年에 根을 한 사람이다. 그러니 사람이 가까이 잘 오지 못한다. 친한 사람이 별로 없는 것이다.

▶ 比劫이 旺하다거나, 根旺하다는 것은 印星을 泄하는 것이다. 印星을 泄한다는 건 내가 이렇게 된 이유를 부모 탓으로 돌리는 것이다.

그리고 고등학교 1학년 때와 대학교 4학년이 똑같은 것이 모두 전지살(轉止殺)이다. 다시 원상태로 돌아가는 번복이라 한다. 20년 전이나 지금이나 하나도 변하지 않은 것이 轉止殺이다. 轉止가 반드시 나쁜 것만이 아니니 같은 것만 번복하니 한 분야의 달인이 된다. 다람쥐 쳇바퀴 돌듯이 그 일만 번복하니 달인이 된다. 그런데 다른 일을 할 우려가 있는 것이다. 마음에 드는 일을 찾아 직선으로만 계속 가는 것도 轉止殺이고, 원운동처럼 계속 번복하는 것도 轉止殺이다.

根이 六神으로 比肩이냐 劫財냐에 따라 陽刃과 建祿으로 나뉘는데, 陽刃성이란 무관(武官)적이란 뜻이고, 건록성이란 문관(文官)이란 뜻이다.

— 9 —

六神의 상극
(相剋)

六神의 相剋을 공부할 때 五行은 참고하지 않는다.

1. 凶神의 相剋

1) 制化

制化란 傷官이 正印의 制化를 받는 것을 말하는 것이고, 相剋은 凶神인 傷官이 正官을 相剋하는 것을 말한다. 통변의 내용은 기질을 발휘하는 것이다. 凶神이 吉神을 相剋하는 것은 주변 환경에 부적합하도록 이끌어 가는 것이다. 무언가 자기가 하고 싶은 대로 하는 것이다(통변에 대한 이미지 구성을 해야 한다). 凶神을 相剋하는 것을 制化라 하는데 이는 주변 환경에 적합하도록 자신을 이끌어 가는 것이며, 기질을 자제하고 해야 할 것만 한다(의무).

(1) 偏官 + 食神(食神制殺)

(1차 통변) 偏官을 殺이라 하는데 대체로 하늘과 땅, 사람인데 사람은 사냥을 즐기는 기질이 있는 최고의 포식자이다. 이런 것에 대항을 어떻게 할 것인가에 대해서 食神의 偏官에 대한 준비력을 뜻한다.

① 偏官의 죽이는 기운(위험)에 대한 리스크, 잘못된 것에 대한 食神의 연구, 개발, 준비성을 의미한다. 食神이 偏官을 制化하면 자기의 힘겨움을 자제하고 환경에 적합한 일을 통해 자격을 이루어야 많은 인명을 구한다. 比肩이 살아나니 功을 세우고 신분과 지위가 주어진다.

자기가 하고 싶은 일을 하는 것은 자신을 위해서 하는 것이다. 이 사람도 타인을 위해서 한다고 했지만 자기의 신분과 지위가 상승한다(制化와 相剋에 대한 이미지 구성을 확실하게 하여야 한다). 偏官에 대한 食神을 설명하면 연구, 개발, 준비이다. 偏官이 없는 食神은 두려움에 대한 연구나 개발과 준비지만 대상이 없으니 아프지도 않고 입원도 하지 않는데 보험을 수십 개씩 드는 것과 같다. 또 偏官이 있는데 食神이 없으면 남의 고통을 방치한 사람이다. 三災가 왔는데 食神이 막지 않았으니 방치가 된 것이다.

(2) 劫財+正官
① 개인적 역량의 우수성을 활용해서 기존 조직보다 더 큰, 인물형 조직(私有)을 만들려는 사람이 있다. 이에 正官이 전체적 유리함으로 이끌기 위해서 劫財를 制化한다. 그러니 劫財는 正官이란 큰 조직을 말아먹을 정도로 뛰어난 인물이다. 그런데 그것이 사유화가 되거나 하면 안 된다. 그러니 전체 조직화를 시키려고 하는 것이다. 正官이 劫財를 制化하면 독과점을 막아서 공동분배 현상이 일어난다. 즉 劫財란 아주 뛰어난 인물이 하나의 큰 조직을 만들려고 한다. 그것을 막아서 전체의 유리한 방법으로 조직화시킨다는 뜻이다. 正官이란 공론화된 사회로 나가서 전체를 유리하게 만들려고 한다. 財生官된 官이 劫財를 制化하면 자치권을 부여받을 정도로 크다고 한 것이 이런 것을 두고 한 말이다.

劫財라는 뛰어난 인물이 제도에서 벗어나서 독과점 같은 수입행위를 하려는 것인데, 이를 正官이 制化하면 자기 혼자서 다 먹지 않고 공동분배를 한다. 劫財가 正官을 보면 공개적이고 투명하게 수입 활동을 해야 한다. 正官이 제도적 장치를 마련해서 劫財가 제도권 안에서 경제적 행위를 하도록 유도한다. 正官이 제화하지 않고 劫財를 그냥 두면, 어떤 신상품이 나오면 금방 가짜를 만들어 내서 세금을 포탈하고 상표도용을 하게 된다. 劫財가 있으면 재산을 법원에 등기해 두어야 한다.

② 劫財와 正官의 相剋관계

제겁(制劫): 財生官된 正官으로 劫財를 制하면 경쟁력을 갖추어서 독보적 존재가 된다. 이는 劫財를 내 편으로 끌어들여서 서로 협력하는 사람이다.

剋: 財生官이 너무 지나친 경우(예: 財多身弱, 殺重身輕)에는 官이 劫財를 剋한다. 이는 우정을 剋할 수도 있고, 나와 상부상조하는 사람을 내치는 결과를 가져올 수도 있다. 劫財를 다 내보내고 독단적 존재로 남는 것이다. 혼자만 있는 총책임자다. 같이하는 사람이 없다. 官이 劫財를 지나치게 相剋한 것은 명리학적 용어는 없지만 "빈방이 많네요, 산새가 날아들지 않네요, 폐허가 되었네요" 하고 말하면 된다. 세입자가 없다. 관람객이 안 온다. 찾는 사람이 아무도 없다. 황무지가 되고 폐허가 된 것이다. 이런 사람은 바닷가 가서 삼겹살 팔기, 수산시장에 가서 딸기 장사하기, 동대문시장에서 라면 장사하기 등 군락을 이룬 곳에 가서 청일점처럼 운영하면 살아남을 수 있다.

劫財는 正官이 制化해야 마땅하지만 지나치게 剋하면 안 된다. 이는 劫財의 독단을 막으려고, 官이 독단적으로 처리하는 것이다. 이들은 독단 때문에 왕따가 된다. 日干이 根弱하고 財生官이 심하면 比劫에 의지해야 한다. 즉 남의 상표, 남의 인력을 사용해야 하니 劫財를 함부로 剋하면 안 된다. 이 사람이 종업원을 구하지 못하는 것은 자기 인품이 모자란 것이 동네방네 소문났기 때문이다.

(3) 傷官+正印

傷(害), 손상, 傷이란 상해, 상처를 당한다는 뜻이다. 正印으로 설명한다. 劫財와 똑같다.

① 傷官이란 뛰어난 개인적인 인물이 큰 조직을 만들어서 기존 조직을 뒤엎고 개혁을 꾀하고자 한다. 이는 권력화를 말한다. 이를 자제하면 공동의 삶을 살피는 분배된 권력이 된다. 삼권분립된 권력이다. 이에 正印이 傷官을 制化하면 공동의 삶을 살피는 권력이 된다. 만약 偏印이 傷官을 막으면, 正官의 단점을 취해서 傷官에게 넘겨준다(이때 偏印은 스파이가 된다).

傷官이란, 뛰어난 인물이 권력을 취하고자 하는 것인데 기존 질서를 개혁해서 무너뜨리고 새로운 질서를 세우고자 한다. 이때 傷官佩印해야 기존 질서를 지켜 가면서 권력을 잡는다. 傷官이란 上下관계를 인정할 수 없고 동등하게 하자는 것이다. 신분이나 계급적 차별을 없애야 한다고 주장한다. 正印이 傷官을 制化해야 上下의 질서를 균등하게 하고 허가, 등기, 규약 등을 내세우게 된다.

(4) 傷官과 印星의 相剋관계

① 상관패인(傷官佩印): 자격을 갖춘다는 것이고, 허가를 받고 등기를 한다는 의미다. 법은 正官에 있고, 허가는 正印이 하는 것이며, 그 자격을 가지고 백성을 살피러 가는 것은 傷官이 한다.

② 상관상진(傷官傷盡): 능력이 다 닳아서 없어진다는 뜻으로 印星이 지나치게 많아서 傷官을 심하게 제압하는 경우를 말한다. 傷官이 傷盡되면 자격을 이루지 못하고 무능력하다. 순수성이 있다. 傷盡되어 아무것도 할 줄 모르는 부인은 순수하다고 말하지만 傷盡되어 아무것도 할 줄 모르는 남편이라면 무능력한 것이다. 세상 이치를 몰라서 멍청한 것이다. 印星이 지나치고 傷官이 작으면 환경을 활용하거나 타인을 활용하는 응용력이 부족하다. 애교가 제일 많은 것이 傷官인데, 傷官傷盡되면 애교가 전혀 없다. 旺한 傷官을 正印이 相剋하는 것을 傷官佩印이라 하고, 弱한 傷官을 正印이 相剋하는 것을 傷官傷盡이라 한다. 傷官傷盡은 무능력의 상징이고 일처리를 잘못하고 서비스 정신이 전혀 없는 것이다. 傷盡이 되면 참신성과 순수성으로 승부해야 한다. 참신하고 순수하면 보호받는다.

③ 파료상관(破了傷官): 官이 있고 印星도 지나쳐서 傷官을 막아 버린 것을 破了傷官이라 한다. 官이 지나치게 많을 때는 正印으로 官의 명령을 무조건 따르는 것만이 능사가 아니다. 傷官이라도 나서서 官에 대처해야 한다. 잘못된 것은 소청(訴請)하거나 이의신청을 해야 한다. 官의 횡포로부터 백성을 보호하는 것이 傷官이다. 그런데 官도 많고 印星도 많으면 傷官이 짓눌려서 소청(訴請)이 안 된다. 官에 대한 저항력이 없다. 이는 짓눌린 것이다. 하복, 하인, 저항력상실, 갑질을 당한다. 부모가 자식에게 선생님 말

씀은 잘 들어야 하고 학교 규칙은 잘 지켜야 한다고 말한다. 맞는 말이지만 맞는 것을 다 할 수 있는 것은 아니다. 이들은 힘들다. 破了傷官은 자격이 미달되어 제외된 사람들이다. 완전히 무능력한 것을 말한다. 傷官傷盡은 보호를 받는 것이지만, 傷官傷盡에 官까지 旺하면 보호받는 것이 아니라 제외된 사람들이다.

(5) 偏印 + 偏財

偏印을 한 글자로 어떻게 이해를 시킬 것인지가 문제인데 과거에는 효신(梟神)이라 했지만 지금은 없어진 용어다. 그러니 한 글자로 표현하기가 쉽지 않다. 偏印의 생각, 계획, 작전에 대한 수많은 생각들을 현실화(偏財)해서 시장성 있게 만들어 내는 것이 偏財다. 즉 공동이익을 추구하는 방식이다. 옛날에는 偏財가 偏印을 制化하면 구제중생(救濟衆生), 활인공덕(活人功德)한다는 말을 했다. 이는 자기의 능력을 세상에 내놔서 골고루 쓰게 하는 것이다.

다시 설명하면 凶神의 相剋은 制化라 하는데 자제를 시켜서 환경에서 요구하는 것을 응하도록 적응력을 갖게 한다는 뜻이다. 偏官이란 자연으로부터 위험하고, 적으로부터 위험하고, 병균으로부터 위험한 것을 막기 위해 연구개발을 하는 것을 食神制殺이라 한다.

劫財란 뛰어난 인물이 제도에서 벗어나서 독과점과 같은 수입을 취하려고 한다. 제도권을 벗어난 소유행위를 하려 하는데 이들이 제도를 지키도록 유도한다. 그럼 혼자 먹지 못하고 공개적이고 투명하게 수익 활동을 해야 하는 것과 같은 이치다.

傷官은 뛰어난 인물이 권력을 취하고자 하는 것인데, 이는 기존 질서를 개혁해서 무너뜨리고 새로운 질서를 세우고자 하는 것이다. 그러나 기존 질서를 지켜 가면서 혁신을 해야 한다. 기존 질서를 무너뜨리는 것은 혁명이나 반정이라 한다. 질서를 지켜 가면서 혁신을 해서 권력을 잡는 것을 傷官佩印이라 한다.

偏印은 사람을 죽일 것인가, 살릴 것인가에 대한 뛰어난 아이디어가 있다. 偏印이 偏財를 보면 죽어 가는 사람을 살리고자 하는 아이디어를 낸 것이다. 즉 많은 사람을 살려서 공동이익을 본다. 이런 것들이 制化다.

(6) 偏印과 偏財의 相剋관계

① 효신제화(梟神制化): 偏印을 偏財가 制化하면 중생구제(衆生救濟)를 하는 사람이고 활인공덕(活人功德)하는 사람이다. 양심이 살아있는 사람이고, 약자를 보호할 줄 아는 사람이다.

② 재극인(財剋印): 官殺의 도움을 받아야 하는 약한 偏印을 偏財가 剋하면 財剋印이다. 偏印은 전략을 짜고 조사하고 장단점을 파악해서 단점을 써먹는 것이다(형사, 의사, 조사관, 교도관 등). 단점을 조사해서 써먹을 때 악의적으로 사용할 수 있는 것이 偏印인데 그것을 선의로 사용하도록 하는 것이 偏財다. 偏財가 없는 偏印은 악의적으로 사용하는 것이다.

偏印이 약하면 판단력이나 기획력이 없다. 弱한 偏印을 偏財로 제하면 도움을 받아야 할 사람한테 중생 구제하라고 하는 것이니 힘들어서 갈등이 온다. 내 마음이 건전한 것이 행복인지, 돈이 많은 것이 행복인지 갈등하고, 믿어야 하는지 말아야 하는지 갈등하고, 내 생각이 맞는지 저 사람 말이 맞는지 갈등이다. 모든 것이 갈등 중이다. 이것이 偏印의 財剋印이다. 말과 글로 화를 일으키는 필설지화(筆舌之禍)를 일삼는 자다. 모든 일을 감정으로 처리하는 사람이다. 현실과 자기 생각이 안 맞아서 모든 일에 클레임을 건다. 財剋印 運에 들어오면 모든 일을 흥분으로 해결한다. 이는 전생의 데자뷔 현상이다. 전생에 모함을 받은 적이 있어서 불편함을 견디지 못한다. 財剋印이 되면 피해의식을 갖게 된다.

2. 흉신(凶神)의 상극: 2차 통변

(1) 偏官 + 食神

食神이 바라본 偏官은 위험이고 생명이다. 그리고 범죄다. 이런 殺을 대항하기 위한 준비, 연구, 개발이다. 사람은 항상 자연, 적, 병균으로부터 위험하다. 이런 위험을 막기 위해서 연구 개발하는 것을 食神制殺이라 한다. 食神이 바라본 偏官은 위험이나 범죄와 같다. 이를 대항하기 위한 연구, 개발 등 준비를 하는 것이 食神이다.

흉신인 偏官, 劫財, 傷官, 偏印이 있으면 좋지 않은 일이 먼저 생기고 食神, 正官, 正印, 偏財로 극복하는 것이다. 만약 凶格이 아닌 吉格인 食神, 正官, 偏財, 正印格은 준비를 먼저하고 凶神 운을 만나면 준비한 것을 쓴다. 아주 똑같은 의미다.

(2) **劫財 + 正官**

독과점과 뛰어난 소유자, 부지런한 사람을 正官으로 누르고 제도적 장치를 마련해서 제도권 안에서 하도록 유도하는 것이다. 劫財를 그냥 두면 신제품이 출시되면 금방 가짜가 나온다. 그럼 가짜가 나오면 개인의 권리를 뺏고 세금까지 포탈한다. 이런 사람들은 법꾸라지라 한다. 이를 위해 제도적 장치를 마련해야 한다. 劫財가 있으면 재산을 등기해 두어야지 항아리에 묻어 두면 안 된다. 부지런하다는 것은 남들보다 한 수 앞선 마인드를 가졌다는 뜻이니 正官으로 눌러야 제도적 장치가 된 것이다. 正官만 있으면 劫財를 두려워할 필요가 없다. 제도적 장치를 마련하니 뛰어봐야 벼룩이다.

(3) **傷官 + 正印**

傷官이란 상하관계를 인정할 수 없고 동등으로 여긴다. 그러나 상하는 분명히 존재하고 차별과 차이가 존재한다. 그러나 상하는 평등하고 남녀는 평등하다고 주장하는 것이다. 상하 질서를 무너뜨리고 동등하다고 하니 노사와 동등해야 한다는 뜻이다. 그러니 신분이나 계급적 차별을 없애야 한다는 것이다. 그럼 正印이 가서 상하의 질서를 균등하게 해 주는 것이다. 그래서 허가, 등기, 규약, 정관, 정요 등을 내세우게 된다. 나라에는 헌법이 있고 법, 시행령, 시행규칙, 조례와 같은 것이 존재한다. 이런 법과 규칙이 어긋나면 안 되는데 법과 제도를 무시하고 제멋대로 행동하는 것이다. 집에 가면 부인에게는 사소한 문제도 상의하지 않았다고 화를 내면서 밖에서는 법에 대한 테두리를 지키지 않고 자기 맘대로 한다. 분명히 上下가 있고, 지킬 법이 있는 것이다. 남녀가 만나도 지켜야 할 매너가 있고, 부부관계에서도 지킬 도리가 있고, 관계기관에도 지켜야 할 규칙이 있다. 그러니 허가규정, 등기규정 등을 잘 지켜야 한다.

君이란 나라에서, 民이란 백성들에게 지키라는 활동 규정과 허가 규정 그리고 자격 규정을 정해 놓았다. 의사를 하려면 나라에 허가를 내지 않으면 불법이 된다. 나라를 대신해서 傷官이 백성들을 돌보니 허가를 맡아야 한다. 그럼 국가자격증을 따와야 한다. 허가, 등기, 규약 등의 자격 조건을 말하는 것이다. 이것을 위반해서는 안 되는 것이다. 그러니 正印의 통제를 받지 않으면 안 된다.

(4) 偏印 + 偏財

偏財가 偏印에게 현실을 직시하게 만들어 준다. 偏財가 偏印을 制化해야 오리무중, 좌불안석에서 나는 도대체 어떻게 살아야 하나? 고민하지 않고 마음을 다잡아서 자기보다 아픈 사람을 발견하고 봉사도 하고 희생도 한다(컨설팅, 직업상담사, 카운슬러, 심리치료). 그럼 偏印은 먼저 아파 봐야 한다. 그래야 아픈 사람들을 인도할 수 있다.

偏官, 劫財, 傷官 사이는 매우 친하고(劫財拾殺, 傷官合殺),
傷官과 偏印 사이도 매우 친하다(偏印傷官 合).
偏官이 食神의 통제를 받지 않으면 傷官과 협력하는 것이고,
劫財가 正官의 통제를 받지 않으면 偏官과 협력하고,
傷官이 正印의 통제를 안 받으면 偏印과 협력한다.
사주가 이런 合으로 구성되면 에이전시, 로비스트, 헤드헌터, 국회 출입 기자, 무역 중개상 등이다. 만약 合이 있으나 五行의 계절이 맞지 않으면 택배기사와 같다.

(5) 偏官 - 比肩 (연대책임)

食神이 없을 때 偏官은 比肩을 剋한다. 偏官이란 천재지변, 각종 질병 등 모든 위험 요소가 자신이 갖추고 있는 것에 상해를 입히는 것이다. 日干이 살아가는 데 위험이나 재난에 대비해서 갖춘 물건들이 比肩이다. 偏官이 比肩을 剋한다는 것은 日干을 보호하는 장비나, 日干을 보호하는 사람이 상해를 당한다는 뜻이다. 比肩이 없으면 食神이 힘을 쓰지 못한다. 예를 들어 직업을 갖기 위해 준비된 능력을 없애는 것, 살기 위한 집을 없애는 것 등을 말한다. 偏官이 比肩을 剋하면 채무에 관련된 일들이 가장 많다. 자기와의 공동책임자, 연대책임자 때문에 망한다. 이는 본사가 망하면 하청 업체가 망하는 이치다.

(6) 偏官 - 日干

만약 比肩이 없으면 偏官이 직접 日干을 剋하니 자기가 손상당한다. 이는 1등은 하지 못하고 2등을 하는 것이다. 이때 日干의 根이 있으면 나쁜 일을 당한 이후에 전화위복할 수 있고(相制), 根이 없으면 복구할 수 없다. 偏官이 日干을 剋했을 때 根이 있는 사람은 재수(再修)하면 되고 根이 없으면 재수하지 말고 등급을 낮추어 하향지원해라.

(7) 偏印 → 食神

偏印은 '내가 어떻게 살아야 하나' 생각한다고 했다. 偏財의 制化를 받아 정체성을 회복하고, 갈 길을 찾지 못하는 어려운 사람들을 위해서 구제중생, 활인공덕을 하는 것이다.

偏財의 制化를 받지 못한 偏印은 食神을 剋한다. 자기가 그런 처지에 있었으니까? 그런 처지에 있는 사람을 편취(騙取)하러 가는 것이다. 즉 노약자, 심약자, 어리숙한 사람들을 상대로 편취한다. 이들은 세금포탈, 보건법, 환경법, 청소년 보호법, 식품위생법 등 각종 양심을 어기는 사람들이다. 상대의 간절한 약점을 이용해서 편취한다. 偏財가 없으면 사람들을 안타깝게 생각하지 않고, 권위와 신분을 사용해서 약자를 이용하는 것이다. 만약 日干이 根旺하면 倒食을 이겨낸다. 이 根旺은 偏印에게 필요한 게 아니라, 食神에게 필요한 것이다. 즉 남을 이용해서 편취하지 않고 자기 노력으로 일어날 수 있다.

(8) 偏印과 食神의 相剋관계

① 도식(倒食): 偏印이 食神을 剋할 때 日干이 根旺하지 못하면 도식(倒食)인데 이는 무능력이다. 순진하고 어리숙한 것이다. 사주에 殺이 없는 倒食이면 귀엽고 깜찍하다. 어리숙해서 보호받는다. 이들은 참신하게 행동하면 된다. 도식(倒食)은 동정 유발로 승부를 봐야 한다.

② 殺이 있는 倒食: 殺을 불러오는 倒食이 있다. 이는 각종 실수, 안전사고를 불러일으킨다. 사고로 갑자기 죽기도 한다. 투자실패, 패가망신, 구속도 되고 입원하는 것이다. 倒食으로 인해 殺이 살아나는 것은 저승으로 가는 것이다.

(9) 傷官 → 正官

正印이 없을 때 傷官은 正官을 剋한다. 신분적 열세나 태생적 열세, 권한 남용 때문에 상처 당한 힘겨움을 벗어나기 위해서 조직을 버리고 평등하고 홀가분한 세상으로 빠져나가는 것이다. 제도를 벗어나서 규칙과 규율이 없는 홀가분한 세상으로 가는 것이다. 마음에 들지 않으면 직장을 안

다니면 된다. 자유로운 세상으로 빠져나간다. 正印이 없어서 傷官見官이 벌어지는 것이므로 무허가 세상이다. 허가를 맡지 못하는 분야에서 일한다.

(10) 劫財 → 正財

正官이 없을 때 劫財는 正財를 剋한다. 제도화되지 않았거나 계약에 명시되지 않은 것들을 자기 것처럼 사용하는 걸 말한다. 자기가 주인이 아닌데도 자기 것처럼 쓴다. 문서에 명문화되지 않았거나 재산권 등록이 되지 않은 것(공유부지 등)은 모두 이 사람 것이다. 눈에 보이지 않거나 재산권 등록이 안 되거나 상대가 무관심한 틈을 타서 가져간다. 劫財가 있고 財生官이 안 되는 사람이 남편에게 3일만 무관심하면 금방 남이 가져간다. 나가면 남의 사람이고, 들어오면 내 사람이라고 한다.

正官이 있으면 문서화해야 한다. 법에 등록되지 않은 공유부지는 내 것이다. 법의 교묘함을 이용할 수 있는 偏印과 劫財다. 偏印은 官泄이다. 劫財는 印星을 泄하니 등기, 허가, 상표의 교묘함을 이용한다. 그러니 상표권 투쟁을 하는 것도 劫財다. 劫財 + 印星 + 財生官이 있으면 상표차용이고, 財生官이 안 되면 상표도용이다.

정리

① 偏官+比肩: 연대책임, 환자를 옆에 놓고 같은 환자 소리 듣는다. 만약 比肩이 食神을 거느리고 있으면, 偏官이 공격해도 비견 때문에 이익을 보는 것이다. 공격을 받으면 받을수록 성공한다.

② 偏印+食神: 준비 소홀로 의해서 자기 능력이 과거로 돌아간 것이다. 과거 전성기에는 잘 썼으나 지금은 못 쓰는 능력이다. 食神制殺이 안 되면 자기 나이에 대비해서 미래직업을 만들어 놓지 않은 것이다. 서비스 산업은 나이 먹으면 써주지 않는다. 만약 食神이 偏財를 가지고 있고 偏印을 보면 倒食되었지만, 지적재산권을 남겨놓고 가는 것이다. 현장에서 활동할 때보다 돈이 더 들어온다. 偏財가 偏印을 제압하면 많은 사람을 구제중생, 활인공덕하는 사람이다. 훌륭한 종교지도자나 봉사하는 의사와 같다.

③ 傷官+正官: 대체로 무허가 행위를 말한다. 가짜 경찰, 무자격 의사 만약 正官이 正印을 가지고 있고, 傷官見官 하면 내 상표권으로 사업하라고 허가를 내준 것이다(프랜차이즈).

④ 劫財+正財: 도용하는 행위다. 만약 財生官되고 劫財가 正財를 相剋하면 법적 장치를 하고 내 재산을 劫財가 와서 가져가는 것이니 임대업이다.

※ **食神制殺하면 殺印相生이다.**
준비된 능력으로 재난에 대처했으니, 위험에 대처하는 권한을 가진다(사법권, 군사권 등). 이 사람의 직업은 인간의 생명에 대한 위협이나 사회적 위험을 초래하는 사람을 막는 권한을 쥔 것이다. 만약 食神制殺을 하지 않으면 日干이 극신약(極身弱)해지니 위태롭다. 병권(兵權)을 잡는 것이 아니라 투옥되어야 한다. 의무불이행자, 범죄자, 환자다.

※ **正印이 傷官을 제압하면 官印相生이 된다.**
제도를 지키는 임무수행자다(정책관, 행정관, 교육관 등). 제도권에 들어

가서 임무를 부여받는다. 자격 조건을 부여받는다. 만약 傷官을 正印이 制化하지 않으면 傷官見官한다. 제도를 지키지 않는 임무수행자다. 무자격자.

偏印 偏財 食神에서 偏印을 偏財가 제압하면 많은 사람을 구제하는 중생구제, 활인공덕을 하는 사람이다. 의사나 약사와 같다. 偏財가 偏印을 制化하지 않으면 환자나 약자를 이용하는 것이다. 무허가 약사, 어린이 유해 물질 판매, 원산지 표시법 위반, 풍기단속, 음란물 유해 사이트, 미성년자 출입금지법 위반 등, 인간 생활에 절박한 생명 유지 욕구, 아픔, 그리고 먹는 것, 우리가 보호해야 할 대상의 간절함을 이용해서 편취를 하니 돈을 잘 벌 수 있다.

正官은 劫財를 제압해야 한다. 劫財는 正財를 제압해야 한다. 劫財가 正財를 제압하면서 편취를 해가는 것은 正官이 없기 때문이다. 偏印과 食神은 인격과 양심의 문제다. 正官과 劫財 正財의 문제는 재산권과 보호 장치의 문제이고, 偏官과 食神은, 偏官이 比肩을 相剋하는 것은 미래준비 부족에 의한 리스크의 문제다. 傷官과 正官의 관계는 지위와 신분에 대한 허가권의 문제다. 허가를 맡으면 그에 따른 지위와 신분이 따른다. 허가를 맡았느냐 아니냐의 문제다.

※ 年運
年運에서 凶神이 相剋당할 때는 그동안 잘못에 대해 책망을 당하는 運이다.
예) 사주에 偏財의 制化를 받지 않는 偏印이 있는데, 年運에서 偏財가 오면 그동안 사람을 살피지 않은 것에 대한 질책이 들어오는 運이다.

年運에서 凶神이 相剋할 때는 사고를 일으킨다.
예) 사주에 制化를 받지 않은 傷官이 있는데 年運에서 正印이 오면 잘못에 대한 재활 교육을 받는 運이다.

예) 偏官이 있는데 根旺하지 않고, 食神이 없었다면 그 偏官은 殺이다. 그럼 모든 것을 불신하고 부정적인 사고방식을 가지게 된다. 年運에서 食神이 오면 기회가 생긴 것이다. 하지만 항상 부정적 사고방식을 가지고 있던 사람이 임무를 받은 것이니 진급은 할 수 없다. 사주에서 凶神이 制化가 안 되었는데 年運에서 制化를 받는다는 것은 책망을 받는 運이다.

凶神이 소멸당한 사람들은 취미나 여가로 인생을 살고자 한다(귀농해서 농사나 지어 볼까, 산에서 살면 얼마나 좋을까). 凶神을 쓰지 못하면 한량 사고방식, 사회에 참여하지 않는 행복, 잠시 떠남에 대한 행복을 추구한다. 바둑 두는 장인, 등산가는 아내, 낚시 가는 삼촌, 凶神은 뛰어난 인물이 하는 짓인데 그것을 못 쓰게 되었을 때, 얼마나 떠나고 싶을지를 생각해 보면 된다.

3. 吉神의 相剋

吉神의 相剋은 凶神을 制化하는 것이다. 준비력과 임무수행이 들어가 있다. 미리미리 준비해서 凶神이 나타나면 임무를 수행해야 한다. 吉神의 相

훼은 食神格, 正印格, 正官格, 偏財格이다.

1) **食神格**: 食神이 偏官을 相剋하면 위험에 대비한 능력을 미리 준비부터 한다. 根旺한 食神은 나의 위험에 대비한 준비이고, 比肩까지 있으면 많은 사람을 살려내기 위함이다. 가족적 개념이냐, 개인적 개념이냐인 것이다. 食神이 偏官을 制하면 殺印相生이 살아나서 병권을 쥔다.

(1) 食神格은 根旺으로 능력을 만들거나, 比肩으로 旺해서 능력자들과 연계하여 制殺이란 큰일을 도모한다.
(2) 根旺하지 않거나 比旺하지 않으면 倒食된다. 강자로서 약자를 보호하는 게 아니라, 자기가 약자로서 이용당하게 된다.

2) **食神과 偏官의 相剋관계**
(1) 食神制殺하면 殺印相生된다. 즉 食神制殺로 연구 결과에 의한 자격을 취득하고, 殺印相生하여 권한을 쥔다. 만약 殺印相生할 때 倒食하면 권한을 쥐었다가 실수하는 것이다.

(2) 제살태과(制殺太過): 日干이 身太旺한 食神은 制殺太過할 수 있다. 그렇게 되면 '창피하게 이런 걸 어떻게 해' 하고 더 큰 것을 바라고 작은 것을 하지 못하는 사람이다. 食神制殺 후 殺印相生된 사람이 9급 공무원이 되면 열심히 일한다. 하지만 제살태과(制殺太過)한 사람이라면 자기가 하는 일이 직급이 너무 낮아서 창피한 것이다. 그래서 다른 직업을 또 찾아간다. 결혼하면 남편의 수준이 낮아 보여서 또 결혼하는 사람이다. 평생 무엇인가를 찾아 헤맨다. 자기에게 주어진 책무가 너무 작아 보여서 더 큰

것을 요구하고 다른 것을 찾는 사람이다. 그러니 직업이 없다. 자신은 수준이 높은데, 현실은 수준이 너무 낮다고 생각하는 현실불만자다. 制殺太過는 官泄과 거의 흡사하다. 자기가 하는 일에 항상 불만이다. 그러다가 결국은 정착하지 못한다.

官은 偏印이 제거하고, 殺은 食神이 제거한다. 食神과 偏印 둘 다 있어서 殺과 官을 다 제거하면 殺 없는 세상에 살고 官 없는 세상에 산다. 그럼 죽은 사람이거나, 무국적자(無國籍者), 완벽하게 노는 사람이다. 주민등록말소자다. 殺을 제거해 버렸으니 어려움조차 없는 것이다. 食神制殺은 根旺할 때 벌어지고, 制殺太過는 너무 根太旺할 때 벌어지고 倒食은 根弱할 때 벌어진다. 制殺太過하면 내 능력만 살아나고 환경은 없어지는 것이다.

(3) 制殺太過 年運
食神이 스스로 旺해서 制殺太過한 사주가 殺運에 오면 制殺太過다. 殺을 뭉개 버렸다. 현실적인 위신이 서지 않아 속세를 버리고 칩거한다. 자기 위신을 세우기 위한 다른 방법을 찾아보지만 안 된다. 制殺太過 年運에는 별것도 아닌 일을 해결하느라 온갖 것을 다 동원한다. 자기 일에 최선을 다하지 않고 딴 일에 매달린다. 해야 할 일은 하지 않고 쓸데없는 일에 매달린다.

3) 正印格: 正印이 傷官을 制하면 백성들의 민생을 위해서, 그들이 원활하게 살아가도록 정책을 마련해야 한다. 그들이 권리를 보장받고 권한을 보장받도록 자기가 그런 능력을 갖추어야 그들을 보살핀다. 傷官이란 허가를 받고 살아가는 것이다. 모든 제도의 혜택을 받을 권리가 있으니 그

들을 위해서 공부해야 한다. 그래서 민생을 살피는 것이다. 正印이 傷官을 制해서 능력을 갖추어야 사람들이 권리, 권한을 보장받도록 그들을 보살필 수 있다. 官印相生이 살아나서 교육자, 허가권자가 되는 것이다. 食神이 임무를 맡으려면 偏官을 봐야 하고, 正印이 임무를 맡으려면 傷官을 봐야 한다.

(1) 正印이 官의 生을 받고 傷官을 制해야 官印相生이 살아난다. 그러면 제도적 장치를 사용해서 민생을 살피게 된다.

(2) 正印이 官의 生을 받지 않고 傷官을 制하는 경우, 正印이 스스로 왕해서 傷官을 制하면 권한을 남용하거나 앎에 대한 횡포를 부리게 된다(傷官傷盡). 正印이 스스로 旺하고 傷官을 傷盡하면 재산권에 대한 횡포, 상표권에 대한 횡포, 프랜차이즈가 대리점에 부리는 갑질, 官印으로 정식으로 旺해야지 印星이 스스로 旺하면 그렇다.

4) 偏財格: 지식과 지혜가 모자라서, 살아가는 방법을 몰라서 자기 능력을 발휘하지 못하는 것이다. 偏財가 偏印을 제압하면 食神生財가 살아나고 살아가는 방법을 안다.

(1) 偏財가 食神의 生을 받고 사람들의 의식주 건강 등 생활과 삶에 대한 피폐한 마음을 알고 있어야 한다. 偏印을 制해서 그들을 구한다. 그래서 호걸이 되는 것이다.

(2) 偏財가 食神의 生을 받지 않고 偏印을 제압하는 경우, 偏財가 스스로 왕해서 偏印을 제압하면 食神을 살리고자 함이 아니다. 모든 확장을 독차

지하기 위함이다. 금전을 가지고 횡포를 부리는 것이다. 경영권의 횡포, 관리권의 횡포다. 관할권의 횡포와 같은 것이다.

5) 正官格: 正官이 劫財를 제하면 財生官이 살아난다. 제도적 장치를 마련해서 독과점을 막고 공정하게 혜택을 받을 수 있고 다 같이 사는 조직을 만드는 것이다. 각종 대행업, 용역, 공동관리라는 조직을 만들어 낸다. 특별 자치권을 부여받는 것이다.

(1) 正官이 財星의 生을 받고 劫財를 制하는 경우, 正官格은 財星으로 旺해야 한다. 그래야 제도에 입각하여 타인의 재산이나 나의 재산권을 독과점으로부터 보호한다. 財生官은 제도적이다. 너와 내가 공동으로 분배하자는 것이다.

(2) 正官이 財星의 生을 받지 않고 劫財를 剋하는 경우, 正官이 스스로 왕해서 강매나 강권, 劫財를 剋하면 뺏어 오는 것이다. 그러니 법적인 강도다. 규정을 이용해 횡포를 부린다. 열심히 일해서 돈을 버는 것이 아니라 제도를 활용해서 벌면 된다. 경매전문가, 각종 NPL 등 남의 잘못을 틈타는 것 등이다.

그러니 食神 偏財, 正官 正印은 모두 相生으로 旺해야 공정한 것이고, 相生으로 旺하지 않으면 불공정한 것이다. 吉神은 相生을 받지 않으면 아주 유치하다. 만약 正印이 根으로 스스로 旺하면 상대를 약 올리거나 비꼬는 마음을 갖는다. 官에 대한 공정함이 없어서 그런 것이다. 거꾸로 말하면 食神은 偏官에 대해서 잘 안다. 偏官보다 한 수 더 높다. 日干이나 比肩의

生을 받지 않은 食神은 아주 유치하게 남용을 한다. 正印은 傷官에 대해서 잘 안다. 正官의 生을 받지 않은 正印은 치사한 권한 남용을 부리게 된다. 正官은 劫財에 대해서 잘 알고 있다. 正財의 生을 받지 않은 正官은 법과 제도를 이용해서 劫財를 편취해 간다. 偏財는 偏印의 아픈 마음을 다 안다. 그 마음을 선하게 쓰려면 食神으로 生을 받아야 한다. 食神이 없으면 偏印의 불쌍하고 아픈 마음을 이용한다. 食神이 있으면 불쌍한 사람들을 걱정해 주는 사람이 된다.

  이처럼 食神 偏財, 正印 正官은 相生으로 旺해야 공정한 것이고, 相生으로 旺하지 않으면 약자를 이용하거나 간자를 사용해서, 혹은 급한 자의 심리를 이용해서 편취하는 불공정한 행위를 한다. 비열한 수법이고 횡포다. 食神制殺은 어려움에 맞서서 功을 세우는 것인데, 食神이 자체로 旺하면 제살태과(制殺太過)다. 制殺太過는 어려움을 기피하고, 사소한 것에는 목숨을 건다. 5층에서 불이 나면 制殺太過는 그냥 뛰어내리다가 죽어버리고, 食神制殺은 구할 사람이 있는가를 찾아보다가 죽지만 그 공은 오랫동안 살아있다. 제살태과(制殺太過)는 사소한 것에 목숨을 걸고 食神制殺은 사소한 것은 신경 쓰지 않는다.

  상관패인(傷官佩印)과 상관상진(傷官傷盡)은 다르다. 傷官傷盡은 正印이 官의 生을 받지 않고 스스로 왕한 경우를 말하는데 '아니면 말아' 식이다. 제멋대로다. 傷官傷盡은 正官이 살아나는 것이 아니다. 傷官이 없어진 것이지 正官이 살아난 것이 아니다.

  偏官이 偏印을 생하면 食神制殺이 되지 않는다. 偏官이 制化를 받지 않으면 比肩을 剋한다. 偏印을 生하고 있으니 食神이 偏印에게 剋을 받으니 制殺이 되지 않는다. 그래서 견제라고 하는 것이다.

傷官이 正財를 生하고 있으면 正財가 正印을 剋하니 傷官佩印이 안 된다. 그러나 日干이 根旺하지 않으면 傷官佩印이 되는 것이다. 그러니 傷官은 항상 根旺하지 말아야 하고, 食神은 항상 根旺해야 하는 것이다.

劫財가 傷官을 生하고 있으면 正官이 劫財를 制하지 못한다. 그러나 印旺하면 얼마든지 正官이 劫財를 制할 수가 있다. 그러니 根旺하지 말아야 한다.

偏財가 偏印을 制하고 있는데 偏印이 比肩을 생하고 있으면 偏財가 偏印을 制하지 못한다. 그러나 日干이 根旺하지 않으면 偏財가 偏印을 制할 수가 있다. 그러니 日干이 아무리 좋은 六神이 많아도 日干의 정신과 태도에 따라서 쓰는지 쓰지 못하는지를 알고 있어야 한다.

이런 것을 원활하게 하기 위해서 相生相剋 연습을 해야 한다.
木火土金水, 水生木 木生火 火生土 土生金 金生水,
水剋火 土剋水 木剋土 火剋金 金剋木
이렇게 相生相剋 연습을 하루에 100번씩은 매일 해야 한다. 연습하지 않으면 相生相剋 훈련이 되지 않는다. 正官이 正印을 生하면 正印이 傷官을 制해서 官印相生이 된다. 水剋火 土剋水 木剋土 火剋金 金剋木 이렇게 相生相剋이란 용어가 입에 배지 않았기 때문에 相生相剋이 무언지도 모르고 相生相剋이 보이지도 않고 相生相剋이 통변도 되지 않는다. 반복된 연습을 매일 해야 사주를 보면 相生相剋이 보이게 된다. 연습하지 않으면 보이지 않고, 운명에 대한 자신감이 없는 것이다. 命理學의 모든 판단 근거가 相生相剋인데 대다수가 相生相剋을 하지 않는다.

甲木이 어떻고, 庚金이 어떻고를 왜 따지나? 火剋金 金剋木을 알아야 庚金을 아는 것이다. 相生相剋은 지구상의 우주관의 대원칙이고 세계관의 원칙이다. 사람들이 살아가는 모습을 相生相剋으로 표현한 것이다. 相生相剋을 알면 모든 것을 아는 것이고 相生相剋을 모르면 모든 것을 모르는 것이다.

偏印格이 殺印相生을 하고 倒食을 한다. 食神이 사주에 있고 없고는 아무 관계가 없다. 그럼 弱者나 어리숙한 사람을 편취해야 한다. 그러나 偏印이 자체적으로 剋하면 편취가 되지만, 殺의 生을 받으면 명분이 있는 것이다. 偏印이 자체적으로 旺한데 아이를 훈련을 시키면 명분이 없으니 폭력이 되지만, 殺이 偏印을 生하면 명분이 있으니 아이를 건강하게 하기 위한 이유가 된다. 그러니 凶神도 生을 받으면 명분이 있지만, 吉神도 生을 받지 않고 스스로 旺하면 相剋에 대한 명분이 없다. 相生相剋이란 원칙을 떠나서 六神의 凶神과 吉神이란 이유만으로 좋다 나쁘다를 판단해서는 안 된다. 이것이 近代 命理學의 六神의 뜻이다.

偏官이라고 함부로 剋해서도 안 되고, 傷官이 正官을 剋하는 것도 명분이 있어야 한다. 劫財가 傷官을 生했으면 正官을 剋해도 된다. 왜냐하면 범죄자도 보호받을 권리가 있다. 도둑놈도 보호를 받을 권리가 있다. 이를 인권운동이라 한다. 약자, 이민자, 도망자들도 보호를 받을 권리가 있는 것이다. 吉神이라도 相生을 받지 못하고, 殺을 制하면 명분이 없는 것이다. 相生相剋을 따지는데 凶神 吉神으로만 보고, 원래 원칙이란 相生相剋을 보지 않고 출발하는 실수를 저지르면 안 된다. 잘못된 상식에서 벗어나서 相

生相剋이란 대 원칙을 잊지 않도록 해야 한다.

財剋印

(1) 財格에 財剋印
食傷生財+財剋印이다. 이윤을 증대, 지속적으로 관리하기 위해서 지적재산권을 등록하는 것이다.

그런데 食傷生財인데 ① 食神이 正財를 生하거나 ② 傷官이 偏財를 相生할 경우는 대체효과로 봐야 한다. 食神은 偏財를 生해야 하고, 傷官은 正財를 生해야 하는데 조합이 맞지 않는 相生을 하면 대체효과라 한다.

(2) 印星格에 財剋印
① 印旺한 日干의 財剋印: 食傷生財가 성립이 되고 지적재산권에 대한 풍요가 이루어진다. 이과형: 과학 문명의 발전과 관계된 특허 개발, 문과형: 국가자격증 등을 의미한다.
② 比旺한 日干의 財剋印: 비교적 爭財적 성향이 강하니 상대보다 돈이 없다.
③ 根旺한 日干의 財剋印: 스스로 생각하기에 자기가 돈이 없는 것이다. 印星格이 財剋印으로 탐재괴인(貪財壞印)이 되면 재물의 중요성으로 인해 귀한 印星이 무너진다. 인간의 정신보다 재물의 소중함이 먼저인 것이 貪財壞印이다. 財剋印으로 食傷生財가 살아나면 印星을 버린 것이니 학원 강사, 출판사, 인쇄소, 신문사, 잡지사 운영자 사주다. 지적능력을 상업화에 써먹는 것이다.

10

육신의 생화극제
(生化剋制)

1. 正印: 正+印

1) 正은 방법이고 印은 목적이 된다.

2) 官印相生 + 財生官 + 印比食

　食傷生財 +財生官+ 印劫傷

　기본 相生인 官印相生과 食傷生財는 생활하는 것을 보는 것이고 財生官은 책임감을 보는 것이고, 印比食이나 印劫傷은 전문성을 보는 것이다. 이것이 따로따로 떨어져 있는 사람이 있고 전체를 다 가진 사람도 있다. 기본 相生은 임무 수행능력을 보는 것이고, 財生官은 책임자로서 의무사항을 보는 것이고, 印比食 印劫傷은 전문성을 보는 것이다.

　모든 것에는 출발점이 있다.
　(1) 月令(格)에서 출발한다. 이는 직업적 내력을 살피기 위해서다.
　(2) 官星부터 출발한다. 이는 사회적 제도나 법치에서 시작하는 것이다. 가정에서는 가장부터 출발하니 이것은 어길 수 없는 규칙이다.

(3) 日干부터 출발한다. 印星부터 출발하느냐 食傷부터 출발하느냐, 아니면 比劫부터 출발하느냐, 이런 것들은 月令과 官을 어기면서 출발을 하는 것이다. 직장이나 법을 어기더라도 내 뜻대로 하겠다는 출발인데, 명리학 책에는 나오지 않지만, 요즘은 실제로 많은 사람이 그렇게 산다. 사회적 법규가 어떻든 내 맘대로 하겠다, 남편이야 어떻든 내 맘대로 살겠다고 하니 어쩔 수 없이 日干 공부를 하는 것이지, 실제 명리나 사회문화 어디에도 그렇게 살라고 한 책은 없다. 다만 시대가 변하여 그렇게 사는 게 행복이고 삶이라고 여기는 사람이 많으니까 이제는 일간도 연구하지 않으면 안 된다. 사람은 대체로 月令에 맞추고 官星에 맞추어서 산다. 이런 기본적인 전제를 가지고 출발을 해야 한다.

六神은 방법과 목적으로 구분되었고, 官印相生과 食傷生財란 두 구역으로 나누어져 있다. 이 두 구역을 얼마만큼 책임을 지는가(財生官), 얼마만큼 전문성을 가졌는가(印比食) 보는 것이고, 六神의 출발은 月令부터 한다는 뜻이고, 官星부터 한다는 뜻이고, 日干부터 한다는 건 格이나 官을 모두 무시한 처사이다. 대개 나만 잘 살면 그만이라는 의식이다.

六神은 사회학이라 생각하고 처음에는 일단 오행은 제쳐 두고 육신 공부를 한 후에 조합하면 된다. 사람마다 하는 말이 다르듯이, 개인의 입장과 경영자의 입장, 정부의 입장이 각기 다르듯이 모든 시각이 서로 다른 것이다. 그러니 서로가 옳다고 주장하는 것을 어떻게 구성할까를 설명해 놓은 것이다.

正官은 日干을 剋하는 것이다.
(1) 正官의 성립요건은 먼저 日干의 強弱을 살핀 다음 正官을 조율한다.

日干은 官에 비하여 강(强)한가 약(弱)한가를 살피는 것이다.

(2) 日干이 强하면 마땅히 官을 부조(扶助)하고, 日干이 弱하면 당연히 日干을 부조(扶助)한다. 부조(扶助)란 도와준다는 뜻이다. 正官과 日干의 强弱을 살펴서 弱한 것을 扶助한다는 의미다. 官이 根이 없거나, 日干이 根이 없으면 도와주는 것인데, 日干은 印星으로 돕는 것이고, 官은 財星으로 돕는 것이다. 無根하면 돕는다는 뜻이다.

① 官星을 간명하기 위해서, 기세(氣勢)의 여부와 月令에 합당한지 살펴야 한다. 이 말은 氣의 자리에 있는지, 勢에 자리에 있는지 살펴야 한다. 氣의 자리에 官이 있다는 것은, 月令이나 時에 자리하고 있으면 氣의 자리에 官이 있는 것이다. 勢의 자리란 것은 月令과 時가 아닌 日支나 年에 있으면 勢의 자리에 들어가는 것이다. 이렇게 氣勢를 살펴야 한다.

② 月令에 합당한지를 살펴야 하는데 이는 月令의 합당과 부당을 살펴야 한다. 月令의 육신이 꺼리는 관계면 안 되는 것이다. 가령 月令이 傷官인데 正官이 있거나 하면 안 된다. 月令이 偏印인데 正官이 있거나 하면 꺼리는 자리이다. 마땅치 않은 자리다.

③ 官星이 天干에 상통되어야 최상이 된다. 가령 甲木이 酉月에 태어났는데 天干에 辛金이 떠 있으면 官이 상통된 것이니 이를 최상위라고 한다. 상위를 점하는 사람이라 한다. 상통은 최상위를 점하는 것이다. 나중에 上格의 기틀이 된다. 干支에 같이 있는 것을 말한다. 가령 酉月 甲木이 辛金이 투간된 경우나 申月 乙木에 庚金이 투간된 것은 최상위가 된 경우이다. 여기까지가 正官에 대한 대다수이다.

첫째 正官을 日干과 비교해서 더 弱한 것을 돕는다. 弱한 기준은 根이 있느냐 없느냐인데 日干은 印星으로 돕고, 正官은 正財로 돕는 것이다. 그리고 正官도 月令에 위배가 되는 것은 안 된다. 月令과 위배되면 正官 자체가 忌神이 되어 버린다. 그리고 正官은 상통이 되어야 최상위가 된다는 의미다.

④ 月令에 있고 투간(透干)되지 않거나, 가령 天干에 있으면서 地支로 통근(通根)되거나, 地支에 있으면서 天干에 上通이 되었을 땐 月令이 아니면 時支에 根을 해야 다음으로 좋은 것이다. 이는 中位가 되는 것이다. 月令에서 上通이 최상위, 月令이 아닌 다른 곳에서 上通이 되면 中位가 된다.

⑤ 다음에 天干에는 있고 地支에 없는 경우와, 地支에는 있고 天干에 없는 경우다. 天干만 있거나 地支만 있는 것은 下位를 하는 것이다. 하지만 正官이 財生官을 얻어야 한다. 그래야 下位로 간다. 그러나 財生官을 얻지 못하면 그냥 있는 것이다.

⑥ 正印으로 相生을 받아야(官印) 傷官의 위협으로부터 멀어지게 된다. 正官은 첫째 印으로 보호를 받아야 傷官의 위협을 막는다는 뜻이다. 이는 오랫동안 자기의 상위를 지킨다는 것이다. 中位도 지키고 下位도 지킨다는 것이다. 그러니 正印으로 正官을 보호해야 한다.

반드시 正財는 偏印과 짝을 맞추고 偏財는 正印과 짝을 맞추어야 한다. 이 말은 財와 印이 다투지 말아야 한다는 것이다. 財는 正官이 印을 만났다는 것은 傷을 멀리해서 일을 지키는 용도이니 임무를 지키는 것이고, 財生官은 지위를 지키는 것이다. 그러니 財와 印이 다투지 말아야 한다. 다투지 않는 방법은 첫째 印星이 天干에 있으면 財星이 地支에 있거나 財星이 天干에 있으면 印星이 地支에 있어야 다투지 않는다.

두 번째 偏財가 있으면 正印이 있거나, 正財가 있으면 偏印이 있으라고 한 것은 오류이니 믿지 않는 것이 좋다. 그러니 財와 印은 天干과 地支에 따로따로 있어야 하는데 印星은 天干, 財는 地支에 있는 것이 재인불애(財印不碍)로서 가장 효과적인 것이다. 만약 天干에 같이 있거나 地支에 같이 있으면 상전(相戰)하여서 내부분란의 중심이 된다. 財와 印은 좌보우필로서, 印星을 좌보(左補)라 하고, 財星을 우필(右弼)이라 하는데 이들이 다투게 된다는 뜻이다.

이것을 다시 설명하면
(1) 正官은 日干과 비교하여 관왕신약(官旺身弱)해야 하는데 둘 다 根이 있어야 한다. 만약 日干에게 根이 없으면 印星으로 生助를 하는 것이고, 官이 根이 없으면 財星으로 부조(扶助)를 하는데, 만약 根이 없으면 감당하지 못하는 사람이 되니 과중 과로에 시달리는 것이다.

(2) 正官은 正印이 보호해서 傷官을 물리쳐 주어야 자기의 임무 역할을 지키는 것이다. 그런 다음 財生官을 해야만 지위를 유지한다는 뜻이다. 이 둘이 싸우지 않으려면 天干 地支에 따로따로 있어야 한다. 天干에 같이 있거나 地支에 같이 있으면 내부 분란자가 된다. 사장 앞에서 이사들이 싸우거나, 중요한 사람들이 같이 싸우는 것이다. 시어머니 앞에서 부부가 싸우거나, 어른들 앞에서 싸움해서 그 조직을 붕괴하게 만드는 역할을 한다. 그래서 따로따로 있어야 한다. 서로가 존경하려면 正印은 天干에 있고, 財

星은 地支에 있어야 한다. 만약 正財가 天干에 있고 正印은 地支에 있게 되면 존경은 하지 않더라도 싸움은 하지 않는다.

급수를 나누는 것은 月令에 正官이 상통된 것이 상급이고, 月令이 아니라 다른 곳에서 上通이 된 것은 B급이고, 天干에 있는데 地支에 根이 없거나, 地支에는 있는데 天干에 없으면 C급이다.

2. 正官의 성립

正官은 먼저 日干의 强弱을 살핀다. 이유는 根이 있나 없나를 살핀다. 根이 없으면 부조(扶助)를 해야 한다. 財生官이 필요한 것은 내가 따르는 사람이 필요하다는 것이다. 만약 天干에만 있으면 나를 따르는 실무자가 필요하다. 地支에만 있으면 내가 따를 존경하는 사람이 필요하다는 뜻이다. 天干과 地支에 따로따로만 있으면 그렇다는 것이다.

上通이란 것은 酉月 甲木이 辛金이 투간된 것을 최상급이라 한다. 그리고 運에서 上通되면, 運에서 根을 만나거나 天干을 만나는 것은 기세의 판단을 봐야 한다. 결론적으로 말하면 당당하면 안 되는 사람이 당당하게 구니 건방지게 보일 우려가 있으니 크게 좋지는 않다.

印星이 正官을 호위해서 傷官을 막아야 한다. 그러니 干支에 따로따로 있어야 한다. 正印은 天干에 財星은 地支에 있는 것이 좋다. 正財가 天干에 있어서 正印을 相剋하면 傷官이 살아나기 때문이다. 그리고 財生官으로 유지를 오랫동안 해야 좋다는 것이다.

官星이 두 가지 꺼리는 것이 있는데, 하나는 형파(刑破)이고 하나는 傷官이다. 그리고 3륜가 더 있어서 모두 오기(五忌)가 있다.

정반대는 두 가지 喜가 있는데, 正印이 傷官을 막아서 임무나 실력을 오랫동안 지키는 것이고, 財星은 財生官으로 지위를 오랫동안 지키는 것이다. 財生官되면 영주가 된다. 책임자가 되는 것이다. 그리고 正印이 傷官을 막으면 임무가 뛰어나니 책사가 된다. 財와 印이 싸우면 자중지란이 된다. 어른 앞에서 애들끼리 싸우는 것과 같다. 그의 책임자를 난처하게 할 의도가 있거나, 책임자를 몰아내거나 끌어내리려고 하는 것과 같다. 잘못되게 하려는 방법 중 하나이다. 그러니 財와 印이 싸우면 안 되는 것이다.

正官의 二喜(이희)와 五忌(오기)

(1) 제일 나쁜 건 傷官이다.

(2) 형파(刑破)이다. 균형이 맞지 않는 것을 말한다. 日干이 지나치게 身太旺한 것을 말한다. 그럼 官을 능멸한다. 어른이나 책임자가 있어도 제멋대로 자기가 할 일을 다 하는 것을 身太旺이라 한다. 傷官은 官보다 뛰어난 능력이다. 그러니 官보다 뛰어난 인물이 나타났음을 뜻한다.

(3) 마땅히 꺼리는 것이 세 가지가 있는데
① 食神이 남몰래 손상하는 것이고,
② 傷官과 身太旺은 공개적으로 망신시키는 것이고,
③ 다른 사람이 있는데 남편을 무시하는 행동을 하는 게 身太旺이다. 官을 실망하게 하는 행위이다. 食神이 많으면 몰래몰래 은밀하게 官을 손상되게 한다는 의미다.

(4) 印星이 많으면 泄氣를 하는 것이다. 偏印이 泄氣해서 官이 손상되게 한다. 食神이 있으면 官은 은밀히 손상이 간다는 뜻이다. 情을 가장해서 손상을 입힌다. 탐합망관(貪合忘官)이라 한다. 官이 情에 치우쳐서 정사를 돌보지 않는 것이다. 은밀히 뇌물 같은 것으로 손상시킨다. 偏印이 손상가게 하는 것은 泄이니 官의 기운을 빼내서 손상이 가는 것이다. 괴롭히지 않는 방법으로 괴롭히니 손상이 간다는 것이다. 대개 食神과 偏印이 설기(泄氣)시키면 죽음에 이르게 하는 것이다. 官과 身太旺이 있으면 官이 실망하게 되고, 食神과 偏印이 있으면 사망을 하게 된다. 이들은 나중에 궁합 볼 때 사용할 수도 있다.

(5) 시절이 사절(死絶)에 있는 것이다. 官이 死絶地로 가는 것을 말한다. 死地란 건 甲木의 死地는 申酉戌이다. 庚金은 寅卯가 死地가 된다. 이런 것은 진퇴나 퇴직을 하는 것과 같은 것이다.

자기 사주에 傷官이 있으면 남편을 실망케 하는 사람이다. 자기 사주가 身太旺하면 남편의 신망을 잃게 하는 행위를 할 것이다. 대개 官旺하면 다섯 가지 꺼리는 것을 만나도 귀함이 감소될 뿐이다. 하지만 官弱한 자가

五릉를 만나면 무너지게 된다. 官旺하면 견뎌내니 貴가 감소할 뿐이다. 五릉를 만나면 貴함이 감소된다는 말이 다 맞지는 않다. 그래도 신망을 잃고 고비를 넘기게 된다는 말이지 아예 없다는 말은 아니다. 만약 身弱하면 반드시 무너지게 된다. 運에서 官星은 財星을 만나야 한다는 말은 정해진 이치이나 官星이 衰弱하여 財星에 의지하면 귀함이 많지만, 官旺한데 財星에 의지하지 않는 것을 보면 이미 족하기 때문이다. 그러니 運에서 官은 財星을 만나는 것이 최고다. 運에서 능력 있는 印星을 만난다고 되는 것이 아니라 위치나 지위, 계급의 높이 등을 만나는 것을 최고로 여기는데 官旺한 자는 이미 그런 위치에 있기 때문에 財星을 별도로 만나는 것은 그다지 크게 좋아지는 것이 아니다. 그러나 이 말도 다 맞는 말이 아니다. 그러니 運에서 財星을 만나는 것이 가장 좋은 것이다.

 행운을 간명하는 방법은, 官을 갖춘 사주가 運을 본다는 것은 官의 동태를 살피는 것이다. 官을 기준으로 사주를 본다는 것은 運에서 官의 동태를 살피는 것이고, 모든 사주가 運에서 官의 동태를 살피는 것은 그 사주에 부귀빈천이 이미 정해졌다는 걸 의미한다. 그러니 사주를 보는 것은 官을 보는 것이고, 運을 보는 것은 官의 동태를 보는 것이다.

 ▶ 사주에 官이 어떻게 갖추어져 있는 것이 가장 좋으냐 하면
 신왕관왕(身旺官旺)해야 하고, 正印과 正財로 보좌를 해야 한다. 이렇게 되면 무엇이 있어도 두렵지 않다. 五릉가 있어도 두렵지 않다. 傷官이 있다는 건 正印이 없다는 뜻이다. 身太旺하다는 말은 官이 弱하다는 말이다. 食神이 旺하다는 말은 官이 弱하다는 뜻이다. 偏印이 있다는 말은 財生官을 갖추지 못했다는 말이다. 사절지(死節支)로 간다는 말은 나이가 들어서 은

퇴를 한다는 뜻이다. 사절지로 가는 건 進退를 말하는 게 아니라, 强弱을 조절하는 것이다. 강하게 할 것인가, 유하게 할 것인가, 부성으로 할 것인가, 모성적으로 할 것인가. 정하는 것을 강유(剛柔)라 한다.

결국 중요한 것은 日干이 財官의 임무를 능히 감당하는 것이다. 만약 日干이 신쇠(身衰)하거나 身太旺할 때, 행운이나 사주에서 生剋하는 억부(抑扶)가 없으면 官星을 구하여도 빈천을 면치 못한다. 이 말은 日干이 身太旺하거나 身太弱하면, 官星이 있다고 해도 아무리 運에서 官을 살리기 위해 抑扶를 행한다고 해도 비난은 면치 못치 못할 것이다. 나의 태도로 官이 소멸되는 것이니 비난이라 한다. 어떤 식으로 소멸하느냐 하면, 위의 다섯 가지 방법을 총동원해서 자기 삶의 기반이 되는 官의 소멸 작전을 펼칠 것이다. 그러니 傷官, 身太旺, 食神, 偏印, 死地 등 다섯 가지를 동원해서 소멸시킬 것이다.

日干이 身太旺하거나 身太弱하면, 官이 아무리 있다고 해도 그리고 運에서 印星이 와서 食傷을 制하고, 財星이 와서 아무리 官을 도와도 효과가 없는 것이다. 그러므로 성현들이 말씀하시기를 소인이란 日干이 身太旺하거나 身太弱한 것이다. 그리고 傷官 食神 偏印이 官을 해코지하면 소인이라 한다. 그러나 死地로 가는 것은 시절이 가서 은퇴하게 되는 것이니 소인이라 하지 않는다.

日干이 身太旺하거나 身太弱하거나 傷官, 食神 偏印 등이 있어서 五륜를 행하면 소인이라 한다. 이자에게 官이 있으면 官이 스스로 자리 잡고 있는 것이지, 그것 때문에 소인될 짓을 서슴없이 하는 것이다. 官이 없었으면 차라리 소인 짓을 하지 않았을 것이다. 이 말은 이런 다섯 가지 忌神을 소인이라 하는데, 官이 있으면 그 官에 자기가 않았을 뿐이다. 印星 運이나 財星 運이 들어오면 그 官을 지키기 위해서 소인배 짓을 한다는 것이다. 차라리 官이 없었으면 그 官을 지키려고 노력하지 않았으니 소인배 짓이라도 하지 않았을 것이다.

다섯 개 忌神이 있고, 官이 있다는 것은 그냥 있는 것이다. 運에서 官을 지켜야 할 것이란, 運이 오면 소인배 짓을 서슴지 않고 할 것이란 뜻이다. 日柱의 기운이 하나도 없고 官이 너무 많으면 종살(從殺)이라 해서 기명종살(棄命從殺)이란 말을 쓰지만, 아무리 남편을 쫓아가서 따른다고 해도, 즉 官을 따른다고 해도 殺이 아니다. 殺이 아님을 알라, 따라가도 괜찮다는 것이다.

그런데 五忌神이 있으면, 官을 따르지 않는다. 傷官이 있으면 '왜 해야 하느냐'고 따진다. 身太旺하면 시키기 전에 못 쓰는 것이라 단정한다. 食神이 있으면 '나에게 무슨 도움이 되냐'고 묻는다. 偏印이 있으면 '남편 이외에 다른 사람을 이롭게 하는 행위'를 한다. 그러나 五忌가 없으면 官으로 從한다. 殺이 아니란 뜻이다.

甲日에 태어났으면 辛金이 官인데 食神이 食正官 合을 했다. 그럼 마땅히 官이란 日干과 음양이 다른 것을 말한다. 그런데 이 辛金인 官이 음양이 다른 것을 또 볼 수가 있다. 丙火를 보면 남편이 나 이외에 또 다른 여자를 본다는 뜻이다. 이런 것에 매달리지 마라. 속된 학문을 가까이 대하지 말라는 것이다. 만약 日干이 미약하거나 官의 위세가 당당하지 않으면, 丙辛合으로 매달려 있으니 삼각관계가 성립되는 것이다.

세 가지 喜神이 있는데, 日干이 官보다 强하면 안 되고, 正印이나 正財가 있어야 한다. 이것이 없으면 다섯 가지가 난동을 피우는데 日干이 身太旺하거나 身太弱으로 잘못되면 傷官이 난동을 피워서 나의 임무를 빼앗아 간다. 그리고 偏印이 泄氣해서 나를 은밀히 망하게 한다. 偏印이 하는 짓은 무슨 짓이고, 食神이 하는 짓은 무슨 짓인지 알면 된다. 사절(死絶)이란 은퇴를 논하는 것이니 하지 않아도 된다. 死絶地란 용어는 청나라 이후는 쓰지 않는다. 구태여 쓰려면 死絶地란 두려움이나 불안감이니 시대적으로 나에게 불리한 운세를 만났다는 뜻인데 쓸 필요는 없는 것이다. 여기까지가 正官이다.

(1) 正官은 身旺官旺해야 한다. 그중에 官이 더 旺해야 한다.
(2) 두 가지 喜神이 있는데 正印과 正財다. 正印은 임무가 되고, 正財는 권한이 된다. 正印은 실력이 되고, 正財는 리더가 된다. 이 둘이 싸우지 말아야 한다.

命理約言에서는 正印이 있으면 偏財가 있어야 한다고 하고, 偏印이 있으면 正財가 있어야 한다고 했는데, 이는 화합이나 화목을 말한 것이지 가정적인 말이다. 正官의 임무를 말한 것은 아니다. 기업윤리나 사회생활을 말하는 게 아니다. 특히 부모 자식 간에 화합을 말할 때 하는 용어이다. 그럼 구성되기를 正印은 天干에 있고, 正財는 地支에 있어야 좌보우필을 받아서 최고의 조직이 구성되는 것이다. 만약 둘 다 天干에 있거나 둘 다 地支에 있으면 서로 다투어서 자중지란, 내부지란이 일어나서 둘 다 없어지는 것이다. 자기 남편을 떨어뜨리기 위해, 자기 남편이 신임하는 사람을 무조건 미워한다. 그런데 미워하는 이유가 남편을 좋게 하려고 하는데 이런 말을 함부로 통변하면 안 된다. 사실은 그렇지만 그렇지 않다고 우길 수 있다. 특히 여자는 충고를 나무람으로 들을 수가 있고, 남자는 충고하면 칼부림으로 들을 수가 있다. 正財 正印이 싸우지 않으려면 天干과 地支로 나누어 있어야 한다. 좌보우필이니 左가 위에 있고 右가 밑에 있어야 한다. 만약 財가 天干에 있고 印이 밑에 있으면 마치 무신정권과 같다. 문치(文治)와 무치(武治)의 차이다.

(3) 正官의 오기(五忌)를 다시 정리해 보자.
① 身太旺하거나 身太弱하면 官을 능멸해서 외면한다. '그까짓 거.'
② 傷官이다. 인물론을 앞세워서 저 사장은 별것도 아니라고 하면서 바꾸려 한다. 身太旺이나 身太弱이 외면하는 것이라면, 傷官은 항명한다는 뜻이다. 그래서 남편을 생채기 내기 전문가를 傷官이라 한다. 콧방귀 전문가는 身太旺이다. 身太弱은 '네 알았어요' 하고 그 이튿날 잊어먹는다. 콧방귀 전문가는 남편의 가슴을 터지게 한다.

③ 食神이 있는데 이 食神은 官을 은밀하게 갉아먹는다. 육체를 파먹는데 영양가 없는 것을 먹이거나, 밥을 안 주거나 밤에 잠을 안 재우고, 몸을 말려 죽이는 것이다. 몸을 들이대는 것이다. 몸을 쇠락하게 만든다. 태심(太甚)하게 만든다. 사망하게 만든다.
④ 偏印은 官의 정신을 공격해서 괴롭힌다. 흔히 골수를 파먹는다고 한다. 자꾸 말대꾸를 하거나 잘못됨을 지적하니, 偏印은 지적질 전문가다. 그래서 남편의 잘못을 계속 찾으니 단점 찾기 전문가이다. 食神은 욕구에 의해서 남편의 기를 빨아먹고, 偏印은 남편의 단점을 찾아서 공략하는 것이다. 그러니 장점을 채워 주지 않는다고 해서 죽음으로 몰아가는 사람이고 身太旺이나 身太弱, 傷官은 망신을 주는 것이다.

그럼 시절이 자기를 받쳐 주지 않으니 은둔을 하면 된다. 그러니 계절인 四時가 맞지 않으면 은둔자처럼 시대의 이로움은 없을 것이란 뜻이다. 은둔거사. 한량, 낙향거사를 하면 된다. 그러나 官이란 출사를 해야 하니 좋지 않게 여기는 것이다.

(4) 기타: ① 官多는 食傷으로 조절하는 것이다. 食傷으로 조절한다는 것은 자꾸 보살펴 준다는 뜻이다. 그래서 어린 왕을 성군으로 이끌어 가는 모습을 말한다. 그러니 殺이 아님을 알라는 뜻이다.

② 身太旺하거나 身太弱한 사주가 日干의 모습이 건전하지 못하면 아무리 官이 있어서 官을 추켜세우는 운이 왔어도 다 빈천을 면치 못한다. 원래 사주에 日干이 身太旺하거나 身太弱하면 官이 있어도 소용없다는 것이다. 아무리 해도 효과가 없는 것이다. 빈천하다는 것이다.

③ 官이 너무 많으면 따르는 것이니, 이것도 殺이 아니니 무조건 시키는 대로 따라라. 從이다.

④ 日干이 甲木에 辛金이 官이다. 官이 또 다른 官을 만나는 것이 丙火다. 그럼 또 다른 것을 만나 다른 행위를 하는 것은 믿지 않는 것이 좋다. 이것은 대인의 풍모가 아니다. 五鼠는 소인이 하는 짓이다.

官을 통변하면
(1) 자신의 직업(환경)의 특징

(2) 남편의 직업(환경)의 특징

官을 통변하면 자기 자신이 아니라 직업 환경의 특징을 말하고, 남편의 성품이 아니라 남편의 직업 환경의 특징인 것이다.

癸 甲 乙 丙 丁 庚 辛 壬으로 나누어서 계속 공부를 하면 된다. 正官이 癸水라면 正官의 직업 환경이 무엇인지와 그것을 존중해 주어야 한다. 日干 기준으로 官을 평가하면 안 된다.

(1) 上通이 되었는가? 月에서 되었나? 時에서 되었나, 아니면 上通이나 通根이 되지 않고 干에만 있나 支에만 있나? 살피는 것이다. 그래서 남편의 정도(定道)와 직업 환경의 정도를 알아보는 것이다.

(2) 그리고 官印이 되었나 財生官이 되었나(財剋印인지 아닌지 보는 것이다). 혹시 내가 官을 모실 때 財生官으로 모시나, 官印으로 모시나 살펴봐야 한다. 官은 스스로 자기가 될 수가 없다. 마치 신부님에게 官은 하나님이듯 항상 자기보다 상위를 官이라 한다. 농사꾼에게 官은 날씨가 되고 어부에게 官은 바다가 된다. 이때 풍랑은 농부에게 殺이 된다.

(3) 그리고 五룬를 봐야 한다. 身太旺이 행하나, 傷官이 행하는가, 食神이 행하나, 偏印이 행하나? 그리고 시절은 어떤가? 기타 五룬도 봐야 한다.

명리학의 相生相剋

오행의 相生
水生木: 癸甲, 癸乙, 壬甲, 壬乙
木生火: 甲丙, 乙丙, 甲丁, 乙丁

火生土: 丙己, 丙戊, 丁己, 丁戊
土生金: 己辛, 戊庚, 己庚, 戊辛
金生水: 辛癸, 庚癸, 庚壬, 辛壬

오행의 相剋

水剋火: 壬丙, 癸丁, 癸丙, 壬丙
土剋水: 戊壬, 己癸, 戊癸, 己壬
木剋土: 甲己, 乙戊, 乙己, 甲戊
火剋金: 丙辛, 丙庚, 丁庚, 丁辛
金剋木: 辛甲, 庚乙, 庚甲, 辛乙

육신의 相生

官印: 官印(官印相生), 殺印(殺印相生)
印比劫: 正印劫財(印劫), 偏印比肩(印比)
比劫 食傷: 比肩食神(比食), 劫財傷官(劫傷)
食傷 財星: 食神偏財(食神生財), 傷官正財(傷官生財)
財星 官星: 偏財偏官(財生殺), 正財正官(財生官)

육신의 相剋

印星 食傷: 正印傷官(傷官佩印), 偏印食神(倒食)
食傷 官殺: 食神偏官(食神制殺), 傷官正官(傷官見官)
官殺 比劫: 正官劫財(劫財制化), 偏官比肩(통변용어 없음)
比劫 財星: 比肩偏財(群比爭財), 劫財正財(群劫爭財)
財星 印星: 正財正印(貪財壞印), 偏財偏印(梟神制化)

육신의 泄

官 泄: (偏印)

日干 泄: (食神)

財 泄: (官殺太旺)

食傷 泄: (財星 多)

印 泄: (比劫 多)

격국의 相剋

忌神 → 格

忌神 → 相神

救神 → 忌神

制化(凶神의 相剋)

正印-傷官 (傷官佩印)

正官-劫財 (劫財制化)

食神-偏官 (食神制殺)

偏財-偏印 (梟神制化)

偏印은 凶神일 수도 있고 아닐 수도 있다. 혁명을 통해 무능한 왕을 탄핵한 것이 옳은 건지 그른 건지 모른다. 부모의 잘못을 지적하는 게 온당한 짓인가 아닌가? 偏印을 相剋하는 偏財의 흔적을 어떻게 볼 것인가?

오행의 相生 20개, 相剋 20개가 있는데, 뜻을 모두 알아야 하고 有用之神도 알아야 한다. 명리학은 相生相剋으로 판단근거로 삼는 것이니 꼭 뜻을 알아야 한다.

偏財格이 食神을 쓰지 못하고, 傷官을 쓴다는 것은 자기 능력으로 시장 개입을 해야 하는데, 傷官을 썼으니 자기가 가진 능력을 써먹지 못하고 시장의 형편에 맞추어서 써야 한다. 食神의 특성은 자기의 능력에 맞추어서 쓰는 것이고, 傷官의 특성은 상대의 능력이나 환경에 맞추어서 쓰는 것이다. 자기 의도로 되지 않고, 환경이 요구하는 대로 바뀌어야 한다. 환경이 그렇다는 것이다.

명리학 오행의 相生 목적은 살아가기 위해서, 배우고 익히는 준비행위다. 相剋은 배우고 익힌 것을 활용하는 것이다. 항상 이것이 바탕이 되어야 한다.

六神의 相生은 임무를 수행한다는 뜻이고, 六神의 相剋은 임무 수행에 따른 검증으로, 자기가 책임자가 되거나 그에 따른 능력을 인정받는 것을 生化나 制化라고 한다.

傷官格은 상관패인(傷官佩印)을 하고 官印相生을 하거나, 傷官生財를 해야 하는데, 상관상진(傷官傷盡)을 당했다면, 傷官이란 세상의 이치에 맞추어서 행동해야 하는데, 傷盡을 당했으니 세상과 이별하고 등지고 사는 것이다. 이렇게 살아야 하는데, 저렇게 살 수 있다는 것이다.

세상의 변화에 맞추어서, 세상을 지배해야 하는데 傷盡을 당하면 세상에 나가서 살 수 없으니 속세를 등진 것이다. 그럼 '세상에 나가면 어떻게 되는데요?' 하고 묻는다면 傷官은 세상의 틈새를 공략하는 것인데, 傷盡이면 가지 말라고 했는데 나갔으니, 세상을 보는 눈이 없이 나갔다는 뜻이다.

傷官格은 세상의 변화에 맞추어서 그 변화를 활용하며 살아라. 그런데 傷盡이 되었으니, 세상이나 사람들을 활용해서 살 수 없으니 세상을 등지고 속세를 떠난다는 뜻이다. 그럼 세상에 나가면 세상에 이치를 모르는 사람이 나갔으니 오히려 세상 사람들에게 역이용을 당하는 것이다. 이건 어리석은 것이 아니라, 어리숙하다고 한다.

六神에 오행을 접목시킬 때도 같은 丙火라 하더라도 쓰임이 각기 다르니 구별해서 써야 한다. 丙火가 네 개인데 天干 丙火와 寅中 丙火, 巳中 丙火, 午中 丙火가 각기 다른데 모두 같은 이야기를 하면 안 된다. 寅月에 丙火가 司令했다면 이 丙火의 쓰임은 甲木을 疎土하는 것으로 쓰이는 것이다. 巳中 丙火는 乙木을 化하는 것으로 쓰이고, 午中 丙火는 乙木과 庚金을 열매로 전환시키는 용도로 쓰인다. 寅中 丙火는 疎土를 하는 것이니 학창시절에 배우고 익히는 것으로 쓰이고, 巳中 丙火는 사회에 나가서 경쟁하는 것으로 쓰이고 午中 丙火는 동근(同根)하는 데 쓰이는 것이다.

그럼 己土日干이 寅月에 丙火를 쓰는 것은 疎土를 하는 것이지 사회생활을 하는 것으로 쓰이지 못한다. 그러나 六神의 官印相生으로는 사용할 수 있는 것이다. 그럼 학교생활에 성실성이나 적합성을 말하는 것이지 사회에 나가서 경쟁하거나 직장생활을 하는 것으로 쓰이는 官印相生이 아니다.

또 알아야 할 것은 官印相生에는 지켜야 할 법칙이 있고, 財星이란 물건에는 쓰이는 용도가 있다. 격물치지(格物致知), 물건은 용도에 맞게 써야 한다. 부엌칼을 군사용으로 써서는 안 되고, 군사용 칼을 부엌칼로 써서도 안 되고, 원래 용도에 맞게 써야 한다. 용도에 맞게 쓰지 않으니, 우물에서 숭늉을 찾고, 낚싯대를 메고 산으로 가는 것이다. 각자 물건은 그 용도에 맞게 써야 한다. 財란 소유물을 용도에 맞게 써야 효율적이고 실용성이 있는 것이다.

食傷은 소유를 위한 노동행위이고, 印星은 그 소유물에 대한 쓰임을 연구하는 것이다. 그러니 財에 印이 있으면 은행장도 될 수 있는 것이다. 돈의 쓰임을 연구하는 것이 印星이 하는 일이고, 食傷은 벌이 활동을 하는 것이다.

그러니 印星이 財星을 본다고 해야지, 財星이 印星을 본다고 하면 안 된다. 印星이 財星을 보는 것은 印星格인데, 이는 재테크가 된다. 財가 印을 보느냐, 印이 財를 보느냐에 따라 말이 완전히 달라지는 것이다. 財星格을 기준으로 말하는 것과, 印星格이 財星을 보는 것이 다르다. 財星이란 소유물이 있는데, 이 소유물은 쓰임을 잘 알아야 한다. 집을 외양간으로 하거나 외양간을 집으로 써서는 안 된다. 요즘은 방에서도 개를 키우고, 사람이 지하철에 가서 노숙도 한다.

財星에 대한 쓰임을 알아야 벌이도 할 수 있고, 印星으로 쓰임에 대한 연구도 할 수 있다. 食傷과 印星은 항상 붙어 있어야 한다. 그래서 모든 相剋을 이야기할 때 제일 먼저 들어가는 것이 印星과 食傷이다. 왜냐하면 쓰임을 알기 때문이다. 저것이 어떻게 쓰인다가 중요한 것이다.

印星이 財星을 쳐다보는 것은 저 쓰임을 어떻게 해야겠구나,
食傷이 財星을 쳐다보면 버는 것을 어떻게 해야겠구나,
그러니까 印星이 財星을 쳐다보면 쓰임을 아는 것이고,
食傷이 財星을 쳐다보면 벌이를 아는 것이다.

偏財格이 食神生財, 偏財라는 소유영역을 확장하기 위해서, 食神은 자기의 특기를 만들어서 확장해야 한다. 正財는 財와 같으니 소유물과 같다. 돈이 있어야 한다. 正財를 바라보는 시각은 재물로 보니 傷官이 필요하다. 偏財는 재주와 같으니 능력이 있어야 한다. 偏財를 바라보는 시각은 재주에 비한다. 그러니 食神이 필요하다.

이것은 日干에게 財星을 맞춘 것이다.
다음 日干의 旺衰强弱에 맞추어야 한다.
① 身旺財弱, ② 財多身弱, ③ 身旺財旺 세 가지가 있다.
財多身弱은 官星이 有用之神이다.

자식이 부모 돈을 자꾸 가져가는 것은 財剋印 때문이다. 자식은 食傷을 말하는데, 財星이 食傷을 泄하면 그런 것이다. 자식의 사회생활은 財星을 말하는데, 자식이 사회생활 중 안전하게 사는 것은 財生官이 되면 스스로 지키면서 살아간다. 比劫을 막기 때문이다. 자식이 사회생활을 잘하지 못하는 것은, 食傷이란 자식과 사회생활인 財星, 자기 자신을 잘 지키는 것은 官星이다. 자기가 자기 자신을 잘 지키지 못하는 것은 爭財고, 자식이 사회생활을 잘 못하는 것은 財星이 食傷을 泄하는 것이다. 그럼 자식을 물어볼 때 자식을 물어보나, 자식의 사회생활을 물어보나, 자식이 자기 자신을 잘

지키는 걸 물어보느냐이다. 자식의 사회생활을 물어보면 財星을 보면 된다. 財星이 食傷을 泄化해서 官星으로 연결을 시키는가 보면 된다.

머릿속에 남편이 있으면 官星을 찾는 것이고, 남편과 자신과의 관계를 보는 것은 官印相生을 보는 것이다. 남편이 아니라 남자라면 나에게 잘해 주는 것을 원하지만, 남편이라면 나에게 잘해 주는 것보다 돈을 잘 벌어 오는 것이 먼저다. 그럼 印星이 官을 잘 유지해서 官이 계속 유지가 되느냐를 봐야 한다. 官이 印星을 生하지 않으면 制化를 할 수 없다. 통변은 무엇을 하느냐다. 食傷이 장사하러 간 것인지, 밥 먹으러 간 건지 잘 모른다. 자기가 식당을 하는 건지, 음식을 먹으러 식당을 간 것인지 계속 착각을 하는 것이다. 내가 저 사람의 무엇을 보는 것인지 모르는 것이다. 연극을 볼 때 내용이나 극중 배우의 연기력을 보기보다 그 배우의 얼굴이 잘생겼나 못생겼나만 보는 사람이 있다. 官을 볼 때 官만 보지 말고, 官의 역할을 봐야 한다. 官印相生, 財生官, 傷官偏官, 傷官見官, 傷官佩印, 劫財制化는 왜 하는지? 이런 官의 역할을 봐야 하는 것이다.

왜 자식이 독립해서 자기를 지키지 못하고 부모 돈을 계속 가져가느냐? 만약 財剋印이 되면 부모 돈을 가져다 쓴다. 그러나 자식이 안전하게 잘 살아야 하면 財生官이다. 자식이 사회생활을 잘해야 하면 食傷生財다, 그럼 食傷生財 財生官 財剋印으로 박자가 맞아야 한다.

고객의 한마디 질문은 여러 가지 복합적인 요소가 있는 것이다. 그럼 세 가지 중 하나는 잘 안된다. 爭財를 해서 財生官을 못 하게 하니, 자식이 자기를 지키지 못하게 되거나, 財星이 旺해서 食傷을 泄했으니 사회생활을 능히 하지 못하고, 財星이란 돈을 소유하기 위해서 유혹을 당했다. 食傷이란 능력이 있는데 財星이 旺하다면 능력 외에 더 많은 것을 원했으니 세상의 유혹을 당한 것이다. 그런 것이 복합적으로 되어 있는 것이다. 그럼 그중에 무엇이 단점인지 찾아서 유용한 방법을 가르쳐 주어야 한다.

無財 사주는 財剋印이 안 되니 부모 돈을 가져다 쓴 적이 없다. 食傷生財 財生官, 爭財 사주라면 자식의 사회생활을 돕지를 않는다. 無財이니 부모 돈을 가져다 쓴 적이 없고, 부모에게 의지해 본 적이 없다. 그러니 食傷인 자식이 爭財를 하거나, 자식의 사회생활이나 이런 것을 방해하지 않는다. 부모에게 배운 대로 자식에게 하는 것이다. 자식은 食傷, 자식의 사회생활은 財星, 자식이 자기 자신을 지키는 것은 官星이다. 食傷生財 財生官이다. 이것이 안 되니 財剋印이 된다. 財剋印해서 食傷이 살아나면 부모에게서 먹을 것을 가져오는 것이다.

(1) 食神의 거동을 보면 殺을 制해서, 比肩이 살아나니 食神이 旺해졌다. 그러니 食神이 旺해 지려면 殺을 制해야 한다. 남을 위해서 남을 어려움에서 구해 주면 도움을 받은 比肩이 食神을 生하기 때문이다.

(2) 財星을 生해서 財星이 印을 制하니 食神이 살아난다. 食神이 旺해지는 이치는 財剋印이다.

(3) 일반 사람이 食神이 旺해지는 방법은, 根이 旺해야 한다고 한다. 그럼 활용하는 방법이 안 나온다. 食神이 殺을 制하고 比肩을 구하는 것은 세상에 참여한 것이다.

(4) 食神이 官과 合을 해서 劫財가 살아난다. 그러니 食神은 劫財도 살리는 것이다. 그럼 食神이 또 旺해진다. 食神이 官과 合하면 劫財가 살아나니 또 食神이 살아나더라. 이는 食神이 官과 合하여, 내 능력을 官에 납품하니 官에서 외주업체로 劫財를 지정을 하게 되는 것이다. 이것이 劫財가 食神을 旺하게 하는 이치다.

(5) 食神이 偏印을 만났으니 七殺이 살아나고, 日干이 위기에 빠졌다. 偏印이 七殺을 키워서 日干을 위기에 빠트린 것이다. 食神이 偏印을 만났으니 食神의 의무가 성실근면인데, 잡기만 하고 食神이 고민만 하고, 생각을 하지 않으니 당연히 어려움에 처했다. 어려운 세상에 부닥친 것이다. 運에서 만들 運이 와도 만들 수가 없는 것이다. 그래서 日干이 위기에 처한 것인데, 이유는 의무를 소홀히 하고 자기가 좋아하는 것을 했기 때문이다. 이런 사람에게 물어보면 자기는 좋아한 것을 한 번도 해 본 적도 없다는 것이다. 누구는 좋아서 했나? 누구는 놀러 다녔냐고 한다.

(6) 正印이 食神을 合去를 해 가니 七殺이 살아난다. 그러니 七殺이 比肩을 때린다. 사람이란 먹고사는 게 전부가 아니라 아는 것이 중요하다. 왜 살아야 하는지 알아야 한다고 한다. 그러니 七殺이 살아났다. 안다는 것은 세상 사람들이 어려움에 처한 모습들이다. 이것이 七殺이다. 殺印相生이 된 것이다. 그리고 比肩까지도 制化하니 형제 중에 으뜸이 되고, 사람 중에 으뜸이 된다는 뜻이다.

食神制殺, 食神生財, 食正官, 倒食, 食正印 다섯 개는 최소한 알아야 한다. 그래야 六神 공부를 한 것이다. 모든 六神은 다섯 개 중에 하나다.

傷官이 正印으로 旺하면 상진(傷盡)을 당한다. 그럼 正官이 살아난다. 그러니 傷官이 傷盡을 당하여 잡기를 열심히 하니, 正官이 살아난 것이다. 도리(道理)가 살아난 것이다. 食神은 偏印으로 잡기(雜器)를 열심히 하다 보니 위기가 살아난 것이다. 傷官은 正印으로 잡기를 열심히 하다 보니, 正官이 살아났으니 日干이 또 살아난 것이다. 食神이 偏印을 만나서 七殺이 살아난 日干은 과태료를 내야 하고 正印이 와서 傷官을 傷盡시켜 正官이 살아난 日干은 과태료를 받게 되는 것이다. 이것이 六神을 간명하는 방법이다.

食神이라면 출발이 어디냐 알아야 한다.
食神制殺은 相剋을 하면서 출발을 했고,
食神生財는 相生을 함으로 출발했고,
食正官은 相合을 함으로 출발했고,
食神偏印은 相剋을 받음으로 출발했고,
食神正印은 相合을 받음으로 출발했다.
이 중에 무엇으로 출발했느냐를 알면 되는 것이다.

명리학은 천지의 기운이 인간에 미치는 영향을 설명하고 있다. 설명 방법은 相生相剋을 통한다. 이것이 명리학의 학문체계이다. 다른 것으로 설명한 적이 한 번도 없다. 그러니 相生相剋을 알아야 한다.

설(泄)도 알아야 한다. 官泄과 日干泄이 가장 중요하다.
官泄은 偏印이 하고, 日干泄은 食神이 한다.
둘이 같이 있으면 둘이 같이 泄되는 것이다.

실패를 바라보는 명리학적 관점은 노력과 최선을 다하지 않았기 때문이다. 열심히 했다는 것은 자기주장에 불과하다. 하늘에 맞추어야 하고 땅에 맞춰야 한다. 하늘과 땅에 맞추어 놓은 시간에 맞추어서 해야 한다. 자기 자신에게 맞출 게 아니라, 다른 사람에게 맞추어야 한다. 실패자들은 하늘과 땅, 그리고 시간과 남에게 맞추지 않은 것이다. 열심히 노력했다는 것은 어리석음을 열심히 행했다는 것이다.

기신(忌神)이란 건 특별한 것이다. 역경을 이겨내야 하는 특별함이니, 자기 자질을 더 만들 수 있는 것이다. 자연과 맞지 않는다는 건, 가령 가을인데 丙火가 너무 많으면 자연에 맞지 않으니, 땅에서 초목이 나게 된다. 癸水가 너무 많으면 땅에 맞지 않는 것이다. 신태왕(身太旺)하면 사람에게 맞지 않고, 자기에게도 맞지 않는다. 그 안에 시간이 들어가 있다. 土는 시간이고 時化다. 시간이 되었으면 시간을 인식해야 한다.

日干이 身太旺하지 않으면 누구에게나 다 기회가 있지만 身太旺한 자는 기회가 없다. 身太旺하면 財星을 상극하여 회생불능 상태에 빠트리기 때문이다. 그러니 역학자는 말조심해야 한다. 재산이 불처럼 불어난다고 해도, 불은 꺼지고 해는 지는 것이다. 그럼 망하는 것이다.

格局에서 기신(忌神)이 없으면 구신(救神)이 없는 것이다. 그럼 아무것도 하지 않으니 행복할 수 있다. 忌神이 있어야 救神이 있다. 걸림돌이 있어야 발전한다. 忌神이 없으면 사소한 것이 다 걸림돌이다.
인간이면 누구나 기본적으로 인류의 평화나 애국애족이란 거창한 말이 아니더라도 자기조직은 튼튼해야 하고, 가정도 편안해야 한다. 그렇기 위해서 일신(一身)의 평화가 중요한 것이다. 그런데 忌神이 없으면 일신의 평안함이 가장 우선이 된다. 그럼 자신은 잘 먹고 잘 산다고 하더라도 사회가 안정되지 않은 것이다. 그럼 이기적인 거지 행복한 게 아니다.

官印은 偏官偏印, 正官正印, 正官偏印, 偏官正印 네 개를 하면 된다. 六神의 相生 하나당 네 개이니, 20개의 相生이 있다. 相剋도 20개이다.

오행의 相生相剋

水剋火 土剋水 木剋土를 하나로 여기고, 자기를 개발하는 과정이고, 탄생과 출산이 들어 있다. 살아가면서 개발된 자기 자신의 위상을 더 낮게 하는 과정은 火剋金 金剋木이다. 이 과정을 훈련과 보정 과정이라 한다. 유용지신(有用之神)은 相生相剋에 다 정해져 있다.

만약 戊壬이라면 酉戌月이면 辛金이고, 亥子月이면 甲木이다.
甲戊라면 壬水가 有用之神이다.

오행과 六神을 분리해서 보는 사고방식을 가져야 한다. 그리고 합치고 분리하고, 합치고 분리하는 연습을 계속해 나가야 한다.

명리학의 모든 것은 相生相剋이란 범위를 벗어날 수가 없다. 추명(推命)학은 자신감이 없으면 말을 할 수가 없다. 어제와 오늘이 다르고, 한 시간 전과 지금이 다르니, 추명학이 이렇게 힘든 것이다.

11

심리(心理) 보는 법

 명리를 배우는데 그 과목을 왜 배우는지 모르고 그것을 어디에 쓰는지 모르는 경우가 많다. 그래서 用神 운이 들어오면 '運이 좋다'고 하고, 내가 필요한 用神이 저 사람에게 있으면 '宮合이 맞다'고 한다. 근데 '나도 모르고 너도 모르니 그 사람 말이 맞다'고 해서 그냥 따라가니 여러 사람을 죽이는 짓이다.

1. 生化와 制化

 '生化받다'와 '生化하다'가 있다. 또 '泄化하다'와 '泄氣되다'가 있다. 그럼 生化를 받은 오행이 生化하는 것을 설화(泄化)라 하고, 生化를 받지 않고 生化하면 泄氣라 한다. 生化할 때 泄化냐 泄氣냐를 구분하는 것은 生化를 받고 生化하느냐 받지 않고 하느냐의 차이다. 만약 학원에서 공부하는 건 生化인데, 어떤 사람은 泄化를 해서 합격하고, 泄氣가 되면 배우다가 포기를 한다. 生化를 받고 생화하면 泄化, 生化를 받지 않고 생화하면 泄氣다.

生化를 받고 相剋을 하면 制化다. 그런데 陰陽이 달라서 制化가 안 되면 合和라 한다. 合和도 안 되면 沖去나 合去를 당해야 한다. 沖去를 당하는 것이다. 生化를 받으면 泄化, 生化가 안 되면 泄氣, 生化받고 相剋하면 制化, 陰陽이 달라서 制化가 안 되면 合和, 合和가 안 되면 沖去이다. 泄氣는 자기가 하다가, 스스로 포기한 것을 泄氣라 하고, 沖去는 자기가 하다가 잘못되면 남이 가져가는 것이다.

명리학에서 사용되는 去에는 沖去와 合去가 있다. 去를 해서 없앤다는 의미는 같지만, 合去는 둘 중 하나를 선택할 때 쓰인다. 沖去는 선택이 아닌 걸림돌을 제거할 경우에 사용한다. 合去는 둘이 있을 때 하나는 취하고 하나는 버리는 것으로, 合去된 것을 취하거나, 合去된 것을 버릴 수 있는 것이다.

沖去는 역할도 안 하면서, 즉 生化도 아니고 泄化도 아니고, 泄氣를 하는 것은 버려야 하고, 制化도 아니고 合和도 아니면, 이건 할 것이 없으니 버려야 하는데, 버릴 때 沖去가 되어야 버리는 것이다. 버리는 데는 용기가 있어야 한다. 버리는 것을 초(初)라고 한다. 농사를 지으려면 지난해의 자랐던 풀은 모두 불에 태운 다음 새로 심는다. 이것을 初라고 한다. 시작한다는 의미는 처음 始자, 처음 初자이다. 始는 내가 자식을 잉태한다는 의미고, 初는 내가 낳은 아이가 자식을 낳는다는 뜻이다. 沖去는 없앤다는 뜻인데, 없애려면 무언가 시작한 것이 있어야 없애지, 시작한 것이 없으면 버리지 않는다.

그럼 運에서 生化, 泄化, 制化, 合和 이런 것이 들어오면 시작이다. 시작해야 버리는 것이지, 沖만 온다고 버리지는 않는다. 沖去는 剋을 당하는 것인데, 沖去를 당하는 運에 버리는 게 아니라, 무언가 시작을 해야 그걸 없애는 것이다. 그렇게 할 때는 그 순서를 다 밟아서 시작하고, 없애는 과정을 겪게 되는데 그 과정을 겪느냐 안 겪느냐는 먼저 심리 검사부터 해 봐야 한다.

2. 심리 검사

1) 기후의 조화가 맞지 않으면 시작도 없고 끝도 없는 것이다.

2) 旺衰强弱이 비틀어지면 시작도 안 하고 끝도 없는 것이다.

그럼 이런 것을 왜 배우는지 알아야 한다. 기후의 조후(調候)를 왜 배우느냐 하면 시화(時化)에 맞게 하려고, 때에 맞게 변화하려고 하는 것이다. 고등학교 3학년은 공부할 때냐, 대학교 들어갈 준비를 할 때냐? 기후의 조화가 맞지 않는 사람은 고3인데 대학 갈 준비를 하지 않는다. 놀러 갈 준비를 한다. 놀러 갈 준비를 하는 자가 거의 20% 수준이고, 부모를 원망할 준비를 하는 자가 40% 정도다. 그러니 도합 60%는 준비를 하지 않는 것이다. 대개 이들은 부모를 원망할 준비를 가장 많이 한다. 또한 기후의 조후가 맞지 않은 사람은 때에 맞추지 않으니 지금 할 일을 나중에 하게 된다. 나이에 맞추어서 하지 않으니, 때에 맞지 않게 되므로 나중에 다시 하게 되는 것이다. 그러나 나중에 하고 싶어도 하지 못하는 것이 여러 개가 있다. 때에 맞지 않으면 하지 못하는 것 중 하나가 아기를 낳고 싶어도 때를 놓치면 낳지 못한다. 건강도 때를 놓치면 치유가 안 된다. 부부관계도 돌아서면 회복할 수 없는 것이다. 그러니 때를 놓치거나 나이를 먹어서 하지 못하는 건 영원히 하지 못하는 것이다.

六神으로 아무리 열심히 봐도 의미가 없는 것이 이것이다. 기후는 때에 맞추는 것을 보는 것이고, 調和는 때에 맞는 역할을 보는 것이다.

亥子丑 月令에 출생했다면 丙火가 조후용신인데, 丙火가 없으면 때에 맞추지 않는다. 때에 맞추지 않으니 대학을 50에 가게 된다. 모든 것이 늦어지는 것이다. 결혼이나 자식도 늦는 두는 것이다, 天干에 壬水가 있으면 기후의 조화가 戊土다. 天干의 丙火가 있어도 기후의 조화가 戊土이다. 이것이 天干의 寒暖이다.

기후의 조화가 맞지 않으면 실제 현실과, 자기가 생각하는 정신이 다른 것이다. 그럼 정신이 문제가 되는데 대개 지도자들이 이렇게 생겼다. 地藏干에서 맞추는 것은 대개 일반 평민들이다. 그러므로 지도자를 보는 것과 평민을 보는 것을 구별해야 한다. 天干은 정신을 조율하는 것이다.

巳午 月令은 기후의 조후(調候)가 金生水다. 調候에는 '때에 맞추어서 하다'와 '때에 맞추어서 하지 않다'가 있다. 때에 맞추는 것은 빨리빨리 하는 것이다. 만약 亥子丑 月令에 丙火뿐 아니라 寅午戌까지 있으면 기후의 조화가 너무 잘 맞으니 너무 빨리 서두른다. 결혼도 빨리한다. 그러니 모든 걸 너무 빠르게 하는 것이다. 너무 서두르게 되면 무리한 일들이 벌어지게 된다. 그래서 무리한 투자, 성급한 판단, 지나친 행동 등 무리함으로 인해 잘못된 일이 벌어지는 것이다.

여기서 조심할 건 巳午未 月令에 金水가 많거나, 亥子丑 月令에 木火가 많다면, 調候가 너무 잘 되니 그 사람에게 '너무 서둘렀네요' 하면 그 사람은 인정하지 않는다. '아직도 못 하고 있는데 뭘 서둘러요?' 서둘러서 못 하고 있는데 자기가 늦다고 생각하니 말이 안 맞는 것이다. '남들보다 사회생활을 일찍 시작하셨네요' 하면 중·고등학교밖에 졸업하지 않았다는 뜻이다. 사회생활을 빨리 시작한 것이다. 대개 손님들은 빠르다는 뜻이 무슨 말인지 잘 모른다.

빠르다는 것을 인지하는 우리나라 사람들의 특징은, 자기에게 소속된 부하직원이나 혹은 배우자가 자신의 요구를 빨리 실천하지 않은 그때의 '빨리'를 빨리라고 생각하고, 나머지 빨리라는 말에 대해서는 모르는 것이다. 그러니 우리나라 사람들의 인식체계를 모르면 통변도 하기 어려운 것이다. 생각하고 있는 단어나 생각하고 있는 생활 습관 중에 자기가 알고 있는 것이 얼마 되지 않는다. '빨리'가 뭔지 모르는 사람이 많다. 빨리한다는 것은 일찍 서두른다는 것이니 중·고등학교밖에 졸업하지 않았다는 뜻이다. 결국 빨리한다는 말이나 늦게 한다는 말은 똑같은 것이다.

3. 희용(喜用)의 조화(調和)

가령 乙木 日干에게

1) 丙火가 喜다. 丙火가 있어야 乙木이 보호를 받는다. 그럼 시작과 실천을 하는 것이다. 무언가를 시작하고 실천하는 데 스트레스나 불안한 마

음이 없는 것이다.

  2) 用은 庚金이다. 用은 결과나 결실에 대한 믿음이 확고한 것이다. 만약 用인 庚金이 없으면 내가 어떤 일을 해도 미래에 결과가 없을 것이란 스트레스가 있어서 시작도 하지 않는다. 만약 用이 없으면 결혼해서 20년을 같이 살아도 '나 죽으면 넌 내 옆에 없을 거잖아' 그러니 결과가 없는 것이다. '내가 아플 땐 당신은 항상 내 옆에 없었잖아' 그러니 옆에 있지 않고 도망을 가게 만든다. '거봐, 내 예상이 맞지' 그런다. 그러면서 자기가 상대를 도망가게 했다는 생각은 하지 않는다. 그래서 시작조차 하지 않는다. 그러니 20년을 함께 살아도 살지 않은 것이다.

  喜가 없으면 시작 스트레스다. 시작에 대한 판단 능력이 없다. 喜가 없으면 실천 장애고, 用이 없으면 결과 장애다. 이것을 알기 위해서 喜用을 공부해야 한다.

  기후의 조후(調候)와 日干의 喜用, 이 두 가지 정도는 알아야 한다. 이 두 가지 때문에 六神으로 제화(制化)하는 運이 와도 制化를 하지 않고, 合和 運이 와도 合和를 하지 않는다. 지금까지는 이런 사람을 장애로 취급하지 않았다. 몇 년 전까지만 해도 이런 것을 병으로 취급하지 않았지만, 지금은 병원에 가면 모두 환자 취급한다. 과거에는 무기력증이란 용어만 달았는데, 지금은 병원의 치료가 필요하다. 의심병 증세로 인한 판단 장애가 된다. 자기 스스로 자기를 의심하다 보면 상대까지 의심하게 된다.

기후의 조후(調候)는 자기가 스스로 만들어 놓은 자기 함정이다. 때에 맞는 역할을 하지 않았으니, 자기가 자기에게 하지 않은 것이다.

喜用의 조화는 보좌이니 자신과 가장 가까운 사람과 벌어진 일이다.
① 기후의 調候는 스스로 자신을 의심하는 것이고,
② 日干의 喜用은 자신과 타인을 견줄 때 일어나는 일이다.

자신을 스스로 믿지 못하는 것은 기후의 조후가 잘못된 것이고, 자신이 타인을 믿지 못하는 것은 日干의 喜用이 잘못된 것이다. 六神은 내가 나를 믿고, 내가 남을 믿어야 성립이 된다. 그것이 대인관계이고 인간관계이다. 그런데 오행으로 자신을 스스로 믿지 않고, 자신이 타인을 믿지 못하는 팔자로 타고났기 때문에 믿지 않으니 어쩔 수 없다.

3) 日干의 抑扶
① 근왕은 신왕: 스스로 자기 주도를 할 수 있다. 리더의 기질이 있다.
② 比劫이 투간: 財官보다 旺한 기질, 財官을 무시하는 기질이 있다. 독립, 자영업, 자유업기질, 누구와 어울리지 못한다. 프리랜서나 자영업자가 많다.
③ 인왕: 印星으로 旺하면 財星보다 官이 더 旺하다. 봉급생활자, 조직이나 소속으로 가는 기질이니 주로 직장을 다닌다.
② 比劫旺과, ③ 印旺이 같이 있으면 보험설계사나 자동차 중매인처럼 소속은 있는데 자기가 일한 만큼만 가져가는 형태다.
① 根旺 + ③ 印旺은 경영 사장이다. 자치권을 위임받는다.
④ 食傷旺: 食傷을 生化하면 官보다 財가 더 旺하다. 사업형이다.
② 比劫旺 + ④ 食傷旺은 사업형이 있고,

① 根旺 + ④ 食傷旺이 섞인 형은 리더 기질이니 기업을 차린다.
①②③④번이 다 섞인 자도 있다.
이런 자는 돈이 되지 않는 건 하지 않으려는 특징이 있다.
자기가 만들어 놓은 자기 기질은 자기가 스스로 만들어 가는 것이다. 자기 기질은 자기를 만들어 간다.
② 比劫旺 + ③ 印旺이 직장에 들어갔다면 ② 比劫이 발동한다. 그러니 상사의 리더십에 반기를 들다.
'하는 짓이 눈에 거슬려 도저히 못 다니겠네', 이러는 것이다.

반대 현상도 알아보자.
① 無根: 종속기질, 독립심의 반대기질, 창업 기질이 없고 독자적으로 할 수 없다.
② 無比劫: 의존, 의탁 기질, 이 사람이 가장 싫어하는 사람이 있는데, 분명히 그 사람에게 의탁해서 살 것이다. 이건 정해진 규칙이다. 개미를 알려면 이동 경로를 알아야 하고, 사람을 알려면 심리를 알아야 한다.
③ 無印: 印星의 반대말이 食傷이고, 食傷의 반대말이 印星이다. 印旺이 없으면 사업을 꿈꾸는 사람이다.
④ 無食傷: 食傷이 없으면 내가 일을 하지 않고 고정수입이 있기를 바란다. 그러니 부인은 일하고 자기는 돈 쓰는 것을 꿈꾼다. 이것이 선택 기질인데, 이렇게 반대편 심리 네 가지도 공부해야 한다. 명리학은 항상 음양학적 관점에서 반대편 기운도 알아야 한다.

이렇게 세 가지 기질을 알아야 한다.

(1) 기후의 調候: 때에 맞추어서 하느냐 하지 않느냐,

調候가 너무 잘되어서 서두르지 않나, 調候가 되지 않아 너무 느리진 않나?

(2) 日干의 喜用: 喜는 나를 지키는 것이고, 用은 지켜서 효과를 얻는 것이다.

  예) 乙 丙 庚에서 丙火는 喜, 庚金은 用이다.

喜가 없으면 실천 장애, 用이 없으면 결과 장애,

실천과 결과에 대한 불안으로 시도조차 안 하는 것이다.

(3) 日干의 抑扶: 나는 어떻게 살겠다는 진로 선택에 들어간다. 이 세 가지 조합을 봐서 그 사람의 기질을 판단한다.

통변할 때 日干이 根이 있으면, 스스로 알아서 살아야 한다. 이를 자기 주도적 기질이라 한다. 比劫까지 있으면 財官보다 旺하니 사업도 하지 않고, 직장생활도 하지 않고 자영업을 하겠다고 결정한다. 만약 印旺도 하고 食旺도 하다면, 食旺하니 자영업인데, 印旺하니 소속을 두어야겠다고 생각을 한다. 食傷이 旺하면 사업을 해야 한다.

그런데 통변할 때는 다 있는 걸 보지 말고 없는 것을 봐야 한다. 그럼 無根하지 못하면 종속 기질이 없는 것이다. 比劫이 있으면 독립 기질이니 比劫이 없는 기질처럼 의탁하지 못한다. 比劫이 있으면 남의 집에 가서는 잠을 못 잔다. 차 안에서 잔다. 印星이 있으면 소속을 가지려고 하는데, 무인(無印) 기질이 아니니 주변에서 인정받지 못하는 짓을 하지 않는다. 혼자 동떨어진 짓을 하지 못한다. 이런 선택 기질이 다양한데 이를 성격이라 해도 된다.

기후의 調候는 때와 주변 환경에 맞는 준비와 실천인데, 자기와 자기 스스로와의 관계이니 자기에게 자기가 악을 쓰니 자신밖에 모른다. 日干의 喜用은 불안심리, 시도와 결과이다.

예) 己土는 戊土가 喜, 壬水가 와서 홍수가 나야 하니 用이라 한다. 喜가 없으면 用이 존재하지 않으니 결과인 홍수가 난다고 생각한다. 사실은 그렇지 않으나 그 사람의 심리가 그렇다. 壬水란 用이 없으면 결과가 좋지 않게 나올 것이란 예측한다. 喜는 없고 用만 있으면 결과적으로 우리는 망한다고 생각한다. 엄마에게 喜가 없거나 用이 없으면 자식이 무얼 하려고 하면 철저하게 막는다. 친구가 나쁜 길로 인도할까 봐 친구를 못 만나게 한다. 자식의 앞길을 막는 것을 보호라고 생각한다. 왜냐하면 의심과 자기 불안 때문이다. 그럼 안심의 반대말이 불안인가 의심인가? 이런 것을 생산해서 자신과 타인과의 관계를 단절시키는 역할을 한다. 그러니 喜用이 없으면 六神을 볼 필요가 없다.

흔히 氣候의 調候가 안 맞은 사람을 귀문(鬼門)이라 하고(문 앞에 귀신이 붙었으니 감정이 많다. 꿈이나 환상을 믿는다), 喜用이 맞지 않으면 원진(怨嗔)이라 한다. 日干이 財官과 융합하지 않은 것을 독불장군(獨不將軍)이라 한다. 그리고 나서 生化와 制化를 보러 가야 하는 것이다.

— 12 —

생화(生化)
(오행, 육신)

1. 명리학에서 운명의 판단 근거

1) 相生相剋과 生化剋制

相生相剋은 자연에서 벌어지는 일들이고, 生化剋制는 인간이 노력해서 자연이 벌이는 일들에 참여하는 것이다. 자연에서 벌어지는 일은 두 가지인데, 시간이 들어가 있고, 그 시간의 변화에 따라서 만물이 등장하고, 등장했다가 사라진다. 등장하는 건 상생이고, 사라지는 것은 상극이다. 그럼 만물이 등장하고 사라지는 그 시간 내에 사람이 참여해야 하는 것이다. 시간 내에 학교도 가야 하고 시간 내에 추수도 해야 한다. 심을 때가 있고, 먹을 때가 있다. 봄에 심으면 가을에 먹는 것이다. 그런 시간의 변화와 그 속에서 일어나는 만물의 공정을 알아야 한다. 겨울에는 얼어 죽지 않아야 하고, 여름에는 더워서 죽지 않아야 한다. 이런 시간의 흐름 속에 만물의 동정과 만물의 변화 모습이 들어 있는데, 거기에 인간이 生化剋制로 참여를 해야 한다.

2) 相生

相生은 시간이 순차적으로 흘러가는 것을 말한다.

相生은 지속되다. '순환되다'라는 개념이다.

3) 相剋

지속적으로 흘러가는 相生의 순환 속에서 변하는 것이 相剋이다. 취하는 것을 相剋이라 한다. 작물을 키웠으면 추수를 해야 한다. 취하는 모습, 끝나는 모습이 相剋이다. 相生은 순환하는 것이고, 相剋은 순환하는 것을 취하는 것이다. 사람으로 말하면 취하는 것이고, 자연으로 말하면 소멸하는 것이다. 작물이 계속 자라는 것은 相生, 작물이 다 익은 모양은 相剋이다.

相生相剋은 크고 멈추고, 크고 멈추는 것이 순환하는 것이다. 멈춘다니까, 相剋이 있으면 성장이 멈추는 줄 아는데, 원래 성장은 계속되면 안 된다. 중학교 1, 2, 3학년만 계속 다니면 안 된다. 중학교를 멈추어야 고등학교에 갈 수 있다. 相剋이 되지 않으면 멈추지 않고 계속 가는 것이니, 반드시 相剋이 개입되어야 한다. 相剋은 멈춤의 개념, 相生은 순환의 개념이다. 그래서 점점 지속적으로 움직이는 것이다.

움직임 속에는 고요한 움직임과 활발한 움직임이 있는데, 고요하게 움직이는 것과, 활발하게 움직이는 것은 같은 용어다. 마음은 고요해야 하고, 몸은 활발해야 하니 같은 의미이다. 마음이 90%인데 몸은 10%면 안 된다. 50 대 50으로 나누어져야 한다. 마음이 90%이면 사람의 행동은 볼 수가 없을 것이다. 눈을 감고 사람의 행동을 볼 수가 없다. 눈을 뜨고 확인해야 한다. 백문이 불여일견처럼, 마음이 많이 움직이는 사람은 불행한 사람이다. 진짜를 볼 수 없기 때문이다. 몸만 많이 움직이는 사람도 불행한 사람이다. 진실을 알지 못하기 때문이다. 자기가 생각한 것을 확인까지 했다는 사람은 정말 안타까운 사람이다. 왜냐하면 시간은 끊임없이 흘러가니 오늘과 내일이 다르기 때문이다. 지금이란 순간을 확인한 것이지, 순환되는 모든 과정을 확인한 건 아니기 때문이다.

느끼고 보았다. 그리고 찍었지만 조금 있으면 변하는 것이다. 그러니 수많은 시간이란 相生相剋이 흘러가는데, 그 하나의 시각을 딱 찍어서 보는 것을 점(占) 본다고 한다. 명리학에서는 그런 건 없다. 명리학자들은 그것을 매우 안타깝게 여긴다. 내일이면 달라지기 때문이다. 우리는 끝없이 순환하는 相生相剋의 모든 과정을 바라봐야 한다. 딱 잘라서 그 시각만 보면 안 된다. 명리학에는 그런 게 없다. 지금이란 건 없다. 어제와 내일의 연장선상에 있는 것일 뿐이다.

相生이란 둘로 나누어져 있는데, 生化와 泄化로 나누어져 있다. 그리고 相剋이란 것은 制化와 相合으로 나누어져 있다. 合은 合和와 合去로 나누어져 있다. 合和는 필요해서 갖는 것이고, 合去는 합해서 없앤다는 의미가 들어 있다. 혼잡을 제거하는 것이 合去다. 比와 劫이 혼잡되었을 때 하나를 제거해야 한다. 암장에서 혼잡된 것은 매우 좋은 것이다. 天干에 있는 것은 분리해서 운영해야 하니, 比도 운영하고 劫도 분리 운영해야 하니 하나는 去해야 한다. 그것을 무엇으로 去할 것인지가 合去이다.

相生에 관해서, 干支와 六神을 설명하면 天干에 10가지가 있고, 六神에도 10가지가 있다. 生化와 泄化란 용어를 쓰는 이유는 인간이 참여하기 때문이다. 인간이 참여하지 않았으면 시간이 흘러가는 것일 뿐이다.

 **相生**

오행의 相生

육신의 相生

오행의 相生

오행의 相生은 春夏秋冬 넷으로 나누어서 공부했다.

春節의 相生: 己辛癸甲丙

夏節의 相生: 戊庚癸乙丙

春夏를 합치니 甲乙이 나온다.

합치면 土金水甲乙火가 나온다. 이것이 합친 것이다.

秋節의 相生: 乙丁己庚壬

冬節의 相生: 甲丁戊辛壬

秋冬節을 합치니 庚辛金이 나온다.

육신의 相生(生化)

官印相生 + 財生官

殺印相生 + 財生殺

食神生財 + 財生殺

傷官生財 + 財生官

印星格이나 食傷格이 官이나 財를 얻지 못하면 이도(異道)를 한다.
印我食, 印比食, 印劫傷 스타일은 프리랜서가 된 것이다.

財官格은 印星이나 食傷을 얻지 못하면 異道를 한다.
財生官, 財生殺

그럼 相生이 오행 相生과 六神 相生이 성립되면 生化란 용어를 쓴다. 그러나 모두 다 성립될 수는 없는 것이니, 어떤 사람은 官印相生만 있는 사람도 있고, 官印相生에 財生官까지 되는 사람도 있고, 官印相生은 안 되고 財生官만 되는 사람도 있는 것이다.

오행 相生도 春節의 相生 배합이 다 있는 사람도 있지만 없는 사람이 더 많다. 春節의 기본 相生이 己辛癸甲丙까지다. 春夏秋冬별로 모든 相生식을 봐야 한다. 그리고 부족한 것은 채워 주고, 많은 것은 없애 주어야 한다. 春夏秋冬의 相生 배합에서 相生이 안 되는 것을 非 상도(常道)라 했다. 기후의 조화와 태과불급(太過不及)으로 잘못되는 걸 말한다. 이들을 잘못되게 만드는 것은 水火와 土다. 이 水 火 土가 木金을 잘못되게 했을 때 이를 다시 극복해서 이겨내는 것을 유용지신(有用之神)이라 한다.

가령 未月에 출생했다면 乙丁己庚壬인데, 이때 火土나 水가 말썽을 피우게 된다. 동절에는 水가 말썽을 피울 우려가 가장 크지만, 未月인데 土가 말썽을 피우면, 즉 土가 火를 묻어서 불꽃이 타오르는 것을 방해하면, 有用之神으로 甲木을 넣어야 한다. 그럼 새로운 능력을 개발해야 한다. 또 甲木을 넣을 때 그냥 넣으면 타지 않으니 庚金으로 벽갑(劈甲)을 해야 한다. 庚金이 없으면 劈甲을 하지 못하고 甲木이란 통나무를 그냥 넣어야 한다. 그러면 바로 타지 않고 시간이 오래 걸리게 되니, 중도에 지쳐서 포기하는 경우가 허다하다. 과정에서 지쳐버리는 것이다. 이렇게 甲木만 있다고 되는 게 아니라, 劈甲을 할 수 있어야 한다. 또 劈甲이 되었다고 바로 되는 게 아니라, 쇄금(晒金)이라 해서 말리는 과정이 필요하다. 그럼 말릴 丙火도 필요한데 丙火가 없으면 그냥 넣어야 한다. 甲木으로 土를 이겨내는 것은 火를 계속 키워서 극복해야 한다. 이렇게 능력을 하나씩 자꾸 첨가해 가는 것이다. 첨가할 때 庚金이 없으면 쪼개지도 않고 丙火가 없으면 말리지도 않으니, 비 오는 날 모닥불처럼 연기만 난다. 그것도 하나의 운명인 것이다.

절차가 복잡하면 복잡할수록 똑똑한 사람이다. 그만큼 과정이나 절차를 겪어야 하기 때문이다. 그러니 甲木이 丁火를 한 번에 生하면 그것밖에 모르지만, 庚金으로 쪼개는 것도 알아야 하고, 丙火로 말리는 것도 알아야 하니 오랫동안 자기를 개발해야 하니 지치는 것이다. 그럼 지구력 검사를 또 해 봐야 한다. 日干의 喜用이 지구력 검사이다. 누구나 그 과정을 겪는 것이다. 이때 比劫이 있으면 과정을 겪으면서, 경력을 계속 쌓아 나가는 것이다.

六神에도 태과불급(太過不及)이 있다. 六神에는 기후의 조후가 없다. 태과불급을 어떻게 조율할 것인가는 이도(異道)가 된다. 여기에 유용지신에 있는 것이다.

官印相生은 모두 세 개가 있다.
正官格, 正印格, 建祿格이다.

正官格은 官印相生 財生官인데,
正官이 正印의 역할을 얻지 못하면 財生官으로 간다.

正印格의 官印相生에서 正官을 얻지 못하면
印을 들고 인겁상(印劫傷)으로 가는 것이다.

建祿格이 官印相生이 있는데
正官의 역할을 정확하게 얻지 못하면 印劫傷으로 가는 것이다.

食神生財는 두 가지가 있는데,
食神格의 食神生財와 偏財格의 食神生財가 있다.
食神格의 食神生財가 偏財의 역할을 정확하게 얻지 못하면 印比食으로 간다. 이때 比를 얻지 못하면 인아식(印我食)으로 가는 것인데 차이는 경험이 있느냐 없느냐이다. 나이를 먹었다고 경험이 있는 것이 아니다. 比劫이 없으면 20~30년 하던 일도 경력으로 인정받지 못한다. 왜냐하면 그 사람이 그 경험을 살려내지를 못하기 때문이다. 엉뚱한 것으로 돌려 하기 때문이다. 또 比劫이 너무 많으면 징크스에 걸려서 하지 못한다.

만약 偏財格이라면 食神의 역할을 얻지 못하면 財生殺로 가는 것이다. 이런 식으로 相生이 구성되었다.

오행으로도, 만약 巳月 丙火에 났다면 相生식은 戊土로 세상의 유행이 어떤 건지 먼저 조사해야 한다. 통변은 '세상을 모르시네' 해야 한다. 戊土로 세상에 무엇이 지나가는지 먼저 조사하고, 거기서 오래 가는(庚) 능력을 만들어야겠다고 생각하고, 거기에 맞는 실력(癸)을 갖추고, 거기에 맞는 과정(乙)을 겪어야 한다. 이때 丙火는 목적이 된다.

목적(丙)을 이루려면, 내가 세상에 얼마나 적합하게 해야 하는지 알아차려야 하고(戊), 그것을 오랫동안 하기 위한 프로그램을 짜야 하고(庚), 거기에 맞게 학습을 해야 하고(癸), 그 과정을 겪어야 한다(乙).

丙火가 있으면 목적이 있고, 戊土가 있으면 목적에 부합되는 짓을 어떻게 해야 하는지 알아차린다. 庚金이 없으면 오래가는 것을 하지 않고, 癸水가 있으면 학습은 하는데, 항상 오래가지는 않는다. 乙木이 있으면 학습과정도 겪는다는 의미다.

甲乙을 키우고, 庚辛을 키우는 건 항상 결과가 된다. 기준은 甲乙庚辛을 키우기 위해서, 나머지가 존재하는 것이다. 丙火에 출생했으면, 乙木이 丙火에 의해서 크는 것이지 癸水에 의해서 크는 것이 아니다. 丙火가 있으면, 丙火가 얼마만큼 크냐를 보고 거기에 맞추어서 金生水가 이루어져야 한다. 丙火만 있고 金生水가 안 되었으면 오래 가지 못하고 죽는다.

春節에 甲木은 癸水가 키우는데, 癸水의 양만큼 丙火가 있어야 한다. 만약 己辛癸가 있는데 丙火가 조금밖에 없으면, 학습은 다 했는데 활용을 하지 못한다. 이렇게 수위조절을 해야 한다. 水火에 필요한 수위조절, 균형을 맞추어야 한다. 春節에도 金生水가 필요하다. 아니면 丙火와 壬水에 맞추어서, 金生水와 木生火만 공부해도 되지만, 어떤 식으로든 水火의 균형을 맞추어야 한다.

春節의 丙火는 夏節로 오면서 점점 旺해지고, 癸水는 夏節로 오면서 점점 衰해지니, 衰해지는 것을 막기 위해서 金生水를 해야 한다. 旺해지는 것을 막기 위해서 戊己土가 들어가는 것이다. 春節은 추우니까 丙火가 땅에 직접 내려야 하고, 夏節은 뜨거우니 丙火가 戊土로 걸러서 내려야 한다.

夏節에 丙火가 있고, 辰中의 乙木이 있으면 무성하게 큰다. 그런데 庚金이 金生水를 하지 않으면, 乙木이 목표한 만큼 공부를 하지 않는다. 그럼 가다가 乙木이 멈추게 된다. 그럼 辛金으로 자르게 된다. 그럼 하다가 다른 것을 하게 되니 異道라 한다. 다른 직업으로 변한다.

균형이 똑같이 맞아야 한다. 丙火癸水, 丁火壬水의 균형이 맞아야 한다. 만약 균형을 맞추지 못하면 태과불급(太過不及)이 된다. 水火의 문제로 태과불급되면 한난조습(寒暖燥濕)까지 문제가 발생하게 된다.

春節의 己辛癸甲丙은 지식인이다.
夏節의 戊庚癸乙丙은 운영을 해야 한다.
秋節의 乙丁己庚壬은 기술인이다.
冬節의 甲丁戊辛壬은 경영을 해야 한다.

세상을 운영하려고 丙火에 태어났으면, 지식을 쌓아야 하고
지식인으로 태어났으면, 나중에 세상을 운영해야 한다.
冬節에 경영을 하려면 기술을 배워야 하고,
기술을 배웠으면 나중에 경영을 해야 한다.

夏節의 세상을 운영하는 분야에 태어났다면 지식을 쌓지 않고, 기술을 배우는 것으로 세상을 운영할 수도 있다. 그럼 인문으로 운영하지 않고, 기술로 운영하는 것이다. 기술을 배웠으면, 대개 경영을 하지만 그렇지 않고, 기술을 가지고 세상을 운영할 수도 있는 것이다. 군대 제대를 했으면 투표에 참여해서 국회의원을 하면 된다.

春夏와 秋冬인데 冬節에 경영을 하려면 기술을 배워야 하지만, 경영을 하기 위해 기술을 하지 않고, 지식을 택할 수도 있는 것이다. 이런 것은 水火의 배합으로 보는 것이다.

冬節 辛金에 태어날 수도 있고, 冬節 壬水에 태어날 수도 있는데, 사계절로 나누었지만, 사실은 여덟 개(八稟)로 나누어진 것이다. 가령 冬節에 태어났다는 것은 秋分부터 冬至까지이다. 그럼 경영을 하려면 丁火가 있으면 기술을 배워야 한다. 그럼 秋節 丁火로 배우나, 冬節의 丁火로 배우나 구분해야 한다. 水火로 모든 걸 생각해야 한다.

癸水는 생각한다. 丙火는 행동한다.
丁火는 생각한다. 壬水는 행동한다.
행동은 丙火 壬水가 하고, 생각은 癸水 丁火가 한다.

그런데 冬節에 태어났다고 해서, 반드시 秋節로만 가는 건 아니다.
사주가 秋節인데 丁火대신, 丙火가 있으면 春節로 간다.
丁火가 있으면 기술로 가고, 丙火가 있으면 지식으로 가는 것이다.
그럼 相生을 가지고 운영해야 한다.

春節 相生은 지식인이 되는 것이다.
夏節 相生은 운영자가 되는 것이다
秋節 相生은 기술자가 되는 것이다.
冬節 相生은 경영자가 되는 것이다.
　지식과 기술은 같은 맥락이다. 현대사회는 기술자가 공부를 더 잘한다. 丁火가 癸水보다 공부를 더 잘할 수가 있다. 거꾸로 갈 수도 있는 것이다. 그것은 水火가 조정하는 것이다.

　辛壬 구역에 났으면 사주에 壬水가 없어도 항상 있는 것이다.
　秋分이 지나면 날씨가 추워 오는 것이다.
　그럼 丁火를 얻으면 가서 기술을 배워야 하고,
　丙火를 얻으면 지식을 얻어야 한다.
　그럼 丙火이니 인문 지식이 아니라, 사회지식인 것이다.

　오행 相生도 式이 있고, 六神 相生도 式이 있는 것이다.
　이 相生式을 반드시 지켜야 한다.

　혹 傷官格과 偏官格을 制化부터 보지 않고 왜 相生부터 출발하는지 궁금할 수도 있을 것이다. 그러나 八正格(食神格, 傷官格, 正財格, 偏財格, 正官格, 偏官格, 正印格, 偏印格)은 순용(順用)을 원칙으로 生化를 설명한다. 단 두 개의 外格인 陽刃格과 建祿格은 역용(逆用)을 원칙으로 生化를 설명한다.

　偏官格의 相神은 食神이고, 傷官格의 相神은 正印이다.
　建祿格의 相神은 正官이고, 陽刃格의 相神은 偏官이다.

네 개의 格은 相神이 逆用자이다.

그러나 지금은 상생상극(相生相剋) 생화극제(生化剋制)를 공부하는 중이지, 相神을 찾는 과목이 아니므로 나중에 역용격(逆用格)인 偏官格과 傷官格은 별도로 설명할 것이니 지금은 順用으로 받아들이기 바란다.

傷官을 制化하는 것은 建祿格과 正官格, 正印格이다. 傷官格은 반드시 正財를 生해서 正印을 制化하는 것이 傷官格의 할 일이다. 正印에게 制化를 당하면 傷官生財를 하지 못한다. 이를 상관상진(傷官傷盡)이라 한다. 傷官格이 正印을 만나서 하는 것은 傷官傷盡이다. 喜忌神을 나눌 때 傷官格의 相神은 正印이지만, 生化와는 다르다. 효과 자체가 다르다.

금다화소(金多火銷)가 되었다는 말은 金이 많아서 火消가 된 게 아니라 火가 약해서 火消가 된 것이다. 金木으로 火消를 논하면 안 된다. 金을 다스리지 못한 건 火가 문제가 있어서이다.
水火와 土의 문제, 하늘과 땅의 문제, 하늘의 문제는 壬水 丙火, 땅의 문제는 癸水 丁火, 土의 문제는 시간의 문제이다. 戊土가 너무 많으면 시간이 가도 발전을 하지 않고 능력은 그대로이다. 土는 시간의 변화이다. 시간을 활용한다는 것은 동서를 막론하고 시간은 금이라고 했다.

丙火가 지나쳐서 문제를 일으키는 것은 乙木이 타는 것이다. 丁火가 너무 많아서 문제를 일으키는 것은 乙木을 소(消)하는 것이다. 그리고 金을 소(銷)하는 것이다. 이런 것들에 대한 문제이다. 만약 金이 너무 많아서 金이 말썽이란 것은 말이 안 되고 丁火가 弱한 것이 문제이다. 金이 많은 것은 일거리는 가득한데 丁火가 없으니 일을 하지 않는 것이다. '나는 무슨 일을 해야 하죠? 나는 무슨 일을 해야 하죠?' 하고 계속 묻기만 한다. 본인은 답답해서 물어보는 것이지만, 제3자가 볼 때는 일하기 싫어서 묻는 것이다. 水의 문제, 火의 문제 그리고 土의 시간의 문제다. 丙火나 壬水가 너무 지나치면 정신의 문제, 마인드의 문제다. 癸水나 丁火가 말썽을 부리면 실천력의 문제이다.

金이 너무 많은데 火가 약해서 문제가 되는 것은 실천력의 문제이다. 金을 제련(製鍊)하지 않고 壬水로 그냥 파는 건, 사람을 속여서 파는 것이다. 그래도 아무 문제가 없이 사 가는데, 土로 강약(强弱)을 조절해서 팔기 때문에 문제가 없는 것이다.

天干에 己土 두 개가 투간되고 戊土 하나가 투간되었으면 戊土에 己土가 혼잡된 것으로 본다. 陽에 陰이 혼잡된 것이다. 土는 木이나 金에 대하여 왕쇠강약(旺衰强弱)을 논할 수가 없고, 水火에 의해서 따지는 것이다. 항상 土는 火와 水로 견주어서 따져야 한다.

辛金의 土生金이 己土가 아니라 戊土가 들어가면 泄化다. 그럼 자칫하면 泄氣가 된다. 辛金이 아니라 庚金이 들어가면 泄化지만, 자칫하면 문제가 될 수 있다. 이것을 희기신(喜忌神)으로 忌神이라 한다. 喜忌神과 相神과, 相生相剋은 각기 다른 것이다. 喜忌神은 자평진전에 처음 나왔는데 배합이 이루어져야 한다고 했다. 배합이 이루어지면 善하게 산다고 했는데 이건 착할 善 자가 아니다. 원서에 善이란 자연 그대로 사는 걸 뜻한다. 자연 그대로를 인정하는 것이다.

— 13 —

부부문제
[설화(泄化)와
합화(合和)]

쟁재(爭財)는 군겁(群劫)쟁재와 군비(群比)爭財가 있는데, 방신유정(幇身有情)하지 않는 것만 쟁재한다. 방신(幇身)이라 해서 돕지 않는 것이 爭財한다.

(1) 방신유정(幇身有情)인가 아닌가를 봐야 한다. 그러니 幇身有情이란 印星과 日干 食傷 사이에서 조율하지 않는 比劫은 爭財를 하는 것이다.
(2) 爭財는 자신이 스스로 실수를 하는 것이다. 내가 나를 돕지 않고, 나를 도우려는 다른 사람을 내친 것이다. 내가 실수해서 사람을 내쳤으니 떠나 버린 것이다.

생화극제(生化剋制)로 財生官이나 財生殺을 하지 않고 있으면, 이 爭財는 경쟁이다. 財生殺이나 財生官을 하는 爭財는 견제(牽制)라 해서 참여한다고 한다.

부부문제는 출발이 財生官 財生殺이다. 내조와 외조란 의미가 들어 있다. 財란 부인이 官이란 남편을 財生官한다. 그럼 官殺이 위안을 받았으니 比劫을 견제해서 財를 보호하는 것인데 이를 억부(抑扶)관계라 한다. 財가 官을 돕고 官殺은 比劫을 막아서 부인인 財星을 구하는 문제이다. 財生官이 원활하게 되지 않으면 남편이 부인을 보호하지 않는다. 그러니 爭財를 해서 財生官이 안 된다는 말은 없는 것이다.

財生官殺이 잘되고 나서 爭財가 되면 부인을 위해서 도와줄 일이 생기는 것이다. 그러나 財生官을 하지 않았는데 爭財를 하면 부인을 위험에서 구해 주지 않는다. 다른 건 아무것도 없다. 財生官을 안 해 주었으니 나도 너를 도울 수 없다는 것이다. 부부 사이에 조건을 따진다는 느낌이 드는 건 단지 자기 생각일 뿐이다. 아무리 부부라도 조건 없는 관계는 없는 것이다.

財生官을 나쁘게 해석하는 것이 있는데, 이는 生化를 하는데 泄氣를 이야기한 것이다. 官殺이 旺해서 財星을 泄氣한 것은, 부인의 힘이 빠지는 것인데 남자가 부인을 위하지 않았다는 뜻으로, 比劫을 制하지 않고 財星이 죽도록 그냥 두는 것이다. 이는 泄氣에 대한 이야기다.

만약 財星이 왕하고 官이 약하다면 財星이 열이면 열 모두 도와준다. 그럼 이것도 지나친 것이니 간섭과 집착이 된다. 이는 아무리 官이 旺해져도 比劫을 막아 주지 않는다. 이것도 泄氣다. 食傷을 泄氣했기 때문이다. 그러니 남편이 행위를 하지 못하게 했으니 이것도 比劫을 막지 않는다. 그러니 財生官은 조건부란 말을 하면 안 된다. 왕쇠강약(旺衰強弱)을 가져다가, 생화극제(生化剋制)로 취급한 것이다.

그리고 위치별 財生官殺이 있는데 官은 天干에 있고, 財는 암장에 있는 것이 정상인 것이다. 만약 財가 天干에 드러나면, 여자가 두건을 쓰고 남자가 족두리를 쓴 것과 같은 이치다. 그러니 이 모양이 얽히게 되면, 큰아들을 학교에 데려다주는 여자, 남편을 출퇴근시켜 주는 여자들은 자식이나 남자가 크지를 못하는 것이다. 財가 天干에 투간되지 말아야 한다. 財는 항상 암장에 있고, 官은 天干에 있으면 財生官이 잘 되는 것이다.

그리고 육친(六親)을 보는 것과 六神을 보는 것의 차이가 매우 다른데 똑같이 생각하면 안 된다. 육친은 가족을 지정하는데, 日干을 낳은 것은 부모, 日干이 낳은 것은 자식, 日干이 相剋하는 것은 부인, 日干을 相剋하는 것은 남편이다. 남녀사주 모두 官은 남편이고, 財는 부인이다. 부부지간으로서 나는 財官에 있는 것이다. 그래서 여자는 財가 자기 위치이고, 남자는 官이 자기 위치이다. 남녀로서 성격의 구분의 아니라, 부부로서 그런 것이다. 그래서 官과 食傷의 合이 잘 맞으면, 자식과 남편이 合이 잘 맞은 것이다. 官과 食傷의 合이 잘 맞으면 남편에게 아들을 안겨준 것이다. 이것이 최고의 부인이 된 것이다.

만약 財와 印星이 合을 이루었으면 시어머니가 며느리를 껴안고 있으니 최고의 며느리가 된 것이다. 아내가 되는 길은 財生官 財生殺이고, 어머니가 되는 길은 食傷과 官殺이 合이 되는 것이고, 며느리가 되는 길은 財星과 印星이 合이 되는 것이고, 그럼 여자가 되는 길은 무엇이냐고 물을 수가 있다.

여자가 되는 길이란 문란을 묻는 것과 같다. 이런 부모 역할, 아내 역할, 며느리 역할, 이 셋이 안 되면 투기(妬忌)가 시작되는 것이다. 그럼 여자가 되는 것이다. 투기할 때는 인정사정을 보지 않는다. 고서에 보면 변방에 백만 대군을 불러들여 자기 남편을 죽이게 하는 것이 투기이다. 변방이란 나라와 나라 사이 국경선과 같은 곳인데, 적을 불러들여 나라까지 망하게 하니, 나라가 멸망을 하는 것까지 방관하면서 남편을 죽이는 목적을 달성하는 것이 투기이다. 그러니 여자는 남편의 직업을 먼저 공격한다. 이것은 정해진 규칙이다. 그러나 여자들은 그렇지 않다고 한다. 실제인지 아닌지는 남편에게 물어봐야 한다. 자기가 한 행위는 자기가 판단하는 게 아니라 남이 하는 것이다. 남편의 직업을 공격한다는 뜻이다. 변방에 백만 대군을 불러들였다는 것은 해석을 잘해야 한다. 이는 다른 사람을 이용해서 해결한다는 뜻이다. 다른 사람을 이용해서 남편의 신상을 공격한다는 것이다. 아내, 어머니, 며느리, 이 세 가지가 안 되면 그런 짓을 하는 것이다.

남자가 여자를 내치는 원리도 있다. 正官格, 偏官格, 陽刃格, 建祿格은 여자가 남자에게 생채기를 내면 내치게 된다. 남자 몸에 상처를 내거나, 남자에게 말을 함부로 하면 이는 財生官의 손상인 것이다. 그런데 印星格, 食傷格은 자식에게 생채기를 내면 여자를 내치게 된다. 印星格과 食傷格은 자기가 낳은 자식이라고 자기 맘대로 하면 안 된다. 내가 낳았지만 내 자식이 아니라 임금의 자식이고, 남편의 자식이다. 학교에 가면 학교의 자식이고, 직장에 가면 직장의 자식이다. 당신의 자식이나, 당신의 남편이 왜 당신 것이냐? 그런 법은 생명체에게 존재하지 않는다. 내 것이란 존재하지 않는다.
그들에게는 이름이 있는데, 자식에게는 아버지라 하고, 직장에는 과장님이란 이름이 있는 것이다. 그런데 자기가 낳은 자식이라고 자기 자식이라 하면 안 된다. 그럼 남편이 내치게 된다. 자식의 안위 문제 때문에 내치는 것이다. 이는 食傷의 문제이다. 財星의 문제라니까 모두 爭財고, 食傷의 문제라니 모두 倒食이란 생각을 하면 안 된다. 相剋은 문제가 있고, 相生은 문제가 없는 것처럼 생각하면 안 된다.

여자 사주에 財가 들어올 때, 남편이 자기만 빼놓고 다른 사람과 행복하게 지낸다고 생각한다. 남편이 집에 오면 화만 낸다고 생각한다. 당신 남편이 힘들어서 그러는데, 당신과 안 놀아 준다고 화를 내면 안 된다고 하면 '그렇다고 왜 내가 희생을 당해야 합니까?' 희생을 강요당했습니까? 말이 안 된다. '그래도'란, '그래도 이건 아니지 않느냐'이다. 설령 이치를 따져서 옳다고 해도, 나는 이렇게 생각한다는 뜻이다. 그래서 육친(六親)은 부부만 있는 게 아니다. 자식, 부부, 부모도 있다고 포함되는 것이다. 가족 모두가 육친이란 조직에 들어간다고 생각해야 한다.

그리고 여자 사주로 부부를 보는 법은 별도로 공부해야 한다. 왜냐하면 상대가 돌아누웠다고 생각하는 것이다. TV에서 멋진 탤런트 얼굴을 보았거나, 고등학교 여학생이 잘생긴 남자 선생을 봤거나 하면, 그 사람에 대해서 좋아하는 마음이 일어났으면, 그 상대는 아무 짓도 하지 않았는데, 상대와 대화를 해 보지도 않았는데, 상대의 의지와 관계없이 자기 마음이 일어날 수가 있는데, 여자는 그런 마음이 일어난 것이 상대방 탓이라 생각한다. 자기가 힘든 것은 상대 때문에 그렇다는 것이다. 대화도 하지 않았는데 왜 마음을 흔들어 놓았느냐고 문자를 하고 쫓아다니고 하는 것이다. 그런 허정(虛情)이란 것도 있다. 이런 虛情에다 입장을 놓고 봐야 한다. 그러니 情이 없는 곳에 情을 쏟는 것이다.

또 여자 사주는 극단적인 사랑을 한다. 자식에게 극단적인 사랑을 한다. 그럼 자식을 극단적으로 죽일 수도 있다. 그러니 자식을 죽이는 것은 대개 엄마가 하는 행위인데, 극단적인 사랑 때문이다. 극단이란 '여기서 저기까지, 너무 지극하다'는 극단(極端)이다. 극자를 다할 極 자를 썼으면 죽음이고, 지극하다는 것은 지극한 것이다.

원래 지극한 사랑은 상대에게 관여하지 않는다. 지극한 것은 내 뜻을 전하지 않는다. '당신이 좋으면 그게 내 뜻이요' 하는 것이 지극한 사랑이다. 그러나 극단적인 사랑은 상대에게 내 뜻을 전하게 되어 있다. 그것은 네가 아무리 좋아하는 것이 있어도 내 마음이 불편한 것은 하지 말라는 뜻이다. '그래도'이다. 그렇게 하면 아이가 성공하잖아? 이건 자기 생각일 뿐이다. 자식에게 지극한 사랑은 극단으로 바뀔 수가 있다. 남편에게 여자는 지극하지는 못하다. 처음에는 극단으로 시작을 한다. 그러나 부인이 아파서 입원할 때 제일 먼저 하는 생각이 '내가 여기 아파 누웠으면 저 사람 바람이나 안 피울지 몰라'라는 것이다.

春節은 癸水 丙火가 인도하고, 夏節도 癸水 丙火가 인도한다.
春節에 丙火가 없이 壬水가 있다면, 혹은 癸水가 없이 壬水가 있다면, 春節은 지식이다. 癸水 때문이다. 夏節은 운영이다. 丙火 때문이다. 秋節은 기술이다. 丁火 때문이다. 冬節은 경영이다. 壬水 때문이다. 그런데 이것을 얼마든지 바꿀 수가 있는 것이다.

가령 冬節에 壬水가 있으면 경영을 해야 한다.
冬節에 丁火가 있으면 기술도 배워야 한다.
冬節에 癸水가 있으면 지식도 배워야 한다.
丙火가 있으면 운영도 해야 한다.

다 있으면 다 하면 된다. 다 있어서 헷갈리나, 다하면 되나? 이다. 이는 처음에 명리를 시작할 때 相剋이란 것을 배워서 안타깝게 머릿속을 안 떠나는 것이다. 壬水 丁火가 있는데, 癸水가 들어오면 相剋부터 보이는 것이다. 처음에 배운 것이 안 떠나는 것이 있다. 처음에 배울 때 원진살(怨嗔殺), 귀문관살(鬼門關殺)부터 배우면 그것만 머릿속에서 생각난다. 어떤 사람은 官殺이 혼잡되면 어떻다는 것을 배우고 나면 그것밖에 안 보이는 것이다. 복식판단을 해야 하는 명리학에 와서 하나의 문제를 붙잡고 단식판단을 하니 염력(念力)으로 자기가 그렇다고 믿어서, 주변까지 그렇게 믿게 만든다. 그러니 명리공부는 완전 초보자가 들어오면 공부가 더 잘된다.

未月이면 乙丁己에 출생한 것이다. 丁火가 있으니 기술연마를 했다. 만약 壬水가 없으면 기술은 있는데 경영을 하지 못하는 것이다. 본인은 기술자를 하고, 경영자를 들이면 되는 것이 有用之神이다. 丙火가 없으면 운영도 안 된다. 그럼 운영자도 들이면 된다. 그럼 壬水를 찾으러 가야 한다. 지장간에 있어도 쓰는 것이다. 암장에 있으면 대리경영을 사람에게 맡겨야 한다. 天干에 있으면 자기가 해야 한다. 암장에 있으면 사람을 만난다는 뜻이고, 天干에 있으면 자기가 해야 한다는 뜻이다. 암장이라고 힘이 약하다는 말은 어느 책에도 없다.

연해자평(淵海子平)에 보면 월령용사지신(月令用事之神)에서 모든 用神을 쓰는 것은 암장에서 쓰는 것이라 지도까지 만들어 주었는데, 天干은 氣고, 地支는 質이므로, 실제 상황이란 뜻이다. 氣質에 대한 설명을 상세하게 했다. 그리고 天元, 地元, 人元을 설명했다. 地支는 시간의 질서라고 했고, 모든 물건과 사람은 암장에 있다고 했는데 왜 암장에 있으면 弱하다고 하는가? 天干에 있는 것은 못 쓸지언정, 암장에 있는 것은 다 쓰는 것이다.

冬節 사주에 壬水가 없어도 있는 것이다. 그럼 사주에 壬水가 없는데 있는 것으로 보는 것과, 실제로 있어서 있는 것의 차이는 실제 별로 없다. 그러나 운에서 丙火가 오거나 癸水가 올 수가 있다. 그럼 사주에 壬水가 없으면 바뀌게 된다. 그런데 사주에 壬水가 없는데 丙火나 癸水가 오면 바뀌지만, 壬水가 있으면 겸(兼)하게 되는 것이다.

格을 잡을 때 格이 충파(沖波)를 당하면, 格은 정해져 있고, 成格과 破格으로 다시 구분하는 것이다. 살아가는 방법으로 相神, 救神, 忌神으로 다시 나누는 것이고, 成格과 破格으로 나뉘는 것이지, 格을 못 잡는다는 말은 없는 것이다.

그리고 사람이 살고 죽는 것은 泄氣에서 나오는 것이지, 相沖과는 아무 관계도 없다. 정수기에 물이 소진되어 없어지려면 정수기를 엎어야 없어지나, 다 먹어야 없어지나? 사용하지 않는 六神이 泄氣를 하는 건, 중요한 일은 하지 않고, 사소한 문제로 꾸준하게 상대를 괴롭힌 것이다. 偏印이 官을 泄했으면 중요한 게 아니라 사소한 일로 남편을 괴롭혔으니 드디어 官運에 오면 지쳐 쓰러지게 한다. 사용하지 않는 六神들은 취미로 사용한다고 보면 된다.

偏印이 官泄하면, 偏官은 泄氣가 안 된다. 正官만 泄氣가 된다. 官泄을 하는데 財生官이 되면 남자의 부족한 부분을 채우려고 남자를 괴롭히는 것이다. 財生殺이 안 되면 내 마음을 채우려고 남자를 괴롭히는 것이다. 나를 채우려고 하느냐, 상대를 채우려고 하느냐 의미가 다르다.

만약 傷官 正財로 生財가 안 되면, 傷官偏財로 泄化를 하면 된다. 合和로 쓰는 것이다. 그런데 合和도 되지 않는다면, 그걸 못 쓰는 사주라고 하면 안 된다. 사업을 하는데 돈 못 버는 사업이라고 해서 사업이 아닌 건 아니다. 직장을 다니는데 승진이 안 된다고 직장을 못 다닌다고 할 수가 없다. 合和를 해야 하는데, 偏財가 合和를 하지 못하면 못하는 것으로 하면 된다. 실패하는 것으로 쓰는 것도 쓰는 것이다. 그럼 손님에게 더 열심히 하라고 하면 되는 것이다. '남은 한 번만 해도 되는데 당신은 열 번 스무 번 더 열심히 해야 합니다' 하고 말하면 된다. 지금까지 사고방식으로 '안 될 것이다, 잘못될 것이다' 이런 말을 한다는 것은, '교통사고 날 우려가 있으니 조심하라'는 말은 하지 않고, '운전하지 말고 면허증을 반납하라'는 말과 같은 말이다. '남보다 더 열심히, 더 많이 노력하라'고 해야 하는 것이 맞는 말이다. '30분 더 빨리, 30분 더 늦게' 이런 말을 해 주어야 한다. 택시 운전자에게 사고 우려가 있으니 운전하지 말라고 하고, 장사꾼에게 장사하지 말라고 하는 것과 같은 것이다.

사주 볼 때 運은 보지 마라. 사주에 있는 문제는 그 사람이 온 바로 그 날 그 문제로 온 것이다. 傷官이 문제가 있어서 왔는데 偏財 運에 왔어도 傷官 이야기를 하면 된다. 合和란 위대한 것이다. 가서 영업해서 돈을 벌어 내 조직을 유지되도록 해야 한다. 각종 모든 영업회사의 프리랜서가 다 合和다.

合和가 안 되어서 상대에게 못 맞추는 것도 성격이 좋지 않아서 그렇지, 合和가 안 되는 것도 영업행위이다. 그럼 더 잘해야 한다. 더 열심히 해야 한다. 合和가 잘 되면 실적이 더 좋은 것이다. 이런 문제를 설명해 주어야 한다. 서비스 업종에 종사하거나 영업을 하는 사람에게 合和가 없으니 영업을 하지 말라고 하면 안 된다. 泄化가 되면 다 영업인데, 合和가 되든 안 되든 영업을 하는 것이다. 傷官生財와 財生官은 따로 플러스가 된 것이다. 영업소 팀장이 된다는 말이다. 더 열심히 할 생각을 해야 한다. 그럼 合和가 된 사람이 성공할까? 合和가 안 된 사람이 성공할까? 더 열심히 하는 사람이 성공하는 것이다.

음양이 다른 官印相生이나 食傷生財는 泄化이다. 泄化는 合和를 하면 +α다. 월급 이외에 알파를 받는 것이다. 官印相生 殺印相生하면 일 평균 12만 원이다. 合和를 하면 일 평균 18만 원이니 6만 원 정도 차이가 난다. 의미가 다르다. 어느 것이 더 나은가? 12만 원이 더 나은 것은 노력을 안 해도 받는 것이다. 18만 원을 받는 사람이 더 좋은 건 노력을 했기 때문이다. 물론 이 노력이 징그러워서 안 하는 사람도 있다. 사람은 여러 종류다.

노력을 기준으로 보면, 合和가 안 되면 노력을 안 한 것이다. 노력이란 요령도 노력이고, 정보수집, 기획 작전, 전술도 노력에 들어간다. 죽으라고 일하는 것만 노력인가? 요령만 피우는 것도 노력에 들어가는 것이다.

영업이 나쁜 것인가, 요령이 나쁜 것인가? 어떻게 판단하느냐에 따라 다른 것이다. 그대의 판단에 따라 달라지는 것이다. 우리나라 사람들의 성격은, 내가 영업을 하는 것을 아쉬운 소리를 한다고 생각한다. 이런 것을 잘 하는 사람을 보면 아부한다고 한다.

偏印格이 正官을 泄하고 있으면, 官을 지키기 위한 것이다. 正官이 偏財를 泄할 때 比肩과 正官이 合을 하는 의미는, 이 官은 나 때문에 고생하는 아내나, 자식, 나 때문에 고생하는 부하나 제자, 백성을 구하기 위한, 사람을 구하기 위해, 比劫을 설득하러 가는 것이다. 나 때문에 고생한 사람을 위한 것이다. 이건 너무나 당연한 행동이다.

없는 것을 보호하는 것도 있다. 財官을 사회문제, 직업문제로 생각해야지, 財官을 여자 남자 문제로만 생각하면 안 된다. 比劫은 애인, 官이면 남자란 생각을 하지 말고, 印星은 준비하는 행위, 食傷은 활용하는 행동, 財星은 소유, 官星은 소속이란 생각을 해야 한다. 자기 운영, 자기 경영을 말해야 한다. 印星은 준비, 食傷은 준비된 것을 활용, 比劫은 준비와 활용을 하면서 겪은 내력, 財星은 소유, 官殺은 소속이다. 그럼 正官이 比肩과 합하면 偏財를 보호하려는 생각임을 알아야 한다.

그럼 財星은 소유영역인데, 사주에 偏財가 없으면 없는 영역을 보호하고자 하는 것이다. 소유영역이 아닌, 소유영역을 보호하는 것이다. 그럼 그것이 무엇인지 찾아보면 되는 것이다. 내 소유가 아닌 소유가 있다. 내 소유가 아니면 모두 남의 소유인가? 그런 생각을 자꾸 해 봐야 한다. 직업적 역할이나 활동, 직업적 성격을 광범위하고 다양하게 생각해 봐야지, 거기에 자꾸 사람을 붙여서 설명하게 되면, 正官은 남편, 偏官은 남자, 比肩은 남편이 좋아하는 여자, 劫財는 애인이 좋아하는 여자이니 그럼 내가 만나는 애인의 부인이다. 이런 식으로 사람을 붙여서 설명하는 습관을 들이면 안 된다. 사주에 財가 없으면 소유영역이 아닌 소유에 관해서 보호해 준다는 의미다. 그럼 官이 比肩을 합해서 외부에 나가서 財를 보호하는 것이지만 財가 없으니 내 소유영역이 아닌 영역을 보호하는 것이다. 사람마다 이런 것이 다 있는 것이다.

偏財의 발전을 위해서 영업도 해야 한다. 사주에 없는 것은 소유가 아닌, 소유를 위해서 열심히 하는 것이다. 사단법인, 재단법인, 종교법인은 자기의 소유가 아닌 것이다. 아닌 것을 하는 것이 가장 즐거운 것이다. 모든 복지단체, 양로원, 복지원이 다 이런 식으로 생겼다.

食神格이 正財를 泄化하는 것은, 食神格을 사용하는 형태를 의미한다. 食神格이 偏財를 生化해서 財生殺까지 가는 것인데, 偏財를 生化하면 偏印을 制化해서 食神生財로 풍요를 가져오는 것인데, 食神이 正財를 泄化하면 내가 직접 生하지 않고 나 대신 누구를 보내서 偏印을 合和해서 풍요를 가져오는 것이다. 모두 같은 의미이다. 食神偏財는 스스로 개척하는 것이고, 食神正財는 合和이니 타인과 협력을 통해 목적을 달성하려는 것일 뿐이다.

偏印格이 殺印相生해야 하는데, 官泄을 했으면 官은 偏印에게 명령을 하는 기관인데 부실한 조직이니 偏印이 傷官과 合和해서 正官을 살리는 것이다. 그럼 偏印이 혼자 하는 것이 아니라, 傷官과 협력해서 해야 한다. 그럼 傷官의 특성은 상대의 능력을 이용하는 것이니, 상대편 중에 역량이 좋은 사람들과 협의해서 官이란 조직을 살려야 한다. 六神의 특성을 외워서 가져다 붙이면 되는 것이다.

偏印의 특성은 자신이 준비하는 것이 官泄이니 官泄을 하지 말아야 한다. 그럼 내 기준에 맞게 하지 말아야 한다. 傷官이 偏印과 합을 하여 官을 살리는 것이니, 傷官 기준에 맞게 偏印이 양보해야 한다. 偏印과 正官이 볼 때 傷官의 행동이 하찮아 보이더라도 손님이 하찮은 傷官을 좋아하니 어쩔 수 없이 협력해서 노력해야 장사가 되는 것이다. 正官과 偏印이 이런 좋은 상품도 볼 줄 모른다고 무게만 잡고 있으면 손님이 오지 않는다. 傷官이 官과 偏印의 관념을 바꾸어 놓아야 한다. 이런 고정관념, 써먹지 못하는 자기주장들을 없애야 한다. 傷官의 방식대로 양보해야 한다. 즉 官泄한 偏印이 傷官과 合하는 것은 상대의 주장을 받아들여서 내 주장이 틀렸음을 인정하는 것이다. 그것이 이루어지지 않으면 성공을 할 수 없는 것이다.

비록 傷官의 언행이 미덥지 못하고 정체성이 모호하고 배우지 못한 티를 내더라도 그 사람이 나보다 낫다고 인정하지 않으면 안 된다. 사실은 正官은 한물간 양반님이고, 偏印은 한물간 선비이니 傷官에 비하면 노인과 같은데, 사주가 그렇게 되었으면 그런 환경에서 자기가 살고 싶지 않아도 그렇게 살게 되는데 그 짓을 하고 말고는 본인들의 선택이다.

泄化하면 合和를 하니, 合和가 없어도 하고 있어도 하는데, 하느냐 하지 않느냐는 다른 것으로 논하는 것이다. 통변에서 잘 맞추려면 泄化구역에 가서 合和를 해야 하는데, 그 사람이 하고 있어도 안 한다고 하고, 안 하고 있어도 안 한다고 하고, 없어도 안 한다고 하면 잘 맞는다. 그럼 가서 合和를 해서 타협하고 양보해서 하찮아 보이는 傷官을 받아들여서 잘 먹고 잘 살아야 하나? 깨끗한 선비정신으로 굶어 죽어야 하나? 어떻게 하는 것이 좋은가? 사람들도 그걸 원하지만 실천하지는 않는다. 그래서 사람이 할 일이 있고, 命理가 할 일이 있는 것이다. 명리가 할 일은 그런 환경이니 그렇게 해야 한다고 알려주는 것이고, 사람이 할 일은 그렇게 노력을 해야 하는 것이다. 그런데 대부분 그렇게 하지 않을 것이다.

合和나 制化는 관인상생, 살인상생 구역에서 식상생재 구역을 합화하거나 제화하는 것이고, 식상생재는 관인상생 구역을 합화하거나 제화하는 것이다. 관인상생된 자는 식상생재를 제화할 때, 자기는 있어 보이는 사고방식을 가졌고, 저들은 없어 보이는 사고방식을 가졌으니 무시하는 태도를 가지기 쉽다. 자기가 무시하면 저들은 멸시를 당한다는 생각을 하게 된다. 그것은 그들이 사는 원칙인데 나와 다르다고 그들이 나쁜 건 아니다. 그들을 활용할 줄 아는 것이 합화와 제화이다. 식상생재가 식상생재 구역에서 합을 하거나 관인상생이 관인상생 구역에서 합을 하는 그런 법은 존재하지 않는다.

그럼 食傷生財가 官印相生 구역을 合和나 制化를 해야 하는데, 이 사람들은 스스로 자기 비하를 하고 낮추는데 '저들에게는 안 통할 거야' 하는 생각을 하게 된다. 나는 낮고 저들은 높다고 생각하기 때문에 그런 것이다. 즉 허가를 맡아야 한다는 심리가 작용하니 자기비하 심리가 생겨서 허가를 맡지 않게 되는 것이다.

상관격이 상관생재로 태어났다면, 정재가 정인을 제(制)해야 상관생재가 되어 풍요가 오는데, 재성이 없으면 상관이 정관을 상극하니 법도에 어긋나는 것이다. 식상생재는 재성이 가서 제화하는 것이지, 상관이 가서 官을 제화하는 건 말이 안 된다. 그런 법은 없는 것이다. 인비식(印比食)이나 인겁상(印劫傷)이 官을 제압하라고 했지, 식상생재가 官을 剋하라는 말은 찾아볼 수가 없다.

傷官이 官을 剋하라는 말이 전혀 없고, 식상생재는 財星이 剋하라고 되어 있다. 관인상생 살인상생은 印星이 食傷을 剋하라고 되어 있다. 식상생재는 財星이 印星을 制化해서 食傷을 살리는 것이고, 살인상생 관인상생은 印星이 食傷을 制化해서 官殺을 살리는 것이다. 모든 制化는 이렇게 되어 있다고 원수산이 가르쳤다. 무언가 착각하면 안 된다.

財星을 얻지 못한 식신격과 상관격이 印比食이나 印劫傷으로 살아남기 위해서는 관살을 제압해야 한다. 財生官을 거부한 것이니 이를 역리적(逆理的) 행위라 한다. 比劫을 쓴다는 것은 財를 거부한 것이니, 財官을 모두 거부한 것이다. 그러니 완전한 독립을 의미한다. 그럼 자기 스스로 만든 영역이나 자치권을 가져야 한다. 자기 스스로 만든 재산을 자기가 갖는다는데 자본주의 국가에서는 반대할 사람이 없는 것이다. 이를 印比食, 印劫傷이라 한다. 그리고 자기가 스스로 만들고 스스로 번 것을 기부하겠다는데 거부하거나 간섭할 사람은 없는 것이다.

그런데 식상생재나 관인상생이 財生官한 것도 자치권이지만, 어디에 기부하려면 그건 자기 맘대로 결정할 수가 없다. 재산을 아무리 벌어도 자기 것이 아니기 때문이다. 설령 자기 것이라 해도 그 생각 자체가 그런 것이다. 그러니 남을 주지 못한다. 그러나 인비식(印比食), 인겁상(印劫傷)의 쟁재(爭財)나 상관견관(傷官見官)은 기부하는 행위에 들어간다.

명리를 하는 사람 중에 比劫이 있으면 돈을 모으지 못하는 팔자라고 말할 수 있겠지만, 대개 比劫이 있는 사람들이 장학금이나 도움이 필요한 단체에 기부한다. 돈을 쓸 때는 펑펑 쓰는 것이 比劫이 있는 사람이지만, 평상시에는 1원도 아까워서 못 쓰는 것도 比劫이 있는 사람이다.

오행의 相生相剋은 개인적인 사정인 것이다. 반드시 외워야 한다.
오행의 相生相剋과 六神의 相生相剋 외에는 식이 없다.

14

자기관리와 조후(調候)

1. 일간의 자기관리

格이란 생활 속에서 무얼 하며 살라고 지정하는 것이고, 相神이나 忌神은 그것에 대한 의지이고, 자기의 가치관을 성립하는 것이고, 日干은 자기관리를 하는 것이고, 생화극제(生化剋制)는 경쟁하는 것이다.

일간의 자기관리 방법, 조후, 음양합과 오행합 그리고 이것을 이용해서 짝을 찾는 방법 등을 육신과 섞어서 엮어 본다.

1) 日干의 자기관리 방법(抑扶)

日干의 가치는 개인적인 역량을 갖추기 위해서 여섯 가지 六神이 배합되어 관계를 이루는 것에서 비롯된다.

印星의 生化를 통해 배우고 익혀서, 삶에 대한 실력을 준비하는 것과, 食傷을 生化하여 역량을 활용하여 경력을 쌓는 것, 比劫으로 경험을 통한 새로운 실력을 쌓아서 변화하는 환경에 대처하는 것이 日干의 가치를 이루는 것이다.

이와 같은 배합은 경험을 통하여 새롭게 갖춘 전문화된 실력을, 인비식(印比食)으로 세상에 내놓는 경우와, 인아식(印我食)으로 학식을 통한 고유한 실력을, 환경의 변화와는 무관하게 일관성 있는 전문능력을 발휘해서 살아가는 형식으로 이루어져 있다.

印我食은 일관성이지만, 배우면서 比劫을 만나야 변화를 한다. 변화할 때, 年運에서도 변화를 하긴 하지만 충격으로 와 닿을 수 있다. 大運에서의 比劫은 인아식(印我食) 구조가 인비식(印比食)이나 인겁상(印劫傷)으로 되는데, 年運에서의 比劫은 爭財가 형성된다.

또한 日干의 根이 있으면, 年運에서도 爭財를 통해서 장단점을 보완하는 틀을 마련하여 印比食이나 印劫傷으로 발전할 수 있는 것이다. 日干의 根이 있으면 쟁재를 받아들이는 것이다. 그런데 그것을 印比食이나 印劫傷으로 받아들이는 것이 아니라, 경쟁과 검증을 통해서 경험을 겪는 것이니, 대처법만 받아들이는 것이지, 발전 능력으로 받아들이는 게 아니다. 즉 印我食 구조가 日干이 根旺하면, 年運에서 比劫을 만날 수가 있으니 그때 爭財를 당하면 거기에 대한 대처법은 배우지만 그것이 능력이 되지는 않는다는 의미다. 根旺하면 다음에 똑같은 쟁재를 당하면, 그때는 爭財를 당하지 않는다.

印我食 구조가 比劫을 만났는데, 印星이나 食傷이 유정(有情)할 수가 있다. 까닭 없이 合이 되는 경우가 있다. 印星과 食傷이 合을 하면 情 때문에 또 爭財가 된다는 것을 알아야 한다. 癸水의 경우에 合이 수두룩하다. 戊土와 合, 辰戌 戊土와 合이 되고 寅申巳亥의 戊土와 모두 合이다. 癸水는 合이

일곱 번이나 되니 여러 번을 속는다고 보면 된다. 壬水와 합이 되는 丁火는 天干 丁火, 午中 丁火, 未中 丁火, 戌中 丁火 네 개가 된다.

日干은 인아식(印我食), 인비식(印比食), 인겁상(印劫傷) 세 가지 구조로 되었지만 기후의 조후(調候)를 얻지 못하면 때에 맞추어 행하지 않는다. 때라는 환경변화를 인지하지 못하는 것이다. 오행에서 환경변화를 인지하는 것은 戊己土인데 기후의 조화를 알지 못하면 때를 모르는 것이다. 환경에 맞추지 못하는 것이다.

그리고 日干의 喜用이 구비되지 않았으면 자기 자신의 욕망에 맞추지 못한다. 욕망은 있으나 실천을 하지 못하는 것이다.

기후의 調候를 얻지 못하면, 환경마다 변화하는 이치가 있는데 이런 것에 대해서 때에 맞추어 대처하지 못한다. 금한수냉(金寒水冷)이 되면 환경변화를 알아차리지 못했으니 항상 때를 놓치게 된다. 그만두어야 할 시기에 시작하는 것이다.

日干의 喜用이 안 되면 자기에게 맞추지 못한다. 환경에 맞추거나, 자신에게 맞추는 것이 안 되니 아무리 능력을 갖추어도 의미가 없는 것이다. 이런 사람들이 가장 잘하는 말이 지쳤다고 한다. 때에 맞추지 못하면서 지쳤다고 한다. 戊己土가 때를 알아차린다는 것은, 전(前)에 하던 것을 다음으로 전환할 시기를 알아차리니 순환적인 의미이다. 調候를 모르는 것은 환경의 변화를 모르는 것이다. 자기의 욕망은 알지만, 두려움과 불안함 때문에 하지 못하는 것이다. 戊己土가 원활하지 못하면 다음으로 변화할 시기를 인지하지 못하는 것이다. 순환의 문제가 생기는 것이다. 戊己土가 없으면 봄 스타일 의류를 가을에 내놓을 수가 있는 것이다. 이런 내용을 日干의 억부(抑扶)라 한다.

印我食이 있고, 印比食이 있고, 印劫傷이 있다. 印我食도 印比食으로 발전할 수 있는 것을 말한다. 그러나 이런 것이 환경의 변화와 자기 변화에 맞추어야 한다. 그럼 환경의 변화에 잘 맞추는 것은 氣候의 調和이고 자기 변화에 잘 맞추는 것은 日干의 희용(喜用)이다.

가치라는 것은, 상대가 인정할 때 발생하는 것이다. 자기 혼자 가치가 있다고 생각하면 안 된다. 태양의 가치는, 달이 있으므로 발생하는 것처럼 견주는 것이고, 비교한다는 의미가 들어 있는 것이다. 日干이 이렇게 준비된 것이, 자신에게 맞으면 자신에게 적절히 변화해서 쓰는 것이고, 환경에 맞으면 환경을 적절하게 활용하는 것인데 이때 대인관계를 통한 참여 방법이 있는데, 이는 旺衰强弱으로 하는 것이다.

(1) 根旺은 자기가 주도적 역할을 하는 것이고,
(2) 比劫이 旺한 것은, 財官보다 旺한 것이니 독립적이다.
(3) 印旺은 官이 인정하니 조직 생활을 하는 것이고,
(4) 食旺은 財를 향하니 사업적이란 의미가 들어 있는 것이다.

印比食이면 후천적으로 능력을 보강하는 것이지만 징크스 때문에 더 보강하지 못한다는 의미도 들어 있다. 印我食은 印比食이나 印劫傷으로 발전할 수가 있는데 위의 네 가지 절차를 참고하라.

日干의 능력

환경의 변화라는 한난조습을 통한 시대의 변화에 맞추는 것과, 나의 변화 욕구에 맞추는 것을 알아야 하고, 내가 어떻게 참여하는지 참여 방법을 알아야 하는데 그것이 왕쇠강약이다. 자기 주도적인 사람이냐, 독립적이냐, 소속적이냐, 사업적이냐, 네 가지 방법으로 알아내는 것이다.

이렇게 세 가지 정도(調候, 日干의 喜用, 旺衰強弱)를 하는 것을 日干의 억부(抑扶)라고도 하고 日干의 자기관리 방법이라고도 한다.

2) 조후(調候)

春秋는 일교차가 많이 나니 스스로 해결점을 찾는다. 그러니 調候가 크게 필요하지 않다. 특히 冬節은 생명을 앗아가는 멸화지기(滅火之氣)의 기운이므로 정신 또한 혼미하게 하므로, 생명은 丙火로 지키고, 정신은 戊土로 지켜야 한다. 그러니 夏節보다 특히 더 중요하다.

夏節은 뜨거운 열기가 육체를 비틀어지게 하고, 미모에 마음을 빼앗기므로, 생김새를 탐하는 시기이므로 반드시 調候가 고르게 되어야 한다. 壬癸水가 조금 다른데, 원래는 壬水로 해야 하지만, 癸水도 괜찮다. 壬水로 육체의 비틀어짐을 막고, 戊土로 주렁주렁 걸침을 막는다. 戊土로 미모에 대한 관심을 차단하는 것이다. 궁통보감(窮通寶鑑)에 나온 말이다.

春節은 본래가 濕한 기운을 받아들여야 하는데, 지나치게 濕하여 농습(濃濕)하거나 음습(蔭濕)하면 초목이 비틀어지므로 調候가 시급할 수 있다. 또한 濕이 차단되어 농토가 메마르거나 초목이 메말라 버리면 시급하게 또한 보호가 필요할 수 있다. 그러므로 농습(濃濕)은 庚金이 청하게 해 주고, 음습은 辛金이 절지(折枝)를 해야 한다. 濃濕은 庚金이 淸하게 해야 하니, 맑은 정신을 새롭게 갖추고 蔭濕은 折枝를 해야 하니, 올바른 행동으로 새롭게 갖추는 것이다. 과습(過濕)하면 蔭濕하고 濃濕해지는 것이다. 濃濕은 땅이 濕하고, 蔭濕은 나무가 濕하다는 뜻이다. 그럼 庚辛金이 필요한데, 庚金이 濃濕을 컨트롤할 수 있는 調候의 힘을 가지면 심리 상담을 할 수 있다. 辛金으로 蔭濕을 정리하는 사람은 디스플레이 전문가, 조형, 구성작가, 코디네이터 등 예술가가 될 수 있다.

秋節은 마땅히 燥한 것인데, 지나치게 濕하거나, 지나치게 燥하면 멀리 가서 오지 않는 것이다. 지나치게 濕하면 燥한 것과 같은 것인데, 붙어 있는 것이니, 가지 않는 것과 같으니, 난조(暖燥)가 심해서 지나치게 燥하거나, 寒한 기운이 너무 많아서 지나치게 燥하면, 暖燥가 심하면 같이 있으면서 멀리 있는 사람처럼 살고, 한조(寒燥)가 심하면 멀리 떨어져서 힘든 것이다. 그럼 木으로 정(情)을 내야 한다. 인덕을 베풀고 情을 베풀어야 한다. 甲木으로 덕을 내면 서로 인도하여 돕고, 乙木으로 덕을 내면 서로 재물을 베풀면서 돕더라. 그럼 정보를 사용하는 것은 甲木이고, 투자는 乙木이 하더라. 이런 의미가 여기에 있다.

한난(寒暖)의 조후(調候)는 天干은 戊土가 하고, 亥子丑은 丙火가 하고, 巳午未는 壬水가 하는 것이다. 그런데 조습(燥濕)에 대한 것은 사주의 상황을 봐야 한다. 乙木이 濕이냐, 土가 濕하냐 봐야 한다. 土가 작고 水가 너무 많으면 농습(濃濕)에 걸린다.

燥란 것은 난조(暖燥)한 기운과 한조(寒燥)한 기운이 있는데, 丁火가 너무 많으면 暖燥한 기운이고, 壬水가 너무 많으면 寒燥한 기운인데, 暖燥한 것은 징글징글한 것이다. 옆에 있으면서 너무 마음이 멀리 있는 것이다. 같이 있으면서 딴생각을 하는 것이다. 寒燥는 너무 멀리 있어서 힘이 든 것이다. 그러니 지나치면 안 된다.

만약 癸水가 있고 辰이 있으면 서로 떨어져야 하는데 붙어 있는 것이다. 그럼 金 기운을 만나면 해결된다. 이런 것은 調候에 해당하지 않는다.

寅卯辰月에 태어나서 卯 외에 天干에 木이 하나도 없는 사람도 있다. 자기 계절에 태어났으면 그 계절에 맞는 오행이 있어야 한다. 寅卯辰은 水木火가 있어야 하는데, 水木火는 없고 金 기운만 많은 사람이 있다. 춘절이면 춘절에 맞는 자기 기운만 있으면 해결된다. 그럼 濕으로도 가지 않고 燥로도 가지 않는다.

모든 책에서 기상의 변화나 기후의 변화가 일정하게 있는데 '네가 딴짓을 해서' 맞추지 않는다는 말이 있다. 기상이 이상기후를 일으키는 사주는 자신이 맞추지 않는 것이지, 환경이 나쁜 것이 아니다. 만약 亥子丑月令이 寒氣를 해결하지 못한다면 객지에 나가서 사는 것이다. 그럼 객지에 나가서 정착하게 되면 객지가 고향이 되지만, 추위를 해결하지 못하니 대개는 정착하지 못하는 것이다.

巳午未 月令이 壬水가 없고 丙火가 뜨면 戊土가 있어야 하는데, 調候가 해결되지 못한 경우는 巳午未 月令이라도 火氣가 과하지 않으면 調候가 필요하지 않다. 調候가 없으면 객지에서 정착하지 못하는 것이다.

그럼 寅卯辰이나 申酉戌 月令이 調候가 안 맞는다는 것은 객지에 간다는 것이고, 調候가 맞으면 정착을 하고 맞지 않으면 정착하지 못하는 것인데, 이때 객지란 개념은 새로운 사람을 뜻하는 것이다. 亥子丑 巳午未의 객지는 타향을 뜻하지만, 寅卯辰 申酉戌의 객지는 새로운 사람을 뜻한다.

亥子丑에 調候가 해결되었으면 따뜻한 고향에서 살지만 해결되지 않으면, 객지에 가서 정착하지 못하는 것이니, 항상 객지이다. 그래서 다시 고향으로 돌아가야 한다. 이는 객지로 갈 때는 성공을 하거나 돈을 벌러 간 건데 얻은 것 없이 빈손으로 고향으로 들어간다는 의미다.

겨울은 이동하는 계절이니 고향을 떠난다, 그럼 고향으로 온다고 한다. 調候가 맞으면 그곳에 가서 정착하는 것이다. 調候가 맞으면 그곳의 텃새가 되지만 맞지 않으면 늘 철새로 떠돈다.

여름도 마찬가지다. 調候가 맞지 않으면 객지에서 정착하지 못하니 다시 고향으로 돌아간다. 그러니 다시 이동이 있는 것이다. 이것이 동식물의 생리이다. 巳午未月令은 꽃씨가 탁 터지면서 번식하기 위해 600km를 날아갈 수 있다. 바람이 세니 중국에서 날아온다. 調候가 맞으면 가서 정착하고 맞지 않으면 소멸하니 다시 고향으로 돌아온다.

寅卯辰 申酉戌도 調候가 안 맞으면 객지로 가는 건 마찬가지다. 調候가 맞으면 거기서 살지만, 調候가 맞지 않으면 다시 고향으로 가는데 이는 인간관계 문제이다. 寅卯辰이나 申酉戌月令이 調候가 맞지 않아 타국에 정착하러 갔는데 調候가 안 맞으니 타국서도 정착하지 못하고 다시 돌아오는 것이다. 그럼 다시 돌아올 걸 생각하고 가라고 해야 한다. 그런데 調候가 맞으면 돌아오지 않을 것이니 완전히 정리하고 가라고 한다.

寅卯辰이나 申酉戌은 인간관계를 보고 가는 것이니 사람 관계나 어떤 형체가 있는 것이다. 巳午未나 亥子丑은 아무것도 없이 무작정 객지로 가는 것이다. 조후는 인간의 근본 심상을 다루는 것이니 거의 본능적이다. 자기가 그런 것 같지 않은 것뿐이다. 氣候의 調和를 부리는 건 자기가 한 것 같지 않은데 사실은 본능에 가깝게 무의식적으로 한 것이다.

日干의 喜用은 자기가 원하는 걸 알지만, 스스로 잘 하지 않는다. 해야지, 해야지 하면서 하지 못한다. 부동산을 계약하러 가서 막상 계약서에 도장을 찍을 때 '내일 다시 올게요' 하고 계약을 하지 못하고 그냥 돌아온다. 백화점에서 물건 살 때도 골라놓고 못 사는 것이다. 調候가 맞지 않으면 그렇다.

春秋의 調候는 인간관계의 낯섦과 화합을 의미하는데 가령 酉月生이면 사람을 보고 사는 것이니, 사람에게 잘해야 한다. 未月이면 사람을 보고 사는 것이 아니니, 사람에게 못하는 것이다. 사람에게 잘한다는 철칙이 본능적으로 없는 것이다. 사람을 보는 것이 아니라, 인간성이나 그 사람의 역할을 보는 것이다. 남편의 역할을 보는 것이지, 그 사람의 심상을 보는 게 아니다. 未月 生은 사람을 보는 것이 아니라 사람의 역할을 보기 때문이니, 사람과 살면서도 객지라고 생각할 것이고, 酉月 生은 사람과 산다고 생각하니, 이런 의미가 다른 것이다.

巳午未 月슈이나 亥子丑 月슈은 흔히 '내가 여기까지 와서'라는 말을 하고 寅卯辰이나 申酉戌은 '내가 너한테 와서'라는 말을 한다. 調候는 내면의 세계를 설명할 수가 없는 것이다. 본인들이 어떤 감정을 가지고는 있지만, 사람의 내면세계란 사진을 찍을 수 있는 것도 아니고, CT촬영이 되는 것도 아니다.

巳午未나 亥子丑은 성공하러 간 것이지, 사람을 만나러 간 것이 아니니, 亥子丑 巳午未가 調候가 안 되면 어디에 가든지 객지와 같은 것이다. 대개 調候가 맞지 않으면 한번 삐치면 바뀌지 않으니 평생 풀리지 않는다. 마음이 비비 꼬여 있으니 이 모습을 책에서는 옹(擁)이라 한다.

마음의 문을 닫는 것이 두 가지인데, 마음을 굳게 닫아걸고 그 안에서 나오지 않는 것이 있고, 아예 마음 문을 닫고 나가서 없는 것이 있다. 이래도 닫고 저래도 닫은 것이다.
　巳午未 月슈은 마음이 나가서 없는 것이고,
　亥子丑 月슈은 마음을 닫아서 없는 것이다.
　巳午未 月슈이 문을 닫으면 나갔다는 뜻이다.
　얼음 속에는 무엇이든 들어가면 다 들어 있는 것이고
　불 속에는 타서 모든 것이 없어지는 것이다.
　이런 調候가 맞아야 위엄이 있는 사람이 되는 것이다.

寅卯辰과 申酉戌은 調候가 되어야 호인이 되는 것이다. 반대로 巳午未와 亥子丑은 호인이 되도록 노력해야 하고, 寅卯辰 申酉戌은 위엄 있는 사람이 되도록 노력해야 한다. 그런데 사람이 위엄이 지나치면 위협이 되는데 金氣가 天干과 地支를 꽉 채우면 위엄이 지나쳐서 위협이 된다.

위협이란 용어는 두 군데에서 쓰는데 金氣가 干支를 가득 채우면 위협이라 하고, 食傷이 가득 채워 있으면 官을 위협한다고 한다. 木氣가 干支를 다 채우면 호인이 되니 유랑이라 한다. 이 사람 저 사람에게 다 좋아야 하니 유랑을 한다고 한다. 그래서 木氣와 金氣가 싸우면 木氣가 항상 이기게 되는데 위엄을 갖춘 사람과 호인이 싸우면 호인이 이기게 된다. 왜냐하면 여론은 항상 피해당한 사람의 편을 들기 때문이다.

이런 공부를 하는 사람들 사주에 金氣가 많은 사람이 더 많다. 干支를 뒤덮어야 한다. 그럼 위엄인데 위협이 된다. 木氣가 너무 많으면 사람이 너무 좋은 것이니 유랑이 된다. 水氣는 마음을 다스리고, 火氣는 행동을 다스리고, 土는 자제나 절제를 다스리고, 때때로 어떻게 쓰는 것을 다스리는 것이다.

15

관살(官殺)과 일간의 통변 요소

사주를 보는 것은 官을 보는 것이고,
運을 보는 것은 官의 동태를 살피는 것이다.

그 이유는

(1) 正官이란 사회 환경의 적합한 역할을 통하여 윤택하게 살아가는 방법인데, 적합하게 구는가, 적합하게 굴지 않는가? 그것이 안 되었다면 삶은 偏官이다.

(2) 正官의 역할이 없으면 偏官으로 넘어간다. 그럼 말이 바뀐다. 인간은 악재에 시달리고 있다. 이를 방어하는 것이 안전한 삶이다. 불리한 사회 환경을 방어하면서 살아가는 방법이 偏官이다. 正官이 아니면 偏官으로 넘어가는 것이다. '내 사주에 偏官이 없는데?' 이런 말을 하지 마라. 살아가는 것이 偏官이다. 이것도 방어력이 없다면 日干으로 넘어가는 것이다. 그러니 사회에 적합하게 굴지도 못하겠고, 악재를 막지도 못하겠다.

(3) 그럼 日干으로 넘어가서 개인적 실력과 능력을 스스로 발휘해서 살아가는 방법이다. 이것이 간법(看法)으로 정착하면 된다.

순서는 사주를 보는 것은 官을 보는 것이고
運을 보는 것은 官의 동태를 보는 것이라 했는데,

① 正官은 적응력을 보는 것인데, 먼저 '官旺身弱'해야 한다. 官旺이란 官이 天干에 上通되어야 하며 財生官을 얻어야 한다. 身弱이란 印星으로 身旺해서 身弱해야 한다. 身弱이란 官보다 身弱하라고 했지 그냥 身弱하라는 것이 아니다. 印星의 身旺을 얻어야 한다.

② '官印'을 하라, 正官 正印으로 官印을 해야 傷官佩印을 한다. 官印을 하지 않으면 傷官佩印을 하지 않으니 傷官을 방치하게 된다. 그럼 즉시 傷官은 딴짓을 하러 가니 그냥 두면 안 된다.

③ '財生官'하라. 劫財를 제압하기 위해서 하는 것이다.

이 세 개 중에 하나만 놓쳐도 (2)번으로 넘어간다.
①을 놓치면 시작부터 놓친 것이니 학생부터 놓친 것이고,
②를 놓치면 30대부터 놓친 것이고,
③을 놓치면 50대를 넘어가지 못한다.
이 세 가지 구성이 안 맞으면 偏官을 제재하는 삶으로 넘어간다.

그럼 偏官의 삶이 되어서 日干은 또 殺旺身弱해야 한다.
그럼 殺은 (1) 上通하라. 그리고 (2) 財生殺하라. 이건 철칙이다.

그리고 (3) 日干의 身弱한 모습은 根으로 旺해야 한다.
그리고 ① 食神制殺을 해야 한다. 그럼 방어력이 있는 것이다.
그런 다음 制殺이 안 되면 ② 陽刃合殺 ③ 劫財合殺 ④ 傷官合殺 이렇게 합살(合殺)을 해야 한다. 이것도 안 되면 ⑤ 화살(化殺)이라 해서 印星으로 殺을 化하는 것이다. 이를 살인상생(殺印相生)이라 하는데, 化하는 방법은 殺이 偏印으로 化하면 食神이 있어서는 안 되고, 傷官이 있어야 하고 殺이 正印으로 化하면 傷官이 있으면 안 되고 食神이 있어야 한다.
이는 殺印相生을 하는데 傷官合殺이나 食神制殺을 겸해야 殺印相生으로 인정을 하지, 그렇지 않으면 인정하지 않는다. 어렵다. 이렇게 ⑤번까지 내용이 되지 않으면 다시 日干으로 넘어간다.

日干은 자구책이다. 스스로 살아남기 위해서 실력을 쌓아야 한다. 그때 당시의 실력은 얻어맞아 가면서 쌓는 것이다. 官(권리와 혜택)을 놓치고, 殺에게 당하고 당하면서 사는 것이다. 그런데 이것이 안 되는 이유가 누가 그렇게 힘겨움을 겪고 견딜 수 있는 용기가 있는 사람이 없다. 두려움과 불안으로 무엇이든 안 된다. 두려움과 불안, 시기와 질투가 머릿속을 감싸서, 되지 않는 것을 억지로 된다고 해서, 무리하다가 지치는 것이 日干이다.

그런 다음 日干으로 넘어가면, 스스로 능력을 발휘하는데 아주 미약한 官이나 殺이라도 있으면 법을 어기는 자가 된다. 사회적 규칙을 어겼기 때문에 안 된다. 官殺이 없이 日干은 고유해야 한다. 日干으로 넘어가면 官殺

이 弱하고 身旺해야 한다. 官殺이 弱하다는 것은, 첫째 上通하지 않았고 財生官이 되지 않아야 한다. 그럼 日干이 身太旺하면 官이란 세상에 적합하게 굴지 않고 자기 멋대로 굴려고 한다. 더구나 殺이란 위험을 방어해야 할 까닭을 모르니 방어하지 않는다. 나이가 들어도 보험도 들지 않고 돈을 모으지도 않는다. 하루하루를 살아갈 뿐이다. 그럼 官殺로 사는 사람들이 이 자를 먹여 살려야 한다. 세상을 성실하게 살아가는 사람들이 세금을 내어서 살려야 한다. 그러나 이들은 그 살려야 하는 의무에 대해 불평불만하지 않는다. 불평불만은 얻어먹는 사람이 하는 것이지, 주는 사람은 불평불만을 할 수가 없다. 온갖 의심에 시달리고, 나는 안 해 주고 남들만 잘해 준다는 건 모두 다 身太旺한 자들이 하는 짓이다.

그런데 우리가 만나는 사람은 官도 아니고 偏官도 아니고, 그 세 번째 사람들인 정상적이지 않은 사람들을 많이 만나서 정상적이지 않은 사람들의 말을 듣다가 보니, 그 정상적이지 않은 삶이 정상적으로 사는 것이라고 착각을 하는 게 명리학자들이 하는 짓이다. 그러니 가능하면 日干으로 보지 않도록 해야 한다.

①~⑤번까지인데 食神制殺, 合殺, 印化라고 한다. 印化란 印星으로 殺을 化한다는 뜻이다. ③번에 陽刃合殺 劫財合殺 傷官合殺 세 가지가 있는데 이들을 넘어서 다시 官印相生으로 갈 수도 있고, 이것을 못 견뎌서 官弱身旺으로 갈 수도 있는 것이다.

여기서 나온 것이 張楠의 命理正宗을 그대로 옮겨서 쓴 이석영 선생의 사주첩경(四柱捷徑)에 거관유살(去官留殺), 거살유관(去殺留官) 등의 법칙이 있다. '내가 살기 위해 사는 것이 아니라 내 남편을 살리기 위해서 열심히 살다 보니 어느덧 내가 왕비가 되었더라' 하는 去殺留官이다. 그러나 일반 사람들은 할 수 있는 내용들이 아니다. 정말 힘들지만 내용은 있다. 合殺한 것을 거살(去殺)이라 한다. 去殺하니 官이 남았으니 功을 크게 세우는데, 이건 四柱에 있다고 되는 것이 아니다.

양인합살(陽刃合殺)은 거살유관(去殺留官)이 될 수 있고, 겁재합살(劫財合殺)도 거살유관(去殺留官)이 될 수 있고, 상관합살(傷官合殺)도 거살유관(去殺留官)이 될 수도 있다. 식신제살(食神制殺)은 제살태과(制殺太過)로 해서 무모한 도전을 할 수가 있다. 식신제살(食神制殺)은 殺을 제거해서 만인을 살리자는 것인데, 자기를 위해서 殺을 제거하는 수도 있는 것이다. 그것을 구분할 줄 알아야 한다. 저것이 나를 위한 짓인가 아닌가, 이제는 충성이 충성이 아니고, 사실도 사실이 아닐 수가 있다는 것이다. 그런 것은 세월이 가다 보면 드러나게 된다. 심심치 않게 드러난다. '내가 좋아서 살았나? 애 땜에 살았지' 거짓말이다. 자기 때문에 산 것이다. 이런 것은 사고방식 자체가 영원히 官印相生으로 넘어가지 못한다. 그러니까 이런 사람의 삶을 공부하기 이전에, 사람들의 동물적인 본능이나 심상을 알아야 한다. 그리고 근본적으로 사람들의 삶의 토대가 되는 사회생활을 공부하기 이전에, 타고난 한난조습(寒暖燥濕)을 정확하게 알지 못하면 여기를 넘어갈 수가 없다.

寒暖燥濕이 이지러졌거나 잘못되었으면 근본적으로 아무리 사주에 있어도 없는 것과 같다. 행복하지는 못하다. 寒暖燥濕이란 음양을 말하는 것이다. 춥고 덥고를 반드시 알아야 한다. 어느 날 그렇게 착실하게 살다가, 갑

자기 화가 나서 만사를 모두 뒤집는 사람이 있다. 그런 것들은 영원히 官으로 넘어가지 못한다. 세상에서 사람들의 삶을 연구해서 명리학으로 개업하기 가장 좋은 건 세 번째 삶으로 생겼으니, 이 合殺을 연구하는 것이 가장 좋다.

가장 복잡한 것은 偏官의 삶 속에는 財도 있고, 食神, 劫財, 比肩, 傷官, 偏印, 正印이 다 들어가 있다. 11개 六神 중에 官과 殺과 日干 셋밖에 없는데 나머지 여덟 개는 이 속에서 찾는 것이다. 食神은 制殺하려고 존재하는 것이고, 正印은 官印相生하려고, 偏印은 殺印相生하려고, 傷官은 合殺하려고, 劫財도 合殺하려고 존재하는 것이다. 比肩은 食神과 더불어서 制殺을 하려고 존재한다.

그럼 正財는 財生官하려고, 偏財는 財生殺 하려고 존재한다. 이렇게 맞추는 것이 六神의 관법이다. 그런데 그것이 안 될 수 있다. 왜냐하면 사주를 보면 자기의 본성이 살아난다. 자기의 본성이 살아나면 이런 것이 허사가 된다. 이는 연습을 안 해서 그런 것이다.

殺을 자세히 살피려면 먼저 日干의 强弱을 논해야 한다. 日干의 强하면 殺을 억제하지 않아도 되지만, 日干이 弱하면 殺이 많고 적음을 불문하고 반드시 억제해야 한다. 殺을 억제하냐 아니냐의 기준은 日干이다. 日干이 根旺해야 한다.

根旺이란 甲木이 寅卯로 되었나, 乙木이 寅卯로 되었느냐, 陽干이 根으로 되었나, 陰干이 根으로 되었나이다. 甲이 寅卯로 되었나, 乙이 寅卯로 되었나에 따라 根旺의 내용이 다르다. 둘 다 根旺이지만 살아가는 방법은 다르다. 日干인 甲木이 寅卯로 되었나, 乙木이 寅卯로 되었나 뜻이다.

이를 建旺이라 한다. 建祿과 陽刃이라 한다.

殺을 살리는 법은

(1) 日干의 强弱을 논한다.

日干이 强하면 殺을 억제하지 않아도 되지만, 日干이 根旺하면 殺이 나와 동등하니 殺을 억제하지 않아도 되지만, 日干이 弱하면 殺이 旺하든 弱하든 殺이 희미한 빛처럼 조금만 남아 있어도 억제해야 한다는 뜻이다.

(2) 殺이 기세를 얻었다면, 當令하고 透干되면 殺이 旺한 것이다.

殺이 旺하다는 것은 當令하고 透干되었느냐이다. 즉 上通을 하는데, 月令에서 透干된 것을 말하니 이를 上格이라 한다. 다음은 當令하였으나 透干되지 않고, 財生殺이 되면 中格이다. 혹 當令하지 않아도 天干의 殺이 地支에 通根되었거나 地支의 殺이 天干에 上通된 것이 세 번째 格이니 下格이다. 다음으로 天干에는 있으나 地支에 없고, 地支에는 있으나 天干에 없는 것은 열외이다. 이는 물리쳐 봐야 소용없는 것에 매달려서, 평생을 물리치는 중이다. 대항하지도 않을 것에 대항하고 사는 것이다.

하지 말아야 할 것을 큰일이라 생각하고, 거기에 대항하고 산다. 김일성이 쳐들어올 거라 생각해서 방어하다가 죽으니, 다음에는 김정일이 쳐들어올 거라 열심히 준비하다가 김정일이 죽으니, 김정은이 쳐들어올 것이라 열심히 준비하니, 3代째 허황된 것에 매달려 사는 걸 말한다. 하지 말아야 할 짓을 한다는 뜻이다. 이렇게 네 가지 殺로 구분한다.

制殺법

食神 또는 傷官을 쓴다. 食神은 힘이 있어야 한다.

(1) 食神制殺이다. 食神制殺은 根旺해야 한다.

(2) 陽刃合殺이다. 甲木이 卯月에 난 것이다. 그럼 卯가 陽刃이다. 甲木이 卯月에 났으면 庚金을 쓴다. 陽刃合殺이라 한다. 卯月에 乙木이 透干되어 庚金을 쓰는 것을 劫財合殺이라 한다.

陽刃合殺과 劫財合殺이 다르다. 傷官合殺은 乙木이 寅月에 났으니 辛金을 合殺하는 것이나, 天干에 丙火가 있어도 傷官合殺이다.

陽干은 陽刃合殺이나 劫財合殺이고, 陰干은 傷官合殺이다.

傷官合殺은 地支의 根으로 傷官合殺을 했나,

根이 없는 것이 透干되어서 合殺을 했나인데

이 중에서 陽刃合殺만이 殺을 위해 合殺한 것이고,

나머지는 자기를 위해서 殺을 合殺한 것이니 公的이지 않다.

食神은 힘이 있어야 하고, 合殺은 陽刃이나 劫財를 쓰는데

陽刃은 세력이 있다고 하고, 化殺에는 印化를 쓰는데

正印과 偏印으로 각기 나누어서 功을 세우는 것이다.

다시 설명하면 殺을 制殺하는 방법은 총 네 가지가 있다.

食神制殺은 日干이 根旺해야 한다. 陽刃合殺은 陽干이 하는 것이다. 食神制殺과 陽刃合殺은 殺을 制해서 만인을 구하려는 것이다. 劫財合殺과 傷官合殺은 자기를 구하려고 殺을 合殺하는 것이다. 이는 많은 사람이 피해를 보게 된다. 많은 사람이 옆에 있는데 내가 항복했으니, 나는 살지만 나머지는 모두 죽는다.

다음에 印化가 있는데 편정동공(偏正同功)이라 해서 印星으로 化하는 것이다. 편정(偏正), '偏印과 正印을 같이 쓰며 功은 같다'고 하지만 功이 달라야 한다. 偏印으로 化殺을 하는데 食神이 있거나, 正印으로 化殺을 하는데 傷官이 있으면 化殺이 안 된다고 보면 된다. 殺이 太旺한 경우, 合殺이나 制殺을 하다가 힘겨워서 잘못되는 경우에는 合殺이나 制殺과 印化를 같이 쓰는데, 食神으로 制殺할 때와 傷官으로 合殺을 할 때가 있는데, 이때마다 殺印相生과 制殺, 合殺을 같이 쓴다. 殺이 太旺할 때는 같이 쓰는데 따로따로 구성되어야 쓸 수가 있는 것이다.

偏印과 傷官이 배합되거나, 正印과 食神으로 배합이어야만 殺도 化하고, 制殺이나 合殺도 한다. 이런 방법은 물리치는 방법보다는 서로 인정하고 화합해서 살아가는 방법이라 한다. '주고받고'가 분명하다는 뜻이다. 혹 制殺과 印化를 양용(兩用)할 경우에는, 印星과 食傷이 干支에 따로 있어야 각각의 이유를 달리하더라도 상전(相戰)하지 않는다.

殺이 重하고 日干이 弱할 때, 印星으로 화살(化殺)을 하거나 制殺이나 合殺을 같이 쓸 때는 干支에 따로 있어야 한다. 만약 天干에서 偏印으로 化殺을 하는데, 傷官도 天干에 같이 있으면 이 또한 균형이 안 맞고 서로 다투어 功을 세우려 하니 따로 있어야 한다. 干支가 서로 달라야 相戰하지 않는다. 印星과 食傷이 따로 있어야 하는데, 食傷은 地支에 있고 印星은 天干에 있는 것이 더 좋다. 부득이 사정상 天干에만 있거나, 地支에만 있으면 언젠가는 스스로 내부자 고발, 식구끼리 자중지란이 나타나기 시작하니 은혜롭지 못한 일들이 생긴다.

만약 陽刃이나 劫財로 合殺할 경우, 甲木이 卯, 丙火가 午 이런 식을 말하는데, 合殺할 경우 陰日干이 陽日干보다는 불리하다. 이는 陽日干은 陽刃合殺이나 劫財合殺을 능수능란하게 하는데 陰日干은 傷官合殺을 자기를 위해서만 한다. 가령 陽日干이 卯中의 乙庚合으로 合殺을 하는데, 甲木이 卯月이면 卯 자체가 日干의 근본으로 치니 殺을 물리치는 데 쓴다. 그러나 陰日干의 寅은 合殺을 하는데 이는 근본의 차이가 있다.

甲日干이 乙庚合殺을 쓰는 것은 탐합망살(貪合忘殺)로 殺이 본분을 잃고 소멸되지만, 乙木日干이 寅月의 丙辛合은 甲木을 쓴 경우와 같으니 단지 日干을 방신(幇身)만 한 것이다. 乙木이 寅에 丙辛合殺도 陽刃合殺과 같지만, 寅이란 甲의 것이니 남에게 의지해서 살아가는 것이다. 傷官合殺은 남에게 의지해서 사는 것이지, 자기가 쓰는 것이 아니란 것이다. 다른 甲이 쓰는 것을 따라서 쓴 것이지, 자기가 한 것이 아니란 의미와 같다. 日干을 방신(幇身)만 한 것이다. * 幇身=비겁의 도움

합살(合殺)을 자세히 살펴보면 차이가 있으므로 陰日干은 制化가 긴급한 것이지, 合殺로 제지하지 못하는 것과 같다. 陽日干은 食神制殺도 되고, 合殺도 되고, 화살(化殺)도 되는데, 殺이란 원래 제살(制殺)을 하는 것이 마땅한 것인데, 陰日干이 傷官合殺을 한다는 것은 남의 힘을 빌려서 쓰는 것이니 마땅하지 않다는 의미인데 그 또한 삶의 방법이지, 잘못된 것은 아니다. 合殺로는 殺을 제지하지 못한 것과 같다는 것은 위험한 것을 모면하기 위한 응급조치에 불과한 것이란 뜻이다.

陰日干은 制化가 긴급한 것인데, 급해서 쓰는 것이지 사실은 制殺한 것이 아니고, 응급조치에 불과하다. 合殺로는 殺을 제지하지는 못한 것과 같

다. 만약 殺星이 弱한 경우에는 마땅히 財星으로 도와야 모습을 유지하며 制殺이 지나치면 偏印으로 견제하여 殺을 구해야 한다. 殺이 太旺할 때는 殺印相生과 制殺, 合殺이 같이 가야 하고 殺이 弱할 때는 制殺을 해야 한다. 그러니 殺은 무조건 制殺해야 한다. 그럼 殺이 弱하니 財星으로 도와야 하고, 制殺을 너무 심하게 하면 制殺太過가 되니, 偏印으로 도와야 한다. 殺이 弱하면 먼저 財星으로 財生殺하고, 食神이 너무 旺해서 殺이 弱하면 制殺太過가 되니 偏印으로 制化해야 한다. 殺이 지나치면 印星으로 化殺하고, 制殺이나 合殺을 같이 하라고 했고 殺이 지나치게 弱한 경우에는 두 가지가 있는데 殺이 스스로 弱하면 財生殺하고, 食神이 旺해서 殺이 弱할 때는 偏印으로 견제를 해야 한다. 食神은 制剋이 아니라 견제(牽制)를 한다. 殺이 弱한 것이 무엇 때문인지 알아야 한다. 스스로 弱한지, 食神이 旺해서 弱한 것인지 알아야 한다.

(3) 특히 太旺한 살성을 制殺하지 않고, 日干은 無根하여 太弱하면 마땅히 殺을 따라야 한다. 殺이 지나치게 旺하고 日干의 根이 전혀 없으면 살중신경(殺重身輕)이라 한다. 制殺, 合殺, 化殺 이런 것을 전혀 하지 말고 殺이 시키는 대로 따라가야 한다. 이를 기명종살(棄命從殺)이라 한다. 결국 日干은 制殺의 임무를 감당할 수 있는가가 중요 골자다. 모든 殺을 총망라 해보니 日干은 制殺의 임무를 감당할 수 있는가가 중요한 골자란 의미다.

殺을 보려면 日干이 旺한가 먼저 봐라. 殺을 감당해야 하니 根旺해야 한다. 그럼 殺을 다스리는 방법은 총 다섯 가지가 있다.
① 制殺, ② 陽刃合殺, ③ 劫財合殺, ④ 傷官合殺, ⑤ 化殺

그런 중에 官殺이 지나친 경우는 化殺, 印星으로 化하고 食傷으로 制殺과 合殺을 같이 해야 한다. 殺이 너무 弱하면 財生殺을 하고, 食神이 너무 많아서 殺이 弱하면 偏印으로 견제하라는 의미다. 그리고 殺이 지나치게 旺해서 日干의 根이 없으면 따라가라. 그럼 財와 殺運이 가장 좋은 운이다. 그런데 그것을 감당할 수가 있느냐가 중요한 골자다.

만약 日干의 根이 쇠절지(衰絶支)에 있고, 또다시 從殺을 하지 못하면 制化를 한다고 해도, 운로에서 制殺을 만나면 반드시 재앙이 된다. 殺이 太强한 것 중에 殺을 따라가면 국무총리도 하지만, 財와 殺運이 가장 좋은 運이다. 그런데 日干이 쓸 수도 없는 쇠절지(衰絶支)에 根을 하면 따라가지도 않고 무얼 할 수도 없는 것이 우기고 앉았으니 마땅히 죽음을 자초한 것이다. 殺 이야기를 하면 일단 사망을 이야기해야 한다. 죽일 殺 字다. 운로에서 制殺을 만나면 반드시 재앙이 된다. 運에서 殺을 만나면 대박이 나는 것과 재앙이 되는 것이 있는데, 기명종살(棄命從殺)이다. 日干의 根이 하나도 없으면서 殺이 오면 대박이지만, 日干이 쇠절지(衰絶支)에 根을 하고 殺이 오면 재앙이 된다.

다섯 가지 방법론에 根旺까지 포함하면 모두 여섯 가지다.
① 根旺, ② 食神制殺, ③ 陽刃合殺, ④ 劫財合殺, ⑤ 傷官合殺, ⑥ 印化

여섯 가지 구성이 안 된 사람이 財星이나 官殺 運에 와서 재앙을 피해 가는 사람을 보지 못했다는 것이다. 설마 여섯 가지 중 하나는 있겠지, 하지만 의심을 해 봐야 한다.

살왕신약(殺旺身弱)과 식신제살(食神制殺)과 양인합살(陽刃合殺)은 세 가지인데, 이 셋은 六神의 논리로 다른 사람과 인간관계를 통해서 은혜를 베푼 것이다. 나머지는 자기가 살려고 했기 때문에 다른 사람에게 피해를 준 것이다. 그러니 관약신왕(官弱身旺)과 비슷한 것이다. 그러니 이들이 殺運에 과연 무사할 수 있을까? 의심하는 것이다. 책에서는 총 여섯 가지가 안 되는 경우 制殺 運에 무사한 것을 보지 못했다고 말한다.

신살양정(身殺兩停)한 경우에는 運에서 日干을 보좌하면 무사하다. 官과 日干이 있는데 둘 다 旺하면, 運에서 官부터 도와야지 日干부터 도우면 잘 사는 것을 보지 못했다. 그러니 官부터 도우면 등과하지 않은 것을 보지 못했다. 그런데 日干과 殺이 똑같이 旺하면 運에서 日干을 도와야 한다. 日干을 돕는다는 것은 위의 여섯 가지 방법을 말하는 것이다.

* **신살양정(身殺兩停)=일간과 살의 크기가 비슷할 경우**

옛사람이 말하기를 殺은 印을 떠나 살 수 없으며 印은 殺을 떠나 살 수 없다고 했다. 중요도에 있어서 印을 여섯 번째로 택했으면서 마지막 말이 좀 희한하다. 또 이르기를 印은 殺이 없으면 현달하지 않으며, 殺은 印이 없으면 위엄이 서지 않는다. 그럼 결국 殺과 印은, 官과 印이 같이 하듯, 殺과 印도 같이 해야 한다. 殺이 있는데 印이 없으면 위엄이 서지 않는다. 印은 있는데 殺이 없으면 뛰어난 재주를 발휘해지지 않는다는 것이다. 印이 왜 이리 중요하냐 하면, 印은 日干을 相生하는 것이고, 印은 日干을 보호하는 것이다. 官印相生이나 殺印相生에 의해서, 印星이 日干을 생조(生助)하는 것이다. 이는 환경에 적합한 행동을 하는 것이고, 根은 日干을 보호하는 것이다. 食傷을 生해서 殺을 물리쳤으니 日干을 보호하는 것이다.

相生이란 적응력을 높이는 것이고, 根이란 食傷을 生해서 殺을 制해서 보호하는 것이다. 이런 내용에서 日干을 부조(扶助)한다는 말은 하지 않지만 돕는다는 말이 포함되어 있다. 둘 다를 같이 써서 부조(扶助)란 말을 사용하는데, 生助와 扶助의 차이가 있다. 日干이 印星으로 旺하면 적응력을 높이는 것이고, 根으로 왕하면 방어력을 높이는 것이다. 印星으로 旺하면 官印相生을 하는 것이니, 적응력을 높이는 것이고, 日干이 根으로 旺하면 殺을 制하려고 하는 것이니 방어력이다.

그런데 둘은 밸런스가 맞지 않는다. 그러니 官은 취하고 殺은 물리치려면, 印星과 食傷은 반드시 견제하도록 해야 한다. 견제하지 않으면, 日干이 印星으로만 旺하고 根이 없으면 적응력은 높이는데 殺이란 위험한 것은 방어하지 못한다. 직장은 잘 다니는데 교통사고는 숱하게 난다. 일을 잘하는 것과 위험한 것을 막지 못하는 것은 다르다. 봄가을은 잘 사는데 여름과 겨울은 못사는 것이다. 그럼 根이 旺해서 殺은 잘 制하는데 印星이 없는 사람은 위험한 것은 잘 막는데, 좋은 것은 취하지 못한다. 전쟁에서는 功을 세우는데 평상시는 아무 소득이 없다. 그래서 日干이 印으로 되었으면 文官, 根으로 되었으면 武官이니 둘 다가 있어서 文武를 겸해야 한다. 그러나 身太旺해지면 더 나쁜 것이다.

日干보다 殺이 旺한데 殺運이 와도 이로운 경우는 日干이 본래 衰하거나 사절(死絶)지에 있지 않고, 원국에서 印星의 生旺으로 힘을 지니고 있으므로 殺印과 殺印相生을 이루고 있기 때문이다.
日干이 根旺하지 않아 殺을 제압하지 못하는데, 印星으로 旺한 경우에, 殺을 물리치지는 못했지만 이런 경우는 印星으로 生旺하면 힘을 지니고 있으므로 즉 甲木이 亥子丑月令에 난 경우이다. 그러니 地支에서 殺印과 殺印相生을 이룬 것이다. 이런 경우 다만 財運으로 향(向)함을 꺼리는 경우는 日干이 根旺하지 못한데 印星으로 旺하니 자칫하면 財剋印의 우려가 있으니, 탐재괴인(貪財壞印)으로 인해 殺印相生이 사라짐에 의한 재앙이 발생할 수 있다. 貪財壞印이란 印星으로 위엄을 갖추어야 할 사람이 사리사욕에 눈이 멀어 다른 것을 탐한 것을 말한다. 이를 방지하려면 財星은 地支에 있고, 印星은 天干에 따로 있어야 한다. 그런데 財星이 天干으로 들어오면 방법이 없다. 그때는 욕심을 버려야 한다. 쓰던 차 그냥 타고, 쓰던 집에 그냥 살면 된다. 형제들이 부모 돈을 가져갈까 우려되어 아버지 재산을 몰래 자기 것으로 돌려놓거나, 형제나 부모 몰래 재산을 감추고 이런 짓만 하지 않으면 그 運이 지나고 나면 욕심을 내지 않은 것에 대한 효과가 정말 크다. 殺에 대해서 너무 자세하게 설명하니 힘이 들 수가 있다.

이 여섯 가지가 안 되면 日干으로 넘어가야 한다. 관왕신약(官旺身弱), 살왕신약(殺旺身弱)인데, 日干은 무엇으로 旺해야 관왕신약(官旺身弱)인지 자세하게 알아보자. 官殺은 일단 干支가 上通해야 한다. 만약 上通하지 못하면 인성(人性)이 무너지는 것이다. 財生殺이나 財生官을 한다고 해도 다 똑같은 건 아니다. 진정으로 官旺 殺旺한 것은 上通해야 하고, 財生官殺해야 한다. 日干은 官旺하면 印星으로 旺해라. 殺旺하면 根으로 旺해라. 殺旺한데 根으로 旺하지 못하면 制殺이나 合殺을 할 수 없으니 印化만 하는 것이다. 그럼 印化를 하는데 偏官이나 食傷에게 피해를 주면 印化를 받지를 못한다. 받을 수가 없다.

만약 食神이 있는데 殺印相生하면 食神이 制殺을 할 수 없다. 그럼 큰일 난다. 正印으로 殺印相生하는데 傷官이 있으면 合殺을 하지 못한다. 왜냐하면 偏印으로 殺印相生하고 食神이 있다면, 이는 약자를 활용한 양심불량으로 살아왔기 때문에 안 되는 것이다. 그럼 正印으로 殺印相生하는 것이 傷官合殺이 되지 않는 이유는 나는 누구에게 의지하고 살아야 하는데 자기가 벌어서 스스로 살아갈 것이라고 말해서 안 되는 것이다. 殺을 正印으로 化했으니, 자기가 능력이 있으니 傷官合殺을 하지 못한다. 의지하지 않고 스스로 독립해서 살려고 하니 합을 못한다. 돈 많은 사람이 옆에서 도와주겠다고 하면 정중하게 거절하면 안 되고 도와달라고 요청해야 한다. 그렇지 않으면 나중에 자신이 위급한 일이 처했을 때 '저 사람은 그걸 극복할 수 있어' 하고 도와주지 않는다.

그리고 偏印으로 殺印相生하는데 食神이 있어서 倒食하는 것은 殺을 불러들이는 것이다. 과태료 부과법에 걸린다. 그동안 불법을 많이 행했으니 사람들이 믿지를 않는다. 도로교통법을 단 한 번이라도 어기면 낙제를 한다. 모든 것은 생활 습관에서 나온다. 偏印이 殺印相生하고 食神을 剋하는 사주는 생활 습관의 잘못으로 여긴다. 그러니 너무 잘해도 잘못이고 너무 안 해도 잘못이다. 正印傷官은 너무 잘해서 '혼자서도 잘해요' 하니 안 된다. 化殺을 할 때는 혼자서는 못 한다고 해야 잘살 수 있다.

양인합살(陽刃合殺), 겁재합살(劫財合殺), 상관합살(傷官合殺)의 모양이 다른데 陽刃合殺과 劫財合殺은 陽干이 하는 것이고, 陰干이 하는 건 傷官合殺인데, 이 傷官合殺은 陽干에 의지해서 한다는 것이다. 그러니 내 뒤에 있는 근본이 하는 것이다. 傷官合殺은 내가 하는 것이 아니라 남편이 하는 것이다. 남자는 부인이 傷官合殺을 하는 것이다. 傷官合殺을 했으면 '좋은 배우자를 만났구나' 이런 생각이 나야 한다. 그런 생각이 나지 않으면 안 된다.

육신을 볼 때, 사주를 보는 것은 官을 보는 것이고, 運을 보는 것은 官의 동태를 살피는 것이다. 그러려면 관왕신약(官旺身弱)해야 官을 볼 자격이 있다. 官이 旺하려면 上通하라, 財生官하라. 그럼 官을 볼 자격이 있다. 그럼 즉시 官印相生, 財生官을 보는 것이다. 그것이 안 되면 즉시 다른 것으로 넘어가야 한다. 官이 있어도 없는 것이다. 무엇이든 적응을 하지 않으니 막을 것밖에 없다. 적합한 행위를 하지 않았으니 모든 것은 나에게 불리해졌다. 그럼 방어를 해 가면서 살아야 한다.

관왕신약(官旺身弱)이 잘못되었으면 언제부터 잘못되느냐 하면, 사람은 태어난 후 여러 번의 변화를 겪게 되는데 출생하는 순간부터 운명이 이상하게 꼬이기 시작한다. 가정에서 학교를 갈 때, 학교에서 사회로 나갈 때, 결혼할 때, 자식을 낳을 때, 손자 손녀를 낳고 죽으로 간다. 이렇게 여러 번의 변화를 겪게 된다. 이렇게 몸이 태어나서부터 죽어서 氣로 化할 때까지 수없이 잘못이 반복된다. 官旺身弱이 잘못되면 첫 번째 출발부터 죽을 때까지 잘못된다.

官印相生이 안 되면 傷官을 제압하지 못하고, 官印은 되는데 傷官이 없어서 制化를 하지 못하는 사람이 있다. 官印이 안 되면 적합한 짓을 안 해서 그렇고, 傷官이 없는 것은 불행하게도 살면서 적덕을 쌓지 않아 기회가 없는 것이다. 사주에 傷官이 없으면 운에서도 만났다고 해서 좋아지는 것이 아니다. 살면서 적덕을 쌓지 않았기 때문에 평생 만나지 못한다. 통변할 때는 이런 말을 하면 안 되지만 우리는 알아야 한다. 손님에게는 '기회가 주어지지 않는다'고 해야 한다. 대개 45세쯤에서 55세 정도가 되면 직장을 그만두게 되니 즉시 이겨내야 할 것들이 생기는 것이다.

財生官이 안 되면 사회적 책임을 다 하지 않는다. 나이를 먹으면 부모의 도리, 사회적 도리를 지키지 않는다. 그러니 내 주변의 많은 조직원을 위험으로부터 구해 주지 않는다. 劫財를 방관했기 때문이다. 그러니 財生官이 안 되었으면 적합한 인물이 아니란 뜻이고, 財生官이 되었지만 劫財를 만나지 못했으면 기회를 얻지 못한 것이다. 이는 안전한 것만 골라서 했기 때문이다. 책임지지 않을 일만 골라서 한 것이다. 썩은 부위는 남을 주고, 살은 내가 먹었기 때문이다. 그럼 劫財가 와도 막아 주지 않는다. 이는 남을 위하는 마음이 없었기 때문이다. 이것도 55세 정도가 지나면 官이 없어지고 다시 殺로 넘어간다.

身太旺하면 官殺로 보지 마라. 官殺을 따질 만한 내용이 아니다. 그럼 바로 日干으로 넘어가야 한다. 그럼 傷官과 劫財가 나타나기 시작한다. 財生官이 傷官과 劫財를 눌러야 하는데 못 눌렀으니 殺로 넘어가면 合殺로 功을 세우는 것이다.

이때 陽刃과 劫財와 殺이 功을 세우는데, 위험한 것을 막으로 다니는 것이다. 우리 같은 약소국이나 개발도상국에서는 이들의 功이 官보다 더 크다. 殺이란 위험에서 구하는 功이 더 크다.

살왕신약(殺旺身弱)하면 根으로 해야 한다. 그럼 陽干이 根으로 했으면 스스로 견디는 것이고, 陰干이 根으로 했으면 스스로 견디는 사람 옆에서 사는 것이다. 衣=네 스스로 옷을 입을 줄 안다. 依는 누가 옷을 입혀 주었다는 것이다. 의지해서 입는 것이다. 무언가 세상을 구분해서 살 줄 아는 사람은 根旺이다. 구분하지 못하는 사람도 根旺이다. 그러나 陰干이 했나 陽干이 했나 다르다.

陰干이 더 좋다는 說이 있는데, 根이 없으면 殺이 오면 막아야 하는데 쇠절지(衰絶支)에 根을 했으면 살운(殺運)에 왔으니 얻어맞고 살아야 한다. 印星으로 化하려고 하면, 傷官으로 막으려고 하니 불법과 편법으로 하는데 변법(變法)으로 산다고 해야 한다. 다른 방법으로 산다는 것이다. 사회적 지탄을 받아 마땅한 방법으로 살아간다고 했다. 이것이 삶의 방법이다.

陰干이니 혼자서 극복하지 못하고 의지해야 한다. 그러려면 陰干이 지녀야 할 자세가 있다. 무조건 상대에게 잘해야 한다. 辛金은 庚金에게 잘해야 하고 乙木은 甲木에게 잘해야 한다. 그런데 잘 안 된다. 그럼 陰干이 殺을 正印으로 막으면서 傷官으로 合殺해서 막았다면 '나 스스로 할 수 있어', '네 도움이 필요 없어' 하고 습관적으로 스스로 해나간다. 그러면 실제 어려워도 안 도와준다. 이때 辛金은 申酉戌이 根이지, 巳酉丑이 根이 아니다. 三合은 根이 아니라 局이다.

살왕신약(殺旺身弱)하라고 했더니 日干이 身太旺하다면, 殺이 透干되지 않으면 財生官이 없어도 身太旺이다. 환경이 열악한 것도 身太旺이고, 스스로 환경을 극복할 마음이 없는 것도 身太旺이다. 해가 안 뜬다는 것은 밤이 와서 환경적인 요소로 해가 안 뜨는 것이 있고, 눈을 감은 것도 해가 안 뜨는 것이다. 내가 안 보겠다는 것이다. 그럼 身太旺해서 殺이 잘못되면 태어날 때부터 기형아다. 조건을 자꾸 나쁘게 만들면서 살아가는 것이다.

그리고 식신제살(食神制殺)이 안 되면 학창 시절에 전문인이 되지 못한다. 그럼 나이 먹어서 하려고 해도 할 수가 없다. 양인합살(陽刃合殺)을 해야 하는데 안 되는 사람은 자기가 커다란 임무를 할 수 있는 위엄 있는 사람이 될 수 없다. 陽刃合殺 劫財合殺이 안 되면 과중 과로라 생각하니 견디지 못한다. 모욕을 못 견디고 비방을 견디지 못한다.

傷官合殺이 안 되면 의지할 곳을 찾지 못한다. 의지할 곳이란, 나와 더불어 공동관계를 맺을 수 있는 곳인데, 傷官合殺이 안 되니 협력이 안 되는 사람이다.

殺印相生이 안 되면 적이나 내가 미워하는 상대로부터 용서를 받지 못한다. 용서란, 밉더라도 싸우지 말고 용서를 해야 하는데 내가 용서를 하지 않았으니, 용서를 받지 못하는 것이다. 官印相生이 안 되면 내가 좋아하는 상대로부터 배려를 받지 못한다. 용서받지 못할 자이다. 官印相生이나 殺印相生이 안 되면 용서를 받지 못하는 것이다. 가장 중요한 내용이다. 용서받지 못한다는 것은 용서할 줄 모른다는 뜻이다. 용서할 줄 모르니 용서받을 줄 모른다는 뜻이다.

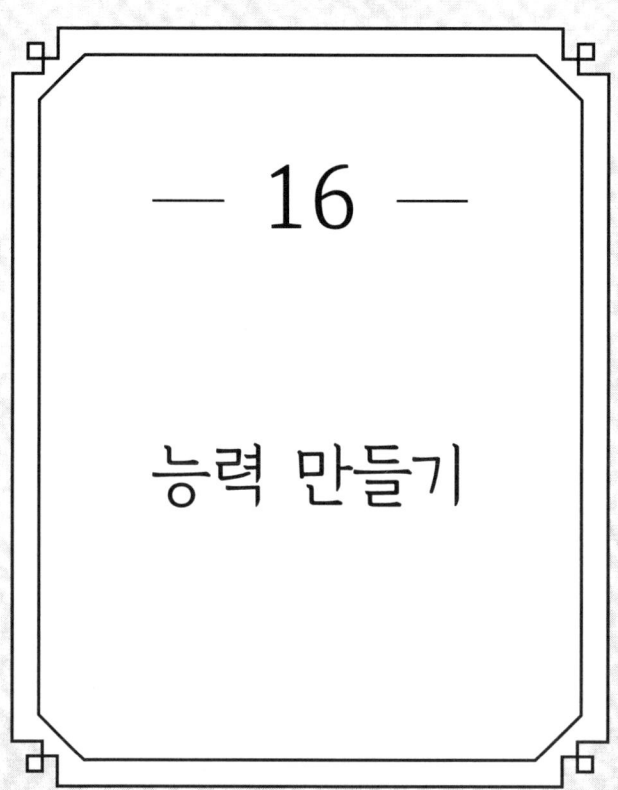

— 16 —

능력 만들기

癸水: 지적(知的)능력
甲木: 학습능력
지적능력은 자질에 들어가고, 학습능력은 계발해야 한다.

正印: 지적능력인데 절대적능력에 들어간다. 환경에 필요한 지적능력이다. 남의 일을 하는 데 필요하다. 官보다 뛰어나서는 안 되고 官보다 낮아야 한다. 조직에서 필요하냐, 필요하지 않냐의 검증을 받는 것이다.

食神: 자기 자신에게 필요한 지적능력이다.
스스로 내 일을 하기 위해 필요하다.

正印格은 日干의 根이 旺하면 안 되고, 食神은 根旺해야 한다. 正印은 타인에게 필요한 것이고, 食神은 자신에게 필요한 것이다. 상대적 능력에 꼭 필요할 때 쓰는 용어다. 癸甲과 正印 食神은 상대가 있건 없건 능력이 있음을 말한다. 그러니 상대가 없는 세상에서 산다면 좋겠지만 상대는 늘 있는 것이니 상대에 맞춰서 자기 능력을 발휘하면 되는 것이다.

偏印: 상대보다 우월한 지적 능력을 가져야 한다. 항상 비교를 당하니 시기 질투의 대상이 된다. 그러니 인간성까지 깨끗해야 한다.
傷官: 상대보다 우월한 능력이다. 이것도 지적능력인데 상대성이다.

印星은 준비하는 지적능력이고, 食傷은 활용하는 능력, 기술능력이다. 현장능력에 대한 활용력이다. 印星은 준비능력이다.

食神格이라면 공부 열심히 하고 자기만 잘하면 되지만,
傷官格이면 남이 인정을 해 주어야 한다.
食神格이 잘생겼으면 그냥 잘생겼다고 하면 되지, '누구보다'라는 말을 하면 안 된다. 偏印의 지적능력은 누구보다 공부를 잘해야 하고, 傷官은 누구보다 행동을 잘해야 한다. 공부 잘하는 것과 행동 잘하는 것은 다르다. 항상 경쟁이 있다.

正印은 그냥 점수만 높으면 된다. 그러니 몇 점 안에만 들면 되지만, 偏印은 항상 몇 등 안에 들어야 한다. 점수가 낮아도 몇 등 안에 들어가야 한다. 평가 기준이 다른 것이다. 偏印格은 내가 몇 등을 했다고 하고, 正印格은 내가 몇 점을 받았다고 한다. 평가 기준이 좀 다르다. 食神格도 지적능력인데 내가 원하는 만큼만 하면 되지만, 傷官格은 상대가 원하는 만큼 해야지 내가 아는 것은 필요가 없다. 상대에 대한 평가 스트레스는 偏印과 傷官이고, '내가 요 정도밖에 안 돼?' 하고 자책을 하는 것은 正印과 食神인 것이다.

比肩: 자기 능력을 쌓은 경력과 경험이라 했는데, 후천적으로 자기 능력을 업그레이드한 경험과 경력이다.

劫財: 상대 능력을 평가하는 경험과 경력이다. 그러니 상대 능력을 활용하는 것이다. 경험이 많은 사람을 활용하거나, 상대의 허점을 활용할 수도 있다. 나중에 爭財를 할 때 劫財가 財生官된 財星을 爭財하면 상대의 능력에 대해 투자를 해서 이득을 보는 것이지만, 財生官 안 된 正財를 劫財가 爭財한다는 것은 상대의 허점을 활용해서 이득을 보는 것이다. 그러니 劫財는 항상 상대를 보는 것이다. 財生官된 劫財는 항상 능력 좋은 상대를 쳐다보는 눈을 가지고 있고, 財生官이 안 된 劫財는 허점투성이인 상대를 보는 눈을 가지고 있다. 상대를 잘 아는 것이 劫財이고, 자기를 잘 아는 것은 比肩이다.

比肩은 자신의 능력을 지속적으로 업그레이드해서 실력을 갖추어야 하지만, 劫財는 상대의 능력을 계속 관찰해야 한다. 比肩은 자기의 절대 능력을 가져야 하고, 劫財는 상대의 능력을 볼 줄 알아야 한다.

이것을 가지고 日干을 기준으로 偏印을 만들고, 正印을 만들고, 食神과 傷官을 만들고, 比肩과 劫財를 만들어 배치하면 된다. 이 모든 것이 日干이 되는 것이다.

根: 陽刃이나 建祿에 根을 하거나, 辰戌丑未에 根을 하면 어떤지 구분해야 한다. 일단 根이란 것은 스스로 주도력을 가지느냐, 남이 하는 것을 따라가는 것이냐를 결정하는 것이다. 根이 있으면 자기가 주도자가 되어야 하고, 根이 없으면 남을 따라가면 된다. 그러니 根이 있으면 자기가 주도를 해야 하니, 더 피곤한 스타일이 될 수가 있다. 根은 주도력이 있나 없나를 평가하는 것이니 위의 조건에 합쳐서 평가한다.

日干은 자기 운명의 주인이고 사주의 주체자는 日干이다. 이를 命理学에서는 身이라 했는데, 정신과 육체, 행동하는 주체자다. 그 속에 무엇이 들어가서 주체를 하느냐이다. 印星이란 지적능력을 준비하는 것과, 食傷이란 지적능력을 활용하는 것으로 들어가 있다. 살면서 경험을 겪는데 이를 比劫이라 한다. 比肩은 자기의 경험과 경력에 의해서 능력을 끊임없이 업그레이드하는 것이고, 劫財는 상대의 능력에 따라, 활용하려는 특징을 가지고 있다. 주식이나 증권투자를 해서 고객을 유치하려면 劫財가 있어야 한다. 상대의 능력을 봐야 하기 때문이다.

日干은 身이라 한다. 정신과 행동의 주체자다. 무엇으로 마음을 먹고 무엇으로 행동을 하는지 봐야 한다. 印星으로 지적능력을 준비하고, 食傷으로 지적능력을 활용한다. 그리고 劫財와 比肩으로 경험과 경력을 쌓는 것이다. 준비한 것과 활용한 것에 대한 경험을 쌓는 것이다.

지적능력을 준비하다. 正印은 환경에 맞추어서 환경이 요구하는 것만 하면 되지만, 偏印은 자신의 체질에 맞아야 한다. 正印은 해야만 하는 것을 하는 것이고, 偏印은 자기 체질에 맞는 것을 해야 하니, 자기가 하고 싶은 일을 하는 것이다.

傷官은 상대에 맞게 지적능력을 활용하는 것이고, 食神은 자기 분수에 맞게 활용하는 것이다. 印星 食傷 比劫은 日干이 만들어 준 구역이다.

① 日干이란 身으로 정신과 행동을 같이하는 하나의 기능이란 뜻이다.
② 준비하는 나는 正印 偏印, 활용하는 나는 傷官 食神이다.

正印은 환경에 맞추어서, 준비하는 나
傷官은 환경에 맞추어서 활용하는 나
偏印은 나에게 맞추어서 준비하는 나
食神은 나에게 맞추어서 활용하는 나이다.

③ 이것을 이끄는 힘은 根旺하면 내가 이끄는 것이고, 根弱하면 상대가 이끄는 것이다.

根旺도 三合과 方合이 있다. 方合으로 根旺하면 역할과 신분, 권한과 지위로, 三合으로 根旺하면 능력, 실력, 전문성으로 하니, 앞에 신분이 붙지 않는다. 협회장, 이사장, 원장, 대표 이런 것은 方合에 붙는 것이다. 三合은 능력과 실력과 전문성이 중요하지, 역할이 중요하지 않다.

偏印과 食神은 절대적 능력이 있어야 하지만, 偏印과 食神은 또 상대적 능력도 있어야 한다. 正印과 傷官은 상대적 능력이 있어야 하지만, 절대적 능력도 있어야 한다. 그러니 결국은 상대적 능력이니 절대적 능력이니 하는 것은 사실 별 의미가 없는 것이다.

偏印과 食神은 자기 능력이 갖춰져야 한다. 正印과 傷官은 상대적 능력이라 했으니 검증을 거쳐야 하니, 반드시 시험을 봐야 한다. 이를 官이라 한다. 官印相生으로 시험을 봐서 검증을 거친다. 正印 傷官을 傷官佩印이라 한다. 상대에게 검증을 받아서 능력을 인정받아야 한다.

偏印과 食神은 내가 절대적 능력이 좋아야 하니 자신에게 검증을 받아야 한다. 이를 자제한다고 한다. 자기를 자제하는 것이다. 먹고 싶고 놀고 싶고, 사고 싶은 것을 자제해야 한다. 자기가 자기에게 허락하느냐 마느냐는 偏印과 食神이다.

日干이 무엇으로 갖추어졌는지를 설명하는 것이다.
(1) 癸水日干: 지적능력을 갖추어야 한다.
절대적인 지적능력을 갖추어야 한다.
(2) 준비능력, 印星은 正印으로 되었는지, 偏印으로 되었는지
활용능력이 되는 것은 食神인지 傷官인지 구분해야 한다.

그래서 준비와 활용을 저울질을 해야 한다.
印星이 旺한지 食傷이 旺한지 보는 것이다.

(3) 比肩과 劫財가 있어서 살아남으려면 경험능력이 있어야 한다. 그럼 경험능력이 比肩인지 劫財인지 봐야 한다. 나의 능력을 더 업그레이드해서 쓰려면 比肩, 상대의 장점과 단점을 활용하는 능력인 劫財이다. 그러니 누가 무엇을 한다는 걸 알아야 한다. 만약 比劫이 없으면 후천적으로 능력을 만드는 것이 아니라 학교생활에서 한 번에 끝내야 한다. 그러니 계속 능력을 만드는 것이 아니라, 25살 이전에 자격화가 되어서 끝을 내야 한다. 比劫이 있으면 40~50에도 능력을 만들어서 도전하는 것이다. 그러니 比劫이 없는 자는 거듭 발전할 용의가 없다고 봐야 한다. 갑자기 대운에서 比劫 운이 오면 나도 날개가 돋았으면 하는 것이다. 比劫이 있으면 늦게 피는 아이에요. 比劫이 없으면 애는 일찍 필겁니다. 이는 比劫이 있고 없고의 통변이다.

乙木日干: 학습한 것을 활용하는 것이니 적용능력이라 한다.

丙火日干: 운영능력인데, 癸水의 지적능력과, 甲木의 학습능력과, 乙木의 적용능력을 통해 운영하는 능력이다.

乙木의 고향은 卯辰方合이니 약간의 권한이고, 未는 三合 형이다. 癸水는 子丑辰이다. 辰에 根하면 능력이 많아야 한다. 丙火가 巳午와 寅이 있는데, 巳午는 方合적 기운이니 신분이나 권한이고, 寅은 三合적 기운이니 전문성이다. 고향을 찾는 것은 根을 찾기 위해서 행위를 하는 것이다. 癸水 日干의 根은 子丑辰인데 子丑이면 신분 만드는 데 있고, 辰에 있으면 전문가가 되는 마인드를 타고났다는 것이다. 이렇게 한 세트인 것이다.

癸水는 지적능력, 甲木은 학습능력, 乙木은 사회 적용능력, 丙火는 운영능력이다. 소통능력이다. 乙木은 행정능력을 가지고 있고, 甲木은 지식에 대한 전달능력과 교습능력을 가졌고, 丙火의 소통능력은 인간관계를 어떻게 하느냐의 운영능력이다. 癸水는 창작과 창의능력이니 생각하는 능력을 가졌다. 지식을 활용한 잠재능력 보유자, 지식을 개발해야 하는 잠재능력 보유자가 癸水지만, 이 중에서 고민과 번뇌가 제일 많은 것이 癸水이다. 우울증 번뇌도 癸水이다.

乙木과 丙火는 행정과 운영능력이니 대인관계가 가장 원활해야 하는데 사람들과 부딪쳐서 싸우기만 하는 폐쇄적인 인간은 乙木이나 丙火이다. 단절이 많은 사람이 丙火다. 소통이 많다와 단절이 많다는 같은 의미이다. 그럼 단절을 하는 인간은 어떻게 행동하고, 소통을 하려면 어떻게 되느냐는 相生相剋에서 찾는다.

공부를 제일 못하는 인간은 가나다라만 외우고, 간다 온다를 모르니 甲木이다. 반벙어리다. 甲木은 공부가 안 된다. 乙木은 행정능력이고, 적용능력에 대한 계획, 연구, 작전을 짠다는 뜻인데 작전 없이 그냥 무식하게 덤비는 것이 乙木이다. 그냥 대책 없이 내지르기만 하고, 소리만 버럭버럭 지르는 사람은 乙木이다. 이렇게 부정적인 용어도 많이 알고 있어야 한다.

짝은 癸甲乙丙이다. 합성어는 癸甲은 지식과 학력이니, 결과는 辛金이다. 최고능력자가 되었다는 의미다. 乙丙은 정책과 조직운영이다. 이것이 합성어다. 결과는 庚金이다. 乙木은 사회에 적응하다. 사회제도에 따르다. 丙火는 조직 운영을 잘했으니 庚金은 최고 운영자가 되었다는 뜻이다.

癸水는 甲木이 필요하고, 甲木은 癸水가 필요하다.
결과는 辛金이 나와야 한다.
乙木은 丙火가 필요하고, 丙火는 乙木이 필요하다.
결과는 庚金이 나와야 한다.
만약 癸水日干이 甲木이 있어서 지식과 학력이 있는데,
辛金이 아니라 庚金이 있다면, 지식과 학력에 대한 운영자가 된다.
癸水甲木의 합성어가 지식과 학력을 운영하는 사람이니 학교운영자가 된다. 그러나 최고의 교수가 되는 것은 아니다.
癸水 甲木이 있는데 辛金은 없고, 乙木만 있다면,
지식과 학력에 대한 정책이니 프로그램 구성이다.

癸水는 지식, 甲木은 학력, 乙木은 정책, 丙火는 운영이다.
지식과 학력은 절대적 능력을 만든다. 둘은 짝이다.

정책과 운영은 최고 운영자를 만든다. 이는 상대성이다.

癸甲乙丙에게 辛金은 전문성을 요구하고, 庚金은 상대성을 요구한다. 辛金은 능력의 절대성을 요구하고, 庚金은 상대적 운영의 묘를 요구한다. 그래서 辛金은 지식의 샘물이고, 庚金은 지혜의 샘물이다. 절대적 능력이란 공부를 잘하는 것을 말하고, 상대적 능력은 남들보다 잘한다는 것이다. 남들보다 공부를 잘하는 것이 아니라 그런 분야로 갔다는 뜻이지 남들보다 잘한다는 의미가 아니다.

여기에 土를 넣어야 한다.
己土를 넣으면 '자기 능력을 기반으로 하는 환경 적합성'이니 시작은 나부터 시작이다. 戊土는 '환경에 적합한 자기 능력 최적화'이다. 시작이 환경이다. 戊土가 辛金으로 가든, 己土가 庚金으로 와도 말만 바꾸면 된다.

癸甲乙丙이 日干이던 月令이든 관계가 없지만, 日干화를 시켜서 공부를 하는 중이다. 지금까지는 日干이 추구하는 세상이다. 月令은 여덟 개로 쪼개서 환경이 그렇다는 것이고, 日干은 내가 그렇다는 뜻이다.

己土日干은 자기 능력을 개발해서, 환경에 적합하게 보여야 한다.
戊土日干은 환경을 정확하게 인지해서 적합하게 능력을 개발해야 한다.

癸水日干에게는 甲木, 甲木日干에게는 癸水가 필요하다.
짝이 맞아야 하고 결과가 나타나야 한다.
그리고 결과가 나타나려면 선결 조건인 환경이 있어야 한다.

己土 환경과 戊土 환경인데, 己土는 내 능력을 내놓으라는 환경이고, 戊土는 환경이 정한 능력을 내놓으란 것이다.

癸水日干이나 甲木日干이 戊土가 있다면,
내 능력을 내놓으면 아무도 인정해 주지 않는 것이다.

丁火는 지식력인데 기술적 지식이다.
庚金은 학력이 아니라 경력이 된다.
丁火는 기술능력, 庚金은 기술경력이 된다.
戊土는 환경에 적합한 능력이니 이때는 자신에게 적합하게 해야 한다.

辛金은 상품 운용 능력 + 이윤이다.
春夏節의 乙木은 사람을 적재적소에 적용하는 능력이다.
壬水는 경영능력이다. 이윤이 추구되어야 한다.
乙木이 있으면 최고의 능력자가 되니, 이때는 명인이나 장인이라 한다.
甲木이 있으면 최고의 경영자가 된다.

丁火日干에게는 庚金이 짝이고, 庚金日干에게는 丁火가 짝이다.
짝에 의해서 탄생한 건 乙木에 대한 쓰임이고, 甲木은 최고 경영자다. 乙木에 대한 환경은 己土고, 甲木에 대한 환경은 戊土가 있어야 한다.

辛金日干은 상품 운용 능력을 타고난 것이니, 상품 구성 능력을 가졌다. 그럼 설명할 때 상대의 가치를 구성해 줄 수 있는 능력이다. 壬水月令에 태어났으면 이윤을 추구하는 경영자가 되어야 한다. 甲木이 없으면 최고 경영자가 될 수 없고, 庚金이 있으면 경영은 할 수 있다. 甲木이 없으니 최고 경영자는 될 수가 없다. 戊土가 있으면 환경에 맞게 행위를 해야 한다. 이런 식으로 日干별로 하고, 월령별로도 모두 해야 한다.

辛金日干은 壬水가 짝이고, 壬水日干은 辛金이 짝이다.
癸水日干은 甲木이 짝이고, 甲木日干은 癸水가 짝이다.

丁庚은 乙木, 辛壬은 甲木이다. 己土와 戊土, 이것이 점검 순서다. 日干의 짝을 보는 것은 준비된 나를 보는 것이다. 五行이니 사회적 관계를 보는 게 아니라, 준비된 나를 보는 것이다.

水源과 引火를 보는 것은 준비된 능력으로 기득권을 갖추었나, 못 갖추었나 보는 것이다. 戊己土를 보는 것은 환경의 적합성을 보는 것이다.

日干의 짝은 준비성을 보는 것이니, 능력이 준비되었나 보는 것이다. 水源과 引火는 남들보다 뛰어난 우월성과 기득권, 지속성, 전문성을 보는 것이다. 戊己土는 적합성을 보는 것이다.

六神에서는 日干의 根과 印星과 食傷을 보는 것이다.
印星으로 준비한 것은 官이 쓰거나 食傷이 쓰는 것이다.
食傷의 활용능력은 官이 쓰거나 財星이 쓰는 것이다.

임상순서(癸水日干의 예)

癸水日干은 甲木이 짝이다. 癸水가 있으면 지식능력을 지녔고, 甲木이 있으면 학습력을 지닌 것이다. 甲木이 없으면 '잠재력은 있는데 개발은 안 하셨네' 하면 된다. 癸水와 甲木은 한 세트다.

(1) 辛金: 전문성, 절대적 능력에 대한 전문성이다.
庚金이 있으면 상대성이다. 상대보다 나은 것이다.
(2) 癸水의 앞쪽에는 乙木과 丙火가 있다.
乙木의 기획능력과 운용능력, 丙火의 운영능력이다.
(3) 己土: 적합성이다. 戊土는 환경에 맞는 적합성이다.

항상 癸水는 甲木이 짝이고, 甲木은 癸水가 짝이고, 乙木은 丙火가 짝이고, 丙火는 乙木이 짝이다. 丁火는 庚金이 짝이고 辛金은 壬水가 짝이다. 日干은 이렇게 본다.

戊土日干은 乙丙과 辛壬이 짝이다. 己土日干은 癸甲과 丁庚이 짝이다. 짝을 찾은 다음 혼란을 겪으면 안 되는데, 甲木과 癸水가 있는데 癸水에 辛金이 없으면 목다수축(木多水縮)이 된다. 그럼 '공부를 징그럽게 안 하시네' 한다. 그럼 癸水가 아예 없었으면 공부를 잘하는 것을 요구하지 않는 세상에 사니 훌륭한 사람이 되는 것이다.

 日干

(1) 根이 있나 없나 확인한다. 方合인가, 三合인가 확인한다.

(2) 印星과 食傷으로 준비능력과 활용능력을 찾는다. 이때 印星이 너무 약하고 食傷이 너무 旺한 것은 나중에 본다. 印星이 偏印이고, 食傷이 食神이면, 偏印은 자기 능력을 절대화시킨 것이고, 食神도 자기 능력을 절대화시킨 것이니 偏印과 食神이 짝이 잘 맞다. 그런데 사주에 正印과 食神을 갖추었다면 正印의 능력 준비는 환경에 맞게 준비해야 하고, 능력 활용은 食神이니 자신에게 맞게 발휘해야 한다. 그럼 준비는 환경에 맞추어야 하고, 능력 발휘는 食神으로 자신에게 맞추어서 해야 하니 서로 균형이 맞지 않는다. 그럼 맞지 않으면 맞지 않는 대로 살면 된다.

(3) 상대보다 더 나은 인물이 되기 위해 세상을 살면서 후천적인 경험을 쌓느냐 쌓지 못하느냐는 比肩이나 劫財가 있어야 한다.

比肩의 경험은 자기 능력을 만드는 것이고, 劫財는 능력이 있는 사람이 누군지 찾아서 거기에 맞추어 투자하면 된다. 劫財가 있으면 자신이 연구할 게 아니라 능력자에게 투자하면 된다. 劫財는 자기 자신을 활용하는 게 아니라, 타인의 능력을 활용해서 살아야 한다. 온갖 경험과 경력을 다 써서 활용하면 된다. 타인의 능력에 맞는 활용을 할 줄 알아야 한다. 그러니 劫財가 比肩처럼 열심히 할 필요가 없는 것이다. 그러므로 劫財는 능력 있는 자를 알아보는 눈을 가졌다.

戊土가 巳午未라는 화토동근(火土同根)에 根을 하면 三合적인 능력에 根을 한 것이다. 辰戌丑未에 根을 하면 方合적 요소인 신분에 根을 한 것이다. 그럼 주도력을 갖춘 것이다.

지금은 日干에 관한 설명이니 월령을 보지 말고 日干만 봐야 한다.
水木火: 癸甲丙, 癸乙丙, 壬甲丙, 壬乙丙
木火土: 甲丙己, 乙丙戊, 乙丁己, 甲丁戊
火土金: 丙己辛, 丙戊庚, 丁己庚, 丁戊辛
土金水: 己辛癸, 戊庚癸, 己庚壬, 戊辛壬
金水木: 辛癸甲, 庚癸乙, 庚壬乙, 辛壬甲 등 16개의 경우의 수가 붙는다.

乙木日干이라면 水生木 木生火다. 그럼 印星 日干 食傷을 보는 것이다.
日干의 형태가 印星 日干 食傷의 이미지가 天干과 地支를 통해 경우의 수가 붙으니 숫자가 많이 늘어난다. 水生木, 木生火라면 印星이 준비하는 것인데 水로 되어 있는 것이다. 食傷은 활용하는 것이니 火이다. 항상 이런 마인드가 형성되어 있어야 한다.

乙木日干이면 짝이 丙火다.
① 乙木은 사회 적응력이다. 사회 적합성, 사회 적용력이니 정책과 행정 등이다. 사회 적응력을 높이려면 ② 丙火: 사회 운영방침에 따라야 한다.
③ 庚金이 있어야 경험자가 되어서 사회의 기득권자가 될 수 있다.
④ 戊土가 있어서 환경에 적합하게 최적화를 만들어야 한다.
이렇게 살아야 한다.

日干의 (1) 根은 方合으로 根旺하면 신분적 역할을 봐야 하는 책임자의 운명이고, 根旺하면 내가 주도하는 것이고, 無根하면 누구를 따라서 하는 것이다.

(2) 印星과 食傷: 食傷이 印星보다 왕하면 준비성보다 활용성이 우수이고, 印星이 더 왕하면 준비성이 우수하고 활용성이 저조하다. 그럼 준비성은 말하지 말고 활용성만 강조해야 한다. 실용성이라 해도 된다. 印星이 왕하면 실용성이 저조하다. 그러나 준비성 부족이란 말은 하지 말자.

(3) 比劫: 比肩은 자기 활용성이 우수하고, 劫財는 타인 활용능력이 우수하다. 둘 다 없으면 다른 걸 할 수 없지만, 劫財가 있으면 동창회장이라도 할 수가 있다.

상생에는 항상
水生木 木生火에는 金生水 水生木이 따라붙어야 한다.
水生木 木生火는 木生火 火生土가 따라붙어야 한다.
반드시 이런 의식을 가져야 한다.

土生金 金生水라면 土부터 시작이니 준비할 때 나에게 맞나, 환경에 맞나? 戊土는 환경영향평가부터 하는 것이니 환경조사부터 해야 하는 것이다.

日干은 주체자다. 印星은 준비하는 능력, 食傷은 활용하는 능력인데, 대개 상담은 食傷으로 활용하는 능력에 초점을 맞추어서 봐야 한다. 그러니 준비하는 능력보다 활용하는 능력이 더 커야 한다. 그런데 印星으로만 준비하는 게 아니라 比肩이 있으면 比肩은 활용하는 능력으로 준비하니 양쪽을 오갈 수가 있는 것이다. 印星으로 준비하는 것보다 比劫으로 준비하는 것이 더 무서운 것은 후천적으로 경험이 들어갔기 때문이다.

17

일간의 기질(氣質)

1. 六神關係의 특성

日干이 무엇으로 旺하냐에 따라서 다른 六神과의 관계에서 대항하는 방법이 다르다. 日干이 印星으로 旺하면 傷官, 偏官, 正官을 잘 사용할 수 있고 正印도 감당할 수 있다.

日干이 根으로 왕하면 偏官, 偏財, 正財, 食神을 감당할 수 있고 偏印도 감당할 수 있으니 倒食도 이겨낸다. 사주에 根, 比劫, 印星이 아무것도 없는 사람도 있다. 根이 없으면 偏官, 偏財, 正財, 食神을 상대하지 못한다. 그럼 위기(偏官)가 닥치면 남이 해결해 줘야 하고, 사업 확장(偏財)을 하려 해도 남이 해 줘야 하고, 돈(正財)을 벌려면 남이 해 줘야 하고 일(食神)도 남이 해 줘야 한다. 印星이 없으면 正官, 傷官, 偏官을 상대할 수 없어 모두 남이 대신 해 줘야 한다.

月令이 偏官이면 根旺해야 한다. 만약 根이 없으면 印星으로 旺하거나 傷官이나 比劫의 능력을 빌려다 써야 한다.

자기가 주도하지 않고 남의 것을 빌려다 써야 한다.

1) 印星으로 身旺

日干이 印星으로 身旺해야 正官, 偏官, 傷官과 관계를 잘 맺을 수 있다.
(1) 正官 - 환경에 적합해야 한다.
(2) 偏官 - 권력이나 지위가 필요하다.
(3) 傷官 - 지적재산권, 특기 등 자격화가 필요하다.
(4) 正印 - 실력이 필요하다.

2) 根으로 身旺

日干이 根으로 身旺해야 食神, 偏官, 正財, 偏財와 관계를 잘 맺을 수 있다.
(1) 偏官 - 지위, 권력
(2) 偏財 - 영역, 대인관계
(3) 正財 - 금전, 경제자산
(4) 食神 - 능력
(5) 偏印 - 지적재산권, 특기

2. 자신의 인생에 대한 선택 특성

根은 나와 나를 보는 것이고, 比劫은 나와 남을 보는 것이고
印星은 나와 조직을 보는 것이다.

1) 根: 고유한 자기의 특징이다

(1) 根이 0개: 의지하는 특징이 있다.

(2) 根이 1개: 자기 주도적이다.

(3) 根이 2개 이상: 자기 자만이나 독단적인 특징이 있다.

2) 比劫: 나와 타인을 비교하는 특징이다

(1) 比劫 0개: 상대에게 부림을 당함, 협조 관계다.

(2) 比劫 1개: 독립적 특징을 가졌다.

(3) 比劫 2개 이상: 가출, 이탈적 특징을 지녔다.

3) 印星

(1) 印星이 0개: 내가 환경에 비협조적이다.

(2) 印星이 1개: 내가 환경에 적합하게 한다.

(3) 印星이 2개 이상: 환경이 나에게 부적합하다.

이렇게 根과 比劫과 印星을 보는 것은 日干의 기질을 보는 것이다.

日干이 根, 比劫, 印星 중 어느 것으로 旺한지를 보는 이유는 그 사람의 기질을 보기 위함이다. 根으로 旺하면 자기 주도적인 기질이고, 比劫으로 旺하면 독립적인 기질이 있고, 印星으로 왕하면 환경에 적합하려는 기질이 있다. 根은 자기가 주도하느냐, 남이 주도하느냐를 판단한다. 根이 없으면 남이 주도하는 것이고, 根이 하나면 자기 주도적이고, 根이 두 개면 독단적 주도다. 根이 두 개 이상인 사람은 강요하듯 지적하듯 말한다.

日干이 三合의 형태로 根을 했으면 실력적인 것으로 주도하고, 方合으로 根을 했으면 사람 사이에 인품이나 친화력 등 인간적인 리더십으로 주도하는 것이다. 印星이 方合으로 구성되면 인간미로 적합하게 구는 것이고 印星이 三合으로 구성되면 재능이나 실력으로 적합하게 군다. 印星이 三合으로 구성된 엄마는 자식이 학교에 갔다 오면 "오늘은 몇 점 맞았냐?"라고 말할 것이다. 사람을 속일 수밖에 없도록 물어보는 것이다.

印星은 적합성을 보는 것이다. 印星이 하나가 있으면 적합하고, 두 개 이상이면 부적합한 환경을 만난다. 印星이 없다면 상대에게 맞춰야 하는데, 내가 능력이 없어서 잘 맞추지 못한다. 印星이 두 개면 열심히 준비했는데 환경이 나에게 맞춰 주지 않으니 불평불만 환자가 된다. 根은 독립적 기질이니 환경과 맞지 않으면 떠나 버리면 되지만 印星은 상대에게 적합하게 행동하려고 애를 쓰다가 안 맞춰지는 것이니 마음이 힘들다.

印星, 比劫, 根 등이 하나도 없는 것과 두 개 이상 있는 것은 결과는 같지만 과정은 다르다. 印星은 적합성과 적응능력을 보는 것이니 印星이 없으면 내가 비적합한 것이고, 印星이 하나라도 있으면 적합하지만, 印星이 두 개 이상이면 상대가 비적합한 것이니 없는 것과 많은 것은 결과는 같지만 내용에는 차이가 있다.

가령 印星이 두 개인데 김치찌개를 끓여 놓았는데 남편이 들어와서 삼겹살을 달라고 한다. 이렇게 맞지 않는 것에 대한 불균형이니, 이렇게 맞지 않는 건 누구의 잘못이냐이다. 기준은 日干이니 모든 건 상대의 잘못이라고 해야 한다.

만약 印星이 없으면 내가 능력이 없어서 못 맞춘 것이지만, 印星이 두 개 이상 있으면 나는 준비를 잘했지만 준비한 내용이 상대나 환경이 나에게 비협조적인 것이다. 그러니 印星이 두 개 이상 있으면 불평불만 환자다. 상대가 나에게 맞추지 않는다는 생각을 하기 때문이다. 자기는 늘 백마 탄 왕자를 만나길 꿈꾸지만, 항상 조랑말을 탄 왕자만 나타나는 것이다. 印星이 두 개인데 박사나 석사 논문을 쓸 때 하필 印星이 운에서 또 들어오면 논문이 통과되지 못한다. 그러니 印星이 두 개 이상이면 안타까운 것은 나는 맞추려고 애를 쓰는데, 환경이나 상대가 나와 잘 맞지 않는 것이다. 나와 환경이란 나와 타인 관계인데, 比劫은 맞지 않으면 나가면 되니 싸우기만 하면 比劫은 집을 나간다. 그러나 印星은 적합하게 하려고 하니, 상대와 맞지 않으니 힘이 든 것이다.

比劫은 없고 印星만 있으면 독립적 기질도 없고 印星이 있으니 세상에 적응하고 잘 살지만 印星도 있고 比劫도 있으면, 세상에 적합하게 하기도 하고 독립기질도 있으니 매우 좋은 것이다. 그러나 없는 것과 두 개 이상 있는 것은 결과는 같지만, 내용물의 과정은 다르다. 印星이 없어서 내가 비적합하게 군 것이나, 저쪽에 협조를 안 해서 그런 것이나 결과는 같지만 억울한 내용이 다른 것이다.

比劫은 독립적 기질을 보는 것이니, 比劫이 0개면 의지하려고 다른 사람 밑에 들어가서 점원이 되고 比劫이 두 개 이상이면 독립하려고 개업을 한다. 比劫이 없으면 의지를 해야 하고, 比劫이 있으면 독립을 해야 하는데 두 개 이상이 되면, 없는 것과 내용이 같은 것이다. 내용은 같지만, 하나는 직원이고 하나는 사장이다. 比劫이 두 개가 있는 사람을 직원으로 쓰면 내가 하는 일을 그대로 복사해서 바로 문 앞에서 개업할 사람을 두고 있는 것과 같은 것이다. 프랜차이즈를 내려면 比劫이 있는 사람이 더 좋은데 比劫이 두 개가 있으려면, 印星이 있어서 적합하게 굴어야 프랜차이즈를 내는 것이다. 아니면 학원에서 직원이나 교사가 프로그램을 가져가서 이탈하는 것은 印星이 없어서 이탈 증세가 나타나는 것이다. 그러니 印星과 比劫과 根이 어울려 있어야지 하나만 있어서는 안 된다. 比劫과 印星은 없고, 根만 두 개가 있으면 比劫이 없으니 독립을 하지 못하고, 印星이 없으니 적합하게 굴지도 않는다. 그런데 根은 두 개 이상이니, 주도력은 있으나 比劫이 없으니 독립도 안 된다. 그리고 印星이 없으니 적합하게 굴지도 못한다. 그런데 주도는 하고 싶으니 '독립을 꿈꾸는 직장인'이라 하고 '장군을 꿈꾸는 사병'이라 한다.

이런 기질들이 있는데 이를 그 사람의 성격이라 하면 안 되고 氣質이라 해야 맞는 말이다. 명리에는 성격이란 말이 없다. 성격이란 원래 타고난 天性을 말하는 것인데 마치 명리학으로 성격을 보는 것처럼 말해서는 안 된다. 印星이란 환경에 적합한 기질이니 조직이나 환경에 들어가서 종사하는 직원의 팔자고, 根이란 자기가 주도하고 싶어 하니 독립조직을 맡고 싶어 하는 기질인데, 이런 기질들을 타 육신과의 관계에 맞추어야 한다. 그러니 印星으로 旺하다는 것은 正官, 傷官, 正印, 偏印에 맞추는 것이다. 맞춘다는 것은 적합하게 군다는 의미다.

根으로 旺하다는 것은 食神, 偏官, 偏財, 正財, 偏印이니 취하는 것이 특징이다. 印星은 공동적인 개념이고, 根은 취하고자 하는 성격이다. 권력이나 돈을 취하는 것이다. 偏官은 권력이라 하고, 偏財를 영역이라 하고, 正

財를 돈이라 하고 食神을 능력이라 하고, 偏印을 지적재산권이라 한다.

임대업은 지적재산권에 포함된다. 이런 통변을 잘하지 못하는 이유가, 무엇을 하는데 어떤 六神으로 무엇을 한다는 것이 안 되기 때문이다.
가령 안경집을 개업하려면 食神으로 한다. 안경이니 국가자격증이 있어야 하니 偏印으로 한다. 그러니 둘 다 있어야 한다. 누가 사업을 한다면, 사업의 영역을 넓히기 위해서 하는 것은 경영이라 하고, 돈을 벌기 위해서 하는 것을 경제라 한다. 偏財는 경영이고 正財는 경제다. 경영은 돈을 벌기 위함이 아니라 사업적 묘리를 찾기 위함이고 경제는 돈을 벌기 위함이다. 그러니 偏財와 正財가 둘 다 있으면 헷갈리는 사람이다. 돈을 벌기 위함인지, 사업을 알고 싶어서 하는 것인지 헷갈리는 것이다.

偏印은 안전자산, 특허, 지적재산권, 부동산, 주특기, 연금 등이다. 食神은 능력자산, 正財는 경제자산, 금융자산, 偏財는 대인관계 자산이다. 偏官은 지위나 권력으로 자산을 삼는다. 그럼 투자자를 유치하는 것은 偏財다. 대인관계 자산이기 때문이다. 이런 것으로 부부문제나 남녀문제, 자산문제나 사업문제 등을 보는 것이다.

日干을 보는 것이니 六神의 특성을 하지 말고, 日干의 根이 있을 때 말해야지 六神으로 써먹으면 안 된다.

사업을 한다면,
偏印은 자격증, 특기, 특허 브랜드, 지적재산권을 가져야 한다. 食神은 품질이 좋아야 한다. 正財는 가격조절을 잘 해야 한다. 偏財는 영업을 해야 한다. 광고를 해야 한다. 경영전략을 짜야 한다. 偏官은 사업을 하는데 권력이라 했으니 죽이는 것으로 해야 한다. 즉석에서 보여 주는 것, 고기도 산 놈을 즉석에서 잡거나 주방을 공개하는 것이나, 바로 효험이 가능한 것을 해야 한다. 根旺한데 偏官만 있다면, 시연이 가능한 것을 해야 한다. 한의사라면 침을 놓으면 금방 나아야 한다. 그런 것을 해야 한다.

偏印이 한의사를 한다면 브랜드 파워라 해서 경력이나 학력 같은 것을 내세워야 한다. 실력과 관계없이 자격증이나 스펙으로 눌러야 한다. 그러니 사업을 하는데 가장 힘든 것이 食神이다. 오로지 실력으로만 승부를 봐야 하기 때문이다. 이것이 日干의 자기 능력을 보는 법이다.

그러니 日干이 무엇으로 태어났느냐이다. 月令이 正官 傷官 正印이면 印旺해야 한다. 偏官 偏財 正財 食神 偏印이면 根旺해야 한다.
그래야 日干이 살 수 있다는 의미다. 만약 根旺해야 하는데 印旺한 것이나, 印旺해야 하는데 根旺해야 한 경우가 있는데 그럼 月令을 따라갈 것인지, 日干의 기질로 갈 것인지를 알아야 한다. 거기에다 위에서 배운 印星, 根, 比劫의 특징을 적용시키면 된다. 가령 月令에 따라서 가려면 正官 偏官 傷官 正印은 印星의 적합력이 있어야 하고, 日干의 기질로 가려면 根과 比劫이 있어야 한다. 그럼 그것이 또 어디에 위치해 있느냐에 따라 다 다른 것이다.

比劫은 根과 印星 食傷에 의해서 움직이는데, 食傷이나 印星이 方合적인 요소라면, 比劫은 인간관계를 배우고 익힌 것이지만, 印星이나 食傷이 三合적인 요소라면 인생을 능력으로 준비한 것이라고 보면 된다.

月令이 正官이나 傷官 혹은 正印으로 되었으면 印旺하고, 月令이 偏官이나 食神, 正財나 偏財, 偏印으로 되었으면 根旺해라. 月令을 따라가려면 적합성이 있어야 하고, 日干의 기질대로 가려면 根이 있어야 하는데, 日干의 根이 어디에 있는지도 구분해야 한다. 모든 根은 다섯 개에 根을 하고 있다. 方合과 三合에 根을 한 것에 따라 다른 것이다.

가령 甲木 日干의 根이
① 寅: 甲木이 寅에 根했으면 丙 + 辛합으로 正官에게 적합한 것이다. 그러니 합까지 고려해야 하는 사고방식을 가져야 하니 힘들다. 正오행은 相生相剋으로 움직이고, 化오행은 합으로 움직인다. 합은 균형으로 움직인다. 인력과 현장력으로 견주는 것으로 움직인다. 根旺하니 食神을 生하고, 食神이 가서 正官을 합한다. 능력(食神)이 正官을 만나러 간 것이니, 官을 위해서 쓴 게 아니라, 자신을 위해서 食神이란 능력을 쓴 것이다. 食神이 寅申巳亥로 根旺하면 합도 고려해야 한다. 食神이 殺도 制하는데, 자신을 위해서 制하는 것이다. 丙火로 덫을 쳐서 辛金을 먹으려는 것이니 주도권은 日干이 갖는 것이다.

② 卯: 甲木이 卯에 根했으면 乙木은 항상 偏官에게 적합한 것이다. 甲木을 위해서 乙庚합으로 殺을 制한 것이다. 갑목을 위해서 싸운 것이고, 갑목을 위해서 호의를 베푼 것이다. 劫財로 덫을 쳐서 殺을 먹으려고 잡은 것이니 주도권을 日干이 갖는다.

③ 辰: 甲木이 辰中 乙木에 根하면 乙庚으로 劫財合殺을 한다. 殺이 甲木에게 와서 덫을 치니 日干이 걸린 것이다(官殺에게 日干이 걸려야 산다).

辰月이면 곧 巳月이 오니 庚金에게 항복한 것이고 타협을 한 것이다. 甲木이 살기 위해 타협한 것이다. 그러니 주도권은 殺이 갖는다.

④ 亥: 亥中 甲은 능력을 내놓는 것이다. 이때는 산전수전 다 겪은 능력이니 모든 걸 다 아는 능력이라 한다. 모두 다 아는 '나'이고, 새롭게 시작하는 '나'이다(始).

⑤ 未: 절반을 겪은 능력이 들어가 있다. 반 정도를 다 겪은 것이니, 지나간 것을 잘라내고 또 성장해야 한다(初). 亥, 未는 甲의 根이 아니고 능력을 나타내는 것인데 경우에 따라서 단점으로 나타날 수 있다. 亥는 모든 걸 다 아니까 지레짐작을 할 우려가 있으며, 未는 지금까지 나빴는데 뭐가 좋겠냐고 중간에서 포기할 수도 있다. 卯는 方合로 갈 수도 있고 三合으로 갈 수도 있다. 卯가 方合으로 가면 甲이 乙을 거느리니 사람을 여러 명을 거느리는 것과 같고, 三合으로 가면 능력으로 쓰인다. 三合은 官殺을 막는 용도로 쓰이지 않는다. 그러니 三合은 根이 아니고 능력인 것이다. 그러니 三合의 능력과 方合이란 인내력이나 친화력에 대한 根의 설명은 다시 해야 한다.

그럼 가정주부와 나가서 일하는 사람과 구분을 할 수 있는 것이다. 日干이 三合으로 되면 나가서 일해야 하고 方合으로 되면 가정주부적 요소가 있다. 그런데 根이 너무 태왕하면 고분고분하지 않다. 三合이 작으면 나가서 일해야 하는데 능력이 크지 않은 것이다. 三合은 合이 여러 개로 퍼져 있기를 좋아하지만, 方合이 여러 개로 퍼져 있으면 너무 버티는 힘만 강한 것이다. 남자가 日干이 方合이 되었으면 가정적이고, 三合이면 사회적이다. 요즘 써먹을 때 남자가 日干이 三合이면 부인에게 일을 시키려 하고,

方合이면 부인을 공주처럼 대하는 성품인 것이다. 그런 특징이 이 속에 담긴 것이다. 어떤 식으로든 根의 역할은 조금씩 차이가 난다. 方合과 三合은 충성 기질과 업무기질, 인격적이냐, 실력적인 것을 가지고 있느냐가 다르다.

印星이 三合이면 실력으로 대우를 받고 싶어 하고, 印星이 方合이면 인격적 대우를 받고 싶어 한다. 그럼 여자가 方合이면 '맛있다'고 하지 말고 '고맙다'고 해야 한다. 그러니 日干을 하나만 보더라도 말투와 말버릇에 다른 내용이 들어가 있는 것이다. 그럼 食傷이면 친절해야 할 분야에서 서비스를 해야 하는데 方合이면 친절해야 하지만, 三合이면 실력이 들어가야 하니 맛이 있어야 하는 것이다.

官殺이 三合이면 자신이 원하는 건 실력이지만, 日干이 印星이나 食傷이 方合으로 되었으면 자신은 친절로 대하는 것이다. 그러니 먼저 官과 財가 무엇으로 구성이 되었는가 봐야 한다. 만약 財가 三合이면 日干은 食傷도 실력으로 내야 하고 官殺이 方合이면 내가 실력으로만 되는 것이 아니라 친절도 들어가야 한다. 그런 것이 다 다른 것이다.

印星이 方合이면 소속에 충성하는 기질이고, 三合이면 임무에 집중해서 충성하는 기질이다. 印星이 三合이면 실력으로 대우받고 싶어 하고 方合이면 인격적 대우를 받고 싶어 한다. 食傷이 方合이면 말로 친절한 서비스를 하는 것이고 三合이면 선물로 서비스를 해야 한다. 印星으로 身旺하면 正官, 傷官, 正印에 맞추어야 한다. 正印은 실력을 갖추다. 根旺한데 실력을 갖추는 것은 食神이다.

正官은 적합하게 굴다. 실력만 있어서 되는 것이 아니다. 그러니 상대의 실력이 중요한 것이다. 正印은 실력을 갖추다인데, 食神도 根旺하면 실력을 갖추는 것이다. 正官은 적합해야 한다. 내 실력이 중요한 것이 아니라, 상대가 요구하는 실력이 더 중요하다. 偏官은 권력이나 지위가 필요하다. 장악력이 필요하고, 영역이 필요하다. 둘 중 하나를 찍으라면 권력이 필요한 것이다. 印星으로 旺하면 지적재산권과 특허나 특기, 자격증 등이 필요하다.

傷官으로 태어나면 印星으로 旺해야 한다. 그럼 傷官이니 지적재산권이 필요하다. 印星은 실력이 필요하다. 그럼 실력과 지적재산권으로 살아가는 것이다. 偏官이 없으면 권력이 없고, 正官이 없으면 세상에 적합하게 굴지는 않는다. 이렇게 없는 것도 이야기해야 한다. 있는 것만 말할 게 아니라, 없는 것을 이야기해야 정확하게 표현할 수가 있는 것이다.

모든 地支는 먼저 體로 본다. 寅卯辰은 方合요건이다. 다음에 用으로 본다. 이는 三合의 요건이다. 그다음은 글자 그대로 본다. 寅卯辰은 木으로 봐야 하고, 方合이 없을 때는 寅午戌 三合으로 보는 것이고, 그대로 멈춘 것으로 보는 것은 글자 그대로 보는 것이다. 이건 안 보는 것이다. 土로 본다는 것은 판단하지 않겠다는 뜻이다.

가령 子로 태어났다면 亥子丑 水로 보고, 申子辰 水로도 보니 體用이 모두 동일하니 총괄자라고 한다. 丑으로 태어나면 먼저 水로 보고, 다음에 金으로 보고 안 되면 다음에 土로 보는 것이다.

※ 地支는 오행으로 취급하지 말고 시간으로 봐라. 甲, 乙은 오행으로 木

의 기운이고, 寅은 木의 소속으로 분류하는 것이지 木은 아니다. 寅은 기후로는 봄이니 개구리나 파충류가 알을 낳을 시기고, 시간으로는 정월달을 말한다. 寅卯辰은 木 方에 있다는 의미고, 寅午戌은 火 向으로 가고 있다는 의미다.

甲乙庚辛은 丙丁壬癸에서 나왔다. 통변은 甲乙庚辛은 丙丁壬癸로 어떻게 나왔나 보면 된다. 甲乙庚辛을 먼저 보고, 丙丁壬癸를 대입하면 된다. 丁壬은 理科 영역이다. 文科생은 癸丙으로 먼저 생각을 한 후 甲乙庚辛이란 행동을 만들어 낸다. 그러니 文科적 사고방식이냐 理科적 사고방식이냐이다.

그럼 文科나 理科를 떠나서 상상이나, 아이디어의 세계는 戊己이다. 세상을 어떻게 인식했느냐에 따라서 戊己土에서 丙丁壬癸가 나왔는지 甲乙庚辛이 나왔는지 달라진다. 인식방식에 따라 甲乙庚辛이란 물건이 나왔으면 개발이나 창작이라 하고, 丙丁壬癸란 水火가 나왔으면 삶의 의미가 어떻다는 것이 나왔으니 창의라 한다. 창의와 창작이 다르다. 그런 생각을 하는 것이 음양오행(陰陽五行) 학문이고, 그 뜻을 받아들인 것이 명리학이다. 이를 기운과 시간으로 나눈 것이 天干은 기운, 地支는 시간이다. 천간과 지지를 똑같이 섞으면 안 된다.

문과적 사고방식과 이과적 사고방식, 그리고 文科와 理科를 아우르는 창작적 사고방식, 창의적 사고방식으로 나누어야 한다. 이렇게 많은 부문을 생각해 내야 한다.

그런 다음 身旺과 身弱의 판단을 日干부터 하지 않고, 月令부터 한다. 月令이 무엇이냐에 따라 日干의 대처법이 달라진다. 日干과 月令 둘 중 하나를 선택해야 한다. 그럼 자기가 원하는 삶을 살 것이냐? 아니면 세상에 적합하게 맞추면서 살아갈 것이냐? 둘 중 하나를 정해야 한다. 당신이 원하는 세상을 만들기 원한다면, 만약 당신이 세상을 지배하는 지배자라면 가능할 수 있겠다. 지배자라면 日干을 기준으로 身旺身弱을 판단하면 된다. 내가 원하는 환경을 만들어서 내가 원하는 세상을 살겠다는 日干의 사고방식이다. 그러니 日干은 月令에 의해서 旺衰가 달라진다. 이는 세상에 맞추기 위해서 日干이 반응하는 방법이다.

正官月令에 태어났으면 日干은 아무리 根이 旺해도 印星을 쓰게 된다. 만약 偏官月令에 태어났으면, 아무리 印星으로 왕해도, 根旺하려고 한다. 거의 모든 생명체는 환경과 어울리게 진화해서 적응하고 있다. 바다에 사는 생명체는 거의 대다수가 다른 생명체의 공격으로부터 자기를 보호하기 위해서 화학전을 펼친다. 육지에 사는 생명체는 자기보호 능력이 각기 다른데, 빠르기나 민첩함으로 하거나 각자 자신들이 가진 특성을 이용한다. 하마는 큰 덩치로 밀어붙인다. 사자는 민첩함으로 살아간다.

그렇다면 사람은 육지와 바다의 양육형에 속하는데 언어로써 화학전을 펼친다. 실제로 화학전이나 민첩함으로 한다는 건 미련한 사람들이 하는 짓이고, 사실은 지혜로 싸우는 것이다. 그럼 지혜는 지식으로부터 온다는 것은 과학적 논쟁이고, 철학적 논쟁에서 지혜는 현명함에서 온다는 것이다. 과학적으로 사람의 지혜는 지식에서 오는 것이니 공부를 잘해야 한다. 과학적이니 먹고 사는 논쟁이다. 그러나 철학적 논쟁은 생명학에서 오니 정신의 행복을 위함이다. 그럼 지혜로운 사람이라면 사주에 正官이 있다면 根이 아무리 旺해도 반드시 印星으로 대처하려 한다. 그런 중에 根이 왕한 기질을 발휘하게 된다.

根旺한데 正官月令으로 태어났으면 印星이 없어도 인성에 맞추려고 노력하는데 자칫하면 말 한마디 실수로 10년 동안 이룬 노력을 하루아침에 소멸시켜 버릴 수 있다. 그러니 우리는 잘된 것보다는 잘못된 모습을 찾을 수밖에 없다. 이는 대다수가 평범한 사람들이니 환경에 맞추려는 노력보다는 자기 고집대로 하려는 기질이 강하기 때문이다. 그러니 환경을 무시하고 살아가는 인생들의 사주가 잘 맞는 이유는 자기 고집대로 살기 때문이다.

만약 正印 月令에 태어났으면 印星으로 身旺해야 하니 환경과 어울리게 태어난 것이다. 그러면 환경에 적합해야 한다는 생각을 가지고 살아가게 된다. 그런데 根으로 身旺하면 자신이 환경에 적합하게 맞추겠다는 생각보다는 환경이 자기 마음에 들어야 한다고 생각하게 된다. 그러니 正印이 印星이 旺하지 않고 根으로 旺하면 능력을 환경에 맞게 만드는 게 아니라, 자기 취향에 맞추어서 능력을 만드는 것이다. 마치 백화점에서 남편 옷은 사지 않고 자기 옷만 사는 것과 같다. 그러나 본인은 그런 적이 없다고 하지만 그 사람 남편에게 이런 말을 하면 옳다고 동의한다. 대개 자신이 하는 행동을 자기 자신은 인지하지 못하는 것이다. 그러니 통변할 때는 주관적인 시각으로 볼 건지 객관적인 시각으로 볼 건지를 잘 구분해야 한다. 대개 根이 旺한 사람들이 말하기를 자기는 환경에 적합하게 잘 맞춘다고 생각한다.

傷官이 있으면 지적재산권을 갖고자 하니 자신의 능력을 자격화하려 한다. 偏官이 없으면 권력이 없는 것이고, 正官이 없으면 세상에 맞추기보다는 자신에게만 맞출 것이란 생각을 하고 사주를 봐야 한다.

18

일간(日干) 정리

日干은 삶(인생)의 주최자이고 나 자신이다. 여기에는 원래의 고유한 나(日干)란 존재가 있고, 살아가는 나(身)가 있다. 자연 전체를 놓고 보면 하나의 개인이란 결코 중요한 것이 아니다. 철학적으로 먼지와 같이 아주 하찮은 존재이다. 그러나 인생으로는 인간이 살아가는 삶의 가치는 매우 중요하다. 그리고 살아온 흔적이란 것도 중요하다. 명리학(命理學)에서는 고유한 나를 보는 건 없다. 그 사람은 인생을 살 사람이 아니라 자기 삶을 사는 사람이다. 철학적으로도 매우 하찮게 여기는 사람이다. 당신은 당신 삶의 주최자지, 당신이 인생의 주최자는 아니라는 뜻이다.

身은 日干이란 뜻이다. 신(身)을 旺하게 하는 것에는 삶을 위한 자기 능력이 들어가 있다. 身이란 日干만 보는 것이다. 이런 것들은 문장을 독해할 때 日干이 주어이니 '나는' 무엇을 해서 무엇을 이룬다는 과정이 있다. 甲木 日干이 正印으로 身旺하면 실력을 만드는 과정을 거쳐야 한다. 목적을 이루기 위해서이다. 甲木日干이 癸水가 있으면 공부를 잘할 수 있는 과정을 거쳐야 잘하는 거지, 과정 없이 잘하는 것은 없는 것이다. '나(身)는, 지적능력을 만들어서(印), 능력을 활용(食傷)한다.' 이런 문장을 만들어 내야 한다.

甲木日干은 지식이 필요하니 癸水 丙火가 필요하고, 甲木日干을 身旺하게 하는 것은 상대 능력을 준비하는 것이 담겼다. 그럼 그것을 '어디에 쓰려고'가 목적이 된다. 甲木日干이 癸水 正印으로 身旺하면 다른 正印과는 다르다. 甲木日干(주어)의 癸水 正印으로 身旺할 경우 기초교육, 행정정책에 필요한 지식 능력을 갖춘다. 그럼 갖추는 목적은 辛金 正官으로 官印相生을 하기 위함이다(동사). 공적 임무 수행이 목적이다(목적).

통변할 때는 항상 목적부터 해 주어야 한다. 공적 임무를 수행하기 위해서 기초교육에 필요한 그리고 정책 행정에 필요한 지식을 습득한다(영어나 중국어처럼 목적어가 먼저 들어간다). 주어(主語)가 먼저 들어가는 것은 철학적으로 건강한 자기 자신을 만들 수는 없다.

누구나 모두가 외부에서 자신이 어떤 식으로든 쓰이기 위한 준비를 하는 것이지, 자신이 무엇을 만들어서 외부로 쓴다고 통변하지 않도록 해야 한다. 목적어부터 찾고 목적을 이루기 위한 행동 양식을 찾은 다음, 주최자를 찾는다. 공적 사회에서는 주최자가 따로 있는 것이 아니라, 공적 사회 자체가 주어가 된다. '나는'이란 용어가 없다. 甲木日干의 癸水를 통변하니 학습능력과 교습능력을 배워야 한다는 뜻이다.

甲木日干이 壬水 偏印으로도 身旺할 수가 있다. 壬水 偏印으로 身旺하면 사회 활용에 필요한, 교역과 외부교류에 필요한 지적능력을 갖추어서 조직사회에 임무를 수행한다. 이를 殺印相生이라 한다. 甲木日干의 庚金 壬水가 殺印相生이다. 癸水가 하는 것은 내부적 기초교육과 행정정책이니 건립에 해당 사항이 있고, 壬水는 교류능력에 해당 사항이 있다.

甲木의 가지가 되는 比肩인 寅中 甲木에 根을 하게 되면, 丙火 食神을 활용하기 위함인데 조직 운영에 필요한 지적능력을 갖추어서 탐합망관(貪合忘官)으로 상부조직 운영에 필요한 외부의 연계조직을 운영하게 된다. 조직운영자로서 능력을 갖추어서 辛金을 만나 탐합망관(貪合亡官)을 한다는 건 연계를 하는 것이다. 그러니 지위가 아닌 이익을 목적으로 한다는 의미다. 신분보다는 외부조직과 연계(連繫)해서 조직운영자로서 역할인 가족과 조직원을 먹여 살리는 것이 더 중요하다는 의미다. 이런 연계사업도 탐합망관(貪合亡官)으로 보는 것이다. 寅中 甲木이 身旺하면 합작도 할 수 있고, 食神制殺로 조직 운영에 위험 요소가 되는 피아(彼我)을 대항하는 사헌(司憲) 역할을 담당하기도 한다. 리스크(risk)가 될 수 있는 요소를 감시 감찰까지도 할 수가 있는 것이다. 둘 다 할 수도 있고 하나만 할 수도 있다.

하지만 官殺을 얻지 못하면 食神生財로 영업능력을 활용한 현장 활동을 통하여 경제력을 보강할 수도 있다. 土를 만나면 영역을 확장해서 부강할 수 있다는 의미다. 이것이 직업의 내용이기도 하다. 辛金은 합작과 연계를 하고, 庚金은 감시 감찰자가 되어서 리스크를 관리하고, 土를 만나면 경제적 효과를 발휘해서 사업자가 되는 것을 의미한다.

그러니 甲木이 癸水로 身旺한 것은 교육력과 행정력을 앞세워서 직장의 종사자로서 행정과 정책력을 수행하고, 甲木이 壬水의 生을 받으면 외교정책을 통해 교류한다는 뜻이고, 甲木이 寅에 根을 하면 무엇을 목적으로 하느냐에 따라서 달라질 수 있다.

甲木이 卯에 根을 하면 比肩과 劫財가 있지만, 활용은 劫財로 한다. 乙木 劫財를 활용하면 외부조직과 연계능력을 갖추어서 劫財合殺로 조직 운영을 대행하게 된다. 그러니 庚金과 乙庚合으로 劫財合殺을 통해 조직 운영을 대행하게 된다. 조직의 운영대행자가 된 것이다. 그리고 正官이 충거(沖去)되면 감리와 조정을 담당하게 된다. 내부에 잘못된 것을 조정하거나 옳고 그름을 판단하는 사람이 된다. 하지만 官殺을 얻지 못하면 傷官生財로(土) 富를 지향하고자 한다. 이는 중개 능력을 활용하는 것이다. 身旺에는 이러한 능력이 감지되어 있다는 뜻이다.

甲으로 身旺하면 比肩으로 身旺하니 자기 자질과 능력을 활용한 경험을 통한 유사한 업종의 에이전시 역할을 한다. 자기가 얻은 자질과 유사한 업종의 에이전시가 된다. 중개자 역할을 한다는 의미다. 乙木 劫財로 身旺하면 자기 자질로 경험과 경력을 쌓은 것이 아니라 환경에서 터득한 경력과 경험을 쌓았으니 다양성은 劫財가 더 많다. 그래서 다양한 분야의 에이전시를 할 수 있다. 중재를 하게 된다.

亥卯未 合局으로 身旺하면 지속적 성장을 이루어 전문성을 갖추게 된다. 그러니 지장간의 亥卯未 合局이 들어간 甲乙木은 자신의 성장을 통한 능력의 변화를 의미하는 것이지 그 속에서 타인이란 건 없다. 타인이란 의미로 개입되어서는 안 된다. 그러나 寅中 甲木은 자신이 비록 根을 했으나 比肩이란 다른 사람이 개입되어 있을 수가 있다. 亥卯未 合木한 三合에 根을 한 甲乙木은 타인이 아니라 자신의 성장 정도일 뿐이다. 甲木이란 꿈나무로 성장해서 乙木이란 성장된 나무로 커가는 자기 자신의 성장척도이지 다른 사람이 될 수가 없다. 어제의 내가 亥中의 甲木이고, 오늘의 나는 卯中의 甲木이고, 미래의 나는 未中의 乙木이 된다는 의미다.

그래서 甲木이 두 개, 乙木이 두 개다. 亥中의 甲木, 卯中의 甲木, 卯中의 乙木 未中의 乙木이다. 성장을 4단계로 설명한다. 亥中의 甲木은 종자(種子)라 한다. 초춘(初春)이라 한다. 亥月에 모든 것을 잘라서 집에 저장해 놓는다. 잘라낼 初다. 다음 해에 봄을 맞이하기 위해 자르는 것이니 종자라 한다. 卯中 甲木은 묘목(苗木)이라 한다. 배우고 익히는 중이다. 卯中에 乙木은 배우고 익혔으면 가지를 뻗어야 한다. 누구를 만나서 평가를 받아야 하니 경쟁과 검증이다. 다른 사람과 교류라 한다. 未中의 乙木이 또 있다. 갈대가 다 익었다. 다 컸으니 땅이 보이지 않는다. 갈대만 보이니 용어로 땅이 보이지 않으니 무성하다는 뜻이다. 이런 식으로 자기의 성장척도로 보는 것이지 亥中의 甲木이니 卯中의 乙木이니 하면 안 된다.

寅卯辰 木에는 이것을 적용하면 안 된다. 亥卯未 합에만 해당하는 말이다. 辛金이 巳酉丑 합이 있으니 巳에 酉에 丑에 각자 根을 했다고 하면 안 된다. 巳酉丑으로 순서대로 성장하는 변화의 척도를 말하는 것이다. 巳中 庚金은 丙火로 단련을 받은 것이다. 중인귀생(重人貴生)이라 한다.

酉는 경력과 경험을 쌓는 훈련 과정을 밟아야 한다. 좋거나 나쁘다고 말하면 안 된다. 그냥 그렇다는 것이다. 불안전하다, 안전하다는 용어는 옳지 않다. 연봉이 적다고 불안전하다고 하면 안 된다. 그냥 그렇다고 해야 할 뿐이다. 기준을 어디에 둘 것인지 문제다. 통념상 현재, 지금은, 이런 식으로 기준을 잡는다면 돈만 많이 번다고 인격 파탄자에게도 사주가 좋다고 할 수가 있다. 이는 잘못된 인격이나 행동은 보지 않고 돈만 봤기 때문이다. 그런 기준에 대한 설정은 객관성을 떨어뜨리고 주관성을 주장할 우려가 있으니 주의해야 한다. 그러므로 기준을 따지면 안 된다. 三合에 있는 것을 根으로 활용해서는 안 된다.

기본개념을 六神으로 잡는 것도 있지만 五行으로 잡을 수도 있다. 五行 속에 뜻이 있으니 癸水는 '인간의 본질을 알다' 그것이 지식이다. 壬水는 '사물의 쓰임을 알다' 寅卯 구역은 지식체계를 세우는 구역이고, 卯는 지식 체계를 세워서 경쟁력까지 발휘해야 하는 구역이다. 甲木 주변에는 乙木이 있고, 乙木은 혼자서 유명한 게 아니라 다른 사람을 만나서 교류를 통해서 유명해지는 것이다.

日干이 正印과 偏印으로 生旺하면 이렇게 五行은 빼고 六神으로만 말하면 업무 내용이 잘 나오지 않는다. 正 偏印의 生으로 旺하면 일반적이라고 하자. 그럼 일반적이란 것은 한 우물을 파는 것으로 대단히 전문성을 요구하는 것인데 좋지 않은 것이라 생각하는 사람들이 있다. 印星의 일반성, 比劫에 根을 하면 다양성, 天干 比劫의 상부상조성이다.

比肩에 根을 하면 상부상조 능력이라 한다. 比劫에 根을 하면 다양하게 쓰일 수 있는 능력을 갖추었다고 한다. 天干의 比劫은 능력을 주변 환경의 다른 사람이 갖춘 것이다. 상부상조라고 한다. 대행, 용역 에이전시라 한다. 地支의 合局은 전문성이라 한다. 根으로 日干이 旺하면 官殺과 타협이 가능하다. 官印相生도 할 수 있고 食傷生財도 할 수 있다. 正偏印은 官印相生과 殺印相生을 하고, 根은 官과 財를 모두 만날 수 있는 능력이라 한다.

그럼 업무 내용에는 五行이 들어가야 한다. 큰 틀로 했으면 작은 틀로 比肩은 뭐고 劫財는 뭐고 설명은 되었다. 어떤 사람은 印星도 있고 根도 있고 比劫도 있고 合局도 있을 수 있다. 그중에 하나가 있을 수도 있고, 두 개가 있을 수도 있고, 세 개가 있을 수도 있다. 그럼 印星의 일반적인 生旺

으로 태어났다면 조직사회에 임무를 수행하는 것인데, 天干에 比劫도 있다면 주변을 중개해 주고 에이전시를 해 주기도 한다. 그럼 조직사회에 임무수행이란 정책도 있지만, 이중 업무인 다른 사람을 만나서 영업도 해야 한다. 그렇게 중복되게 가질 수도 있는 것이다.

가령 甲木이 卯에 根을 하고, 亥도 있다면, 劫財에 根도 하고, 亥卯 三合에 根을 했으니, 三合 논리로 자기 능력의 계속적인 발전을 요구할 수도 있다. 子午卯酉에 출생하면 方合적 특징과 三合적 특징을 다 갖출 수가 있는 것이다. 그래서 다른 건 몰라도 日干을 身旺하게 하는 것은 삶을 위한 능력이 담긴 것이다. 그럼 이런 것을 사주를 보고 활용할 때는 甲木이 寅月 甲木에 태어났다. 卯月 乙木에 태어났다. 子月 癸水에 태어났다. 亥月 壬水에 태어났다면, 寅卯月은 根旺할 때 태어난 것이고, 亥子月은 印旺할 때 태어난 것이다. 그럼 목적이 아니라 동사부터 설명이 들어가야 한다. 능력을 준비하는 것부터 들어가야 한다. 그럼 甲木이 寅中 甲에 根을 했으면 다양성이다. 丙辛으로 合官을 준비해야 한다. 연계를 해야 하다. 丙庚으로 법적 공부도 해야 한다. 또 丙戊로 食神生財도 준비해야 한다. 이런 다양성을 의미한다.

만약 甲木이 子月癸水에 태어났다면 교육과 행정정책에 필요한 지식만 준비하면 된다. 그럼 辛癸란 官印相生만 준비하면 된다. 그럼 준비만 해 놓으면 그런 運이 들어오면 그것에 맞추면 된다. 그럼 자기 사주에 丙火가 있느냐 없느냐에 따라서 戊土가 오고 가는 것이지, 戊土가 있고 없고는 관계가 없다. 甲木이 寅에 根을 했는데 丙火가 있으면 合官을 하고, 庚金이 있으면 制殺을 하는데, 官殺이 없으면 生財를 하는 것이다. 무엇이(官殺) 있어서 그것(合官이나 制殺)을 하는 것도 있지만, 무엇이 없어서(辛庚) 그것을 (生財) 하는 것도 있다는 생각을 해야 한다.

만약 甲木이 申酉戌에 출생을 할 수가 있는데 그럼 庚金과 辛金에 대한 준비를 해야 한다. 그럼 殺을 취하기 위해서 印星으로 하든지 根으로 하면 된다. 酉戌月令의 官을 취하기 위해 어떤 능력으로 할 것이냐를 설명하는 것이다. 나머지는 다 똑같은 방식으로 하는 것이다. 외부환경이란 格에 따라서 목적이 먼저 들어가는 사람이 있고, 자기가 행해야 할 과정이나 목표를 먼저 행할 사람이 있다고 생각하면 된다. 甲木이 申酉戌이면 根旺부터 출발이 아니라, 相剋부터 출발한 것이니 임무부터 출발한 것이다. 根이나 印星에 根을 하면 임무 수행능력부터 출발한 것이다. 어느 것이 더 유리하냐 하면 임무부터 출발을 한 사람이 더 유리하다. 거기에 맞추어서 준비만 하면 되지만, 根이나 印星인 임무 수행부터 출발하면 무언가 능력을 갖추어서 임무가 올 때까지 기다려야 한다. 그런데 임무부터 준비하는 사람은 자기가 더 힘들다고 생각한다. 木 日干이 申酉戌에 출생하면 그 일만 하라는 것이 정해졌으니 다른 일을 할 기회가 없는 것처럼 느껴진다. 그러니 불평불만이 많다. 그러나 힘든 것은 다 마찬가지나 컨트롤을 어떻게 하느냐에 따라 다르다.

日干이 旺한 것에는 그 旺한 이치에 따라서 임무 수행 방법이 다르다. 六神으로는 五行으로 어떤 업무라는 무슨 내용이 들어간다. 癸水가 正印이냐 壬水가 正印이냐, 甲木이 正印이냐에 따라 내용이 조금씩 달라진다. 六神을 할 때는 五行과 六神을 접목하도록 반드시 노력해야 한다.

日干이 食傷으로 발현되어서 나타나려면 根旺해야 하고, 日干이 官殺로 발현되어서 나타나려면 印旺해야 한다. 日干이 다른 사람들의 능력을 사용해서 내 능력으로 만드는 것은 比劫이 있어야 한다. 그런 내용이 이 속에 있는데 어느 것이 더 좋다 나쁘다는 건 없다. 日干이 三合에 根을 하면 내가 내 능력을 통해 내가 스스로 나에게 명령을 해야 한다. 그러니 사람은 대개 자기가 없는 것이, 남이 있으면 좋은 것으로 보이고, 나에게 있는 것은 힘든 것이라 생각들을 한다. 어느 것을 가지고 있느냐에 따라서 항상 달라진다. 여자들은 가능하면 根이 없으면 다양성을 갖추지 않으니 더 좋다. 根이란 다양성을 갖추어야 한다.

 丙辛은 환경에 적합하게 굴어야 하고, 丙庚은 내가 환경을 이겨야 하는 것이고, 丙戊는 환경을 이윤화 시켜야 한다. 丙辛은 이윤을 위해서 환경에 적합하게 굴어야 하고, 丙庚은 신분을 위해서 환경을 극복해야 한다.
 丙戊는 경제적 효과이다. 이런 다양성을 갖추기보다는 印旺하면 그냥 시키는 것이나 하고, 比劫이 있으면 옆에 사람 사용하는 것이 더 좋다. 만약 샵을 운영한다면 比劫만 있으면 나보다 우월한 체계를 가진 곳에 가서 일하면 된다. 印星으로 旺하면 조직사회에 들어가서 조직 생활을 하는 것이다. 比肩은 일한 만큼 먹는 것이고, 印星은 월급을 타는 것이다. 다양성이란 어느 것으로 갈지 모르는 것이다. 根旺한 것이 좋다고 말할 수 있는 것이 아니고, 어느 것이 더 좋다고 말할 수는 없는 것이다.

 이름을 지어 보면, 生旺은 평범하다. 根旺은 다양하고, 合局은 전문성이다. 比肩劫財는 대행성이다. 日干이 正印으로 旺하면 일반성 중에 명령수행 형이다. 주어진 것에 명령하면 된다. 偏印으로 旺하면 임의수행형이다.

주어진 것이 정확하지 않고 변화가 많으니 임기응변적 임의적으로 행동할 필요가 있는 것이다. 매뉴얼이나 지침서대로 해야 할 것이 있고, 지침에 위반이 되지 않는 한도 내에서 임의대로 해야 할 것이 있다. 드라마작가는 偏印형이고, 구성작가는 이럴 수도 있고 저럴 수도 있다. 구성작가는 설정을 해 주지만 뜯어고쳐서 수정한다. 과학기자는 正印에 가깝다. 사회부기자는 正印 같기도 하고 偏印 같기도 하다. 임의성이 들어가야 하는 분야가 있고, 안 들어가는 분야가 있다. 正印은 화장을 하지 않고 偏印은 화장을 한다. 偏印은 자체적으로 힘이 발산되어야 한다고 생각하기 때문이다.

比肩에 根하면, 劫財에 根을 하면은 큰 의미가 없다. 다만 比肩에 根을 하면 官과 교류하고, 劫財에 根을 하면 殺과 교류한다. 선호한다는 뜻이다. 比肩에 根을 하면 食과 교류를 하고, 劫財에 根을 하면 傷과 교류한다. 比肩에 根을 하면 官과 食이 떠올라야 한다. 官과 食이 들어가 있다고 생각해야 한다. 그리고 劫財에 根을 하면 殺과 傷이 머릿속에 떠올라야 한다. 食正官 合이고 傷官偏官 合이다. 陰干陽干에 따라서 合이 될 수도 있고 안 될 수도 있다. 天干 比肩으로 身旺하면 자기 자질을 통한 경험이 떠올라야 한다. 그러니 무슨 일이 있어도 자기 자질로만 하게 되어 있다. 天干 劫財로 身旺하면 관찰, 환경관찰, 환경에서 무엇을 보유하고 있는지 딱 떠올라야 한다. 劫財가 天干으로 身旺하면 자기 자질보다 환경에서 무엇을 가져다 쓴다. 모방은 劫財가 잘하고, 개발은 比肩이 더 잘한다. 돈은 모방이 덜 들어간다. 比肩은 돈이 있으면 자기에게 투자하고, 劫財는 돈이 있으면 돈 잘 버는 사람에게 투자한다. 比肩劫財가 없으면 폐쇄적이다. 나도 볼 줄 모르고 남도 볼 줄 모른다. 比肩은 자기에게 투자를 잘하면 된다. 比劫 중에 이기적인 것은 比肩, 남을 괴롭히는 것은 劫財다. 사채업자는 劫財다. 대출을 받는 사람은 比肩이다. 그래서 比肩이 爭財하면 대출받는다는 말이 이 속에 들어가 있다.

合局이면 용어를 설정하면 '저작권화시킨다'이다. 印星으로 身旺하면 지적능력을 만들어 놔야 한다. 正印은 환경에서 인정한 지적능력이든지, 偏印은 자기가 하고 싶은 임의대로 하든지 해야 한다. 正印은 환경에서 정해져 있다. 偏印은 자격증을 주고 자기가 편의대로 하면 된다. 이런 방법도 있고 저런 방법도 있다. 正印은 위에서 시키는 대로 임무를 수행해야 한다. 偏印이 너무 지나치면 임의성이 아니라 독단성이 되고, 正印이 너무 지나치면 말이 절대 통하지 않는다. 正印은 임의성이 들어가면 절대 용납하지 않는다. 농구감독이라면 偏印이 적합하다. 작전과 전략이 들어가면 偏印이다. 偏印이 너무 지나치면 자기 전략만 있는 것이다. 공정거래위원장은 偏印으로 타협점이 좀 있어야 한다. 正印은 다양성이 없다. 比肩은 꽉 막힌 官과 이윤성이 있는 食神이 만나서 合되면 타협적인 것이 된다. 경영사장을 내세운다면 正印과 偏印 比肩과 劫財 중에 어느 것이 나을지 생각을 해 봐야 한다.

만약 印星이 壬水나 丙火라면, 壬水와 丙火는 외부에서 들어오는 것이다. 어디서 누가 어떻게 하는데, 누가 어떻게 하는데, 이런 정보 유입이 너무 많은데, 그것을 따라 하다가 인생을 망칠 수도 있는 것이다. 官이란 것은 세상에서 나에게 시키는 일들이다. 바보상자 TV가 시키기도 하는 것이다. 막 홍수처럼 들어오는 것이 壬水와 丙火다. 그런 것이 偏印이면 자기 생각대로 해석하겠지만, 그런 것이 正印이면 누가 말하는 것이 규칙이 되는 것이다. 그래서 壬水 丙火가 正印인 사람과 이야기하면 얼마나 답답하냐 하면 결혼식 날을 잡는데 엄마 아버지가 결혼한 달에 잡으면 안 된다고 한다. 命理學은 자연환경을 토대로 하는 것이지, 엄마 환경을 토대로 한 학문이 아니다. 命理學은 TV에 나오는 내용을 토대로 한 학문이 아니라 자연환경을 토대로 한 것으로 한 것이다. 그래서 민간요법이나 이런 것에 현혹이 될 수가 있는 것이다. 그러니 五行의 성질도 들어가야 특성이 나오는 것이다.

印星, 根, 比劫, 合 모두 네 가지고, 개수로 따지면 일곱 가지다(正印, 偏印, 根=三合 方合, 比肩 劫財, 合局). 身旺한 뜻을 이해해야 한다. 그래야 그것이 日干의 능력이다. 그래서 통변할 때는 日干인 나는, 동사 무슨 능력을 만들어서, 목적 취한다. 이렇게 통변해야 한다. 목적이 먼저 투간되면 목적부터 해도 관계는 없다. 통변 방법은 生旺은 일반성, 根旺은 다양성, 比劫은 대행성, 合局은 전문성, 따로 나누면, 正印은 고유한 명령수행형이니, 자기의 임의가 들어가면 안 된다. 偏印은 임의수행형이다. 偏印에게는 '그거 좀 해' 그런다. 알아서 하라는 말이다. 그런데 偏印이 正印처럼 굴면 안 된다. 偏印은 그래서 살기가 힘이 든다. 아무 말도 시키지도 않고 '그거 했지?' 그런다. 그럼 '뭐를요?' 하면 偏印의 자격이 없다. 그러니 偏印은 이미 기승전결을 알고 있어야 한다. 正印은 기승전결을 시킬 때 하면 되지, 미리 하면 큰일 난다. 正印은 임의대로 하면 안 된다. 그럼 부인은 正印이 좋을까, 偏印이 좋을까? 시키는 것만 하는 것이 좋을까? 알아서 하는 것이 좋을까? 취향에 따라 다르다.

누가 식당을 한다면 根旺한 사람은 테마가 다양성이다. 그럼 메뉴가 다양해야 한다. 그리고 재료가 많이 섞여야 한다. 印星은 아주 일반성이니 고객의 요청성은 正印이고, 偏印은 임의성이다.

원래는 命理學을 月令을 빼고는 연구 가치를 두지 않았는데 지금은 일간에게도 연구 가치를 두는 것이다. 이렇게 日干의 身旺에 고유한 능력이 담겨 있다. 그리고 用神으로 활용법을 정한다. 日干에게는 모두 일곱 가지 身旺의 능력이 있다. 그리고 用神으로 그것을 활용하는 방법이 있다는 것이다. 무엇이 지나치면 다른 用神을 정하는 것이 抑扶用神이다.

日干의 抑扶用神이란 활용법에 대한 用神이다.
(1) 根이 旺하면 食傷이 用神이다. 日干이 食傷으로 활용된다.

(2) 日干이 印星이 지나치면 食傷이 用神이다. 食傷으로 활용된다. 능력은 모두 食傷으로 활용이 되지, 官으로 활용되지 않는다. 根이 지나치면 食傷生財로 활용되고, 官으로 활용되지 않는다. 印星이 지나치면 官으로 활용되지 않고, 食傷이란 이권으로 활용된다.

(3) 比劫이 지나치면 食傷으로 활용된다. 원래 印星은 官殺로 활용된다. 根도 官殺과 食傷으로 다 활용이 되는데, 根太旺하면 食傷이다. 比劫은 에이전시이니 대행업이다. 官의 직무대행, 財의 업무대행인데 比劫이 지나치면 食傷으로 활용된다. 자영업 같은 것으로 활용된다. 그러니 日干을 旺하게 하는 모든 능력은 食傷으로 활용된다. 지나치면 食傷으로 활용이 되는 것이다. 능력을 모두 돈벌이로 쓴다.

印星이 지나치면 官을 泄하기 때문에 官을 쓸 수 없으니 食傷으로 현장 활동으로 활용한다. 지나치다는 말은 두 개 이상 있으면 태과(太過)하고 지나친 것이다. 태과하면 불급한 것이 항상 있다. 태과를 찾으면 불급이 온다. 印星이 太過하면 官이 불급하다. 세 가지가 太過不及에 대한 用神法이다.

(4) 단 根이 月令에 있으면 抑扶用神으로 官殺이 用神이다. 官殺이 없으면 食傷을 쓰는 것이다.

(5) 日干이 子午卯酉에 根을 하면 官殺을 쓴다.
① 月支에 根을 하면 官殺이 用神이다. 官殺을 쓸 수 없으면 食傷을 쓴다. 官殺이 없다는 것은 印星이 없는 것이 官殺이 없는 것이다. 官殺은 印星이 지키기 때문이다. 官殺의 어미가 印星이고, 官殺의 자식이 印星이다. 官殺을 지키는 것이 印星이다. 자기가 사는 집을 등기를 하지 않으면 주인 집이다. 내 집이 아니다. 官殺은 등기를 마쳐야 한다. 등기를 마치면 印星이 있는 것이다. 印星이 食傷을 막으면 官殺이 있는 것이다. 相生相剋을 해야 한다. 官殺이 없으면 食傷이 用神이다. 官殺은 印星을 말하는 것이지, 官殺을 말하는 것이 아니다.

② 寅申巳亥에 日干이 旺하면 食傷이 用神이다.
③ 子午卯酉에 根을 하면 官殺이 用神이다.
지금까지 日干만 이야기한 것이다.

(1) 無根하면: 比劫이 用神이다. 다양성이 없으니 다양성을 갖춘 사람을 구해야 한다.

(2) 無 比劫하면: 用神이 없다. 방법이 없음을 말한다. 다른 사람에게 개입이 될 수가 없다. 대행할 수가 없다. 比劫이 없으면 다른 사람들 사이에서 중재도 하지 못하고 상부상조도 못 하고 다른 사람이 나를 돕지도 못한다. 比劫은 다양성을 갖춘 경험이 많은 인물이다. 서비스 능력이 없음이다. 用神도 없다.

(3) 無印星하면: 食傷이 用神이다. 印星은 殺印相生, 官印相生으로 조직의 임무를 수행해야 한다. 조직의 임무를 수행할 수 없으니 조직이 없는 것이다. 조직이 없으면 食傷을 쓴다. 자영업을 해야 한다. 개발과 생산력을 갖추어서 납품해야 한다. 위에 세 가지가 다 없으면 比劫이 用神이다. 用神이 없어도 比劫이 用神이다. 에이전시를 하라는 뜻이다.

日干을 하는 중이다.
(1) 官殺이 旺하면 印星이 用神이다.(根弱하면), 根旺하면 食傷이 用神이다. 印星도 없고 根도 없으면 比劫이 用神이다. 살중신경(殺重身輕)이다.

(2) 財星이 太旺하면 官殺이 用神이다. 이는 나 외에 다른 기관을 쓰라. 조직에 들어가란 말이다. 官殺 외에는 用神이 없다. 財多身弱이다. 財星이 旺하고 食傷도 旺하면 比劫이 用神이다. 財星에게는 印星과 比劫과 根으로 쓰지 않는다.

根旺하면 食傷을 써라. 이권 개입하라. 돈 벌러 가라는 뜻이다. 원래는 官을 써야 하지만, 지나치니 官의 말을 듣지 않으니 食傷을 쓴다. 印星으로 지나쳐도 食傷, 比劫으로 지나쳐도 食傷이다. 결국 食傷을 쓴다는 것은 官

殺을 쓸 수 없다는 뜻이다. 印星이 太旺하면 食傷을 어떻게 쓰지? 라는 의문을 갖지 마라. 印星이 太旺하면 없는 것과 같은 것이다. 印星이 있으나 직접 활용을 하지 못하니 책방밖에 할 것 없다. 잘하면 출판사를 할 수도 있고, 잘하면 인쇄업도 할 수가 있다. 그러나 印星이 태과하면 대다수가 실업자다. 印星이 太旺해서 食傷을 用神하면 무위도식(無爲徒食)한다는 말이 들어 있다.

比劫이 太旺하면 食傷이 用神이다. 내 옆에 능력이 지나치게 많은 사람이 있다. 능력이 지나치게 많으니 나를 끼워주지 않는다. 그러니 그들의 부수적인 일을 해야 하니 부자들 틈에서 가난하게 사는 사람들을 말한다. 財多身弱과 같다.

根이 太旺하면 根이 없는 것이다. 印星이 太旺하면 印星이 없는 것이다. 比劫이 太旺하면 比劫이 없는 것이다. 그러니 가서 일이나 하란 뜻이다.

月支가 根이면 官殺이 用神이다. 官殺이 없으면 食傷이 用神이다. 印星이 있으면 官殺이 있는 것이다. 寅申巳亥에 根을 하면 食傷이 用神이다. 子午卯酉에 根을 하면 官殺이 用神이다. 官殺이 없으면 食傷이 用神이다. 太旺하면 그렇다.

日干이 根이 없으면 比劫으로 해야 한다. 日干이 印星이 없으니 食傷이 用神이다. 준비를 안 했으니 가서 일이나 해라. 印星이 太旺하면 네가 배우는 것을 싫어하니 가서 食傷으로 일이나 해라. 서울대를 나와도 쓰지 못하니 붕어빵 장사나 해라. '나 이거 하는 게 맞아요?'를 수도 없이 한다. '그렇지만', '그런데', '그렇지만', '그런데' 가서 하지는 않는다. 생각이 나지 않는다. 과거가 없을수록 미래가 행복한 것인데, 과거가 많을수록 모든 미래는 불행한 것이다. 無印星이니 공부를 하지 않았으니 풀빵 장사나 해라. 풀빵 장사를 실제 하란 의미가 아니고 아무 일이나 쉬운 걸 하라는 상징적인 말이다.

印星도 있고 根도 있고, 比劫도 있으면 상황에 따라서 쓰면 된다. 환경에 맞출 것과, 食傷으로 활용할 것과 타인들에게 에이전시할 걸 나누어서 쓰면 된다. A라는 사람과 B라는 사람의 권한으로 대신해 주는 직업이다. 두 사람의 능력과 권한으로 납품권을 따 오면 된다. 무자료 거래이니 세금도 없다. 추적해 봐야 흔적이 나오지도 않는다.

三合으로 된 根旺은 比劫으로 논하지 않는다.

네 파트로 나누는 것이다.
(1) 無根 = 比劫, 無比劫 = 없음, 無印星 = 食傷: 이건 주도력이 없음의 문제다. 無根은 자기가 자기를 조절하지 못한다. 無比劫은 자신이 타인을 조절하지 못하는 것이다. 無印星은 자기 환경을 자신이 컨트롤하지 못하는 것이다. 그러니 根이 없는 사람이 말하는 건 '나 어떻게 해' 물어본다. 그러니 옆에 있는 사람이 하자는 대로 따르는 것이 用神이다. 無比劫은 자기 옆 사람을 컨트롤하지 못한다. 자기 옆 사람에 대해서 자꾸 묻는다. '저 사람을 어떻게 해요', '남편 어떻게 해요', '자식을 어떻게 해요' 하고 옆에 사람 것을 자꾸 물어본다. 컨트롤이 안 된다는 말이다. 無根은 '나 어떻게 해야 돼요?' 자신에 대해 물어보는 것이다. 無印星은 '뭐 하고 살아야 해요'

'나 뭐 하고 살아야 돼요?' 그런다. 이런 주도권 없음을 보기 위해서 세 가지를 보는 것이다.

(2) 根旺 = 食傷, 印旺 = 食傷, 印旺도 '뭘 하고 살아야 하느냐'고 계속 물어본다. 比劫 = 食傷, 갖춘 능력이 없으니 그냥 간 것이다. 단체생활이나 조직 생활을 경험하지 않고 바로 간 것이다. 조직 생활을 경험한 후 나갔느냐, 그냥 나갔느냐를 보는 것이다.

(3) 月支: 官殺 = 官殺이 있고 食傷으로 가는 것, 寅申巳亥 = 바로 食傷으로 가는 것이고, 子午卯酉 = 官殺로 가는 것이고 官殺이 없으면 食傷, 직접 경력이 있고, 食傷으로 갔느냐를 보기 위함이다. 단체생활이나 조직 생활을 해 보고 갔느냐, 그냥 갔느냐이다. 경험과 경력을 닦고 나서 나갔느냐를 보기 위함이다.

(4) 官殺: 印星(根弱), 食傷(根旺), 比肩(印星, 根): 제도와 조직, 규정이란 뜻이다. 이는 행정환경변화에 대처하기 위해서 財星과 官殺을 보는 것이다.

財星: 官殺(조직)
官殺이 太旺하거나 財星이 太旺한 것은, 자신이 아무리 능력을 만들어도 수시로 때때로, 환경변화에 따라서 대처해야 하는 운명이다. 조직과 제도란 뜻이다. 財多身弱은 환경변화 중에 제도적 환경변화가 아니라, 사람 환경의 변화에 따라서, 주변의 사람이 누구냐에 따라 거기에 보조를 맞추기 위해 자기가 개별적으로 준비한 것을 쓰는 것이다. 財多身弱은 官殺 用神이다. 財星을 쓰면 財剋印을 했다. 그럼 사람의 변화에 따라 자기가 맞추어야 할 일이 또 생기는 것이다.

根旺하면 내가 만든 일을 한다는 뜻이고, 印旺하면 官에서 만든 일에 개입해서 한다는 뜻이다. 比劫이 旺하면 다른 사람이 만든 일을 개입해서 한다는 뜻이다. 그럼 네 가지를 보는 이치가 따로따로다. 根旺하면 내 능력을 활용하고, 比劫으로 旺하면 다른 사람 능력도 활용하면 된다. 身旺하면 모두 食傷을 쓰니 파트너를 모집해서 모든 일을 도모해야 한다.

단체행동이나 단체생활이나, 경영능력이나 경험을 쌓았나 보려면 根이 있어야 한다. 月支에 印星이 있으면 쌓은 경력을 인지하니, 가서 사용하면 되는 것이다. 印星이 月支에 너무 많으면 좋지 않은 기억이 트라우마로 갈 수도 있음을 알아야 한다.

根旺하면 모든 것을 주도하려는 특징이 있으니 주위의 도움을 받지 못한다. 사주에 官殺이 없으면 환경변화에 따라 맞출 일이 없다는 것이고, 財星이 없으면 주변 사람의 변화에 맞출 일이 없다는 것이다. 根弱하면 스스로 만든 능력으로 세상에 참여할 수가 없다. 그런데 根이 運에서 들어오면 食傷을 쓰려 하니 경쟁에 참여하려 할 것이다. 比劫이 用神이니 사주에 있든 없든 比劫을 써야 하는데, 있어서 하는 것과 없어서 하는 것의 차이를 이해해야 한다. 比劫이 있어서 하는 것은 유능한 능력자가 있어서 하는 것이고, 比劫이 없어서 하는 것은 자기의 필요에 의해서 하는 것이니 주도권을 比劫이 갖는 것이 다른 것이다.

— 19 —

음양합의 원리와 짝 찾기

1. 음양과 오행의 탄생

天地가 조판(組版)될 때, 하늘과 땅이 생길 때 아무런 기운도 없었다. 이를 혼돈이라 하는데, 그 이후 수억 년이 흐르면서 그 기운이 뭉치고 뭉쳐서 하나의 기운이 생겼는데 이를 無라 하는데 이는 아직 기운이 아니란 뜻이다. 다시 수억 년이 흐르면서 양의(兩儀)하는 기운이 생겼다. 두 가지 기운이 생긴 것인데, 여기서부터 기(气)가 생겼다. 그러나 기(气)는 있으나, 形이나 体는 없었다. 그러다가 수억만 년이 흘러간 연후에 質의 기운이 생긴 것이다.

땅에서 水가 나오는 것이다. 그래서 水가 1이다. 다시 수억 년이 순환하면서 四季節이 생긴 것이다. 다음에 火가 생긴 것이다. 그래서 2번이 된 것이다. 그리고 木이 나와서 생기고, 짐승들도 나오니 金이 나온 것이다. 그래서 지구에 형체를 가진 만물이 생긴 것이다. 시간이 가서 다 생겼다고 해서 土가 나온 것이다. 그래서 土가 나와서 5가 된 것이다.

어느 날 천지가 조판이 끝난 후 개벽이 일어나서 조판을 다시 짜게 되었다. 냉대시대, 온대시대, 열대시대, 공룡시대 하면서 30억여 년 동안 조판을 다시 짜다가 보니 반대 세상이 된 것이다. 그래서 水가 6이 된 것이다. 지구는 남반구와 북반구로 나누어져서, 북반구만 땅이 되고, 남반구는 물이 되고, 그래서 水가 다시 6이 된 것이고, 火는 7이 되어서 반대편이 생긴 것이다. 처음에 천지가 조판될 때는 하나의 기운만 있었는데 더위만 계속 있거나 추위만 계속 있었는데 반대 기운이 생긴 것이다. 처음에 음양이 생겨서 현재까지 진화되기가 백억 년 정도로 추정한다. 우주의 어느 한 귀퉁이에 먼지처럼 존재하다가 지구에 와서 수억만 년이 지난 다음 이제 나온 것이다. 그러니 인간이 생기기 전의 기억도 할 수 있는 것이다. 그래서 숫자가 생긴 것이다. 지금은 음양의 배열이 끝난 것이다. 土가 10이 된 것이다. 이들이 짝을 맞추어서 숫자 배열로 해서 合이 된 것이다. 形合이 된 것이다.

1) 음양 合, 오행 合

辛金은 지구에 사는데, 丙火라는 별에서 떨어진 것이다. 丁火는 壬水란 물의 여신인 것이다. 이렇게 合이 되는 것이다. 하늘과 땅으로 기운이 만난 것이다. 그래서 인간에게 미치는 영향은 오행이 있고 음양이기 때문에 남녀지정이다. 이건 연해자평(淵海子平)의 주석이다. 그러니 天地의 음양을 말하니 하늘과 땅을 의미한다. 그래서 陽을 男으로 하고, 陰을 女라고 했다. 오행이기 때문에 形을 끼고 있다. 형체가 있는 것이다. 몸이 있는 것들을 말하는 것이지, 몸이 없는 것들을 말하는 게 아니다. 그러나 人이나 地는 다 알 수 있다. 이런 논리들은 맞는 것이 아니다. 天人이나 地는 여러 개도 할 수 있지만, 땅이 하나고 하늘이 여러 개는 말이 안 된다. 이는 전체주의적 논리이지, 이런 것은 논할 가치가 없다. 甲己合은 할 수 있는데 甲甲己己는 안 된다는 것이다. 군자들이 여인을 취하는 데 어울리는 학문이지, 지금은 어울리지 않는 것이다.

甲이 3이고 己土가 10이니 13이 된다. 둘이 만난 것이다. 그래서 남녀가 만났고 형체가 만났는데, 만나서 어떻게 되었다는 건 아직 알 수가 없다. 이들이 만나서 완성되려면 5가 되어야 하는데, 다음 시대의 변수까지 갖추었다면 10이라 한다. 모든 것은 5와 10으로 맞추어져야 갖추는 것인데, 合으로 만나지 않으면 하늘과 땅이 만나지 않은 것으로 甲己合은 13이니 7이 있어야 완성되는 것이다. 이런 것을 말하는 것이다. 2가 있어도 된다. 5로 완성하는 것은 시작한 것을 완성한 것이고, 10은 변수까지도 다 완성할 수 있다는 것이다. 인간의 노력으로 완성하는 것이다.

이걸 오행合이라 한다. 오행의 合이고 음양 合이다. 오행이란 형체가 있고, 무언가 동업을 하거나 형제간이나, 부부간이나, 연인 사이나 무엇을 형성해서 같이 하는 마음이 있는데, 같이 하는 결과도 있어야 한다. 음양으로 마음을 같이하고, 오행으로 행동을 같이했는데, 결과가 나오려면 5와 10으로 마무리되어야 하니 거기에 맞는 수(數)를 넣어야 오래가고 변함없는 것이다.

丙辛合이라면 7과 4이니 11이다. 그럼 4나 9가 필요한 것이다. 빼려면 본인이 과(過)하다는 걸 알아야 한다. 빼려면 壬水가 사주에 있어야 한다. 집에 좀 붙어 있어라. 나가는 시간을 좀 줄여라. 그럼 壬水를 빼야 한다. 아니면 9인 庚金을 더해야 한다. 그럼 庚金을 해석하기는 경험과 경력이 중요하다는 의미다. 庚金은 일곱 번 경험할 庚金이다. 경험을 많이 써야 한다. 4가 필요하니 辛金이 필요하니 모든 것은 완성된 행동을 해야 한다. 최고가 아니면 너는 가치를 못 받는다는 것이다. 무엇인가 타인과 결합하거나 동업을 하거나 교류를 하려면 세 가지를 다 요구할 수가 있다. 壬水 庚金 辛金을 다 요구하는 것이다. 1. 9, 4를 다 가졌다. 이는 六神으로 하는 것이 아니다.

2) 짝 찾는 법

짝을 찾으려면 먼저 子는 癸水인데, 子年 子月 子日 子時가 있는데 子는 癸이니 무겁게 내려앉은 陰의 기운이다. 그러니 남편을 찾아야 하니 온화하고 따뜻한 巳에 있다는 것이다. 天地가 조판이 끝나고, 우주의 별들이 다 배열된 다음에 어떤 별이 먼저 앞으로 가는 건 존재하지 않는다. 별이 순서대로 가는 것이다.

子 丑 寅 卯 辰 巳 午 未 申 酉 戌 亥 여자
巳 午 未 申 酉 戌 亥 子 丑 寅 卯 辰 남자

戊辰일주 여자라면 酉가 짝이다. 이렇게 짝이 연결되는 것이다. 배우자를 보거나 짝을 보는 것이다. 그러나 짝을 인연이라 하면 안 된다. 명리에서는 모든 상대방을 배합이란 용어로 썼다. 이것이 合이다. 子중癸水는 巳中戊土를 쓴다. 巳가 戌을 만날 때는 戌中 辛金이 짝이다. 巳中丙火는 子中에 癸水를 쓰는 게 아니다. 巳中丙火는 戌中의 辛金을 쓴다. 그러나 子중 癸水는 巳中戊土를 쓴다. 이렇게 지장간 오행별로 쓰는 내력이 정해져 있다.

地支 申의 짝이 丑인데, 申이 남편이 되려면, 未가 없으면 된다. 申中 壬水는 未중 丁火를 취하니 申중 壬水는 丁火가 짝이다. 丁火는 戌中 丁火, 未中 丁火, 午中 丁火가 짝이다.

辛金의 짝은 巳戌로 짝이 있다. 짝은 띠(年)에서 찾아야 하고, 인연은 日柱에서 찾는다. 巳中 丙火는 戌中 辛金과 짝이다. 辛亥, 辛酉, 辛丑 이런 것이 巳中 丙火와 인연이 되는 것이다. 이렇게 合으로 구성된 것을 짝 찾기 할 때 쓰는 것이다.

甲子日柱는 巳가 짝이다. 만약 亥를 얻으면 시기 질투가 성립된다. 이중 생활이 시작된다는 뜻이다. 子의 하늘이 정해준 짝은 巳인데, 子는 亥와 놀려는 것이 인간의 마음이다. 巳亥 相冲이 오니 갈등이 생긴다. 亥子는 인간의 마음이고 子巳는 하늘이 정해준 짝이다.

丑은 午가 짝인데 丑이란 부인은 辛金이니 午란 丙火의 따뜻한 기운으로 녹이는 것이다. 그래서 丑은 술을 채운 잔을 두 손으로 모아 받치는 형상으로 남편을 조용히 모시는 것이다. 하지만 丑은 인간의 마음으로 子와 놀려고 하는 것이다. 그럼 또 삼각관계가 될 우려가 있다. 丑午가 짝이고 子丑은 인간의 마음이다.

요즘 神殺들은 앞뒤 설명은 빠지고 외운 것들인데 백과사전을 찾아보면 神殺들의 내력이 다 나와 있다. 그러니 배우자로서의 丑中 辛金은 午中丙火이지, 巳中 丙火는 배우자가 아니다. 丑이 寅中 丙火와 合을 했으면 조카뻘 되는 남자와 만나는 것이다.

사람은 누구나 세 번의 기회가 있는 법인데, 寅中丙火는 未가 짝이니 未가 애인이다. 자기 사주에 있는 것으로만 봐라. 남과 볼 때는 별(星)이니 年干만 보는 것이다. 年干이 제대로 안 만났으면 배우자가 아닌 것이다. 배우자로 만났어도 중간에 간격이 좀 있는 것이다. 寅未가 짝인데 寅中甲木과 未中己土가 짝인 것이다. 合이 들지 않은 건 친하지 않고, 그냥 살아가니 더 좋은 것이다. 이것이 남녀의 짝을 보는 것이다.

남자는 누구의 짝이 되어야 한다. 그러니 巳는 子의 짝이어야 한다. 이걸 여자 사주를 기준으로 보면 된다. 고로 남자는 여자의 짝이어야 하는 것이다. 남자가 볼 때는 짝이어야 하니 여자를 찾는 것이지만 여자로 볼 때는 그것으로 남자를 찾는 것이다. 그러니 남녀 공히 이 배열로 보면 된다.

巳의 짝은 戌中 辛金인데, 인연이 누구냐 하면 辛亥生이나 辛酉生이라고 하면 된다. 언제 오느냐고 물으면 辛卯年 辛酉年이라 하면 된다. 天干으로 말하면 별(星) 이야기를 하는 것이니 띠를 말하면 된다.

寅의 짝은 未다. 사주에 未가 없으면 짝이 없는 것이다. 남자 여자 동일하게 地支에 있는 것으로 보면 된다. 未라면 甲己合이 짝이다. 중정, 은혜, 의리 등이 포함된 合이니, 사랑하는 사람을 찾는 것이 아니라 고지식한 생각을 가지고 짝을 찾는 것이다. 甲과 己란 별은 고지식한 것이다.

그리고 甲己合이 만나는 곳은 酉方에 가서 만나야 한다. 하는 짓은 선생 짓을 하는 사람을 만나야 한다. 癸酉生을 만난다고 보면 된다. 酉方 己酉生을 만나야 한다. 未는 없고 丑이 있다면 다른 여자를 볼 수가 있는 것이다.

己酉生이 짝이다. 己未生이 최고다.

戌의 배우자는 卯다. 여기는 合이 없고, 그냥 순서대로 따라가기로 했으니 그냥 인연이다. 戌은 卯의 무엇을 취해야 할까? 戊戌日柱는 입이 살았다는 뜻인데, 말이 많은 괴강(魁剛)이라 하는데 언사에 능한 魁剛이라 해서 말솜씨가 뛰어나다. 배우자가 卯라면 卯 중 甲木과 乙木 중에 甲木을 본 것이다. 그럼 己土가 되는 것이다. 甲戌가 정확하게 合이다. 그런데 酉를 만나 卯酉沖을 하게 되면 卯로 가지 않고 酉戌로 갔으니, 하늘이 맺어준 배필인 卯를 불러오지 않고 酉戌로 짝을 맞춘 것이다. 그럼 하늘에서 내려준 천상의 만남은 평생 없다. 많이 보던 동네 사람과 산다고 봐야 한다.

午는 짝이 亥다. 午는 오해도 깊고 번뇌도 많다. 원래는 丁亥인데 情에 매우 약하다. 午와 亥가 짝인데 巳를 만나 巳亥沖을 하면 午가 巳를 만나면 또 짝이 있다. 그러니 午의 천상의 배필은 亥, 내가 인간의 마음으로 배필인 巳가 또 있는 것이다. 사주에 하늘에서 지어준 천상의 배필인 亥가 없다면, 인간의 마음으로 지어진 배필이 巳午다. 이것은 남녀배필이 아니라 배열이다. 午亥는 배필이다. 壬子生, 壬寅生이 배필이다. 그러나 이건 단식판단일 뿐이니 이걸로 모든 것을 판단하려 하면 안 된다.

甲己合이 合 중에서 가장 효과가 약하다. 合力이 弱하다. 合은 완성으로 끝나야 한다. 甲午日柱가 午亥로 丁壬合을 했다면 완성을 해야 한다. 丁火는 2번, 壬水는 1번이니 완성하기 위해서는 2나 7이 있어야 한다. 丙火가 있어야 결실이 있는 것이다. 하늘 이야기를 하는 것이니 天干 丙火를 말하는 것이다. 배합이 있는 사람과 없는 사람의 차이는 그 마음이 같지가 않다. 그 상대방도 배합을 갖추고 있는 사람을 만나는 것과 갖추지 않은 사람을 만나는 것이 다르다. 자신은 배합을 갖추었는데 상대는 안 갖추었다면 남의 의자에 앉아 있는 것과 같은 것이다. 가령 남편은 배합을 갖추었으니 아내를 남처럼 대하지 않고 배우자처럼 대하는데, 아내는 남편을 타인처럼 대할 수가 있는 것이다.

運에서 오는 배합에서 年運은 배우자급이고, 짝을 찾을 때는 月運이나 日辰을 잘 봐야 한다. 運에서 오는 年運은 배우자급이니 日辰을 잘 봐야 한다. 大運은 별(星)이 아니니 참고하지 마라.

나는 언제 내 혈족 이외의 사람을 만나서 가족처럼 지낼 수 있나? 남녀관계는 혈족으로 만날 수는 없다.
(1) 調候가 시작되는 運이 가장 유력하다.
天干에서 調候가 시작되면 정신을 말하므로, 직업적인 요소로 많이 간명하고, 地支에서 계절의 변화에 의한 調候는 인간관계의 변화를 의미하므로 이성 문제를 유력하게 다룰 수가 있다. 가령 亥子丑월생이면 天干의 調候는 丙火이니 직업적 성향을 다루고, 시간에 調候가 있으면 寅卯辰이란 봄이 와야 한다. 그럼 이성 문제를 다룰 수가 있는 것이다.

시간의 진행으로 따진다면, 여름은 調候가 가을이고, 가을은 調候가 겨울이고, 겨울은 調候가 봄인 것이다. 그런 運에 사람을 만나는 것이다. 亥子丑이 연인을 만나려면 寅卯辰, 직업으로 쓰이려면 丙火이다. 이성문제는 계절의 변화를 가장 많이 봐야 한다.

(2) 木이 가지를 뻗어 다른 초목과 접촉을 하듯 사람은 水에 의해서 金이 木을 만나고, 火에 의해서 木이 金을 만나듯 교류할 수 있다. 火가 木에게 金을 만나게 해 주거나, 水가 金에게 木을 만나게 해 주면 그때 만날 수 있다. 金生水 水生木, 火生土 土生金을 말하는데, 자기가 태어난 계절의 배합을 보는 것이다.

寅月 生이면 水가 木으로 변화하는 것을 봐야 한다. 木生火를 보려면 巳午未를 봐야 한다. 春分부터 秋分까지는 乙木이 庚金으로 바뀌는 것을 보는 것이고 秋分부터 春分까지는 辛金이 甲木으로 바뀌는 것을 보는 것이다.

子丑 月令이라면 秋分부터 春分까지이니 辛金이 壬水를 통해서 甲木으로 넘어가야 하니 그런 것들이 있으면 인연을 만나는 것이다. 亥子丑은 寅卯辰을 보는 것이 더 현명하다. 남녀를 본다는 것은 사람을 보는 것이니, 地支로 내려서 보는 것이 더 현명하기 때문이다. 天干은 주로 직업을 보는 곳이다.

(3) 六神으로는 행위가 되는데, 남자는 食傷으로 財星을 만나러 가고, 여자는 食傷으로 官星을 만나러 가는 이치다. 남자는 生으로 만나고, 여자는 制化나 合和, 相尅으로 만나는 것이다. 이는 남자는 여인을 사랑으로 만나지만, 여자는 남자의 官을 받아들인다는 것은 자기가 엄마가 되기 위해서 받아들이는 것이다. 남자의 뜻을 받아 배 속에 단 한 번이라도 아기가 잉태하지 않으면 여인이 될 수 없음을 그곳에 내포하고 있다. 그러니 食傷은 남녀 모두 교류의 수단이 되는 것이다. 그래서 食傷이 유기(流氣)하면 만날 수가 있는 것이다.

때론 과로로 지칠 수도 있는데, 日干이 너무 身太旺하거나 身太弱하면 그 인연이 힘겨울 것이다. 日干이 身太旺한데 食傷으로 만나면, 그 인연에게 얼마나 패악을 부리겠으며, 身太弱한데 食傷으로 만나면, 배우자가 나에게 패악을 부리니 내가 얼마나 상대를 힘겨워하겠느냐? 이런 것도 생각해 봐야 한다. 이것이 남녀가 만나는 법이다.

(1)의 조후는 본능이고, 사랑이고 애정이다. 발정이 난 것이다.
(2)의 상생상극은 때에 맞는 행동을 적절하게 하는 것이다.
(3)의 육신은 가족 구성의 틀을 갖추기 위한 것이다.

亥子丑月令이 丙火가 旺해서 調候를 심하게 한다면, 성질이 급해서 빨리 행동하기 위해 얼음을 녹이는 것이 아니라 깬다. 丙火로 심하게 調候를 하면, 얼지를 않았다. 얼지를 못하게 만들었으니 봄이 오지 않으니 가을이 되어야 봄이 온 줄 아는 것이다.

巳午未 月令생이 調候를 하는데 壬水가 調候를 해야 하는데 壬水가 너무 많으면 더운 적이 없었으니 봄이 내년에 다시 와야 한다. 癸水가 調候를 하면 불쾌지수가 높아지니 일을 시작하면서 성질부터 내기 시작한다. 시작도 하지 않고 성질부터 내고, 반대부터 한다. 亥子丑月에 調候가 너무 없는 것과, 너무 많은 것 중에 일단 調候는 이루어지고 봐야 한다. 안 된 것보다 너무 많은 것이 더 좋다.

調候란 의미는 인생에 미치는 기본적인 골격을 말하는 것이지, 삶에다 너무 많은 의미를 붙이지 마라. 亥子丑月生은 객지에 나가서 살아야 한다.

調候가 되면 객지에서 정착을 할 수 있지만, 調候가 안 되면 나중에 고향으로 다시 와야 한다. 떠남도 마찬가지다. 멍하니 하늘을 쳐다보는 것도 그런 것이다. 겨울이니 초점을 확실하게 바라보지 않고 중간을 보는 것이다.

여름 生들은 확인이 되니 초점은 정확하게 바라본다. 그러니 겨울 생은 앞에 물건이 없으니 마음으로 잔상(殘像)을 그리고, 여름 생은 물건이 앞에 있으니 꼭 만져 봐야 있는 것이고 마음속으로 그리지는 못한다.

기후의 조후가 잘 맞아야 환경에 맞출 줄 알고, 日干의 喜用이 잘 맞아야 나의 발전을, 나이별로 유도할 수 있다. 이 두 가지가 있어야만 생화극제에 참여하거나 日干의 印我食, 印比食, 印劫傷을 때에 맞추어 할 것이다. 조후가 맞지 않는다는 말은 조후를 해 줄 반대의 기운이 없거나 조후가 너무 지나치게 많아서 안 되는 것을 말한다. 亥子丑 月令에 水가 너무 많으면 火가 부족하니 조후를 할 수가 없고, 火가 너무 많으면 할 필요가 없는 것이다. 많다는 것은 두 개 이상이면 많다는 것이다.

열정은 두 가지가 있는데, 사람이 죄를 안 짓는 이유는 죄를 지으면 안 된다고 생각해서 안 짓는 것과, 벌이 무서워 안 짓는 것이 있다. 그러니 사람이 법 없이도 산다는 사람은 잘 봐야 한다.

相神이 있으면 열정이 있는 것이고, 相神이 없으면 오기가 있는 것이다. 오기도 열정은 열정이다.

권태는 진(盡)으로 닳았다는 뜻인데 권태나 나태를 말하는 것이다. 처음부터 그런 것이 아니라 중간에 생기는 것이다. 盡이란 두 가지가 있는데, 내가 다 써서 닳은 盡이 있고, 능력을 빼앗겨서 盡이 되는 것이 있는데 泄氣라 한다.

만약 丙火에 의해서 木生火를 하면, 金이 없는 癸水는 泄이 되니 가다가 일을 하지 못한다. 그럼 여기에서 권태로움이 오는 것이다. 木生火를 하는데 癸水가 있으면 泄이 되니 권태인데 金生水가 있으면 木이 다 클 때까지 金生水를 하는데 이는 다 닳아 없어지는 것이다. 盡이라 한다. 그러나 이런 것은 권태로움이 아니다. 木이나 金을 생산하기 위해서 水源이나 引火가 부족하면 권태로움이 오는 것이다. 권태는 한편으로는 지쳤다는 것인데, 이것이 필요하냐, 필요하지 않냐에서 권태로움이 오는 것이 있다. 有用과 無用에 의해서도 권태로움이 오는 것이다.

만약 水生木으로 木을 잘 키웠다고 하더라도, 火가 없으면 金으로 化하지 않으니 열매가 안 열리니 결과가 없는 것이다. 그리고 土生金으로 金을 잘 키웠어도 水가 없으면 木으로 연결되지 않으니 결과가 없는 것이다. 그러니 火가 없거나 水가 하나도 없으면, '내가 이것을 왜 해야 하느냐'고 회의를 느끼는 것이다. 이건 갱년기 증상과 같은데, 약간의 무기력한 현상을 일으키는 것이다.

무기력도 두 가지가 있는데, 날이 너무 따뜻하여서 응결(凝結)된 것이 퍼지면, 무기력증이란 권태감이 생기고, 또 날씨가 너무 추워서 잔뜩 웅크리고 있으니 몸이 펴지지 않고, 밖으로 나가면 얼어 죽을 것 같은, 권태로움이 있으니, 이렇게 생긴 사주는 夏節인데 天干에 丙火가 하나 뜨고, 冬節에 天干에 壬水가 하나 뜬 사람은 방에서 안 나오는 사람이다. 이때 오는 권태로움은 갱년기 증상과는 다르다.

갱년기 증세는 일정한 나이를 먹어서 호르몬 변화에 의해서 오는 것이다. 갱년기 증세는 의학적인 용어다. 명리학으로 밝힐 수는 없지만, 이것이 병이 될 수는 있는 것이다. 이는 사주가 과습한 사람이 있는데, 이는 마음을 하나도 버리지 않는다. 하나하나를 다 챙긴다. 챙기는 것이 좋은가? 버리는 것이 좋은가? 마음을 하나하나 다 챙기니, 春夏節에 癸水가 있는 사람은 과습(過濕)한 것이고, 秋冬節에 丁火가 뜬 사람은 과조(過燥)한 것이다. 이 둘은 마음을 자꾸 챙기는 것이다. 이런 사람은 갱년기 증상이나 시간이 지난 후에 나타나게 된다. 과거를 잊어먹지 않고 계속 달고 다니기 때문이다. 과거는 잊어 먹을수록 좋은 것이다.

合和

合和의 영역 官印相生 구역에서 食傷生財 영역을 합하는 것은, 조직과 조직, 개인과 개인 간의 合인데 比劫이 財官과 합하는 것은 개인이 조직과 합하는 것이고, 印星이 食傷과 합하거나 財星과 合을 하니 영역이나 공간의 문제이다. 財官은 比劫과 合을 하니 개인과 개인, 개인과 조직의 관계이다. 比劫이 官殺과 합하는 것은 개인 대 조직이고, 財官이 比劫과 하는 것은 조직과 개인이 하는 것이다. 食傷生財가 官印相生으로 넘나들거나 官印相生이 食傷生財로 넘나드는 것은 조직 대 조직이다.

20

格 잡는 법
(取格)

格이란 것은 직무를 말하는데 格에 따른 生剋관계가 있다. 이는 직무(職務)의 적합성이 어떤가 보는 것이다. 직무가 무엇이고, 너는 무엇을 하는 사람이다가 格이다. 그 格에 따라서 일간의 직업 관계가 서로 다른데 그 格이 가진 喜忌神의 生剋관계를 통해 직무의 적합성을 보는 것이다. 格을 잡는 방법은 日干별로 月令에 맞추어 육신의 이름이 격이 된다.

寅: 甲木이 녹지(祿支)고 丙火가 生支다.
巳: 丙火가 녹지(祿支)고 庚金이 生支다.
申: 庚金이 녹지(祿支)고 壬水가 生支다.
亥: 壬水가 녹지(祿支)고 甲木이 生支다.

格을 잡을 때 甲丙庚壬으로 잡고, 두 번째 生支에 司令하고 合局한 후 透干되면 格으로 잡을 수 있다.

子: 壬水가 양인(陽刃)이고 癸 方
卯: 甲木이 양인(陽刃) 乙 方
午: 丙火가 양인(陽刃) 丁 方

酉: 庚金이 양인(陽刃) 辛 方

陽刃일 때는 陽刃으로 格을 잡고, 陽刃이 아닐 때는 方으로 格을 잡는다.

丑: 여기(餘氣)가 癸, 己가 主旺이다. 中氣가 合局하면 辛金이 格이다.
辰: 여기(餘氣)가 乙, 戊가 主旺, 中氣가 合局하면 癸水가 格이다.
未: 여기(餘氣)가 丁, 主旺이 己, 中氣가 合局하면 乙木이 格이다.
戌: 여기(餘氣)가 辛, 主旺이 戊, 中氣가 合局하면 丁火가 格이다.
이런 식으로 格으로 잡는다.

取格을 하는 목적은 직무가 무엇이고 직무 적합도는 어떤가를 알기 위함이다. 格을 잡는 방법은 日干과 月令을 통해서 六神의 이름으로 格을 잡는다. 辛金이 子月이면 壬癸가 있으니 壬水가 투간되면 壬水로 格을 잡고, 癸方이면 癸水로 格을 잡는다. 壬水 日干이 子月이면 陽刃으로 잡는다. 辛金 日干이면 壬水가 투간되면 金水傷官格, 癸方이면 金水食神格이 된다. 司令과 格은 의미가 좀 다르다. 日干과 月令을 통해서 六神이란 이름으로 잡는다.

月令이 寅申巳亥 子午卯酉 辰戌丑未가 있는데, 寅申巳亥는 항상 祿을 기준으로 잡는다. 이때 祿이 天干에 투간되지 않고, 丙火가 사령하고 삼합한 후 透干되면 生을 格으로 잡는다. 生은 司令하고, 天干에 투간이 되고, 三合局이 되어야 格으로 잡을 수 있다. 가령 寅은 甲木으로 먼저 잡고, 丙火에 사령하고 寅午戌 合局하고 丙火가 투간되면 丙火로 格을 잡는다는 뜻이다. 寅申巳亥 月은 生支가 되는 中氣가 格이 되려면 절차가 매우 복잡하다.

子午卯酉는 1번을 陽刃으로 格을 잡는다.
透干이 되지 않으면 격으로 인정하지 않고 方으로 잡는다.

辰戌丑未는 첫 번째 12일간은 여기(餘氣)로 격을 잡는다.
나머지 18일은 主旺인 土로 격을 잡는다.
그러나 中氣가 合局을 이루면 모두 무시하고 合局을 우선하여 格으로 잡는다. 이 모든 걸 반드시 月令 안에서 결정해야 한다.

格을 잘 잡아야 직무가 무엇인지 알 수 있고, 格의 운영을 잘해야 직무에 대한 적합도가 어떻게 나타나는지 아는 것이다. 역할에 대한 책임감이 어떻게 되는지 보는 것이다. 辰戌丑未 月에 태어났으면 일단 혜택이 있다. 지장간 세 가지를 모두 다 相生할 수 있다. 子午卯酉 月令에 태어났으면 혜택이 별로 없기 때문에 格만 나오고 직무 적합도가 어떻게 나올지는 상황에 따라 다르니 아직은 결정되지 않았다.

寅申巳亥 月令은 相生이 될지 相剋이 될지 아직 잘 모른다. 가령 庚金이 寅月에 태어났다면, 甲木이 寅에 祿을 하니 偏財格인데 寅午戌 火局도 있다면 偏財格에 丙火까지 있으니 財生殺까지 하게 된다. 寅申巳亥월은 전반, 후반을 보면 안 된다. 子午卯酉는 전반 월과 후반 월을 15일씩 나누어서 봐야 한다. 二分二至 기준으로 나누어서 陰陽을 구분해야 한다. 가령 乙木이 卯月이면 전반은 甲木이고, 후반은 乙木이다. 그럼 甲木은 月劫이 되고 乙木을 보면 比肩이 된다. 甲木 日干은 官殺을 보면 陽刃이 되고, 乙木 日干은 官殺을 보면 建祿이 된다.

陽刃이 官殺을 보지 못하면 月劫이나 月比가 된다. 格을 논해 줄 수 없으니 주인을 따라서 참모를 해야 한다. 月劫이 陽刃 建祿이 되면 '이때부터 출발해서 주인이 됩니다' 하고 시작해야 한다. 그러니 格에서 직무와 직무 적합도가 모두 나와야 한다. 乙木이 卯月이면 陽刃 建祿을 쓰지 않고 官殺을 가져야 이름을 지어 주는 것이다. 陽刃 建祿이 되기까지는 官殺을 얻어야 통과를 하는 것이다.

寅申巳亥 月에 두 가지의 방법, 子午卯酉 月도 두 가지 방법, 辰戌丑未 月은 세 가지의 방법이 나온다. 제일 중요한 것이 合局이다. 体로 볼 건지, 用으로 볼 건지의 문제이다. 辰戌丑未月은 능력이 우선하는 세상이니 무엇을 꺼내서 쓰느냐이다.

나중에 재다신약(財多身弱)格 살중신경(殺重身輕) 등은 사주의 국세를 보고 기세의 판단을 다시 해야 한다. 月令 내에서 모든 것을 끝내야 하고 格을 잡으면 相生相剋이 어떻게 되는 건지 알면 된다.

寅에는 甲丙이 들었고 子에는 壬癸가 들었고, 丑中에는 癸辛己가 들었다. 寅申巳亥에 戊土가 들었다는 말은 빼야 한다. 寅申巳亥月의 土는 格으로 인정하지 않는다.

가령 壬水가 寅月이면
(1) 甲木이 녹지(祿支)이니 食神格이다.
(2) 丙火가 司令하고 三合하고 丙火가 투간되면 丙火가 格이 되면 편재격이 된다. 만약 사령과 삼합 그리고 투간 중 한둘이 빠지면 格으로 인정하

진 않지만 상생상극으로 연결하니 食神生財格이라 한다. 食神格에 대한 食神生財格이다. 능력을 통해 生財를 하는 것이다.

(3) 丙火가 司令하고 寅午戌에, 透干되면 偏財를 기준한 食神生財格이다. 그러니 偏財格에 대한 食神生財格이다. 偏財부터 시작했으니 영역을 얻은 이후 偏印을 制한 食神格이다. 財부터 출발했기 때문이다. 偏財면 偏印을 겨냥하고 한 것이다. 2번과 3번은 방법론이 다른 것이다.

六神이란 사람과 사람과의 관계를 보는 것이니 인간관계라 한다.
(1) 가족관계를 보는 것은 六親이라 한다. 親하다는 뜻이다. 혈족과 배우자를 따져서 正印을 기준으로 보는 것이다.
(2) 사회관계를 물어보는 것이 있는데 ① 생활적 규범은 正官으로 본다. 조직의 구성요건을 볼 때, ② 생존적 규칙을 물어볼 때는 正財를 기준으로 본다. 소유원리다.
(3) 직업을 본다. 즉 직무(職務)의 내용이라 한다: 이는 格으로 본다. 너는 무슨 직무로 타고났다. 그리고 직무 수행 방법은 喜忌神으로 본다. 喜忌神의 종류는 모두 네 가지다.

다음에 일간을 해석한다. 그러나 日干을 해석하는 방법이 命理에는 나오지 않는다. 왜냐하면 주어진 대로 살아가란 뜻이다. 그러나 지금은 日干을 해석하는 데 왕쇠강약(旺衰强弱)에 따라서 하게 되어 있다. 旺衰로 하고, 强弱으로 한다. 旺衰법과 强弱법을 동원해서 어떻게 해석할 것인지 보는 것이다.

만약 六親에서 자신의 배우자를 日干인 자신이 좋다 나쁘다로 판단할 수 있다. 日干이 중요해진 이유는 사물을 해석하는 주체이기 때문에 그렇다. 六神의 특성과 日干의 특성을 배웠는데 六神을 해석하는 주체이기 때문이다. 日干만 봐도 六神이 나올 수 있고, 六神을 보고 日干을 해석할 수도 있다.

직업과 직무를 알기 위해서는 格을 먼저 잡을 줄 알아야 한다. 格을 잡는 이유는 직무 내용이 무엇인지, 相生相剋으로 직무에 대한 수행방법이 무엇인지 배우게 된다. 직무 내용이 아무리 좋다고 해도, 사회관계에 대한 규칙과 규범(범례)을 어기게 되면 빈축을 사는 사람이 된다. 또 六親의 질서인 삼강오륜(三綱五倫)을 지키지 못하면 빈축을 사게 된다. 또 육친(六親)과 六神인 가정생활과 사회생활을 아무리 잘 지켜도 格을 지키지 못하면 무능력자로 낙인을 찍히게 된다. 이런 여러 가지 조건들을 따져 가며 종합적인 판단을 해야 한다. 가정생활이 아무리 좋아도, 대인관계가 원활하지 못해 다툼이 잦다거나, 운전할 때도 과속이나 신호 위반으로 인해 과태료 통지서가 자주 날아오게 되면, 법과 규범을 지키지 않아서 생긴 일이다. 어질다면 六親에서 어진지, 六神에서 어진지 格에서 어진지, 아니면 무작정 어질기만 한지 이 구분이 따로따로 구성되어 있다.

格부터 출발하는데, 六神이나 육친(六親)을 쉽다는 마음으로 접근하기 바란다. 日干도 마찬가지로 왕쇠강약(旺衰强弱) 구분만 할 줄 알면 된다.

格부터 정하고 시작해야 자기 이름이 무엇인지 아는 것이다. 사주의 이름을 알아야 한다. 그럼 格의 이름을 정하기에 앞서 미리 알아 두어야 할 내용이 있다.

1) 미리 알고 있어야 할 사항

寅申巳亥 月令: 녹지(祿支), 혹은 건록(建祿)이다. 확대해석하면 누군가의 長生支다. 또 寅申巳亥는 누군가의 生支이며 누군가의 建祿지다. 먼저 祿支라고 부르고 여의치 않으면 生支라고 부른다. 寅月이면 甲木의 祿支이니 甲木이 格이다. 그렇지 않고 寅午戌 合局을 가졌으면 丙火의 生支로 부르기로 한다. 그럼 寅月의 이름을 甲木의 祿支로 부를 수도 있고, 丙火의 生支로 부를 수도 있다.

子午卯酉 월령: 원래 이름은 旺支라 한다. 왕한 기운을 타고났다는 뜻인데 格으로 말하면 양인(陽刃)이라 한다. 寅申巳亥 월령을 생왕지절 또는 녹왕지절, 子午卯酉 월령을 양인지절이라 한다. 그래서 먼저 陽刃으로 이름을 짓는다. 가령 卯月이면 甲木이 陽刃이다. 庚金 偏官이 투간되지 않으면 乙木으로 이름을 지으니 월겁(月劫)이라 한다. 그럼 양인의 보좌가 된다. 天干에 偏官이 투간되었으면 대장이고 없으면 보좌가 된다.

辰戌丑未 월령: 묘지(墓支)나 고지(庫支)로 부른다. 生支와 旺支의 여기(餘氣)라 한다. 辰月이면 乙木의 餘氣이다. 그럼 12일 동안 乙木으로 格을 잡는다. 다음은 戊土가 18일인데 이 집의 주인이라 해서 주왕(主旺)이라 한다. 다음은 體用법이 다르다고 해서 申子辰이면 癸水로 격을 잡는다. 12일에 태어나든, 18일에 태어나든 상관없이 合局으로 잡는다. 三合이 필요한 내용은 生支와 庫支 외에는 없다. 격을 잡은 자리에서 相生相剋을 시작하면 된다.

2) 相生相剋

官印相生, 殺印相生,
食神生財, 傷官生財
財生官, 財生殺
印比食, 印劫傷

먼저 官印相生과 殺印相生, 食神生財와 傷官生財 네 가지 상생식으로 구성이 되었다. 그리고 이 둘을 연결해 주는 財生官과 財生殺이 있다. 그리고 官印相生과 食神生財를 연결해 주는 인아식(印我食 혹은 印比食과 印劫傷)이 있다. 이것은 그 자리에서 설명해야지 天干을 보면 안 된다. 天干을 보는 순간, 格에서 설명하지 않는 六親을 설명하거나 사회적 관계를 논할 우려가 있어서 엉뚱하게 사용할 수 있으니 절대로 月令 외에 다른 건 보지 말아야 한다.

모든 식이 아홉 개가 된다.
① 官印相生 ② 殺印相生 ③ 食神生財 ④ 傷官生財 ⑤ 財生官
⑥ 財生殺   ⑦ 印我食   ⑧ 印比食   ⑨ 印劫傷

삶의 식이 이렇다. 官印相生 殺印相生은 관리형, 관료형이고, 食神生財와 傷官生財는 소유형, 財生官 財生殺은 대행형 보좌형, 印我食 印比食 印劫傷은 전문가형 프리랜서형이다.

甲木이 戌月에 태어났다면 12일과 18일로 잡는다. 12일은 辛金, 18일은 戊土, 三合局은 丁火가 格이다. 만약 戊土에서 태어났다면 偏財格인데, 寅午戌 火局이면 傷官格이 된다. 그럼 戊土에서 태어났으니 傷官生財格이라 해야 한다. 傷官用 偏財格이라 해도 되지만 이건 고급자가 해야 할 일이다. 그냥 傷官生財格이라 해야 한다. 己土가 透干되면 正財格이 되고, 庚金이 투간되면 偏官格이 된다. 合局인데 丙火가 투간되면 格으로 잡지 않는다. 丁火가 格이다. 살아가는 방법을 相生式 아홉 개로 맞추어야 하는데 相生式이 그 자리에서 나와야 한다. 正官을 보면 官印相生이나 財生官이다. 正印을 보면 官印相生이나 印劫傷이나 印我傷이 된다. 사주에 맞추어야 한다. 거기에 업무내용이나 업무수행 방법이 나온다.

가령 傷官格은 傷官生財를 正財로 해야 하는데 戊土이니 偏財로 하게 된다. 生財를 正財로 해야 하는데 偏財를 하는 것은 업무수행내용이다. 格은 직무내용, 相生式이 나오는 것은 어떤 방법으로 그 직무를 수행하는 것인가가 그 속에 있는 것이다.

연습

戊 丁 己 丙 乾
申 丑 亥 辰

丁火日干 亥月生 (寅申巳亥 月令이고, 亥卯未 合局이 없다.)

(1) 亥月은 壬水가 建祿이니 正官格이다.

(2) 亥卯未 合局이 있으면 生支인 正印 甲木을 인정하므로 正官格기준 官印相生이라 한다. 그러나 亥卯未 合局을 얻지 못해서 官을 지키지 못했으니 傷官見官을 타고났다. 生支인 甲木을 인정할 수 없다. 正印을 인정할 수 없으니 傷官이 살아나서 傷官見官한다. 正官格이 官印相生이 되지 않으니 印劫傷으로 프리랜서나 자영업을 해야 한다.

寅申巳亥의 生地는 미래에 시점을 둔 현재라는 의미다. 예를 들어 寅月에는 夏至의 丙火가 미리 마중 나와서 새싹을 키운다. 寅中 丙火가 미래, 甲木은 현재, 戊土는 과거가 된다. 그러므로 生地가 미래시점을 얻지 못하면 과거만 나타난다. 亥月에 亥卯未 合局을 얻지 못하면 甲木이란 生支를 얻지 못한 것이다. 즉 早春을 생각하지 못하니 과거만 남아 있는 것이다. 위의 亥月 사주는 태어나기 10년 전에 戌月 傷官에 살았다. 亥卯未 合局을 얻지 못했으니 미래로 가지 못하고, 과거의 경력이 남아서 傷官見官 한다.

格을 강조하는 이유는 生剋관계에 의해 직무 형태를 파악하기 위함이다. 먼저 格을 정한 다음 아래의 식을 설명하면 된다.
* 官印相生, 殺印相生, 食神生財, 傷官生財 → 소속에 종사하는 형
* 財生官, 財生殺 → 보좌업, 대행업
* 印我食(印比食, 印劫傷) → 전문가, 프리랜서

庚丁壬丁 乾
子亥寅卯
正印格

① 官印相生(소속형) → ② 財生官(조직의 책임을 맡는다) → ③ 比肩正官 合: 공동운영, 외부교류를 통한 영업실적형이다.

正印格이니 먼저 官印相生을 통해 조직에 충성해야 하고 財生官으로 책임까지 맡게 된다. 천간에 比肩과 正官이 合을 하고 있으니 외부교류를 통한 실적을 창출하거나 공동운영을 하는 스타일이다.

戊 乙 甲 庚 坤
寅 丑 申 午

正官格

① 官印相生 → ② 財生官 → ③ 劫財를 制해야 한다.

官印相生하고 財生官하면 조직의 수장이 가능하다. 劫財까지 제압하면 경쟁력이 뛰어난 인물이다. 그러나 이 사주는 官印相生을 하지 않고 財生官을 하니 스스로 자기 왕국을 세운 것과 같다. 그리고 劫財를 제압하니 남다른 경쟁력을 통해 자기조직을 튼튼히 운영해 나갈 수 있다.

※ 正官格과 正印格은 官印相生 한다.
　偏官格과 偏印格은 殺印相生 한다.
　食神格과 偏財格은 食神生財 한다.
　傷官格과 正財格은 傷官生財 한다.
　陽刃格은 殺印相生하고, 建祿格은 官印相生한다.

※ 寅申巳亥는 建祿支이니 펜을 드는 성질을 가지고 있고, 子午卯酉 陽刃支는 연장을 드는 성질을 가지고 있고, 辰戌丑未는 하나의 기득권을 가지고 있는 것이니 主旺이라 표현한다. 그래서 辰戌丑未月令자들이 임대업자가 많다. 辰戌丑未月은 가능하면 土에 司令해서 主旺이 힘을 써야지 자기가 기득권자가 될 수 있다.

※ 殺印相生을 오랫동안 유지하려면 財生殺을 가져야 한다.
　官印相生은 財生官을 가져야 한다.
　食神生財를 오랫동안 유지하려면 財生殺을 가져야 한다.
　傷官生財는 財生官을 가져야 한다.

만약 印星格이나 食傷格이 財生殺을 갖지 못하면, 시간이 흐른 후에 印我食으로 남고, 官殺格이나 財格은 財生官(財生殺)으로 남는다.

※ 傷官格
① 傷官佩印→ ② 官印相生→ ③ 傷官生財
傷官格은 상관패인(傷官佩印)하고 官印相生으로 간다.
傷官佩印이 안 되면 官印相生이 안 되므로 傷官生財로 간다.

※ 偏官格
① 食神制殺 → ② 殺印相生 → ③ 財生殺
偏官格은 食神制殺하고 殺印相生으로 간다.
이는 국가자격증을 따서 그에 맞는 임무에 종사하는 형태다.
食神制殺이 되지 않고 財生殺로 가면 대체로 대행업이다.
食神制殺이 되지 않아도 殺印相生은 할 수 있다.

※ 官印相生, 殺印相生, 食神生財, 傷官生財는 소속에 종사하는 것이고 財生官, 財生殺은 대행업이다.
　印我食은 전문가 개업형이고, 印我食으로 구성되지 않고
　日干과 食만 있을 때는 자영업이다. 남의 능력을 차용하는 것이다.

21

격(格)의 구성

1) 격(格)

格이란 직업의 틀을 말하는데 천간에 格이 투간되어 있으면 후천적으로 직업의 틀을 갖추어야 하고, 투간되지 않았으면 틀이 갖추어져 있는 것이다. 직업의 틀을 운영하려면 실력을 갖추어야 한다. 틀을 운영하는 것이 相神이다. 하나의 틀을 운영하기 위한 실력을 갖춘 것을 相神이라 한다. 암장에 있으면 운영 매뉴얼이 있는 것이니 사용하면 되고, 천간에 있으면 자기가 운영 매뉴얼을 스스로 터득해야 한다. 천간에 있는 사람이 실패하는 이유는 열심히 노력해서 직업의 틀을 새롭게 만들어야 하기 때문이다. 실패율은 99%이고 1%만이 큰 성공을 한다고 보면 된다. 성공하면 새로운 직업적 틀이 된다. 格을 구성하는 방법은 相神에 있다. 구성하는 방법을 익혔으면 외부로 활용해야 한다. 相神은 내부적 문제이고, 외부로 활용하려면 救神이 있어야 한다. 救神은 활용하는 방법이다. 格이 있으면 格을 구성하기 위한 실력은 相神, 활용하는 것은 救神이다.

(1) 格 忌神: 食神格이라면 偏印이 格 忌神이다. 格 忌神이란 내가 만든 직업의 틀을 타인이 사용하는 것이다. 가령 건물을 지어서 임대사업을 하

려면 格 忌神이 있어야 하고, 자기가 쓰려면 格을 활용하는 救神이 있어야 한다. 格 忌神은 타인이 나의 능력을 사용하는 것이다. 그럼 나는 사용되어지면 되는 것이다. 누가 나한테 일을 맡기는 것과 같다. 格 忌神이 없으면 사용되지 않는다. 格 忌神은 무자본, 무투자 방식을 많이 사용되기 때문에 받은 것은 모두 남는 것이라 생각하면 된다.

(2) 格 仇神: 相剋관계가 아니라 相合관계이다. 공동체, 협의체 등의 서비스가 발달한 집단 내지는 조직이다. 格을 합했으니 유혹을 당한 것과 같다. 이를 요즘은 서비스라 한다. 서로 상의하고 의논하고 공론한다는 의미가 담겼다.

2) 상신(相神)

직업의 틀을 운영하기 위해서 실력을 갖추는 것을 相神이라 한다. 相神이 암장에 있으면 운영 매뉴얼이 있는 것이니 그냥 사용하면 되지만, 相神이 천간에 있으면 운영 방법을 스스로 만들어야 한다. 相神은 격을 활용하기 위해 실력을 갖추는 것과 같다.

(1) 相神에 대한 기신(忌神)

내가 만들어 놓은 格에 대한 사용법을 타인이 사용하는 것이다. 지적재산권에 대한 로열티나 사용료를 받고 빌려주는 것 등.

(2) 相神의 구신(仇神)

자기가 갈고닦은 실력, 지적재산권, 특허 등 실력을 나누는 것이다. 공동연구, 공동개발, 합작 개발 등 혼자 하는 게 아니라 여러 명이 공동으로 하는 것이다.

3) 구신(救神)

준비한 格을 외부로 활용하는 것, 예를 들어 축구라는 틀이 있으면 열심히 축구 연습을 하는 것이 相神이라면, 대회에 출전하는 것은 救神이다.

(1) 救神에 忌神

대체로 逆用에만 救神에 忌神이 있다. 格을 사용해 본 경험, 경력, 흔적 등을 타인이 사용하는 것이다. 이런 화려한 경력과 경험이 들어 있는데 이를 타인이 사용하는 것이다. 예를 들어 삼성의 최고 엔지니어를 중국 회사에서 스카우트하는 것과 같은 개념이다.

(2) 救神의 仇神

유통, 활용 등을 합작을 통해 공유하는 것, 남편을 둘이 나누어서 공유하다. 이런 좋지 않은 것, 부정적인 것, 음지에서 발달되는 것도 포함된다. 하나의 직업이나 능력을 여러 개로 나누어서 함께 공유하다. 프랜차이즈와 같다. 이런 합작적인 요소가 있는 것이다. 천간과 지장간에 있는 것을 구분해서 사용하면 된다.

相神에 의해서 格이 건왕해지니 格을 사용하는 방법이 생긴 것이고, 救神에 의해서 격이 사용되어지는 것이다.

통변할 때는 없는 것도 언급해야지 있는 것만 말해서는 안 된다.

▶ 救神이 없으면 자기 격을 자기가 사용하지 못하니, 格 忌神이 와서 格을 대신 사용하게 해야 한다. 格을 공부하는 데 相神과 救神을 배제하고 쓰는 것은 자평명리학에 어긋나는 것이다. 食神과 食神格을

구분하지 않고 食神格에 偏財를 救神이라 해야지 偏財라고 하면 안 된다. 이는 마치 辛金에 癸水 食神이란 金水食神格을 癸水로 읽고 食神으로 읽지 않는 것과 같고 格으로 읽지 않고 食神으로만 읽는 것과 같다. 발전되었으면 발전된 용어를 사용해야 한다. 格은 이와 같은 구성체로 되어 있다고 생각하면 된다.

▶ 吉格에는 救神의 忌神이 없다. 凶格에만 있으니 길격과 흉격을 나누어야 한다. 吉格은 格을 기준해서 相神 救神을 따지고, 凶格은 相神을 기준해서 相神 救神을 따진다.

▶ 육신이 陰陰 陽陽으로 상생할 때만 喜忌神이 되지, 食財가 偏財인데 正財로 되었으면 正財가 누군가를 합하러 가니 원수 仇 자 仇神이 된다. 仇神과 협의를 잘해야 한다. 그러니 유혹을 당해 주어야 한다. 서비스 정신이 투철해야 하는 것이다. 陰陽이 다르게 상생하면 仇神이다. 가령 乙木 丁火 食神格에 劫財 甲木이 있으면 仇神이 되는 것이다. 己土란 偏財와 합을 한다. 그럼 救神에 대한 仇神이다. 능력을 활용하는데 여럿이 같이 활용한다는 의미다. 항상 陰陽이 다르게 상생하는 것은 처세술이 뛰어난 사람이다. 자기가 잘난 것은 相神과 救神이 있는 것이고, 인기의 비결은 仇神이다. 요즘은 仇神을 팬심이라 한다. 팬들의 마음을 사로잡는 것이다. 仇神이 없으면 인기가 없는 것이다. 상생식을 할 때 陰陽이 다르면 化상생식이지만 格에서는 원수 仇 자 仇神이 합을 하자고 왔으니 넘어가면 대박인데 넘어가지 않으니 불통이라 한다. 그러니 仇神은 소통의 한 단계를 넘어가는 능력이 된다.

仇神을 五行에서는 상합(相合)이라 하고, 六神에서는 합화(合和)나 합거(合去)라 하고, 유력(有力)과 무력(無力)으로 나눈다. 그리고 자기 영역이 아닌 것은 유정(有情)하다고 해서 情이 다른 곳으로 흘렀다고 한다. 春夏節에 戊癸合이나 春夏節에 丙辛合은 합이 들어가 있으니 정상적인 방법인데, 秋冬節 壬水 구역이나 丁火 구역에 가서 丙辛合을 하면 有情으로 情이 다른 곳으로 흐르는 것을 말한다. 格에서는 합을 仇神이라 하고, 六神에서 합은 관계의 특징인데 이를 합화라고도 하고 합거라고도 한다. 五行에서 합은 有情 無情으로도 하고 有力 無力으로도 한다. 합을 六神으로 말할 때, 格으로 말할 때, 五行으로 말할 때 각기 다른 통변으로 이루어져야 한다. 합은 자기 영역 내에서 이루어지는 것이 좋다. 乙庚合이라면 春分부터 秋分까지가 가능한 구역이고, 나머지 구역에서는 乙庚合을 허용하지 않으니 이를 有情이라 한다.

이런 것은 五行에서 己辛癸甲丙, 癸乙丙戊庚에 다 나오는 것인데, 그 한도 내에서 사용하면 되고 나머지는 有情이다. 사주에 합이 없으면 직업적 소통이 되지 않는 사람이란 뜻이다. 육신에서의 합이 없으면 관계 협력이 잘되지 않는다는 뜻이다. '반상회도 한 번 안 나가시나 봐요' 한다. 토요일인데 전화 한 통화 오지 않는다. 오행에 합이 안 되면 공동작업이 안 된다. 분업화가 안 되는 사람이란 뜻이다. 합의 단점은 혼자서 독차지해야 할 것을 같이 나누는 것이다. 나누어 먹으니 좋으냐 억울하냐? 格에서 합을 부를 때는 仇神이라 하고 육신에서 부를 때는 合和나 合去라 한다. 대체로 相神이나 救神을 합하는 대운이 오면 인기가 좋아지고 남들이 알아주고 한다는 사실을 자기도 모르게 느끼게 된다. 그런데 통변은 아직도 과거 그대로 정체되어 있다. 相神과 救神이 합되면 인기도 많고 좋은데, 통변할 때는 유혹을 했다, 부정을 했다고 통변한다.

▶ 사주에 相神이나 救神이 없는 사람은 대운에서 相神이나 救神이 온다고 해서 특별히 달라지는 것이 없다. 大運은 사주에 있는 것을 보강하는 것이지 없는 것이 생기는 게 아니다. 格이 정해졌듯이 사람의 틀은 정해졌다. 틀을 운영하는 방법이 相神, 틀을 활용하는 방법이 救神, 忌神은 자기 스스로 활용하지 못하니 타인이 자신을 활용하는 것이다. 格을 활용하는 忌神, 相神을 활용하는 忌神, 救神을 활용하는 忌神이 있으니 이들이 활용하는 것이다. 없는 것을 대운에서 찾는 버릇을 들이면 안 된다. 대운에서는 사주에 있는 것을 보강하는 것이지 없는 것을 찾는 것이 아니다. 대운에서 온다고 다시 태어나는 것처럼 말하면 안 된다.

1. 용신(用神)

格은 月令用神과 司令用神이 가진 의미를 六神으로 인격화시킨 것이다. 月令用神이란 여덟 개의 當令을 말하고, 司令用神이란 24개의 司令을 말한다. 이 월령용신과 사령용신이 格으로 나오는 것이다. 月令이란 것은 시간적 의미로서 만물의 동정을 살피는 방법이다. 月令을 二氣로 구분하면 壬水와 丙火로 하고, 四時의 구분이란 癸水 丁火로 구분하고, 八稟은 甲乙庚辛 네 가지 구분법을 넣는 것이다. 이것을 月令用神이라 하고 當令이라 하기도 한다. 司令은 타고날 때를 말하는 것으로 360일을 15일씩 24개로 나눈 것이다. 이런 司令은 각 개인별로 대표성을 띄고 있어서 司令用神이라 부르고, 當令이란 삶의 환경에 대표성이 있어서 月令用神이라 부른다. 24개의 司令으로 타고난 것은 개인별 대표성이니 무슨 임무의 대표성을 의미한다. 八稟이란 여덟 개의 當令은 전체 환경의 대표성을 의미한다. 그러니 타고난 임무가 둘이다. 여덟 개의 當令에서 주는 전체성을 띤 임무와, 司令이란 개인적인 임무, 이렇게 두 개다. 가족이 해야 할 일과 내가 해야 할 일을 따로 구분하는 게 아니라 하나로 된 것이란 뜻이다. 그러니 개인적 대표성인 司令이 格인 사람이 있고, 환경의 대표인 當令이 格인 사람이 있다. 이를 함축하니 개인의 삶과 전체에 대한 책임감이 부여되게 된다. 가령 巳月에 태어나서 丙火가 格이라면, 當令에 해당되는 전체 총괄업무를 봐야 하지만, 巳中 庚金이 格이라면 전체 총괄자인 丙火가 있고 자신은 그 속에서 하나의 업무만 하면 된다는 것이다.

二氣는 하늘의 氣로서 양의(兩儀)라고도 하고, 五行으로는 壬水와 丙火로 부르기도 하고, 寒氣와 暖氣로 부르기도 한다. 사람에게는 이 임무를 수행하려면 戊土가 二氣를 품어야 임무를 수행하는 역할을 한다. 만약 亥月의 壬水로 태어나거나 巳月의 丙火로 태어났다면 戊土가 있는 것이다. 그것은 그런 임무가 있다는 뜻인데, 天干에 戊土가 透干되어야 그 임무를 내가 하겠다는 뜻이다. 그렇다고 戊土가 다한다는 뜻은 아니다. 壬水 丙火를 戊土가 함(含)한 것은 의지를 세우게 된다.

그리고 四時의 二分이란 것은 땅이 됨을 의미한다. 癸水의 濕氣와 丁火의 조기(燥氣)를 의미한다. 子丑에 태어났거나 午未로 태어났다면 己土가 있다. 이건 땅이 품은 것이고, 사람이 품으려면 天干에 透干되어야 한다.

己土가 透干되면 행동을 하게 된다. 壬水 丙火가 있고 戊土가 있으면 의지가 생기는 것이고, 癸水 丁火는 그것을 실제로 행동한다는 의미와 같다. 그래서 의지와 행동으로 나누어서 설명한 것이다. 또한 四立이라 하여 立春 立夏 立秋 立冬이란 甲乙庚辛을 말하는 것인데, 이는 만물의 쓰는 용도를 말한다. 사람에게는 용도에 맞게 사용하는 능력을 말한다. 용도에 맞게 사용하려면 甲木은 癸水가 있어야 하고, 乙木은 丙火가 있어야 하고, 庚金은 丁火가 있어야 하고, 辛金은 壬水가 있어야 용도에 맞게 사용하는 것이다.

用神이란 '의지에 맞게 행동하다'라는 뜻이다. 그럼 戊土가 壬水 丙火를 품으면 만물의 쓰임과 용도에 맞게 목적을 세우는 것이다. 己土가 있으면 癸水 丁火를 통해 목적에 맞게 행동을 하는 것이다. 그럼 언행일치가 된다는 의미다. 그러니 甲木은 癸水가 있어야 甲木의 용도에 맞게 쓰는 것이고, 없으면 甲木의 용도에 맞게 쓰지 못하는 것이다. 庚金은 丁火가 있어야 쓰고, 辛金은 壬水가 있어야 쓰고, 乙木은 丙火가 있어야 용도에 맞게 쓰는 것이다. 그럼 丁火는 己土가 있어야 행동하는 것이다. 이것이 순서이다.

壬水 月令에 태어나서 壬水를 쓰려면 먼저 의지를 내야 하니 戊土가 있어야 한다. 그럼 壬水가 만물을 용도에 맞게 쓰려면 辛金이 있어야 하고 壬水가 의지를 내려면 戊土가 있어야 한다. 壬水가 格이라면 格 속에 辛金과 戊土가 들어가 있는 것이다. 이런 역할이 함의(含意)되어 있는 五行을 司令用神과 月令用神이라 부른다.

그럼 이를 格이라고 부르는 이유도 알아야 하는데, 이는 시간의 쓰임을 알고, 만물을 다루는 능력을 활용한다는 의미로 用神이라 한다. 시간의 쓰임과 만물의 쓰임, 의지와 행동을 만물의 용도에 맞게 쓰는 행위를 用神이라 하는데, 이런 능력을 사람에게 사용한다는 뜻으로 다시 이것을 格이라 부른다. 傷官格이면 傷官이란 행위를 사람에게 행한다는 뜻이다. 그럼 傷官이란 사람이 누구냐인데 아랫사람이란 의미다. 그러므로 用神에는 사람과 만물 간에 쓰임이 있다면, 格에는 사람과 사람 간에 관계가 들어 있다. 사람과 사람 간에 관계인 인간관계의 역할을 담은 格은 사회적 관계에서 각자 개인별 운명적 책임을 의미한다는 뜻이다. 그럼 格에는 사람과 사람 관계란 의미가 있는데 이는 1 대 1의 관계가 아니라 사회적 틀이 정해 놓은 속에서 관계인 것이다.

자신이 누군가를 만났는데 개인 대 개인이 아니라 사회적 틀 안에서 주어진 신분이나 역할로 판단해야 한다. 그러니 개인적으로 만난 것이 아니다. 그러므로 格에 대한 喜忌神은 사회적 관계나 직업관계로 만난 것이다. 그럼 格과 관계가 없는 六神은 개인과 개인으로 만난 것이다. 傷官格이라면 格의 개인적 喜忌神은 傷官 劫財 正財, 正官 正印 다섯 가지인데 이들의 만남은 사회적 관계가 형성된 틀 안에서 만난 것이고, 나머지 관계는 개인과 개인이 만난 것을 말한다. 즉 官殺格은 사회적 제도를 준수해야 하는 운영 주체자로서, 正官格은 권리에 대한 책임이 있으며, 偏官格은 의무에 대한 책임이 주어진 것이다. 그러므로 사회적 관계 속의 인물이 위급한 상황이 처했다면 偏官格의 책임이며, 공정한 권리를 배정받지 못한 사람이 나타났다면 正官格의 책임과 같다. 이렇게 格마다 무언가에 대한 책임이 있다. 이런 책임관계를 뚜렷하게 구분한 것이 格에 대한 역할이다.

格局만 잡아서는 안 되고 抑扶用神도 잡아야 한다. 用神이란 한자적 의미는 용도가 있다는 뜻이다. 淵海子平 15과에는 '월령용사지신도(月令用事之神圖)'라고 한다. 用의 개념을 子平眞詮 論用神에서 말하기를 팔자의 用神은 全求月令이라 했다. 모든 것은 月令에서 구한다고 했다. 月令에서 구한 用神을 日干기준으로 月令과 배합하면 相生과 相剋에 따라서 格局이 구분된다. 用神을 日干과 대입시키니 格이라 한다. 그러니 用神과 格局은 月令에서 구분 지어야 한다는 뜻이다. 그러므로 用神에는 개인의 타고난 하늘이 부여한 생존에 대한 업무가 담겨 있고, 格局에는 각 개인의 타고난 생활에 대한 임무가 담겨 있다. 用神은 사물에 비유하니 생존으로 비유하고 格은 사람에 대한 것이니 생활로 나눈 것이다. 본장에서는 이와 같은 用神을 논하는 것이 아니다. 생존과 생활에 필요한 행동방법에 해당하는 用神 즉 有用之神을 논하고자 한다. 有用之神은 우주에 의하여 개인적으로 원하는 삶을 살지 못하는 경우에 조화를 맞추어서 원하는 삶으로 이끌기 위한 수단으로 사용되는 用神을 말한다. 有用之神을 찾는 목적은 각 개인의 삶을 윤택하게 영위하기 위함이다. 有用之神은 格局과 喜忌神의 不調和에 의해서 나오는 것이다. 조화를 맞추기 위해서 나오는 것이다.

2. 有用之神과 用神의 운명적 의미

用神의 운명적 의미란 하늘이 부여한 의무를 수행한다는 뜻이다. 여기에 맞게 행동해야 하므로 희신의 배합이 필요하게 된다. 하지만 用神과 喜神의 배합이 불균형 되었을 때는 자신의 운명을 스스로 선택해야 한다. 이런 경우에 필요한 적용법이 유용지신이다. 유용지신은 배합의 불균형에 따라 다양하게 적용됨으로 한 가지로 통일해서는 안 된다. 喜忌神 배합이 잘못 되어서 用神을 다시 잡는데 이를 有用之神이라 부른다. 가령 기후의 조화를 의미하는 寒暖燥濕의 불균형은 청탁(淸濁)의 부조화에 의한 신체적 질병과 심리적 불안감을 발생시킨다. 이처럼 기운의 조화를 맞추어 나가는 有用之神을 調候用神이라 부른다. 그리고 오행의 相生과 相剋의 조화를 의미하는 生化剋制의 불균형은 업무의 효율성과 직무효과를 저조하게 함으로 개인적 능력 활용에서 단점으로 작용하게 된다. 이런 五行의 부조화를 맞추어 실용적 삶으로 유도하는 有用之神을 抑扶用神으로 한다. 有用之神은 크게 나누어서 調候用神과 抑扶用神이 있고 調候用神을 잡는 이유는 신체적 질병과 심리적 안정을 찾기 위함이다. 이를 淸濁이라 한다. 抑扶用神은 업무효율성과 직무 효율성을 이끌어 내기 위함이다.

調候用神과 抑扶用神은 기후와 五行의 불균형에 따라 다양한 구분을 하는데, 또다시 여러 갈래로 나누어지니 한 가지로 통일해서는 안 된다. 가령 調候用神을 취용하면서 亥子丑月에 출생한 사주가 金寒水冷하면 丙火로 온난하게 함은 마땅하나 전반기 亥子月은 응결해야 하므로 丙火로 해동해서는 안 되니 戊土로 해동을 해야 한다. 그러니 어떤 것은 土를 쓸 때도 있고 후반기 子丑月에는 물이 흘러야 하므로 丙火로 해동을 시켜야 한다. 어느 것은 水 또는 火로 쓸 때가 있으니 각기 다르다. 내용이 서로 다른 것도 인정을 해야 한다. 근본적으로 丙火 같지만 사실은 얼어야 하는데 녹으면 안 되고, 녹아야 하는데 얼어도 안 되니 각기 다르게 써야 한다.

또한 抑扶用神을 取用하면서도 五行의 세력 중에서 强과 强이 相爭을 하는 경우는 서로 양보해서 돕는 通關用神을 적용하지만, 强과 弱이 다투는 경우는 强을 制하여 弱을 구하는 구응법을 적용하거나 弱을 生扶하여 스스로 살아가도록 유도하기도 한다. 가령 甲木과 庚金의 힘이 동등할 때는 壬水를 써서 통관한다는 의미고, 庚金이 힘이 旺하고 甲木이 弱할 때는 丙火로 庚金을 制해서 甲木을 구하는 구응법도 있지만, 癸水로 甲木의 힘을 길러주는 生扶하는 방법도 있는 것이다. 이것이 抑扶用神의 방법이다.

强弱의 불균형뿐만 아니라 旺衰의 경우도 生化와 泄化에 각기 적용함에 주의해야 한다. 生化방법과 泄化방법은 旺衰에 따라 다르다. 丙火가 旺하면 甲木이 木生火를 하려면 힘이 모자란다. 이런 경우 甲木은 衰하고 丙火는 旺해서 泄氣가 되니 이때 癸水로 甲木을 生해 주는 生化법이라 한다. 또 癸水가 丙午라면 旺衰가 다르니, 癸水가 丙火에 의해서 泄氣가 너무 심하니 火多水渴될 우려가 있으니 金生水로 生化할 것이냐 火로 泄化할 것이냐의 문제다. 이때는 戊土로 丙火를 泄化해서 火氣를 잠재워 주어야 한다. 이런 방법을 택하는 것이다.

이런 抑扶방법을 調候用神을 쓰는 방법은 빼고 抑扶用神으로 대략적으로 설명하는데 이는 六神으로 설명을 하기로 한다. 子平眞詮 論用神편에서 財星 正官 印星 食神은 用神이 善하니 順用하는 것이다. 相生을 해서 사용한다는 뜻이다. 格用神을 말하는 것이다. 偏官 傷官 劫財 陽刃은 用神이 善하지 않으니 逆用을 하는 것이다. 用神이란 月令에 있으니 用神이라 한다. 五行으로 표시한 것을 六神으로 바꾸기 위한 작업이다. 당연히 順을 만나면 順하고, 逆을 만나면 逆한 것이니 마땅한 배합을 얻어야 貴해진다. 여섯 개는 順을 만나야 貴해지고, 네 개는 逆을 만나야 貴해진다. 여섯 개의 格은 生化하여야 貴해지고, 네 가지 格은 逆을 만난 다음 다시 順을 만나야 貴

해진다는 것이다. 傷官格은 正印을 만나 佩印을 한 후, 다시 傷官格을 구하는 正財도 있어야 貴해지는 것이다. 그러니 책 나름대로 해석은 했지만, 우리가 해석할 때는 각기 다르게 해석을 해야 한다.

그리고 財星은 食神이 喜神으로 相生을 해야 마땅한 것이다. 그리고 財生官이 財星을 보호해야 한다. 財星은 食傷으로 生을 받아야 마땅하다. 이는 貴하다는 뜻이다. 그리고 보호를 받아야지 지킨다는 뜻이다. 내가 相生을 받으면 貴한 것이고, 내가 相生을 하면 貴함을 오랫동안 지킨다는 뜻이다. 財格은 食傷으로 相生을 받아야 貴하고, 官殺을 生해야 귀함을 오랫동안 지킨다는 것을 의미한다.

正官은 財星으로 財生官을 받아야 貴해지고 正印이 官印을 이끌어 나가야만 오래도록 貴함을 유지 보호한다. 印星은 官殺로 相生을 받아야 貴해지고, 比劫을 生하여 財星을 제압하여야 印星이 보호되니 貴함을 오랫동안 유지한다는 의미다. 그런데 食神은 日干이 身旺으로서 相生하여야 한다. 또한 比肩도 있어야 한다. 比肩 또는 根旺으로 相生을 받아야 마땅하고 貴하고 財星을 相生하여야 귀함을 오래도록 지킨다는 것이다. 이것이 順用格에 대한 내용이다.

食神格은 比肩으로 生化를 받아야 貴하고, 偏財를 生化하여야 貴함이 오래간다. 이것이 格局의 喜忌神이다. 만약 比肩이 生化한 食神이 殺을 制하면 功을 세운다고 한다. 食神의 生을 받은 偏財가 偏印을 剋하면 功을 세운다고 한다. 그럼 格이 功을 세운 것이 있고, 보호자가 功을 세운 것이 있다. 이런 功을 세우는 게 生化剋制인데, 이것을 救神이라 한다.

生했으면 剋도 해야 한다. 이와 같은 내용으로 볼 때, 順用하는 格은 生

化를 받음으로서 환경에 적합한 능력을 만들고 이는 貴해지는 것이고 泄化하는 것으로서 능력을 발휘함으로 자신을 오랫동안 보존하는 것을 말한다.

즉 ① 사람 사는 세상 속에서 格으로 부여된 임무가 무엇인지 알고, ② 生化를 받아서 부여된 임무를 수행할 준비를 하고 ③ 泄化를 해서 자기가 맡은 바 임무를 수행하는 것이다. 이렇게 세 가지로 구성되었다. 나머지 두 가지는 忌神인 것이다. 忌神에 대해서는 제압해서 功을 세우면 되는 것이다. 그러니 타고난 貴함과 보호자가 우선이다. 이것이 있고 功은 나중에 세우면 된다. 어떤 사람은 生化와 泄化도 하지 않고 忌神이 있는 사람은 준비도 없이 功을 세우려고 했으니 실패할 것이다. 功을 세우려다 실패하는 경우도 많다.

마땅치 않은 格은 逆用하는 것으로, 偏官은 食神으로 굴복시켜야 마땅하고, 財星으로 바탕을 삼아 印星을 도와야 다툼이 없다. 偏官格이란 食神으로 굴복을 시켜야 貴하다. 그러나 格을 만들고 보호해야 한다. 그럼 偏財로 偏官格을 生해야 하고, 偏官은 또 偏印을 生해야 오랫동안 格을 유지하니 세 가지가 필요한 것이다. 나머지는 順用과 똑같다. 傷官格은 正印의 법도로서 굴복시키는 것이 貴한 것이고, 傷官의 기운을 正財로 泄化해야 계속 格을 보호한다. 劫財가 또 傷官을 生해 주어야 마땅한 짓을 하는 것이다.

陽刃은 官殺로 굴복시킴이 마땅하고, 官殺을 갖추지 않은 것은 꺼린다. 偏官格과 傷官格과는 다른 점이 있는데, 月令에서 比劫이 透干된 경우, 官殺이 굴복시킴이 마땅하고, 財利를 좋아함으로 比劫이 食傷을 생하고 財星

을 도움이 이롭다고 했다. 陽刃 建祿格이 比劫이 透干되면 財利로 간다는 것이다. 이때는 食傷을 좋아함으로 比劫이 食傷을 生하면 財利행위를 하고, 財星이 있으면 돈을 많이 번다는 뜻이다. 그러니 比劫이 透干되면 財利로 異道를 하는 것이다. 食傷이 있으면 행위를 하고, 財星이 있으면 돈을 많이 버는 것이다. 이렇게 3단계로 구성이 되어 있다.

이와 같은 내용을 볼 때 逆用하는 格은 制化로서 사회에 적응에 필요한 자격조건을 갖추고, 다음으로 相生의 도리로서 능력을 발휘함으로 살아가도록 설명하고 있다. 그러니 逆用은 制化를 하면 貴格이 되고, 다시 또 順用처럼 相生을 해야 格을 보존하고 오랫동안 유지한다는 뜻이다.

하지만 매우 걱정스러운 格들이 있다.
만약 살인상생이라면 偏印格의 살인상생과 偏官格의 살인상생과 食神格이 식신제살한 殺印相生이 모두 다르다. 이걸 구분해야 한다. 또 正印格의 官印相生, 正官格의 官印相生, 傷官格의 상관패인된 관인상생이 모두 다르다. 이렇게 다른 것에 대한 구분을 뚜렷하게 하라는 것이다. 이것을 별도로 설명을 해야 한다.

偏官格의 格局 用神은 食神이 된다. 食神은 逆用이라 해서 자격 조건을 갖추다. 귀하다. 마땅하다. 偏官의 살성을 제압할 수 있는 자격 조건을 갖추는 것이다. 다음에 偏印으로 救해야 한다. 만약 格이 生化를 하는 것은 偏官格을 오랫동안 보호한다는 의미다. 偏官格을 偏財가 生을 해야 하는데, 이것도 자기 개인과 환경에 부합된 행위를 하는 것이다. 자격 조건에 맞는 부합된 행위로 相生을 한다.

傷官格도 正印으로 傷官을 다스리는 자격 조건을 갖춘다. 傷官이 법을 어기는 행위를 하는 것을 관리하는 자격을 갖추는 것이 傷官格의 正印이다. 무법으로 행동하거나 무자격으로 행동하는 傷官을 관리하는 것이 正印이다. 傷官格은 正印이 패인(佩印)을 해야 보호를 받는다. 통변하면 傷官格을 보호하기 위한 안전자산을 갖추다. 劫財는 傷官格의 역할을 위한 배경이 되어 준다. 凶神格을 相生하는 것은 배경이라고 했다. 자신이 相生을 하는 것은 위엄을 갖추거나 자산을 갖추거나 무언가를 갖추는 행위이다.

陽刃格은 偏官으로 살성을 갖추게 한다. 陽刃의 온순함을 깨워서 살성을 갖추게 한다. 甲木이 卯月이면 卯의 온순함을 깨워서 살성을 갖추게 한다. 강인함을 갖추게 한다. 훈련이나 어려움을 통해서 강인함을 갖추게 하는 것이고, 그런 다음 偏印이 偏官을 보호해야 한다. 그래서 영역을 지키기 위한 능력을 갖춘다. 偏財로 또 生化를 받아야 한다. 이는 陽刃의 활동영역이 된다. 이런 식으로 10가지 格局用神을 설명한다.

格局의 喜忌神은 인과(因果)에 의한 출생 내력에 따라 자연스레 부여받은 임무를 수행하는 과정에서 개인의 환경 적응력과 시공간의 적합성이 자연적으로 이루어지도록 돕는 의미가 있다. 하지만 태과불급을 조절하는 抑扶用神은 개인적 판단과 그에 따른 결정, 그리고 실천에 따른 차별화된 과정과 결과를 만들어 낼 수 있다. 하지만 결코 자연스럽진 못하다. 판단해야 하고 그에 따른 결정과 실천이란 3단계 방법을 통해 차별화한다. 아무리 抑扶用神이 있다고 해도 판단과 결정 그리고 실천이 없으면 효과가 없는 것이다. 그러니 스스로 결정하고 실천하는 방법에 따라 길흉이 다르게 나타나는 것이 抑扶用神인 것이다. 이에 따라서 사주 원국에 적용할 수 있는 抑扶用神이란, 有用之神이 사주에 있을 경우는 스스로 실천하여 결과를 거두는 방면에, 없는 경우는 타인과 더불어 협력관계를 맺어야 효과를 거둘 수가 있다(格局의 喜忌神도 마찬가지 역할이다).

만약 偏印格이라면 相神이 偏官이고 救神이 比肩이다. 그럼 偏官이 없으면 자신이 하는 것이 아니라 타인이 하는 업무 속에 내가 들어가 있는 것이다. 만약 比肩이 없으면 자기가 자기를 지키지 않으니 남이 나를 지켜주는 것이다. 그러니 貴하게 만들어 주는 偏官이 없으니 타인이 자신을 貴하게 만들어 주는 것이고, 자기를 지키는 것도 比肩이 없으니 타인이 자신을 지켜주는 것이다. 있으면 자신이 하는 것이고 없으면 타인이 한다. 抑扶用神도 마찬가지다. 만약 태과불급이 잘못되어 위기가 왔다면 抑扶用神이 있으면 자기가 하고, 자기가 하는 단계는 3단계이다. 판단과 결정 그리고 실천이다. 그것으로 길흉이 달라진다. 그러니 차라리 없는 것이 더 낫다. 그럼 억부용신이 있는 사람은 없는 사람에게 견뎌 줘서 고맙다고 한다. 억부용신이 없는 사람은 있는 사람에게 '왜 더 많이 안 주느냐'고 불평을 한다. 이렇게 내용이 다르다.

예를 들면 正官格이 比劫이 없으면 명예보다는 재물을 선호함으로 직장을 오래 다니지 않고 사업으로 전향하게 된다. 正官格이 比劫이 없으면 財生官이 안 되는 것이니 직장을 오래 다니지 않는다는 것이지, 안 다니는 건 아니다. 正官格은 比劫을 制해서 財生官을 이루어야, 나이를 먹어서 조직의 수장도 되고 직장도 오래 다닌다는 것이 머릿속에 들어가 있어야 한다. 抑扶用神은 印星으로, 比劫이 없으면 財生官이 안 되니 지위로 가지 못하고 실력으로 해야 한다. 財生官이 되어도 나이를 먹으면 안 되는 것이다. 오랫동안 하는 것이 안 되는 것이다. 抑扶用神은 印星으로 지적능력을 갖추고, 직장생활을 통하여 경험과 능력을 만들고 지적능력에 대한 적응력과 사회적합성을 높인 연후에 사업에 참여하기를 권장해야 한다.

그러니 正官格은 항상 지위 능력이 있어야 하는데, 比劫이 없으면 경쟁자가 없으니 직장을 오래 다니지 못한다. 무작정 나가면 할 게 없는 것이다. 동서기 40년 하고 퇴직하면 할 게 없으니 印星을 抑扶用神으로 쓰면 실력을 갖춘 다음 퇴직을 하는 것이다. 할 일이 마땅찮으면 직장 다니면서 공인중개사라도 따 가지고 가란 것이다. 이런 식으로 抑扶用神을 보는 것이다. 한 格당 다섯 개씩 抑扶用神을 잡는 것이다. 통관(通關), 제화(制化), 생부(生扶), 생화(生化), 설화(泄化) 등 다섯 개가 나왔다.

正官格이 比劫이 많으면 조직에 충성하기보다는 분권(分權)을 선언하므로 조직 생활이 오래가지 못하고 분권된 체제를 선호함으로 독립생활로 전환하게 된다. 抑扶用神은 官星으로, 직장생활을 통하여 대외관계에 적합한 부속조직을 관리하는 권한대행을 만들어서 독립하기를 권장한다. 正官格에 比劫이 많으면 지위나 권한을 財生官으로 가지고 있어야 한다. 그러나 比劫이 많으면 1인 치하에는 안 되고 분권을 좋아하니 독립을 하게 되는데 권한을 가지고 나가는 것이니 대행 사업을 하라는 것이다. 그래서 正官이 抑扶用神이 된다.

正官格이 身旺하고 官이 弱하면, 조직 관리자에게 충성하지 못하니 독립을 선언하고 자율적인 삶을 선호하는 것이다. 比劫이 많으면 독립적으로 활동하는 것을 좋아하는 것이다. 官이 弱하면 조직의 독립은 하지 않지만, 월권을 별로 좋아하지 않으니 독립이 아니라 자유를 선호한다. 충성심 결여 현상이다. 자유를 선호함으로 사업을 꿈꾸는 직장인처럼 직장생활을 하다가 독립 사업을 실천하게 될 것이다. 抑扶用神은 財星으로 실용적 방법을 통한 돈 벌기 양호한 종목으로 자격조건을 갖추어서 사업에 참여하기를 바란다. 아무리 재주와 능력이 좋아도 그걸로 사업을 하려고 하지 말고, 돈을 잘 버는 것으로 하라는 것이다. 그러니 여기서 자기 전공이나 경험과 경력을 살리지 말고 돈 잘 버는 업종으로 하라는 것이다.

正官格에 官旺身弱하고 또 偏官도 있으면, 官旺하고 신경(身經)하니 殺旺身輕하여 日干이 지나치게 弱하고 官殺이 旺하니 사회 적응력과 개인적 필요 충족조건이 부족하므로 적응력 부재, 과중 과로에 시달린다. 직장생활을 하다가 감당하지 못하니 타의나 배우자에게 의지하게 된다. 抑扶用神은 食傷으로 환경적 어려움이나 개인적 힘겨움을 극복할 수 있는 전문성을 갖추어야 삶의 고단함에 대항할 수 있다. 만약 食傷이 없으면 의존만 하는 과중 과로 형태이지만 食傷이 있으면 자기의 전문성을 가지고 의지하는 것을 말한다.

正官格이 財多身弱하면 財星이 지나치게 많아서 환경지배력이 부족하여 직업적 권한과 재물에 대한 권리를 행사하지 못함으로 타인의 처신에 따라 자신의 운명이 결정되게 된다. 抑扶用神은 比劫으로 대등한 관계인 배우자나 기타 타인과 관계를 맺어 역차별받는 삶을 벗어날 수 있다. 만약

比劫이 없으면 부옥빈인(富屋貧人)이라 하여 차별받는 하층민이 된다. 부인에게 구박받는 남편이 된다.

3. 成格과 破格 구분

　成格이 되는 경우 相神에 의해서 이루어진다. 破格이 되는 것은 成格의 몰락에 의해서 이루어진다. 破格이 두 종류가 있는데 환경이 설정되지 못해서 破格된 것과, 개인적인 성향에 의해서 破格된 것이 있다. 相神이 있으면 成格, 相神이 없으면 破格인데 이때 상신이란 환경을 의미한다. 그런데 正官格이 日干이 根旺하면 자기가 破格을 한 것이다. 이렇게 두 가지로 구분된다. 자기의 개인적인 성향의 破格이냐, 환경적 破格이냐를 구분해 달라는 것이다.

4. 六神 看命법

　六神의 운명적 의미는 살아가는 대인관계 방법론을 제시한다. 사람과 사람의 대인관계 방법을 제시하는 것이 六神의 간명법이다. 간명방법은 相生관계와 相剋관계, 그리고 相剋관계 속에 相合관계를 보는 것이다. 큰 틀은 相生과 相剋 두 가지인데 자세하게 나누면 相合까지 세 가지가 된다. 食神이 偏財를 만나면 무슨 관계이고, 食神이 正財를 만나면 무슨 관계이고, 食

神이 偏官을 만나면 相剋인데, 食神이 正官을 만나면 合이다. 이것이 인관관계에서 어떻게 나타나는지 알아야 한다.

가령 庚金이 未月이면, 未가 소속이고 庚金은 이름이다. 그럼 格을 정하러 가는데 그해 小雪 절기가 시작되는 순간부터 계산해서 12일은 正官格이다. 그러나 亥卯未 三合이 되면 正財格이 먼저다. 正財格이 丁火에서 三合을 했으니 財生官이 된다. 그러니 正財格의 財生官이고, 삼합이 안 되었으면 正官格인데, 財生官이란 말을 할 수가 없다. 12일이 끝난 이후부터 18일은 己土에 用事하니 正印格이다. 亥卯未 三合이 되면 正財格의 財剋印이다. 그런데 亥卯未 合木이 안 되면 그냥 正印格이니 財剋印을 받지 못한다. 그럼 돈은 벌지 못하는 것이다. 그러니 正財格의 財剋印이 되면 안전자산권도 갖추게 된다는 말과 같다. 財剋印은 印星과 財星을 둘 다 갖추었다는 의미이다. 印星이란 학문적 가치와 財星이란 재물적 의미를 둘 다 갖춘 것이다. 모두 月令에서만 이루어져야 한다.

여기서 旺衰强弱이나 抑扶用神 등은 위의 다른 것을 보면서 해야 한다. 여기까지가 자기가 타고난 것이고, 이것으로 운영을 어떻게 해야 하는 것은 天干에 세 개가 있고, 地支에 내려오면 세 개가 더 있는 것이다. 그럼 모두 여섯 개가 살면서 어떻게 하는지 봐야 한다.

戊土가 巳月이면 丙火가 祿支로서 偏印格이다. 그런데 丙火가 透干되지 않고, 庚金에 司令하고 庚金이 투간되고 巳酉丑 金局이면 食神格으로 倒食이다. 巳月이란 偏印 구역에서 食神格이 倒食된다. 그럼 偏印 동네로 가서 약사(藥師)를 하라고 한다. 丙火가 透干 되었으면 偏印格이고, 倒食이 되지 않으면 약사는 되지 못하니, 영양사가 되고, 영양사가 되지 못하면, 조리사가 되는 것이다. 이렇게 格을 잡아서 그에 합당한 행동을 보이는 것이다.

乙木이 子月에 壬水가 司令하면 正印格이고 이후는 偏印格이다. 壬癸水가 透干되지 않으면 偏印格이다. 그럼 다른 건 타고나지 못했다. 子午卯酉는 辰戌丑未나 寅申巳亥처럼 조건이 정해지지 못했다. 그래서 偏印格은 무엇을 만나느냐에 따라 그때그때 다르다. 偏印格은 殺을 만나야 한다. 殺을 만났으면 임무가 주어지는 것이다. 偏印格은 格 用神은 偏官과 比肩이다. 格用神으로 사는 사람이 많지 않으니 抑扶用神으로 보는 것이다. 대다수 抑扶用神으로 넘어가서 보는 것이 더 정확할 수가 있다.

甲木이 巳月이면 丙火가 득록(得祿)하니 食神格이다. 그런데 庚金에 司令하고 巳酉丑 合金에 庚金이 투간되면 偏官格이 食神制殺한다. 偏官格이 制殺을 하는 것과, 食神格이 食神制殺을 하는 것은 매우 다르다. 食神格의 格局用神은 比肩을 써서 먼저 능력을 만들고 偏財로 능력을 오랫동안 써야 한다. 그런데 혹시 食神格이 잘못되어 불균형을 이룰 수도 있다. 燥로 불균형이 일어날지 生化剋制로 불균형이 일어날지 모르는 것이다. 그러니 항상 抑扶用神 공부를 해서 有用之神을 잡아야 한다. 甲木이 巳月이면 木火食神格이니 食傷이 지나치게 旺할 우려가 있다. 그럼 자신의 역할에 대한 활용의 우수함과 뛰어난 현장 경험을 보유하고 있음에도 낮은 부가가치로 살게 된다. 그럼 抑扶用神은 印星으로 현장 활동에 필요한 지적능력을 만들기 위해서 형설지공(螢雪之功)을 하게 된다면 문화 예술 등과 같은 커다란 부가가치를 만들 수가 있다.

印星이 지나치게 旺하면 食神格이 相剋을 당할 수가 있다. 다음은 食神格이 日干이 根旺하고 印星이 旺하면 현장 활동에 필요한 지적능력을 만들어서 부가가치를 높이고자 하는 성향이 있다. 이런 성향에 이익까지 충족시키기 위해서는 자신이 원하는 능력보다는 환경에서 필요한 능력을 만들어야 하니 財星의 抑扶用神이 필요하다. 食神格이 日干이 根旺하고 印星이 旺하면 현장 활동에 필요한 부가가치를 높이려 한다. 그럼 財星이 抑扶用神이 되는 것이다.

만약 부가가치를 높여도 財星이 없으면 남이 대신해 주어야 한다. 그러니 매니저가 필요한 사람이다. 그럼 食神格이 比劫으로 身旺하냐 無根하냐에 따라, 日干이 無根하면 자기의 고유한 능력만으로 만사를 해결해 나가기 어려우니 타인과 연대나 연계가 필요하다. 이것이 比劫이 抑扶用神이란 뜻이다. 比劫이 없으면 연대관계가 아니라 타인에게 쓰이는 사람이란 뜻이니 직장을 다녀야 한다. 이런 방식으로 보는 것이다.

여기서 格을 잡을 줄 알아야 하고 取格을 하고, 格局의 相神을 잡아서 높낮이 구분하고, 抑扶用神으로 잘못된 것을 처리하는 방법을 찾는 것이다. 사주의 높낮이는 格局用神으로 찾는 것이다. 살아가는 방법은 抑扶用神으로 잡는다.

22

십정격(十正格) 활용 방법

1. 格의 임무수행 방법

1) 正官格
(1) **官印相生**
(2) **傷官佩印**
(3) **財生官**
셋을 다 할 수도 있고 둘만 할 수도 있고 하나만 할 수도 있다.

2) 偏官格
(1) **食神制殺**
(2) **殺印相生**
(3) **財生殺**

3) 正印格
(1) **官印相生**
(2) **傷官佩印**: 正印이 전체 목적을 위해서 전문능력을 가진 것이다.
(3) **財生官**: 正官格과 똑같은데 출발이 正印인 것이다.

4) 偏印格
(1) 殺印相生
(2) 도식(倒食)
(3) 財生殺

5) 食神格
食神生財 + 財生殺
또는 食神制殺,
또는 食神 + 正官(食正官合)

6) 傷官格
傷官佩印 + 官印相生
또는 傷官生財+財剋印
'또는'이란 이런 방법과 저런 방법이 있다는 뜻이다.

7) 正財格
傷官生財 + 財生官: 소유 활동을 하기 위해 조직체계를 갖추다.
또는 傷官生財 + 財剋印: 소유 활동을 하기 위해 국가자격증을 취득하다.

8) 偏財格
食神生財 + 財剋印
또는 食神生財 + 財生殺

9) 陽刃格

殺印相生 '또는' 食神生財

10) 建祿格

官印相生 '또는' 傷官生財

格과 用法을 말한 것이고, 임무수행 방법을 말한 것이다.

2. 格과 성립요건 (임무수행 분류를 더 세분화)

1) **傷官格**: 印旺 즉 傷官佩印

2) **偏官格**: 根旺 즉 食神制殺

3) **陽刃格**: 財生殺로 殺旺 즉 殺印相生

4) **建祿格**: 財生官으로 官旺 즉 官印相生

傷官格, 偏官格, 陽刃格, 建祿格은 위의 성립요건이 안 되면 무자격이니 지위를 가질 수 없다.

5) **食神格**: 根旺으로 능력을 갖춘 후 食神制殺과 食神生財한다. 또는 比旺으로 차용한 능력을 활용하여 制殺과 生財한다.

6) **正官格**: '財生官된 官旺으로 지위의 높낮이'를 체크한다.
'正印(官印相生)으로 실력의 깊이'를 체크한다.

7) **正印格**: 正印格은 印旺해야지, 根旺하거나 比旺하면 안 된다. 根旺하면 명령수행을 하기보다 자기 주도력을 갖기 원한다. 또 比旺하면 명령수행을 하지 않고 다른 사람의 말에 유혹당한다. 그러니 필요한 것보다 필요 없는 것이 있으면 안 된다는 것이다.

8) **偏印格**: 無根하거나 偏印 자체가 根旺하여 倒食하면 안 된다. 그래야 위에서 말한 相生식이 원활하게 되는 것이다.

9) **正財格**: 根旺으로 傷官生財한 후에 印旺으로 財剋印하여 지적재산권을 겸비한 가치 있는 인물이 되어야 한다. 만약 根으로만 旺하면 傷官生財 + 財生官으로 살게 된다. 즉 財剋印이 없는 것이다. 여기서 財剋印은 지적재산권을 말하는 것이다.

10) **偏財格**: 根旺으로 食神生財하여 능력을 발휘하고, 印旺으로 財剋印하여 지적재산권을 가진다. 만약 根으로만 旺하면 食神生財 + 財生殺로 살게 되므로 아침부터 저녁까지 일해야 하고, 財生官이 되면 관리업무도 해야 한다.

지금까지 格과 성립요건 중에 방법에 대한 구분을 지어 준 것이다.

3. 日干의 用法 (업무 내용)

1) 甲木日干
癸, 丙, 丁, 庚金으로 용법을 쓰니(格에 대한 자기 활용) 첫째 正印을 쓰고, 둘째 食神을 쓰고, 셋째로 傷官을 쓰고, 넷째로 偏官을 쓴다.

2) 乙木일간
丙, 癸, 戊, 庚金을 쓰니 첫째 傷官을 쓰고, 둘째 偏印을 쓰고, 셋째 正財를 쓰고, 넷째 正官을 쓴다. 癸水를 쓰는 것도 甲木에게는 正印이고 乙木에게는 偏印이 된다.

예) 戌月 乙日干의 용법
乙木은 寅午戌 火局이 없으면 偏官格이다.
① 丙火로 傷官合殺을 쓴다.
② 癸水로 殺印相生을 쓴다.
③ 戊土로 財生殺을 쓴다. 偏財가 아니라 正財가 하는 것이다.
④ 庚金을 쓰면 官殺혼잡을 사용한다는 의미다. 官殺혼잡을 사용한다는 것은 two job을 한다는 의미다. two job을 하기 싫으면 무엇을 열심히 배우러 다니는 것이라도 하면 된다. 偏官의 힘겨움을 正官으로 하는 것이다. 官殺이 혼잡되면 활용법에 집착해야지 쓸데없는 소리에 집착하면 안 된다. 이런 설명을 格에 맞추어서 해야 한다.

3) 庚金일간
丁, 丙, 癸, 甲을 쓴다.

즉 正官, 偏官, 傷官, 偏財를 쓴다.

4) 辛金일간

壬, 戊, 丁, 甲을 쓴다.

즉 傷官, 正印, 偏官, 正財를 쓴다.

예) 子月 辛金일간

子月에 癸水가 있으면 食神格이고, 辛日干은 壬水 傷官을 쓴다. 즉 食神格은 내 능력을 만들어 연구개발하는 것인데 傷官을 쓰니 남과 경쟁하기 위한 것을 만들려고 한다는 의미다. 또한 辛일간은 戊土 正印을 쓰고 丁火 偏官을 쓴다. 偏官을 쓴다는 것은 유행이나 환경에 맞춘 제품 업그레이드 및 A/S, 잘못될 경우를 염두에 둔 risk까지 참작한다는 것이다. 甲木은 正財를 쓰는 것은 오래도록 유지되기 위한 지적재산권을 확보하려는 것이다.

5) 癸水일간

己, 庚, 甲, 丙를 쓴다.

즉 偏官, 正印, 傷官, 正財를 쓰려고 한다.

6) 丁火일간

己, 甲, 庚, 壬을 쓴다.

즉 食神, 正印, 正財, 正官을 쓴다.

예) 丁火日干 戌月

偏財格이므로 경영을 하려고 한다.

己(食神): 현장능력을 만드는 것이다. 己土를 쓰면 食神生財가 된다.

甲(正印): 지식능력을 만드는 것인데 偏財格에 財剋印이니 지적재산권이다. 印星이 財剋印을 맞으면 시장에 필요한 지적능력, 印星이 食傷을 누르면 직장생활에 필요한 지적능력이다(傷官佩印).

庚(正財): 운영, 경영을 통한 경제효과를 얻어내는 것이다. 재테크에 능할 수 있다. 財星이 둘이니 부인이 둘이란 말은 하지 마라.

壬(正官): 財生官한다. 경영에 운영이 되니 조직력도 발휘할 수 있다. 偏財格은 財生殺을 해야 한다.

7) 己土일간

癸, 丁, 甲, 庚을 쓴다.

즉 偏財, 偏印, 正官, 傷官을 쓴다.

능력이 있으려면 癸, 丁이 있어야 하고 능력이 드러나려면 甲木이나 庚金이 있어야 한다.

8) 丙, 壬, 戊일간

丙, 壬, 戊 일간은 일반 사람이 아니니 자기가 주장하는 것을 내세우는 게 아니라, 남이 원하는 것을 들어준다. 성인군자와 같다. 자기가 원하는 대로 살려고 하지 않고 순리대로 살려고 한다. 日干의 용법을 사용하는 게 아니라, 무슨 格이냐에 따라 다르게 봐야 한다.

예) 辰月 戊土 日干

乙木이나 癸水가 格이 되므로 正官格이거나 正財格이 된다.

만약 正官格(乙)이라면 丙火로 官印相生을 원하고, 또 癸水로 財生官을 원하고, 庚金으로 食正官 合을 원한다.

그런데 戊土일간이 巳月이나 亥月이면 丙火나 壬水가 된다. 그럼 日干도 왕인데 格도 왕이다. 이런 경우는 어디에 초점을 맞추어야 할지 따로 구해야 한다. 戊土 日干의 偏印格(巳) 偏財格(亥)은 따로 용법을 구하는 것이다. 偏印格은 殺印相生+倒食+財生殺 해야 한다. 偏財格은 食神生財+財剋印 또는 食神生財+財生官이나 財生殺해야 한다. 이때 財生官을 하면 모양이 달라지는 것뿐이다. 이렇게 戊土 丙火 壬水는 기법으로 살려고 하지 않고, 순리대로 살려고 하는 것이다.

예) 甲木日干 正財格 임상

(1) 취격(取格)

丑月 또는 未月에 낳고, 己土에 司令하고 合局이 없고,

戊土가 투간되지 않으면 正財格이다.

(2) 格의 임무 수행 방법 + 성립요건

① 丑月 正財格: 財生官 + 官印相生이 성립되어야 하며, 大運에서 巳酉丑 合局이 이루어지면 등과(登科)하게 된다. 현대적 용어는 공무원이 된다는 의미다. 正財格은 傷官生財 + 財剋印 또는 傷官生財 + 財生官하는 것이 원칙인데, 丑月 正財格은 財生官 + 官印相生 한다. 이는 조직에서 임무를 수행하려고 官印相生하는 게 아니라 傷官을 제압해서 官印相生하려는 것이다.

② 未月 正財格: 傷官生財 + 爭財가 성립되며, 大運에서 亥卯未 合局이 되면, 능숙한 인물이 경영권을 양도해 가므로 재산탕진의 기회를 만나게 된다. 日干이 根旺하면 내가 능숙한 인물이 되어 남의 경영권을 양수해 올 수도 있다.

(3) 日干의 用法
甲木日干은 癸, 丙, 丁, 庚을 쓴다.
丑月 甲木日干은 丙火를 써서 食神生財하고 癸水를 써서 財剋印한다. 지적재산권을 확보하기 위해 食神生財하는 것이다. 국가자격증을 확보하고 경제활동을 한다. 만약 丑月에 癸水를 써서 국가자격증을 땄는데 사주에 丙火가 없으면 食神生財로 경제활동은 하지 못하고 조직 활동만 해야 한다. 丙火가 없으면 丁火로 傷官生財해도 된다. 즉 지위를 따질 것 없이 예술가나 기능직을 하면 된다. 庚金을 쓰면 財生殺이 되므로 조직에서 시키는 대로 하고 살면 된다. 보통 日干의 用法은 세 개 정도를 쓰는데 用法이 없으면 쓰지 못한다. 만약 正官格이 官印相生을 했는데, 日干은 用法이 없다면 자기 업무는 없는 것이다. 이는 전문성이 없는 것이니 조직에서 시키는 대로만 하면 된다는 뜻이다.

日干의 用法은 '나는 이런 업무를 하고 싶다'는 '업무 내용'을 판단하는 것이다. 예를 들어 正官格이 官印相生과 傷官佩印 그리고 財生官하지 않고 傷官生財를 하겠다는 사람도 많다.

예) 甲木日干의 用法
癸, 丙, 丁, 庚이 用法이다.

癸: 官印相生으로 임무 수행을 하고 싶다.
丙: 食神 + 正官하여 대행업을 하고 싶다.
丁: 傷官見官, 지적능력뿐 아니라 기술이나 예체능으로 살고 싶다.
庚: 사법관을 하고 싶다.

日干의 용법에 따라 일의 업무가 달라진다. 두 글자가 합쳐지거나 세 글자가 합쳐질 수도 있는데 그때마다 업무 내용이 달라진다.

戌月 甲木日干이면 癸水를 先用할 수 없고, 丙火나 丁火를 먼저 쓴다. 그러므로 傷官見官 格인데 이는 오랫동안 사용해서 쓰러져 가는 것을 복구하라는 의미다. 傷官見官은 피해받고 소외당한 많은 사람을 바로잡는다는 뜻이다(복구직).

예) 丑月 辛日干 食神格 임상
戌 辛 辛 丙 坤
戌 亥 丑 子 1

食神格은 食神生財+財生殺(안 된다)
또는 食神生財+財剋印(안 된다)
또는 食神制殺 또는 食正官(안 된다)

이것이 食神格의 기본 相生相剋식이다. 즉 직업의 틀이 된다. 巳酉丑 合局이 있으면 주변의 전문가들이 즐비하니 그 틈에서 살아야 한다. 丑月 食神格은 比旺하니 능력 있는 사람을 채용해서 쓸 수 있다. 남을 시켜 놓고 다른 일을 할 수도 있다. 辛金이니 陰日干이므로 食正官合이 되지 않으니 대행업은 하지 못한다. 陰日干은 食神이 正印과 合을 하는데, 이는 물질문명의 풍요를 누리기 위해 正印의 지식문명을 받아들이는 것이다. 食傷이 官殺과 合하지 않고 印星과 合을 하면 예체능 분야로 가게 되는데 흔히 연예인으로 가는 경우가 많다. 예체능의 능수능란함을 자격화하기 위해 가는 것이다. 만약 印星이 財星과 合을 하지 않고 食傷과 合을 하면 지적능력을 통해 물질문명으로 간 것이다. 이는 작가가 발표하러 간 것과 같으니 산학협력이라 한다. 이 사주는 상생식이 되는 것이 없으니 최고 편한 사주이다.

陰日干의 食神格은 食神生財 또는 食神制殺 또는 印星을 만나 印我食으로 가게 된다. 사주에 乙木이 있어 食神生財가 되면 능력을 통해 소유행위를 하러 가고 己土가 있으면 財剋印으로 지적재산권이 된다. 그럼 다시 食神生財해서 부를 누릴 수 있다.

4. 十正格의 활용방법(임무수행 방법)

1) 正官格

(1) **官印相生**: 임무를 수행하다(업무).

官印相生은 正官과 正印의 相生관계를 설명한 것이다. 생활에 나타나는 현상은 가정조직과 사회조직을 안전하게 운영하기 위한 직무(正官)와 직무수행(正印)관계와 같다.

(2) **傷官佩印**: 뛰어난 업무수행능력.

正官格이 根旺하면 傷官을 누를 수가 없어 傷官佩印을 할 수 없다.

(3) **財生官**: 책임자가 된다(직무를 부여받다).

財生官은 正財와 正官의 相生관계를 말하며 조직을 관리하는 책임자의 위치를 뜻하기도 한다.

① 官印相生(직위에 따른 직무수행능력) + 財生官(직무관리능력)
　　→ 상하관계에서 비롯된 직무관리자로서 책임자 역할이다.

② 傷官生財(이익, 실적향상능력) + 財生官(실적관리능력)
　　→ 이윤에 대한 직무관리이다.

正官格이 根旺하면 官印相生을 하는 게 아니라 傷官生財를 하려 한다. 이때는 傷官生財형 財生官을 한다. 즉 이윤을 내기 위한 곳으로 간다.

(4) **制劫**: 뛰어난 직무 수행능력을 인정받다.

正官格은 官이 자신에게 시키는 일을 印星의 지적능력을 통해 임무를 수행하는 것인데, 만약 根旺하거나 파격이 되면 임무 수행을 傷官으로 하게 된다. 이는 조직을 위해서 일하는 것이 아니라 백성들을 위해서 일하는 것과 같다.

甲木이 酉月이면 正官格인데 丙火로 食正官 合을 할 수도 있고, 癸水로 官印相生할 수도 있고, 丁火로 傷官見官을 할 수도 있다. 丁火로 傷官見官할 때 根旺하면 기존 세력보다 더 뛰어난 능력으로 名人이 될 수 있지만, 根弱한데 傷官을 쓰면 반항이 된다.

2) 偏官格

(1) **식신제살(食神制殺)**: 食神制殺은 자격화(라이센스)를 만드는 것이고, 公的인 인물이 되는 것이다. 根旺해야 偏印을 견제해서 식신제살을 할 수

있다. 偏官格은 식신제살부터 해야 한다(逆用). 즉 발령부터 받는 것이 아니라 경쟁부터 해야 한다. 正官格은 취업을 한 후에 임무 수행을 하면 되지만, 偏官格은 학교와 직장 사이에 자격증 따는 기간이 필요하다. 어떤 사람은 대학교 3학년 때 자격증을 취득하는데 어떤 사람은 직장을 다니기 위해 8수를 하기도 한다. 이것이 순용과 역용의 차이다.

(2) 殺印相生: 食神制殺로 자격화를 했으니 전문성에 맞는 임무 수행을 한다.

(3) 財生殺: 권력형 관리자다. 책임자가 되는 것이다.

(4) 制比: 偏官格이 根旺하고 財生殺하여 比肩을 制하면 자치권을 부여받는다. 陰干이 根旺하여 財生殺을 할 때는 合이 있어야 한다. 권력을 잡으려면 실력만 좋다고 되는 것이 아니라 정치적인 힘을 가지고 있어야 한다. 財生殺을 할 때도 五行에 따라 각기 다르게 나타남을 알아야 한다.

(5) 正官格과 偏官格의 다른점
① 日干의 왕쇠(旺衰)가 다르다.
② 正官格은 임무 수행능력이 좋고 지식적이니 착실하기만 하면 된다. 그럼 누구나 할 수 있는 것이다. 평범하면서도 변하지 않는 平安이 있다. 하지만 偏官格은 권력이 있고 상황이 자주 바뀐다. 일을 맡으려는 게 아니라 지위를 차지하려는 경쟁이 항상 있다. 그래서 偏官格은 시비와 구설, 경쟁과 변화를 달고 다녀야 한다.

3) 正財格

正財격의 핵심용어는 '경제'다.

(1) **傷官生財**: 응용력을 발휘하여 경제적 활동을 하다.
(2) **財生官**: 자리가 잡히다, 경영자가 되다, 수익을 보장받고 유지하다.
(3) **財剋印**: 지적재산권을 확보한다.
(4) **傷官生財**: 財剋印을 하면 다시 傷官生財가 살아나므로 풍요와 수익이 확장된다.

正財格의 처음 傷官生財는 응용력이고 財剋印을 한 후의 傷官生財는 풍요를 가져온다. 傷官生財 + 財生官 하려면 根旺해야 하고, 傷官生財 + 財剋印 하려면 印旺해야 한다. 하지만 印星이 너무 왕해서 相神인 傷官을 없애 버릴 정도가 되면 안 된다. 대체로 正財格의 破格은 財多身弱이거나 身太旺이다.

4) 偏財格

偏財格의 핵심용어는 '경영'이다.

(1) **食神生財**: 자신의 능력(根旺 比旺)을 발휘하여 영역확장을 한다.
(2) **財生殺**: 기득권과 조직력을 갖추게 된다. 거래망이 형성된다.
(3) **財剋印**: 지적재산권을 확보하다.
(4) **食神生財**: 풍요로운 삶을 살 수 있다. 사회적 기여를 인정받다.

傷官生財는 수익이 많이 생기는 것이고, 食神生財는 돈을 벌었어도 사람들이 바라볼 때는 사회적 기여가 많은 사람으로 본다(활인공덕).

5) 食神 + 正財

正財의 경영철학은 수익적인 의미이고 偏財의 경영철학은 사회 기여적인 의미다. 食神이 偏財로 食神生財하면 사회에 기여하지만, 正財로 食神生財하면 자기가 취하기 위함이다. 正財는 수익을 취하기 위함이고, 偏財는 경영을 하고자 하는 것이다. 그러니 食神 + 正財는 財生官을 얻지 못하면, 劫財의 爭財현상이 발생하여 편법이나 불법으로 낙인(烙印)되어 경영권을 상실하는 결과를 초래할 우려가 있다.

偏財格은 食神으로 내 능력을 사회에 기여하고 돈을 받는 것인데, 傷官으로 生財하면 수익을 얻기 위해 능력을 내놓은 것이다. 食神이 正財로 食神生財하면 빈축을 사게 될 것이다.

正財格이 이윤을 추구하려면 傷官을 활용해서 타인의 능력을 응용해야 하는데, 食神은 자신의 실력을 발휘하는 것이 된다. 正財格은 傷官生財하고 財生官을 해야 劫財를 制하는데, 食神으로 生財하면 劫財를 制할 수 없다. 추구하는 바가 다르니 爭財를 당하게 된다.

6) 偏財+正官

만약 偏財가 正官과 生化관계로 財生官하게 되면 조직이동을 통해 새로운 환경에서 책임자가 된다. 食神生財 + 財生殺이 안 되고 食神生財 + 財生官이 되었거나, 傷官生財 + 財生官이 아니고 傷官生財 + 財生殺이 되면 하던 곳에서 하지 말고 이동해서 해라. 다른 직장으로 가면 된다. 폐업하고 그 자리에서 리모델링하거나 물건을 교체해서 팔아도 잘 팔린다. 이런 사람은 재혼을 한다 해도 잘 살게 된다.

5. 食神格

食神格의 핵심용어는 '세상에 발휘할 능력을 갖추는 것'이다.

1) **食神生財**: 능력을 세상에 발휘하다.

2) **財生殺**: 名人이 되다. 偏財格의 財生殺은 조직력이고, 偏官格의 財生殺은 권력이고, 食神格의 財生殺은 임무형이다.

3) **食神制殺**: 연구능력을 발휘하여 세상을 구하다(예방), 食神은 위험에 대한 연구능력이 있는 것이다. 노후, 수재, 화재, 병, 의식주를 해치는 것 등을 예방하기 위한 것이다.

4) **印比食**: 功을 인정받는다. 名人이 된다.

5) 기타
 (1) **食神 + 正官**: 食正官合은 陽干만 할 수 있는 것으로 공적 기관이나 공적조직에 능력을 납품하는 것을 말한다(公任). 食神이 물건을 만들어서 운영에 필요한 걸 납품하는 것과 같다.
 (2) **食神 + 正印**: 陰干은 食神이 正印과 合된다. 지적능력 + 물질의 풍요, 食神이란 물질의 풍요를 위해 正印이란 지적능력을 받아들인 것이다. 만약 日干이 身弱하면 남의 상표를 따서 받아들인 것이다. 상표차용이다. 相合은 기업을 이루는데 日干이 약하면 기업을 이루기보다 보좌나 참모를 하는 것이 더 좋다.

6) **印星 + 食神**

印星과 財星의 相合은 지적재산권과 사업권에 관한 것이라고 한다면, 印星과 食傷의 相合은 지적재산권과 기술적 능력을 인정받아 현장에서 발휘할 수 있는 특허권과 같은 것이다. 교육, 생산, 상담, 전시회, 발표회, 판매 등의 분야에서 허가권을 얻어 활동하는 것과 같은 것이다. 특히 正印과 食神의 相合은 공개적이고 투명하게 관리되는 분야로서 마치 유치원처럼 교육 및 약자를 보호하는 분야에서 능력을 인정받아 그 행위를 하는 것과 같다.

7) 食神格의 食神生財와 偏財格의 食神生財의 차이점

食神格의 食神生財가 사업을 한다면 능력을 갖춘 다음에 시작하고, 偏財格의 食神生財는 사업을 시작한 후 필요한 능력을 만드는 것이다. 食神格의 食神生財가 식당을 운영하면 어디서든 항상 자신의 메뉴만 팔고, 偏財格의 食神生財는 장소에 따라 메뉴가 달라진다. 偏財格에 食神生財는 어느 정도 환경변화에 맞추어서 한다.

6. 傷官格

1) **傷官佩印**: 자격 조건을 갖춤, 자격화가 됨.

2) **官印相生**: 傷官佩印하면 官印相生이 되어 자격에 맞는 임무를 맡는다. 급수가 높아진다. 正官格의 官印相生은 조직이나 주군을 위한 것이지만 傷官格의 官印相生은 아랫사람이나 백성을 위한 것이다. 傷官佩印 + 官印相生은 공인(公人)의 삶을 사는 것이다.

3) **傷官生財**: 이익을 위해 산다.

4) **財剋印**: 傷官生財 + 財剋印 하면 다시 傷官生財가 살아난다. 印星을

눌러서 고정관념을 탈피하고 혁신을 이룬 것이다. 傷官格이 財剋印으로 혁신을 이루려다가 잘못되면 갑작스런 심경변화로 속세를 떠날 수도 있다. 혁신은 참으로 어려운 것이다. 주로 아랫사람이 혁신을 이루려고 하는데, 윗사람이 반대한다. 원래 傷官格은 印旺해야 하는데 傷官生財 + 財剋印으로 혁신을 이루려면 根旺해야 한다. 그러면 새로운 유통체계를 확립시킬 수 있다. 하지만 우리나라에서는 부인이나 부모의 반대로 인해 혁신을 이룰 수가 없다. 성공하고 싶거든 나라를 떠나라. 그러면 성공한다. 외국에서 개업해야 한다.

5) 기타: 상관상진(傷官傷盡), 파료상관(破了傷官), 상관합살(傷官合殺), 상관가살(傷官加殺)(일장당관), 진상관(眞傷官), 가상관(假傷官) 등 종류가 많은데 이는 환경에 맞춰 상관이 살아남는 방법들이다.

7. 正印格

正印格은 정책과 기획능력이 있다.

1) 官印相生: 환경에 적합한 능력을 향상시켜 임무를 맡다. 자신의 능력에 맡는 임무를 주는 것이 正印格에 官印相生이다.

2) 傷官佩印: 실력을 인정받아(인물됨을 인정받아) 다시 官印相生으로 지위를 갖춘다.

正印格이 官을 얻지 못하면 傷官佩印만 해서 印我傷의 구조가 된다. 正印格은 財生官한다고 해서 지위가 높아지는 것은 아니라, 소임이 높아지는 것이다. 正印格인 학교 선생님이 財生官을 갖추고 있으면 교감이나 교장 선생님이 될 수 있다. 이는 지위라기보다는 소임을 맡는다고 보아야 한다. 正印格에 財生官은 교장이나 연구소장 등이 되는 것이다. 正官格이나 偏官格이 財生官(殺)을 얻지 못하면 지위가 떨어지고 일도 없어지지만, 印星格은 財生官이 되지 않아도 할 일은 남아 있다.

8. 偏印格

偏印이 殺印相生을 해야 하는데 殺은 끊임없이 변한다. 그러므로 전략업무, 비밀업무가 필요하다.

1) **殺印相生**: 감사, 감찰, 내사, 구조조정 등의 특수임무를 부여받는다. 그러므로 공부도 전략적이고 창의적인 것을 해야 한다.

2) **도식(倒食)**: 偏印格의 임무는 마음을 잘못 먹으면 몇 천억도 횡령할 수 있고 정보도 팔아먹을 수 있는 분야다. 그러므로 개인의 권리를 자제해야, 인물됨(청백리)이 있어서 그에 따른 지위가 주어진다.

偏印格에 財生殺은 별 의미가 없다. 왜냐하면 벼슬을 한다고 학자이고 벼슬을 하지 않는다고 해서 학자가 아닌 것이 아니기 때문이다. 官印相生이나 殺印相生은 당연히 財生官(殺)이 되어야 한다. 하지만 偏印格이나 正印格은 지위가 중요한 것이 아니라 역량이 중요하다.

偏印格은 특수임무를 맡는데 그것을 발설하면 안 된다. 회사의 모든 비밀을 다 알고 있다. 그러니 偏印格이 배반하는 날 회사는 망한다. 偏印格이

倒食이 되지 않으면 모두 횡령자다. 대기업이나 국가 공직에 있으면서 가족이나 친척 앞으로 사업을 해서 부자가 된다.

9. 陽刃格

1) 殺印相生: 준비한 능력(殺印)을 활용할 기회를 얻다.

2) 도식(倒食): 殺印相生했으면 倒食해야 한다.

즉 食神을 없애고 殺을 보호해야 한다. 殺印相生으로 충성심을 유지하고 도식하여 개인의 주장을 자제하니 명령수행자로서 특별하다. 특별보좌관이 되는 거다. 남들보다 10분 일찍 오고 남들보다 10분 늦게 간다. 항상 웃으려고 노력하고 설득하고 참으려고 노력하는 것이 보인다. 陽刃格이 殺印相生하고 도식한 사람이 일찍 죽는 이유는 인내를 많이 하고 속으로 삭이는 것이 많아서 그렇다. 겉으로 표를 내지 않으니 속으로 힘들다. 짧은 수명, 긴 명예를 지니게 된다. 자녀가 초등학교 들어가기 전에 죽는 가장도 많다.

10. 建祿格

1) 官印相生: 준비한 능력(官印)을 활용할 기회를 얻다. 은혜, 자비, 사랑, 만인 평등이 들어 있는 官印相生이다. 正印格이나 正官格의 인성은 지식이나 능력이 많지만, 建祿格의 지식이나 능력은 月令에 있는 根에 있다.

2) **傷官佩印**: 어리숙하고 안타깝고 무지한 사람을 보면 동반의식을 보이니 모범을 보이는 것이다. 원래 建祿格에 傷官佩印이란 용어는 없다. 모범을 보이는 것이고 인품이나 백성을 사랑하는 마음이다. 正印格이나 正官格의 傷官佩印처럼 위세를 떨지 않는다. 正印格의 傷官佩印은 실력을 자랑하고, 正官格의 傷官佩印은 임무 수행을 자랑하고, 傷官格의 傷官佩印은 성공한 것을 자랑한다. 建祿格의 傷官佩印은 자기를 낮추는 것이다. 그래서 다시 官印相生이 살아나고 추대를 받는다.

3) **陰 建祿**: 卯月 乙木일간, 午月 丁火일간, 酉月 辛金일간, 子月 癸水일간을 말하는데, 陰干도 陽刃 建祿格으로 인정은 하지만, 陰干은 陽干의 陽刃이나 建祿格처럼 살지 않는다.

예) 卯月 乙木일간

卯月 乙木日干이 庚金을 얻으면 建祿格이 되어, 壬水로 官印相生하고 丙火를 制化해서 다시 官印相生을 얻어야 한다. 하지만 陰干이니 比肩合官을 한다. 이는 권한을 가진 자의 보좌 역할을 하는 것이다. 자신에게 직접 官이 온 게 아니고, 다른 사람에게 온 官을 보좌한다. 수석이 아니라 참모나 보좌가 된다.

끝맺음 말

지금 세상은 온통 코로나-19 전염병 사태로 인해 우리나라뿐 아니라 전 세계가 혼돈의 도가니이다. 얼마 전까지 누려 오던 삶의 패턴이 불과 몇 개월 사이에 송두리째 바뀌고 있다. 이제 모든 이들의 생활문화가 바뀌고 비즈니스 모델의 우선순위가 바뀌고 정치지형까지 바뀌어 가고 있다. 만나서 웃고 즐기던 보편적인 생활문화가 바뀌게 되면 거기에 파생되는 모든 비즈니스 방법도 바뀌지 않으면 안 된다. 대면 문화에 익숙한 삶이 이제 비대면 문화로 급속히 개편되고 있다. 강의실에서 서로 의견을 교환하며 이루어지던 강의 형태도 비대면 강좌인 화상강의로 대체되고 있다. 이제 우리는 변화하는 환경을 인정하고 거기에 맞추어 살아갈 준비를 해야 할 것이다.

이제 우리는 지구의 환경변화에 민감하지 않으면 안 된다. 긴 가뭄과 폭염으로 인한 대형 산불과 같은 자연재해, 지구온난화로 인해 북극의 빙하가 녹아내리고 수면이 상승하면서 생긴 재난에 가까운 홍수의 피해, 그리고 태풍과 지진에 동반된 해일 등 엄청난 천재지변을 대비한 삶을 살아야 할 것이다.

그런 면의 연장선에서 보면 명리학의 기본 이론이 되는 계절별 相生相剋과 用神論뿐만 아니라 육신과 격국에 대한 이론까지도 변화하는 세상에 맞추어 바뀌어야 할 것 같다. 기후가 바뀌면서 생활도 바뀌고 직업적 직무 수행 방법도 바뀌고 사회생활의 패턴도 대부분 바뀌게 되면 그에 따른 가치관도 바뀌게 된다. 모든 것이 바뀌게 되면 심리적인 변화나 행동의 변화도 동반되게 되니 기존의 통변 이론도 거기에 맞추어 바뀌어야 할 것이다.

≪도경 선생의 실전명리: 육신과 격국 편≫은 실제 임상을 할 때 도움이 될 수 있게 실전하시는 분들에게 도움이 많이 될 것이라 본다. 이번 코로나 사태로 인해 몇 년 전부터 정리해 오던 자료들로 출판을 할 기회를 갖게 되었다. 이 책 내용은 나의 스승이신 창광 김성태 선생님의 음양오행과 육신론의 이론을 많은 부분 취용(取用)하였다. 명리학과 살아온 세월의 나이만 먹었지 아직 많은 부분의 부족함을 독자 제현(諸賢)들에게 고백드린다. 이 책을 읽는 독자들에게 실제 도움이 될 수 있는 책이 되도록 노력했으나 어려워서 이해가 되지 않는 분들은 저의 홈페이지(www.dksaju.co.kr)에 오셔서 **핵심마스터** 편과 **실용마스터** 편을 수강하시기를 권장드린다. 그 외 **YouTube "도경선생의 명리학강좌"** 채널에 오시면 도움이 되는 영상들을 만나 보실 수 있을 것이다.

안동 서후 명승재에서 도경 김문식